ARQUIVOS

SER

KILL

RIAL

ERS

2.

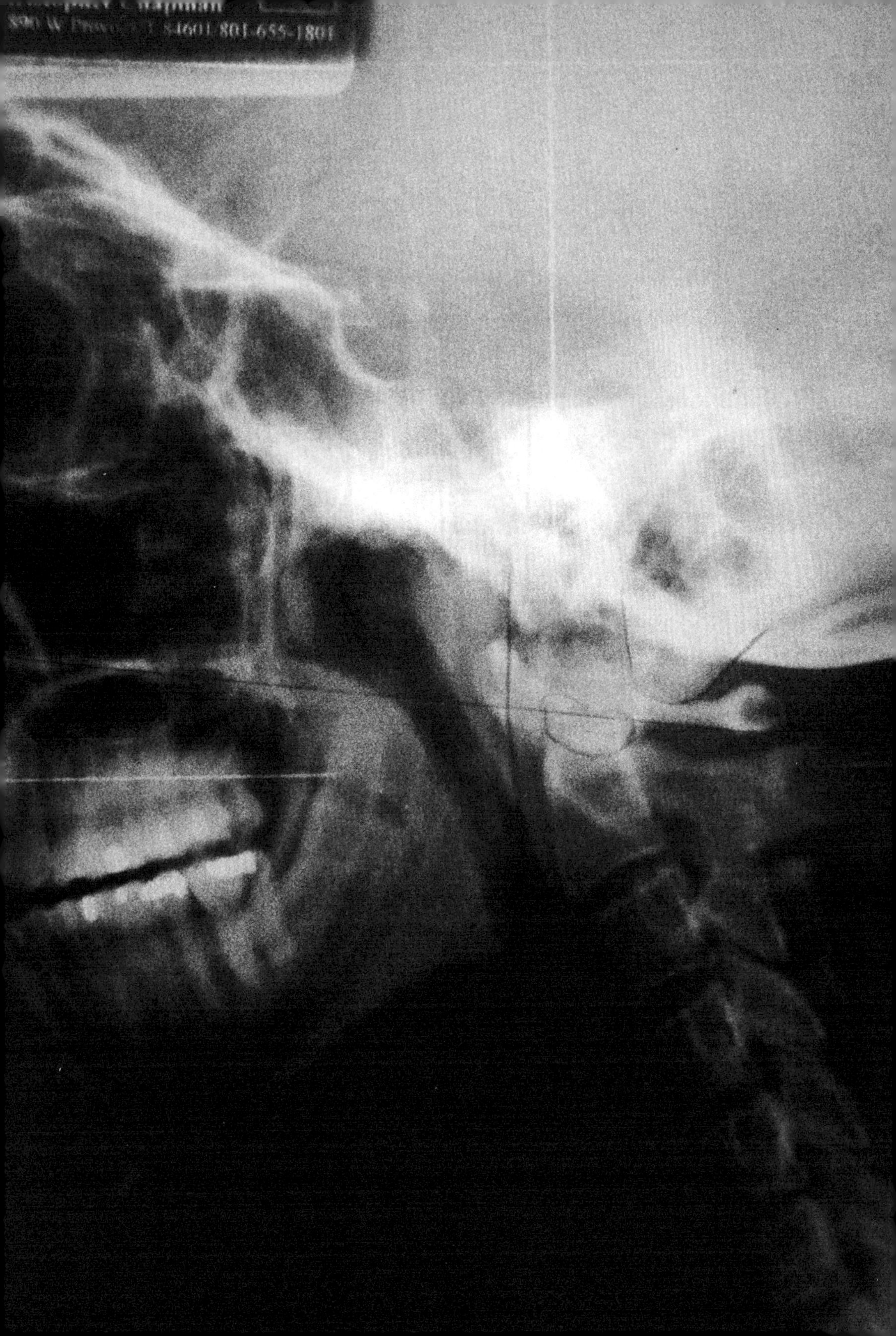

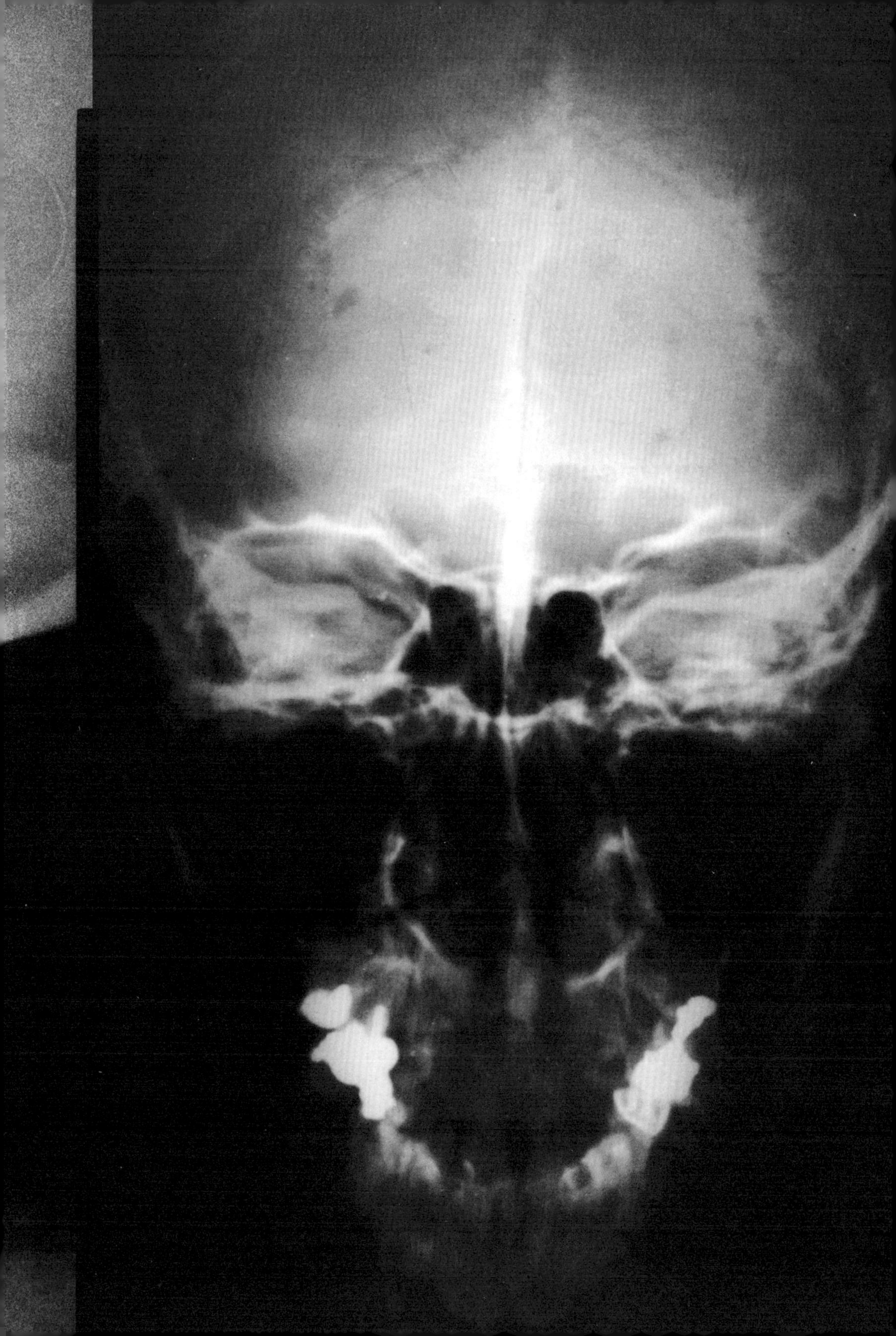

CRIME SCENE®
DARKSIDE

Diretor Editorial
Christiano Menezes

Diretor de Novos Negócios
Chico de Assis

Diretor de Planejamento
Marcel Souto Maior

Diretor Comercial
Gilberto Capelo

Diretora de Estratégia Editorial
Raquel Moritz

Gerente de Marca
Arthur Moraes

Gerente Editorial
Marcia Heloisa

Editor
Bruno Dorigatti

Capa e Projeto Gráfico
Retina 78 e Arthur Moraes

Coordenador de Diagramação
Sergio Chaves

Assistente de Produção
Eduardo Morales

Revisão
Marlon Magno
Retina Conteúdo

Finalização
Sandro Tagliamento

Agradecimentos
Blog O Aprendiz Verde

Marketing Estratégico
Ag. Mandíbula

Impressão e Acabamento
Ipsis Gráfica

DADOS INTERNACIONAIS DE CATALOGAÇÃO NA PUBLICAÇÃO (CIP)
Jéssica de Oliveira Molinari - CRB-8/9852

Casoy, Ilana
Serial killers : made in Brazil / Ilana Casoy. - 2. ed. — Rio de Janeiro : DarkSide Books, 2022.
360 p. : il.

ISBN 978-65-5598-240-4

1. Psicopatas 2. Homicidas em série - histórias 3. Relatos policiais
I. Título

22-6267 CDD 364.1523

Índice para catálogo sistemático:
1. Psicopatas

[2022, 2026]

Rua General Roca, 935/504 — Tijuca
20521-071 — Rio de Janeiro — RJ — Brasil
www.darksidebooks.com

ARQUIVOS **SERIAL KILLERS**

EDIÇÃO DEFINITIVA

ILANA CASOY

MADE IN BRAZIL

DARKSIDE

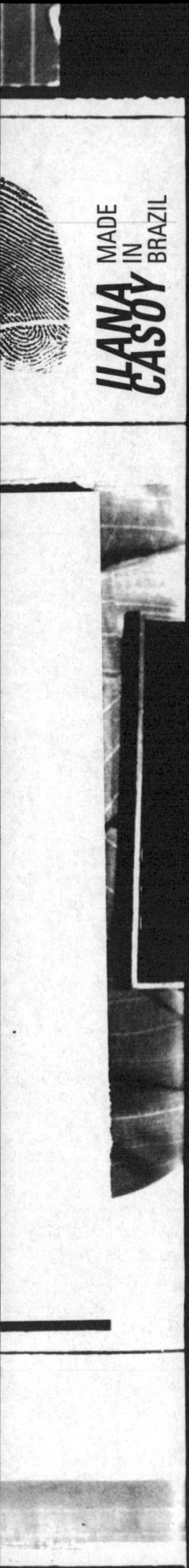

Nome

Filiação

Côr parda — Sexo masculino

Idade 32 anos — Estado civil solteiro

Profissão dentista — Instrucção elementar

Nacionalidade Brasil — Naturalidade Est. de Minas

Numero do registro no Gabinete de Identificação

Situação legal:
- Motivo da prisão: Homicídio duplo
- Accusado? Sim
- Condemnado?
- Absolvido? Sim (mandado internar)

Procedencia: Casa de Detenção

Data da entrada

Autoridade que requereu o internamento: Juiz da 7a. Pret. C.

Documentos apresentados: Of. 1.780 da Casa de Detenção

Sua observação está no livro VII pag. 7

Diagnostico: Degeneração mental. Loucura moral.

Co-Defendants:

Race of Victim(s):

SUMÁRIO

ANEXOS TÉCNICOS

“Eu apelo para o futuro; eu apelo para uma época em que o ódio e a crueldade não mais controlarão os corações dos homens. Época em que poderemos aprender através da razão, do bom senso, do entendimento e da fé que cada vida vale a pena ser salva e que a compaixão é o maior atributo do homem.”

CLARENCE DARROW (1857-1938)

Dedico este livro aos meus
filhos, Fernando e Marcelo,
homens de fé e coragem.

PREFÁCIO

ROBERTO TARDELLI

PROMOTOR

Pensem, ainda que por segundos, que eles são pessoas como nós. Sim, por mais que nos surpreendamos, por mais que não queiramos, por mais que abominemos a ideia, o fato é que eles também têm a nossa história: passado, filhos, esposa, emprego. Foram crianças que talvez tenham padecido horrores que nós crianças nem sequer poderíamos supor que existissem.

Andam pelas ruas e acenam para as pessoas. Paqueram, sobem e descem as escadas da cidade, leem alguns poetas e são dotados de um humor meio mórbido, quase natural, e deixam transparecer que as coisas aconteceram porque simplesmente era natural que acontecessem e que tudo talvez faça parte de uma mesma moeda, de uma mesma paisagem humana, daquela que não gostamos de ver.

Estão entre nós e, dentro deles, há muito de nós. Vê-los passar pelo livro é como ver passar muitas alegorias, símbolos de uma sociedade que vive à procura de seu próprio rosto. Vê-los agir meticulosamente é entrar em contato com uma destrutividade irresistível, suficiente para pôr em xeque todas as nossas certezas, frágeis certezas de solidariedade e humanidade, das quais parece que abdicaram tão solenemente quanto matam suas vítimas.

Neste corajoso livro, Ilana Casoy marca um encontro da sociedade com sua face mais obscura e dele não há mais como faltar. A esse encontro, ao qual ela nos convida com um texto enxuto, revelador e que dá vida a esses seres a quem conhecemos apenas por meio dos mais sensacionalistas programas vespertinos, comparecem uma galeria de celebridades, de homens que põem por terra toda a mediocridade de rotulações simplistas e desafiam a si mesmos, a polícia, o Estado e, mais que tudo, desafiam a própria lógica da vida, criando uma antivida, uma antiexistência que se compraz e se resolve na eliminação sistêmica da existência do próximo.

Cada página deste livro guarda uma surpresa, cada página nos reserva um sobressalto. A leitura é cativante, embora o tema seja duro e que, de tão duro, tenha esperado tanto tempo para uma abordagem crítica e amadurecida, sem os chavões de linguagem reducionistas e sem maquiavelismos juvenis.

A proposta da autora é de trazer reflexões multidisciplinares: ao operador do Direito, como e por que estamos tão atrasados no tratamento aos sociopatas e como não conseguimos sair do discurso passional e radicalizado, sem, contudo, um interesse verdadeiramente científico em como nos aparelharmos, doutrinária e profissionalmente, para enfrentá-los. Ao trabalhador da área da saúde mental, saber como podem ser sedutores e acumpliciadores. Aos militantes das áreas sociais, como podem ser irresgatáveis as dívidas do passado da violência contra crianças. Aos livres-pensadores, como são interessantes e aterrorizantes esses personagens do mundo real.

De alguma forma, todos teremos a sensação, ao final do livro, de que algo mudou em nossa forma de ver o mundo; que comparecermos ao encontro marcado por Ilana Casoy foi enriquecedor. A impressão é de que se trata de um livro para constatações e amadurecimentos. Um livro que exerce sua missão histórica com altivez e dignidade. Com sabedoria e profundo sentido de pesquisa. Sobretudo, com respeito. A eles, como pessoas, e a nós, como seus leitores. Façamo-nos, pois, presentes a esse encontro marcado.

APRESENTAÇÃO

MARIA ADELAIDE DE F. CAIRES
PSICÓLOGA CLÍNICA E FORENSE

Rever os casos, nesta versão atualizada, é a reiteração da honra de participar do projeto, também neste formato literário, de mostrar, estudar e refletir sobre a diversidade motivacional do agir humano. Revi, reformulei pouco e acrescentei algumas reflexões. Quem dera pudesse informar sobre programas efetivos de "combate civilizado" da violência via prevenção, por exemplo, e não pela repressão, método assaz familiar, mas de comprovação milenar de eficácia bem restrita.

Reitera-se a análise através das "pegadas" documentais, agora já conhecidas e aprendidas na primeira versão, do que se extraiu das conversas e entrevistas de envolvidos e autores.

A busca de respostas ainda persiste, ao se readentrar na intimidade do agir humano violento e perverso.

Ilana revê os recônditos da esperança e da dor dos que sofrem uma ação depredadora – cruel e inumana – e mostra, com a clareza e o espírito de quem se propôs a relatar, as duas faces da violência: a da vítima e a do agressor, da "bela e da fera".

O cenário de horror se metamorfoseia ao contar a trama e o drama entrelaçados nas adversidades do cotidiano. O dia a dia às voltas com expectativas, desejos, frustrações, fantasias e planos. Para muitos de nós, "administráveis"; para outros, contudo, intransponíveis, como se pode depreender rapidamente. E, não só isso, são emoções que se avolumam internamente em tal monta que desumanizam seu portador.

É o instinto destrutivo que impera, já não responde por sua natureza – quando socializada – de prover mudanças promissoras no *status quo* individual e social. Em função disso, o portador perde a possibilidade de ser e de fazer alguém feliz, de aderência e convivência construtiva, mesmo conflituosa, com os seus semelhantes.

Mas a sociedade também perde – não é só ele –, entre outras coisas, a serenidade sobre a eficácia dos seus mecanismos de congregação/civilidade e controle.

Ilana nos mostra essa dicotomia paradoxal com a destreza de um conto (a cada caso) e com método ao organizar e expor matérias técnico-científicas tão diversas.

Essa é a sua sensibilidade! A de captar o "humano" em meio a névoas tão densas, de transcender o horror e abrir os inúmeros ângulos de abordagem e entendimento do ato – em si ignóbil e revoltante para o cidadão comum.

A abertura dos bastidores (da investigação, da perícia, entre outros) ao leitor leigo promove a desmistificação do desconhecido e um acervo dos aspectos da motivação, entraves e necessidades de procedimentos jurídicos e técnico-científicos, tornando-os públicos para, quem sabe, surtirem o efeito de ampliar os matizes para uma reflexão mais coletiva.

Aos leitores comprometidos com a tarefa de fazer cumprir a lei e àqueles com a de contribuir com a sua aplicação, como no caso da peritagem, oferece uma gama de ingredientes que os remete desde a uma análise crítica dos diversos procedimentos aplicados àqueles que precisam ser estruturados, no nosso meio, enquanto recursos científicos de investigação e estudo.

A releitura – acrescida de novos fatos – pode demandar novas reflexões.

E, por falar em bastidores, vamos aos casos:

19
20

JOSÉ – "PRETO AMARAL" (1871-1927)

Escalada iniciada em 1920 por vagabundagem e furto, culminando em 1926 com a série de crimes violentos contra a vida de crianças carentes. Atos cruéis de natureza compulsiva e repetitiva, que se somavam a múltiplos tipos penais.

Em sua história? Vários registros de identificação: camuflagem autoprotecionista? Busca incessante de uma? Afinal, pode-se supor que quem tem muitas talvez não "tenha" uma sequer.

Preso em janeiro de 1927, o ciclo de violência que viveu e perpetrou contra outrem cessou em julho do mesmo ano. Faleceu, por problema pulmonar, sem tempo de ser julgado!

Sem vínculos afetivos estáveis, sem projetos, metas ou ambição pessoal compartilháveis socialmente. Apenas levado a cumprir um impulso que nem sequer tem nome ou que o compreenda. Planeja, mas nada reflete, só executa!

FEBRÔNIO – "O FILHO DA LUZ" (1898-1984)

Sai "Preto Amaral" e entra Febrônio no cenário jornalístico da época.

Ele reúne um compêndio de tipos penais ao longo de sua escalada criminal, que culmina com os crimes hediondos contra crianças carentes.

Até onde se sabe, ele foi o primeiro caso a receber, em nosso meio, o diagnóstico médico-legal de inimputável, por ter sido considerado, à época, portador de esquizofrenia.

E de sua história? Duas versões díspares: a subjetiva (relatada por ele) e a objetiva (pelo irmão Agenor). Temos aí a dificuldade dos dois de situar o número de irmãos ou saber sua própria origem – esta a reveste com outra identidade (nome e sobrenome – pai e mãe). No seu atestado de óbito, consta ser filho do casal Indio do Brasil, Theodoro e Estrella do Oriente (?).

Diversas identidades, violência em família, inúmeros "ofícios" – até como doutor: cirurgião-dentista e médico. Crente, de postulação mística própria, ritualizava, como ímã da Vida, a morte. Assim tentava, de algum modo, dar sentido, talvez mais nobre ou palatável, à própria vida e a seus atos.

O que de fato foi?

– Febrônio, o "bicho-papão" que aterrorizava o imaginário infantil da época!

DÉCADA DE 1950

19
50

BENEDITO (1908-1976) "MONSTRO DE GUAIANASES"

Tomado por um "arrepio que não passava", indiscriminava, por vezes, a "caça", mas não o procedimento, que seguia sempre o mesmo rito!

Inúmeras identidades, violência em família, múltiplos endereços e vinte e nove vítimas!

Diagnóstico médico-legal: inimputável. Interno era "[...] dominador, meticuloso e obediente" – todos esses traços em excesso, tal qual no seu *modus operandi*! A obediência? Ela também, ao próprio instinto!

DÉCADA DE 1960

19
60

FRANCISCO – "CHICO PICADINHO" (1942-)

A solidão de quem vivia só consigo próprio, "[...] pesquisando vampiros, perseguindo assombrações [...], matando a curiosidade de tantas perguntas sem respostas que sempre rondavam a sua imaginação". Sem fio condutor persistente (interna e externamente), com vínculos afetivos esmaecidos por necessitarem ser mantidos em segredo e diluindo-se, um após o outro, até quase o esquecimento.

Início? Rua, sevícias precoces, álcool, drogas e "boemia". O desregrar-se até a última essência. Despir-se nos escombros do desafeto e desarticular a vida – literalmente.

Cumpre pena. Sai em liberdade condicional na década de 1970. A "fera" interna, ainda ali, presente no subterrâneo, vai ressurgindo lenta e insidiosamente, em busca de obstáculos que a libertassem. O "homem" se assistia a ser vencido sem que conseguisse mudar o curso nefasto e violento que se avizinhava.

Sabia! Pensava! Ensejava ajuda! Tinha consciência! Travava uma luta interna.

Quem vence? Vence a morte do "homem" que se queria intelectual. "Ela" – a fera – vence.

Segundo crime mais desumano pela fúria dos atos perpetrados à vítima.

Qual a imagem que fica para si? Nem sequer aguenta os flashbacks e ecos internos de seus atos. São insuportáveis, para si próprio!

DÉCADA DE 1970

19
70

JOSÉ – "MONSTRO DO MORUMBI" (1945-)

Os requintes da crueldade que impingia às suas vítimas, vivas ou mortas, remontavam e recontavam os subterrâneos disformes do seu ser.

De sua história? Bom... sofrimento e violência precoces, inúmeras identidades e também, à semelhança dos demais, sem raiz, ou seja, sem lar! Cumpriu a pena. Resgata a totalidade de sua cidadania. Resistirá?

DÉCADA DE 1990

19
90

MARCELO – "O VAMPIRO DE NITERÓI" (1967-)

Menino "esquisito" ria sozinho sem motivo aparente. A realidade? Tinha a própria. Construía-a ouvindo coisas aqui e ali – uma colcha de retalhos em desalinho e obscura.

A escalada? Sexualidade despertada precocemente aos 9 anos. Rua. Indiferença. Abandono. Aos 13, sexo – dinheiro e trabalho. O instinto sexual crescia. O "sadismo" espreitava. Como cumpri-lo? Ah, sim, agora podia, já não era mais puro... Mas precisava preservar a pureza das crianças – assim pensava, acreditava e agiu: o menino era "bonito, tinha as pernas lisinhas...". Se "bebesse o sangue, podia ficar bonito assim". Se o matasse antes dos 13, não tinha importância porque ele ainda era "puro" e ia subir e ser "anjo no céu".

Depois dos 13, sexo sem morte, senão era assassinato!

O sadismo só não evoluiu para o canibalismo porque residia, vez ou outra, com a mãe. Mas ele estava lá, na forma de desejo.

O horror desnudado numa forma tão crua!

Delírio e sadismo – união nefasta! Vítimas: treze crianças, entre 5 e 13 anos.

O que há em comum entre eles? Infância negligenciada, vítimas de violência sexual, física e psicológica precoces, inabilidade escolar, sem norte, sem "casa" e sem um agente disciplinador. Ah! A maioria procurou servir a alguma Arma: Exército, Aeronáutica (na busca interna, não consciente, de um regime disciplinador talvez).

Esse estilo de vida tão comum à maioria deles será apenas coincidência?

Sofrimento imposto precocemente destrói e/ou corrói a matriz de identidade social e de tantos outros valores partilhados na civilidade?

"Eu ousaria tomar a liberdade de convidar aqueles [...] que são destinados a grandes cargos a dignar-se a um exame maduro sobre se é efetivamente temível que a doçura produza as mesmas revoltas que a crueldade fez nascer; [...]"

Como reverter esse então "destino", que rouba os direitos magnos à vida e à dignidade humana num ciclo interminável – geração após geração – de horror, intolerância e abandono – afetivo e social?

Quem sabe, Ilana, com esta sua inestimável contribuição, tão nobremente organizada neste livro, possa despertar a compaixão, o interesse e a necessidade nos governantes e nas instituições da sociedade civil organizada em investir, mais e mais, em pesquisas científicas voltadas para a área de atenção básica à saúde mental, já na infância.

Em tempo: que bom que os "casos brasileiros" foram reunidos num livro à parte e não num capítulo do seu livro *Serial Killer: Louco ou Cruel?*. Assim você teve a oportunidade de percorrê-los com calma e profundidade! E nós, de nos beneficiarmos com o seu primoroso esforço. Obrigada!

Maria Adelaide de F. Caires
Psicóloga clínica e forense,
autora do livro *Psicologia jurídica:*
implicações conceituais e aplicações práticas

Fig. 1.

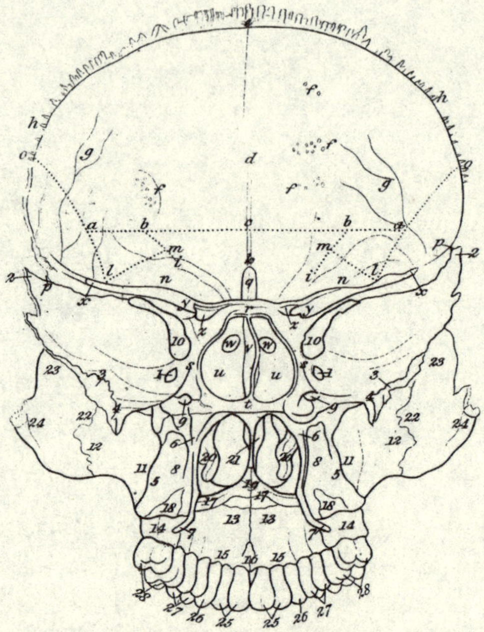

Fig. 2.

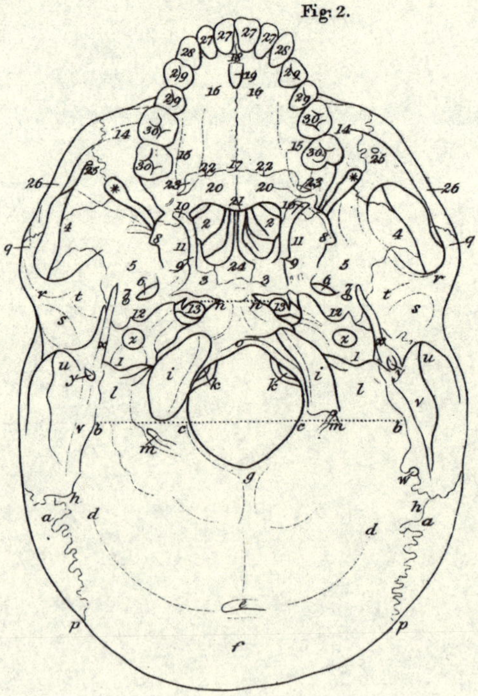

SERIAL KILLERS
EM AÇÃO

> "Os homens trazem em si a crueldade. Não devemos esquecer-nos disso, devemos ter cuidado. É preciso [...] defender esse espaço de consciência, de lucidez. Essa é a nossa pequenina esperança." – **José Saramago**

Serial killers são os assassinos que cometem uma série de homicídios com algum intervalo de tempo entre eles. Suas vítimas têm o mesmo perfil, a mesma faixa etária, são escolhidas ao acaso e mortas sem razão aparente. Para criminosos desse tipo, elas são objeto da sua fantasia. Infelizmente, eles só param de matar, até onde se sabe, quando são presos ou mortos.

O serial killer "esfria" entre um crime e outro, não conhece sua vítima, tem motivo psicológico para matar e necessidade de controle e dominação. Geralmente suas vítimas são vulneráveis e o comportamento delas não influencia a ação do assassino.

Esses assassinos começam a agir entre 20 e 30 anos, escolhendo indivíduos mais fracos que se encaixam em algum estereótipo e levam uma lembrança ou troféu de cada assassinato cometido. Por se sentirem acima do bem e do mal, acreditam ser muito espertos, têm autoconfiança e muitas vezes "jogam" com a polícia.

SERIAL KILLERS ORGANIZADOS

Os serial killers organizados são seres solitários por se sentirem superiores às demais pessoas: ninguém é bom o bastante para eles. São socialmente competentes e, muitas vezes, casados. Conseguem bons empregos porque parecem confiáveis e aparentam saber mais do que na realidade sabem. Quando usam drogas, as preferidas são maconha e álcool. Para eles, o crime é um jogo.

Retornam ao local onde mataram para acompanhar os trabalhos da perícia e da polícia, estão atentos aos noticiários e são os últimos suspeitos, por serem charmosos e carismáticos. Planejam o crime com cuidado, carregam o material necessário para cumprir suas fantasias, interagem com a vítima e se gratificam com o estupro e a tortura. Deixam pouquíssimas evidências no local do crime, escondem ou queimam o cadáver e levam um pertence daquele que matou como lembrança ou troféu.

SERIAL KILLERS DESORGANIZADOS

Os serial killers desorganizados também são solitários, mas por terem comportamento considerado estranho, esquisito. Sua desorganização é geral: com a casa, com o carro, com o trabalho, com a aparência e com o estilo de vida. Não são atléticos, são introvertidos e não têm condição de planejar um crime com eficiência. De forma geral, agem por impulso e perto de onde moram, usando as armas ou os instrumentos encontrados no local de ação. É comum manterem um diário com anotações sobre suas atividades e vítimas, trocam de emprego com frequência e tentam seguir carreira militar ou similar, mas não bem-sucedidas.

É raro manter algum contato com a vítima antes de agir; agem com fúria, gratificam-se com estupro ou mutilação *post mortem* e, nesse grupo, é comum encontrarmos canibais e necrófilos. Têm mínimo interesse no noticiário sobre seus crimes e deixam muitas evidências no local em que matam.

A CONEXÃO

Três elementos conectam os crimes em série: *modus operandi*, ritual e assinatura.

O *modus operandi* assegura o sucesso do criminoso em sua empreitada, protege sua identidade e garante a fuga. Mas encontrar o mesmo *modus operandi* em diversos delitos não é suficiente para conectá-los. O modo de agir é dinâmico e vai se sofisticando conforme o aprendizado do criminoso e a experiência adquirida com os crimes anteriores.

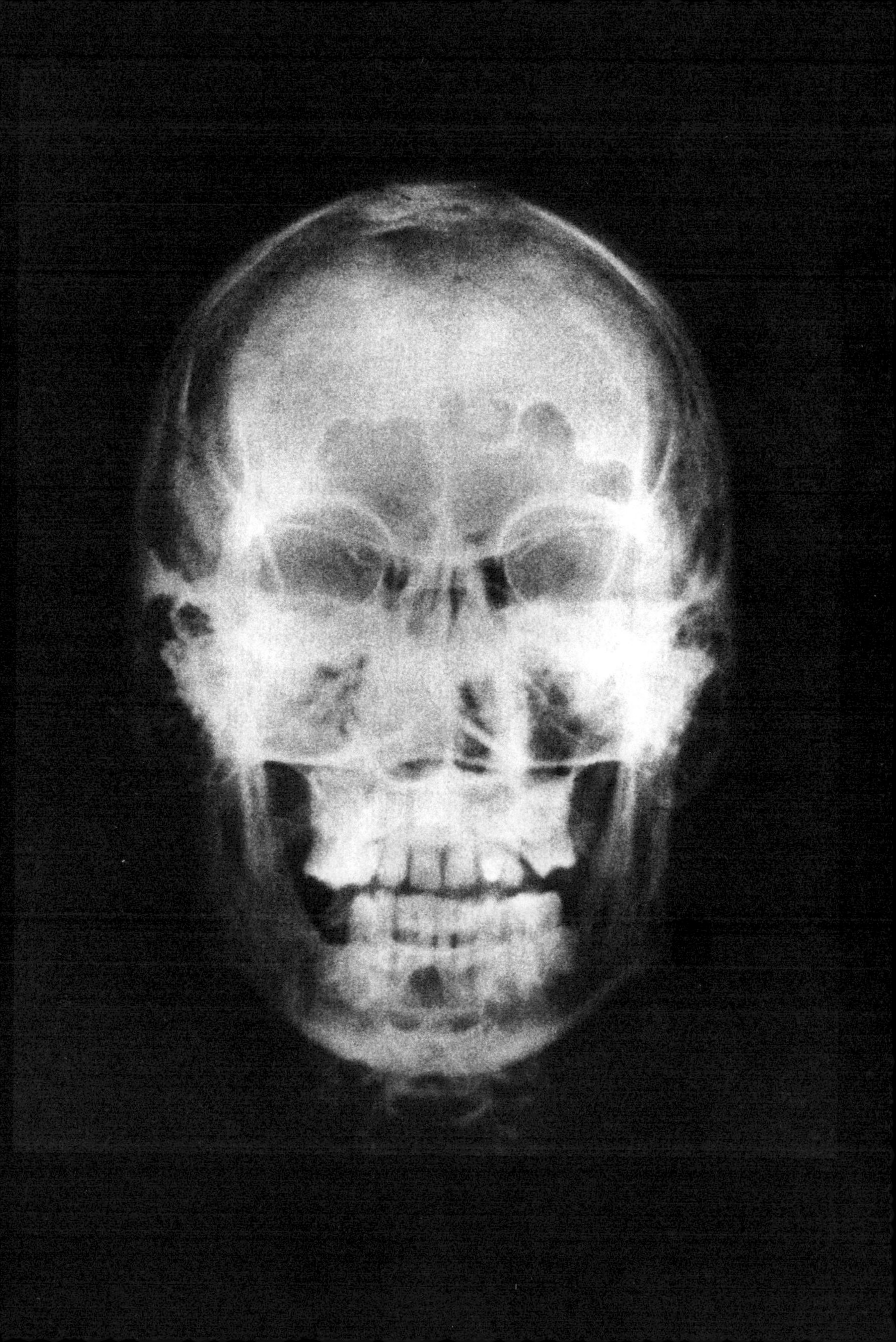

Fig. 1.

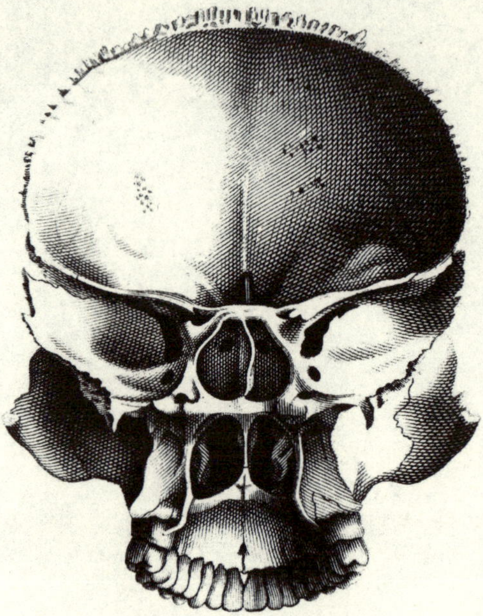

Fig. 2.

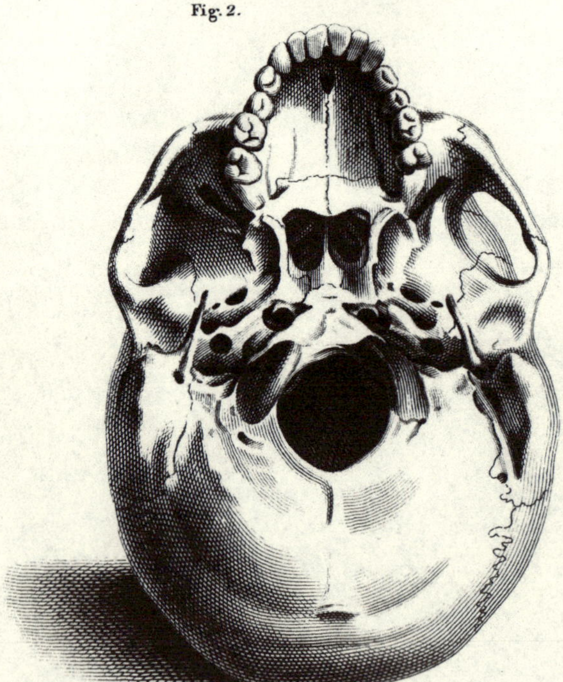

O ritual é o comportamento que excede o necessário para a execução do crime e é baseado nas necessidades psicossexuais do criminoso, imprescindível para sua satisfação emocional. Rituais são enraizados na fantasia e frequentemente envolvem parafilias, além de cativeiro, escravidão, posicionamento do corpo e *overkill* (ferir mais do que o necessário para matar), entre outros. Pode ser constante ou não.

A assinatura é uma combinação de comportamentos, identificada pelo *modus operandi* e pelo ritual. Não se trata apenas de formas de agir inusitadas. Muitas vezes o assassino se expõe a um alto risco para satisfazer todos os seus desejos, como, por exemplo, permanecendo muito tempo no local do crime. Pode também usar algum tipo de amarração específica ou um roteiro de ações executadas pela vítima, como no caso de estupradores em série. Ferimentos específicos também são uma forma de assinar um crime.

NO BRASIL

No Brasil, a polícia tem muita dificuldade em aceitar a possibilidade de um serial killer estar em ação. Certo preconceito permeia as investigações de crimes em série. Isso já aconteceu inúmeras vezes no passado, com consequências nefastas. Em outros países, com uma análise acurada do motivo ou da falta dele, do risco-vítima e risco-assassino, *modus operandi*, assinatura do crime e a reconstrução da sequência de atos cometidos pelo criminoso, os serial killers são caçados antes que cometam tantos crimes. Quanto antes se reconhece que um assassino desse tipo está em ação mais rápido é possível acionar psiquiatras e psicólogos forenses, *profilers* e médicos-legistas, que juntos podem fazer um perfil da pessoa procurada. Isso resulta na diminuição do número de suspeitos, no estabelecimento de estratégias eficientes de investigação, na busca de provas, no método de interrogatório do suspeito para adquirir a confissão, além de dar à promotoria um *insight* da motivação do assassino.

O agressor serial invariavelmente mostra um importante aspecto comportamental em seus crimes: ele sempre os assina. A assinatura é única, como uma digital, e está ligada à necessidade psicológica do criminoso. Diferente do *modus operandi*, a assinatura de um serial killer nunca muda.

A polícia civil deveria saber tudo isso? Não, mas deveria poder contar com a ajuda de órgãos especializados em ciência forense, existentes no Brasil, mas pouco incentivados e divulgados. Quando lidamos com crimes em série, o trabalho integrado de profissionais forenses deveria ser obrigatório.

Parece hollywoodiano? Não, nós também temos serial killers. Afinal, a mente humana não obedece fronteiras geográficas.

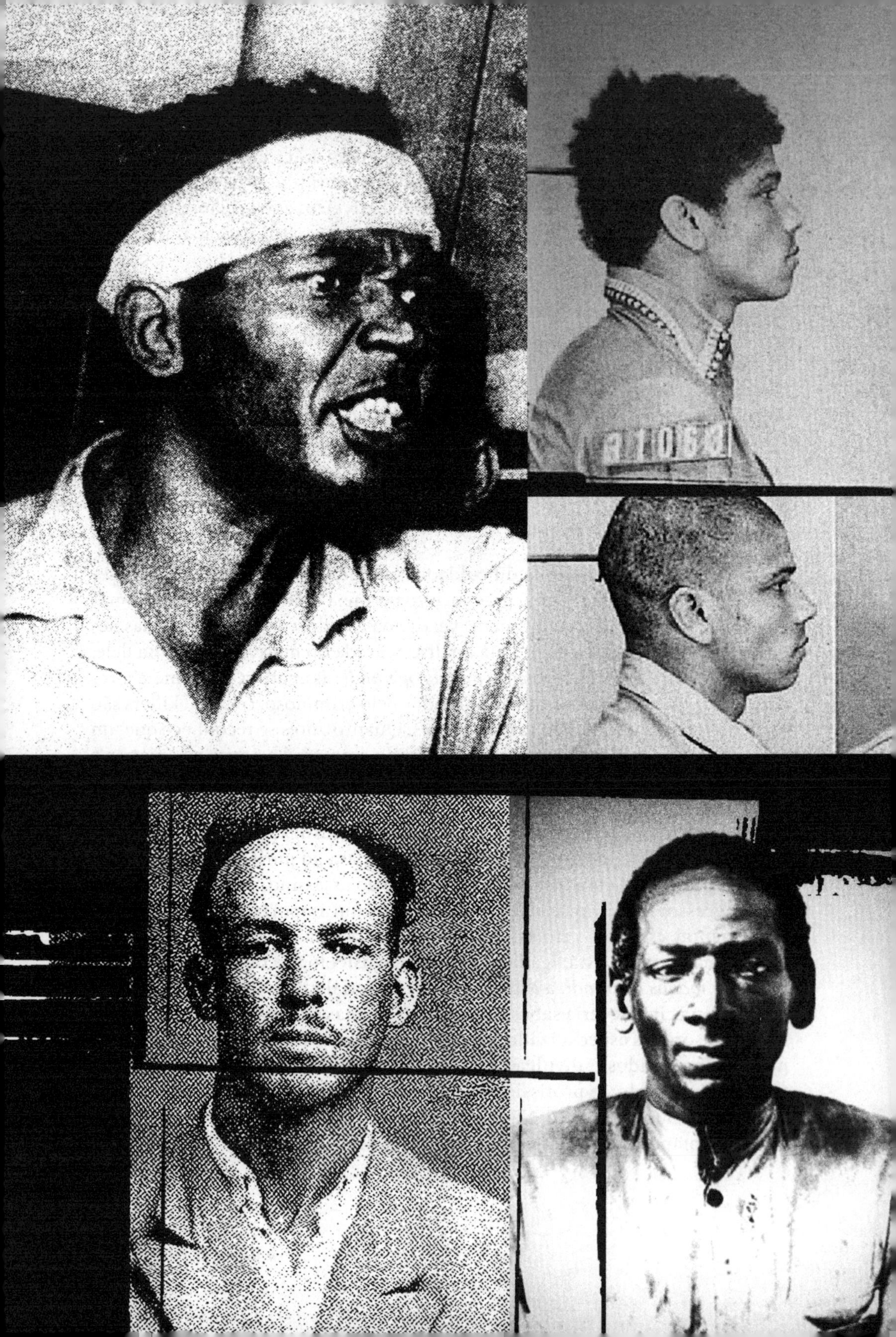

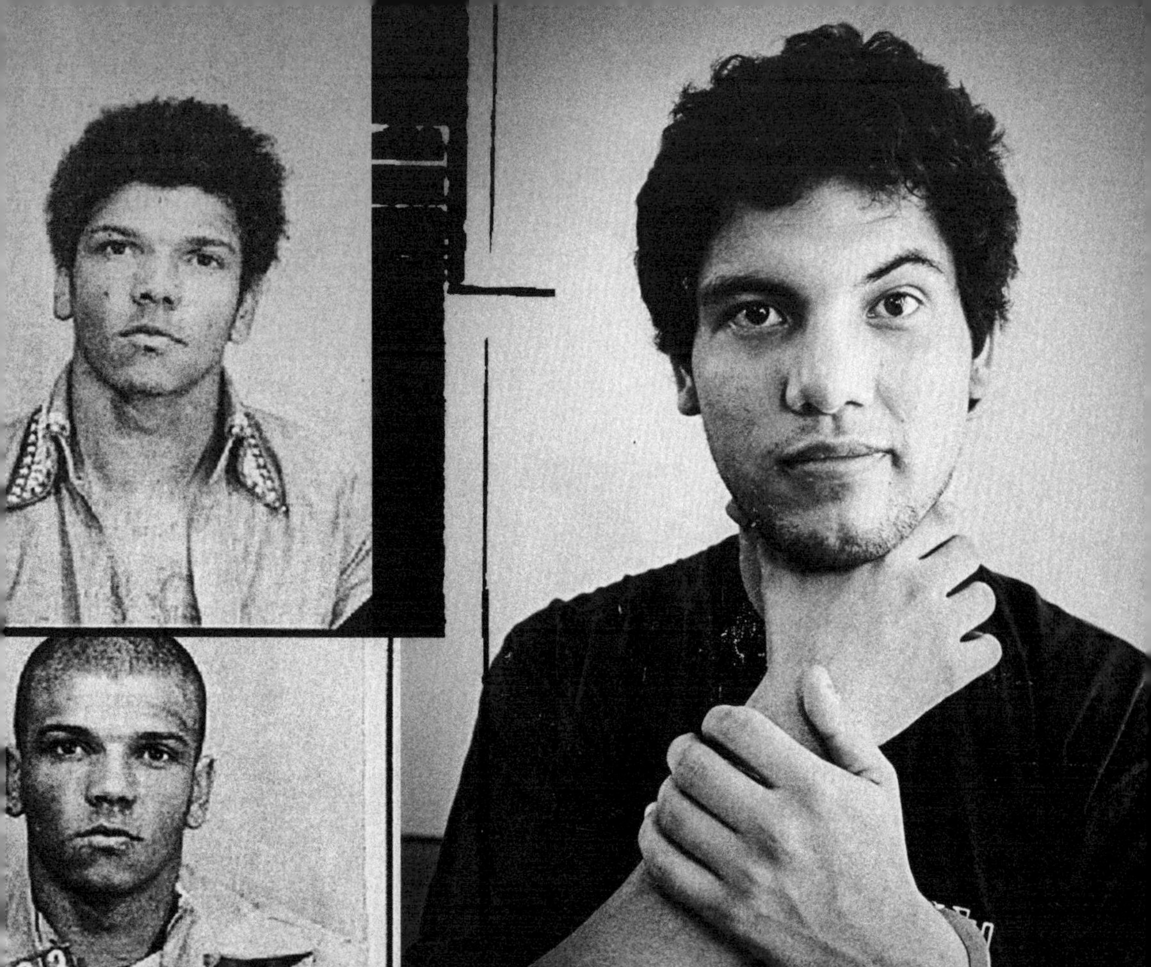

7. SERIAL KILLERS
GALERIA DO MAL

JOSÉ AUGUSTO DO AMARAL

1.

O "PRETO AMARAL"

"Os crimes dos sádicos-necrófilos são executados com relativa calma, com prudência, de emboscada, e o criminoso age como se estivesse praticando um ato normal." – **Antonio Carlos Pacheco e Silva, psiquiatra**

OS CRIMES

13 DE FEVEREIRO DE 1926. O menino "Rocco",[1] pequeno engraxate de 9 anos, trabalhava nas imediações da praça da Concórdia, próximo ao Teatro Colombo, no Brás. Cansado, estava pronto para ir embora. A garoa fina que caía espantava os fregueses naquela tarde cinzenta de São Paulo. As poucas pessoas que passavam pela rua estavam apressadas, tentando escapar da chuva.

Um homem alto, negro, aproximou-se de "Rocco", pedindo que o ajudasse a carregar uma caixa com roupas, serviço pelo qual ele pagaria 4$000 (quatro mil réis). O menino, excitado com a oportunidade de ganhar um dinheiro extra, aceitou depressa. Seguiu-o da avenida Celso Garcia até a ponte sobre o rio Tamanduateí, próximo à estação da Cantareira. Ao entrarem pela rua João Theodoro, "Rocco" sentiu um frio no estômago ao ver-se desprotegido pela pouca luz... A rua estava sem iluminação. Antes que o menino pudesse

1 Apelido da vítima, usado para proteger sua verdadeira identidade. [Todas as notas são da Autora.]

ficar com medo e sem nenhum aviso, o homem o atacou diretamente no pescoço, tentando estrangulá-lo. O garoto lutou bravamente com todas as suas forças, mas, sem conseguir respirar, desmaiou. Julgando-o morto, o estranho arrastou-o para debaixo da ponte, rasgou suas roupas e preparou-se para violentá-lo, quando, num golpe de sorte, um carro aproximou-se e estacionou. Receoso de ser flagrado, o estranho largou "Rocco" e fugiu. O menino acordou um tempo depois, gemendo sem parar. Com muito esforço, machucado e enlameado, chegou até a rua. Duas moças que passavam por ali viram o menino e chamaram imediatamente um policial.

O motorista de táxi Basílio Patti estava saindo para trabalhar quando foi parado pelo grupo, ao atravessar a ponte da rua João Theodoro. O policial pediu a Patti que levasse "Rocco" até a casa dos pais.

Aturdida com a história contada pelo filho, a família não deu queixa à polícia.

O criminoso tinha certeza de ter matado o menino. Depois de vagar a noite inteira pelo centro da cidade, voltou ao local no dia seguinte para dar vazão aos seus desejos sexuais. Surpreso, não achou cadáver algum...

5 DE DEZEMBRO DE 1926. Sob as árvores da avenida Tiradentes, sentado em um banco, Antônio Sanchez descansava e pensava em como faria para comprar uma refeição naquele dia. Tinha saído de Barra Bonita, interior de São Paulo, para trabalhar na capital. Antônio era franzino, doente e um pouco afeminado. Aparentava ter bem menos idade do que seus 27 anos. Morava em um apartamento alugado na Lapa, mas não sabia como iria arcar com as despesas. Estava morrendo de fome e não tinha conseguido ganhar dinheiro algum.

Um homem desconhecido, negro e alto, sentou-se ao seu lado. Disse chamar-se Amaral e começaram a conversar. Sanchez, vendo que ele fumava, pediu-lhe um cigarro, comentando sobre a miséria em que se encontrava. Não tinha nem como pagar comida e sentia muita fome. Amaral, dando uma de bom samaritano, chamou o rapaz para almoçar com ele no Botequim do Cunha, que ficava em uma esquina da rua Teodoro Sampaio. O convite foi aceito por Sanchez num piscar de olhos.

Depois de ver o rapaz almoçar com o prazer de quem aplaca a dor da fome, Amaral convidou-o para ir com ele até o Campo de Marte para ajudá-lo a fazer um serviço. Seria bem pago. Antônio sentiu-se finalmente com sorte. Além de comer, acabava de arrumar um trabalho que ainda lhe renderia uns trocados. Confiando no novo "amigo", ele o seguiu.

Ao chegarem ao Campo de Marte, seguindo uma picada que Amaral parecia conhecer bem, o ataque começou. Estavam em um lugar ermo, atrás de um bambual. Antônio reagiu, sem acreditar no que acontecia.

Os golpes de Amaral vinham sem trégua e o rapaz tentava, em desespero, escapar. Mas o homem era bem mais forte que ele. Depois de uma luta desigual, Antônio Sanchez foi estrangulado. Ao ver o moço desfalecido, abaixou-se para ouvir se seu coração ainda batia. A lembrança do menino fujão de tempos atrás permanecia em sua memória. Com a certeza de que o rapaz não dava sinais de vida, violentou-o e fugiu em seguida. Para ele, não fazia diferença o fato de fazer sexo com Antônio já morto.

VÉSPERA DE NATAL DE 1926. José Felippe de Carvalho, 12 anos, morava no Alto do Pari e conhecia bem os locais por onde perambulava. Às 16h, brincava com seu estilingue caçando passarinhos pelas redondezas. Mais tarde, pediu permissão à mãe para ir à missa de Natal da Igreja de Santo Antônio. Ela, regozijada com a religiosidade do filho, permitiu.

Chovia em São Paulo. Caminhando pelas proximidades do Canindé, José Felippe avistou um homem vendendo balões de gás. Fascinado, o menino aproximou-se e pediu um. O homem deu-lhe de presente e puxou conversa. Perguntou onde ele morava e o que fazia ali sozinho, e não deixou de reparar que o garoto tinha no bolso um estilingue. Alguns minutos depois, o balão de gás de José Felippe estourou. Amuado, pediu que o homem lhe desse mais um. O simpático sujeito satisfez-lhe a vontade e, continuando com a conversa, comentou que em uma mata perto dali havia um local com muitos passarinhos. Se o garoto quisesse acompanhá-lo, poderia mostrar-lhe o lugar.

O menino, feliz da vida, concordou. Amaral, seguido por ele, foi até o Campo de Marte. Da mesma maneira que fez com Sanchez, atacou José Felippe, cometeu homicídio e, em seguida, deu vazão a seus desejos sexuais.

A mãe do menino ficou desesperada quando o filho único não voltou para casa. Saiu pelas ruas, de igreja em igreja, procurando-o freneticamente. Quando sua triste busca em nada resultou, deu queixa em uma delegacia do Brás pelo desaparecimento.

Como no caso de Sanchez, o corpo da vítima não foi localizado. José Felippe só seria reconhecido dias depois pelas roupas que vestia, quando sua mãe tomou conhecimento por meio de jornais que a polícia havia encontrado cadáveres de meninos sem identificação.

ANO-NOVO. PRIMEIRO DE JANEIRO DE 1927. Antônio Lemes, 15 anos e compleição franzina, estava de folga do trabalho. Era operário em uma fábrica de tecidos. Saiu de casa pedindo à mãe que guardasse seu almoço. Lemes disse que chegaria mais tarde, pois iria fazer um serviço extra para uma senhora no bairro da Penha.

Amaral, aproveitando o feriado, apostava dinheiro nos jogos de azar que se davam nas proximidades do Mercado Central. Logo avistou o Lemes entre outras crianças que brincavam por ali. Levantou-se e convidou o garoto para almoçar com ele no Restaurante Meio-Dia, como fazia habitualmente. O rapaz aceitou.

Comeram, beberam vinho e Amaral ofereceu 2$000 (dois mil réis) a ele para que o acompanhasse até a Penha. Como Antônio conhecia bem o bairro e tinha mesmo que fazer um serviço lá, concordou de bom grado.

Os dois seguiram para o largo do Mercado, onde tomaram o bonde. No ponto final da linha, seguiram a pé pela estrada de São Miguel. De vez em quando paravam em bares pelo caminho, para que Amaral tomasse uns tragos.

Na altura do Km 39, Amaral pegou um atalho da estrada recém-construída. Quando se afastaram o suficiente, enlaçou fortemente o rapaz com o braço esquerdo, esganando-o com a mão direita. Antônio, pego de surpresa, não resistiu. Apenas empalideceu e desmaiou. Sem querer arriscar, Amaral enrolou um cinto de brim branco de 85 cm de comprimento no pescoço de sua vítima e apertou-o com máxima força. Depois, jogou-o no chão, tirou-lhe a calça, rasgou-lhe a camisa e fez sexo com o cadáver. Fugiu.

Dessa vez, o assassino não teria a mesma sorte. O corpo de Antônio Lemes foi encontrado no dia seguinte.

Amaral, aproveitando o feriado, apostava dinheiro nos jogos de azar que se davam nas proximidades do Mercado Central. Logo avistou o Lemes entre outras crianças que brincavam por ali.

Ao começarem as investigações na área do Mercado, perto de onde o rapaz morava, alguém disse tê-lo visto na companhia de um homem negro. A polícia, sem perder tempo, começou a investigar todos os homens negros com antecedentes de pederastia,[2] uma vez que Lemes havia sido sodomizado. Os jornais também noticiaram o crime com alarde.

A primeira testemunha a comparecer na delegacia, Roque Siqueira, havia lido as notícias sobre o crime nos jornais e informou ter visto, no primeiro dia do ano, um sujeito negro convidando um menino para almoçar com ele. Almoçaram no mesmo restaurante em que Siqueira estava. Ele viu o adulto pagando algum dinheiro ao garoto. A testemunha disse à polícia que o sujeito era conhecido nas imediações do mercado como um vagabundo que vivia da exploração do jogo de cartas naquelas redondezas.

Os investigadores, acompanhados de Siqueira, saíram à procura do suspeito. Não demorou muito para que o encontrassem.

2 Contato sexual entre um homem e rapaz bem jovem.

O CRIMINOSO

José Augusto Amaral, nascido em 15 de agosto de 1871, solteiro, era natural de Conquista, Minas Gerais. Seus pais, escravos africanos do Congo e Moçambique, haviam sido comprados pelo visconde de Ouro Preto.

Amaral foi voluntário da Força Pública do Estado de São Paulo, mas desertou. Era reincidente nesse tipo de atitude, que tomou em todos os corpos militares onde serviu: Brigada Policial do Rio Grande do Sul, Grupo de Artilharia Pesada em Bagé, Regimento de Infantaria de Porto Alegre, 13º Regimento de Cavalaria do Rio de Janeiro. Também se alistou na Marinha, mas abandonou o compromisso logo em seguida.

Em seu registro policial constam várias identificações para fins militares, três prisões por vadiagem em São Paulo (1920 e 1921), por vagabundagem em Bauru e Santos (1922) e, neste mesmo ano, por furto em São Paulo. O Código Penal vigente naqueles anos, Código Penal dos Estados Unidos do Brazil (1890), o primeiro após a Proclamação da República, decretava:

> **ART. 399.** Deixar de exercitar profissão, officio, ou qualquer mister em que ganhe a vida, não possuindo meios de subsistencia e domicilio certo em que habite; prover a subsistencia por meio de occupação prohibida por lei, ou manifestamente offensiva da moral e dos bons costumes.

Naquela época, pós-escravatura no Brasil, era comum que negros fossem presos por esse motivo, pois muitos não conseguiam se empregar "oficialmente" e viviam de pequenos e eventuais trabalhos. Dessa forma, "Preto Amaral" constava como pessoa de maus antecedentes, pela prática do que se denominava contravenção.

José Augusto do Amaral foi preso pelo assassinato de Antônio Lemes, mas não demorou a confessar seus crimes anteriores. Segundo ele, os atos de pederastia eram praticados somente após a certeza da morte da vítima, como se este argumento atenuasse sua culpa. As declarações do "Preto Amaral" foram feitas com naturalidade e sem a menor demonstração de emoção, segundo os relatos dos policiais e jornais da época.

Organizaram-se então diligências para pesquisar o Campo de Marte, onde o criminoso alegou ter deixado os outros corpos. Sem hesitar, Amaral guiou os investigadores até um local próximo a um bambual, onde foi encontrada uma ossada humana. Mais adiante, sob a ramagem de uma pequena moita ressequida, jazia o cadáver de outro menino.

A polícia estava pronta para processar Amaral e colocá-lo na cadeia pelo resto da vida, mas outra confirmação ainda surgiria: o sr. Carmine, pai do engraxate "Rocco", procurou a polícia e contou o que aconteceu com seu filho no ano anterior. O menino foi levado ao gabinete do delegado onde reconheceu "Preto Amaral" como seu agressor.

Outro que compareceu à delegacia foi Antonio Manoel Neves Filho, 16 anos, que quase caiu na armadilha do mesmo assassino. Ele foi abordado na rua Voluntários da Pátria e seguiu Amaral até Ponte Grande. Por sorte, quando estava no meio do matagal, conseguiu fugir. Também reconheceu "Preto Amaral" como seu agressor.

Mais uma vítima se apresentou, Manoel Antonio Neves, 13 anos. Neves contou ter sido convidado por um negro de nariz recurvo para acompanhá-lo até a estação da Cantareira, com a finalidade de ajudar a levar um embrulho para o Campo de Marte, onde estavam. Pelo serviço, receberia 1$000 (mil réis). Depois de alguns minutos na companhia do homem, Manoel achou que alguma coisa estava errada e resolveu fugir. Ele também reconheceu formalmente José Augusto Amaral como o homem que o "contratou".

A polícia não conseguiu comprovar a culpa de Amaral nos desaparecimentos de outras crianças ocorridos na mesma época:

CASOS DE CRIANÇAS DESAPARECIDAS SEM SOLUÇÃO		
ANTONIO RAMALHO FILHO	16 ANOS	Desapareceu em 23.12.1926
LUIS BICUDO	15 ANOS	Encanador, desapareceu em 25.12.1926
SARKIS ELCLAREI	14 ANOS	Desapareceu em 27.12.1926
VICENTE SCAGELLI	17 ANOS	Desapareceu em 27.12.1926
LUIS HIRAH	15 ANOS	Telegrafista, desapareceu em 31.12.1926

Estavam confirmadas todas as declarações de homicídio do suspeito, que dizia estar se sentindo melhor depois de sua confissão, mas ele não reconheceu ter abordado as vítimas vivas que o reconheceram na delegacia.

Segundo o "Preto Amaral", suas noites estavam sendo atormentadas pelos fantasmas das pessoas para as quais fez algum mal. Esperava, com a admissão de seus crimes, viver em paz.

Enquanto estava preso, à espera de julgamento, "Preto Amaral" foi submetido a exames físicos e psiquiátricos. Os médicos concluíram que se tratava de criminoso sádico, necrófilo e pederasta, sendo a criança seu objeto especial. Tinha habilidade de praticar seus crimes sem ser descoberto e, se não fosse sua confissão, dificilmente os restos mortais de suas vítimas teriam sido encontrados.

No exame físico, foi constatado que seu órgão genital tinha um tamanho descomunal. Segundo Amaral, uma "mulher da vida" jamais o atendia duas vezes. Ele atribuía esse fato a uma "simpatia" que fez quando adolescente. Aconselhado por amigos, teria marcado numa bananeira o tamanho desejado para seu pênis, com dois traços riscados a faca. Passado algum tempo, ao perceber que seu pênis se desenvolvia sem parar, correu até a árvore para modificar o traçado, mas já era tarde. Ela crescera demais e a distância entre os traços também. Desesperado, Amaral derrubou-a a machadadas na tentativa de interromper o processo, mas, segundo ele, o "encanto" permaneceu.

Na face anterior do braço esquerdo tinha tatuado, desde os 14 anos, as iniciais do nome de sua mãe, Francisca Cláudia.

Analfabeto, inteligente, tocava instrumentos musicais de ouvido e tinha excelente memória. Era ferreiro e cozinheiro. Morou em Minas Gerais, Espírito Santo, Bahia, Ceará, Amazonas, Pará, Bolívia, Argentina, Uruguai, Rio Grande do Sul e, finalmente, São Paulo.

Alegava ter tido alucinações depois de cometer seu primeiro crime. Jamais mostrou algum sinal de arrependimento sobre seus atos. Não se sabe se matou meninos nos locais onde morou antes de chegar a São Paulo.

Amaral não refletia sobre suas ações; era completamente impulsivo em relação a elas. Não percebia nada de anormal em seu comportamento.

Seu diagnóstico médico-psiquiátrico, feito pelo ilustre psiquiatra Antonio Carlos Pacheco e Silva, cátedra de Psiquiatria da Faculdade de Medicina de São Paulo, foi o seguinte:

> Trata-se, a nosso ver, de um criminoso sádico e necrófilo, cuja perversão se complica de pederose, em que a criança é o objeto especial e exclusivo da disposição patológica. Teria habilidade de praticar seus crimes sem ser descoberto.
>
> Amaral enquadrou-se no grupo dos pervertidos sexuais caracterizados por aqueles que se encontram em permanente estado de hiperestesia sexual, que, sob a influência dessa excitação, que é contínua e mortificadora, são levados ao ato, mais ou menos automaticamente, sem terem a capacidade de refletir e julgar o ato impulsivo.
>
> Os crimes dos sádicos-necrófilos são executados com relativa calma, com prudência, de emboscada, e o criminoso age como se estivesse praticando um ato normal.

O "Preto Amaral", "Monstro Negro", "Papão de Crianças", "Besta-fera", "Espigado" ou "Tucano", como também foi chamado, foi ficando cada vez mais debilitado enquanto estava na cadeia. Emagreceu, tinha febre constante e dores reumáticas. Foi removido para a enfermaria da Cadeia Pública, onde faleceu de tuberculose pulmonar em 2 de julho de 1927, aos 55 anos, ainda sob prisão preventiva. Nunca chegou a ser julgado.

CONCLUSÃO DO CASO DE JOSÉ AUGUSTO DO AMARAL (PRETO AMARAL)

1926 – ANO DO CASO DE "PRETO AMARAL". Na época, os grandes nomes da criminologia de nosso país estavam extremamente influenciados pela escola positivista, para a qual "o infrator era um prisioneiro de sua própria patologia (determinismo biológico) ou de processos causais alheios (determinismo social). Era ele um escravo de sua carga hereditária: um animal selvagem e perigoso, que tinha uma regressão atávica e que, em muitas oportunidades, havia nascido criminoso", segundo afirma Sergio Salamão Shecaira (2008).

Médicos que fizeram a história da psiquiatria forense no Brasil, como Raimundo Nina Rodrigues (1938), chegavam a propor códigos penais diferentes para diferentes raças e regiões e a definir o negro como "rixoso, violento nas suas impulsões sexuais, muito dado à embriaguez, e esse fundo de caráter imprime o seu cunho na criminalidade colonial atual".

José Augusto do Amaral foi examinado, depois de preso, pelo médico dr. Antonio Carlos Pacheco e Silva, um dos pioneiros da psiquiatria brasileira, pesquisador que se baseava bastante na teoria das degenerescências e membro da Liga Brasileira de Higiene Mental, chegando a criar sua correspondente paulista no Hospital do Juqueri.

Influenciado pelas mesmas ideias de seus pares, defensores da eugenia, partia do pressuposto, entre outros, de que algumas raças eram mais propensas à criminalidade.

É neste contexto preconceituoso que se condena, antes mesmo de ser julgado, José Augusto Amaral, o "Preto Amaral", o que se chamaria hoje o primeiro serial killer do Brasil.

A discussão da culpabilidade de Amaral nos assassinatos de crianças em São Paulo se dá, de forma ampla, na tese do dr. Paulo Fernando de Souza Campos, *Os crimes de Preto Amaral: representações da degenerescência em São Paulo (1920)*, apresentada à Faculdade de Ciências e Letras da Universidade Estadual Paulista (Unesp) em 2003.

Apesar da dúvida que paira sobre a autoria real desses assassinatos, conhecer o histórico desse indiciado – o contexto de sua criação, sua crença e seus pensamentos – é uma tentativa de desvendar se tudo isso é compatível com a personalidade e modo de vida de alguém capaz de cometer esse tipo de crime.

De fato, deve haver coerência entre o histórico e os achados nos exames médicos feitos na época com a possibilidade de José Augusto Amaral ser um assassino em série. Elenco a seguir os dados que apontam para tal afirmação, sem esquecer o princípio da presunção de inocência previsto no art. 5º, inciso LVII, da Constituição Federal, que assim dispõe: "[...] ninguém será considerado culpado até o trânsito em julgado da sentença penal condenatória".

INDÍCIOS DE UM SERIAL KILLER

01	Antecedentes de doença mental, deduzidos pela internação de três meses no Hospício de Alienados de Porto Alegre, depois de episódio de "ausência mental". (Relato de Pacheco e Silva.)
02	Amaral era solitário e sem endereço fixo, vivendo em albergues, praças públicas e pensões.
03	Desertou, por várias vezes, de instituições militares, demonstrando problemas em relação à disciplina.
04	O tamanho e calibre de seu pênis eram completamente anômalos, o que certamente lhe causou problemas sexuais.
05	Amaral era andarilho, vivia em peregrinação pelo país afora. Residiu em Ouro Preto e Vitória, e consta, no processo crime, sua passagem pela Bahia, Ceará, Amazonas, Pará, Bolívia, Argentina, Uruguai, Rio Grande do Sul e São Paulo.
06	Tem antecedentes criminais.
07	Levou a polícia até os restos mortais de Antônio Sanchez e José Felippe de Carvalho.
08	Foi reconhecido, na delegacia por três vítimas que alegavam ter sobrevivido ao seu ataque.
09	Os assassinatos se deram no mesmo local e da mesma forma.
10	Os assassinatos pararam depois de sua prisão.

REFERÊNCIA

ASSUNÇÃO JR., Francisco B. A ideologia na obra de Antonio Carlos Pacheco e Silva. *Rev. Latinoam. Psicopat. Fund.* VI, 4, p. 39-53.

CAMPOS, Paulo Fernando de Souza. *Os crimes de Preto Amaral:* representações da degenerescência em São Paulo (1920). 2003. Tese (Doutorado em História)– Programa de Pós-graduação da Universidade Estadual Paulista, Botucatu, SP, 2003.

FONSECA, Guido. *Crimes, criminosos e a criminalidade em São Paulo (1870-1950)*. São Paulo: Editora Resenha Tributária, 1988.

RODRIGUES, Raimundo Nina. *As raças humanas e a responsabilidade penal no Brasil.* 3. ed. São Paulo/Rio de Janeiro/ Recife/Porto Alegre: Nacional, 1938.

SHECAIRA, Sergio Salamão. *Criminologia.* 2. ed. São Paulo: Editora RT, 2008.

SILVA, A. C. Pacheco; REBELLO NETO, J. Um sádico-necrophilo: o Preto Amaral. *Archivos da Sociedade de Medicina Legal e Criminologia de São Paulo,* São Paulo, 1927.

OUTRAS FONTES

Fotografias do acervo do Museu e Arquivo Criminal Dr. Milton Bernardski, da Associação dos Investigadores de Polícia de São Paulo.

Museu do Crime da Academia de Polícia Dr. Coriolano Nogueira Cobra, São Paulo.

Museu do Tribunal de Justiça do Estado de São Paulo.

Processo-crime nº 1670 – 1927.

AGRADECIMENTO ESPECIAL: Registro aqui o incentivo do Instituto de Defesa do Direito de Defesa (IDDD), na pessoa de Luciana Zaffalon Leme Cardoso, para que eu repensasse este caso e pesquisasse com mais profundidade o momento histórico em que ocorreu, esclarecendo que José Augusto do Amaral morreu sem ter tido direito a um julgamento. Para entender a história do Código Penal do Brasil e sua evolução, contei com o precioso conhecimento do promotor Francisco José Taddei Cembranelli. Em 2013, houve um júri simulado e Amaral foi absolvido. Testemunhei pela acusação e destaco aqui o profundo e brilhante trabalho do procurador de Justiça Carlos Roberto Marangoni Talarico.

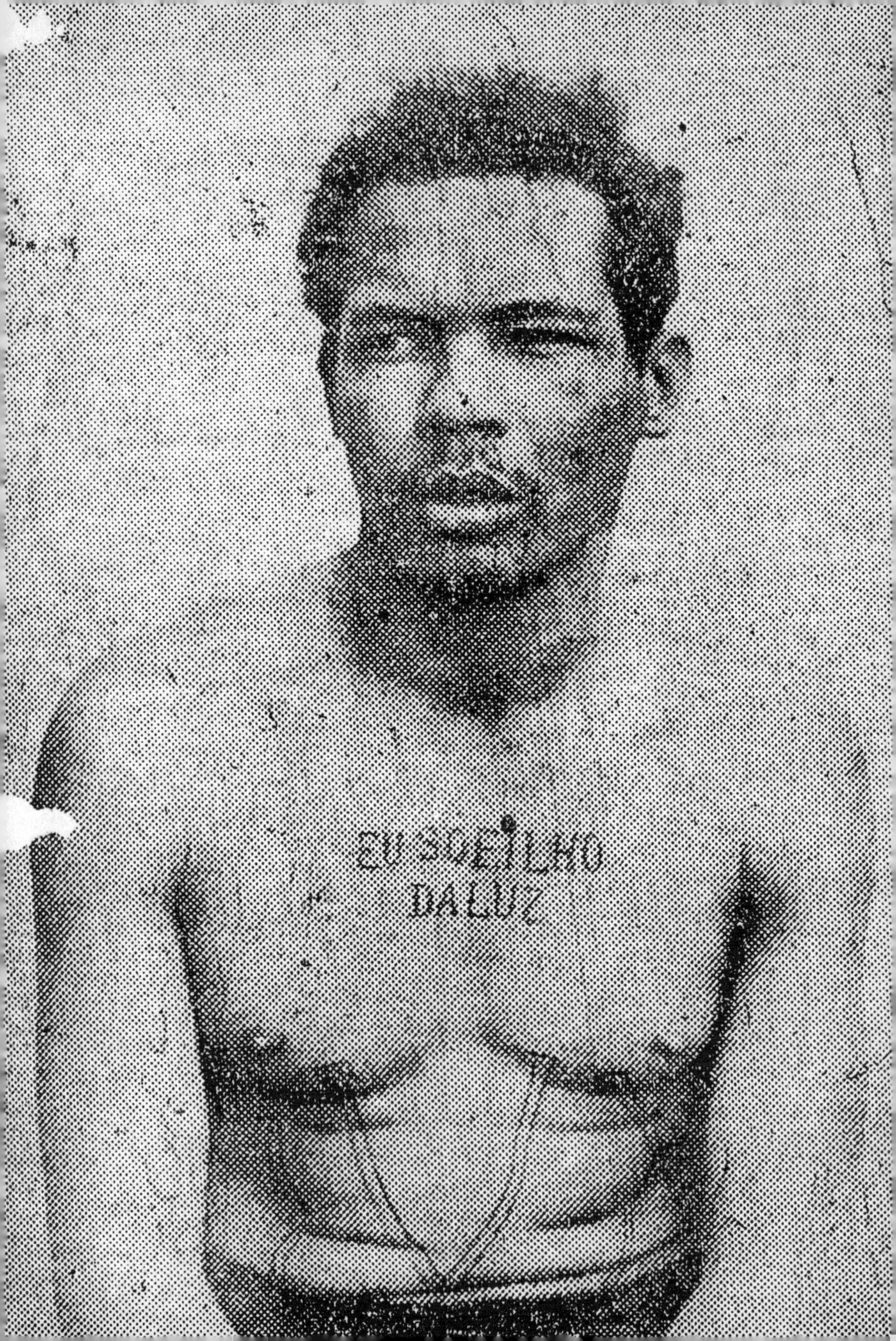
DALUZ

FEBRÔNIO INDIO DO BRASIL

2.

"O FILHO DA LUZ"

"Eu sou um predestinado e estou na Terra para cumprir uma missão divina que me foi confiada." – **Febrônio Indio do Brasil**

OS HOMICÍDIOS

13 DE AGOSTO DE 1927. Naquele sábado, Febrônio Indio do Brasil perambulava sem destino pela cidade do Rio de Janeiro. Essa era sua vida, andar por aí cumprindo a missão de tatuar meninos, lutando assim contra o demônio. Ele mesmo tinha uma grande tatuagem que contornava o tórax, com as letras D C V X V I. Essas inscrições significavam Deus, Caridade, Virtude, Santidade,[1] Vida e Ímã da Vida. Serviriam de talismã para aqueles que as carregassem no corpo. A crença religiosa de Febrônio era um misto de "espiritismo e livre-pensamento".

Vagou pelas ruas da cidade até se decidir pelo rumo de Jacarepaguá. De lá, resolveu seguir para a Várzea da Tijuca, andando pela estrada que ligava os dois locais.

1 Febrônio utilizou a letra X para Santidade. De acordo com *A Grande Enciclopédia Portuguesa e Brasileira*, volume 37, X.O., X.P., X.P.I., X.P.S., X.R.I., X.R.O. e X.Y. referem-se a Christi, Christo e Christus.

Ao ver um enterro passar, não resistiu e perguntou para uma pessoa do cortejo se o defunto tinha feito "cara feia" antes de morrer. O cidadão olhou para ele atônito, sem entender o objetivo da pergunta, mas Febrônio não ligava para o que os outros pensavam ou falavam dele. No seu mundo místico, essa informação era valiosa, apesar de ninguém entender qual a necessidade de ele saber disso.

Continuou pela estrada da Tijuca até que, em certo ponto do caminho, encontrou um homem chamado João Marimba, a quem perguntou onde ficava a ilha do Ribeiro, local que queria conhecer. João acompanhou-o até lá.

A ilha do Ribeiro era um lugar de dificílimo acesso. Era extensa, completamente desabitada, mas repleta de árvores frutíferas. Ficava unida à estrada por uma parte aterrada da lagoa que a circundava, como um brejo, e encontrar essa ligação não era tarefa fácil.

Febrônio encheu João Marimba de perguntas sobre o proprietário das terras, além de tecer comentários sobre a quantidade de mato que havia lá.

João Marimba, sem entender o interesse daquele homem por terras tão inóspitas, indagou:

> – Afinal, quem é o senhor e o que pretende nestas lonjuras?
>
> – Sou chofer. Pretendo montar por aqui uma empresa de autoviação e ando em busca de um ponto que se preste para uma grande garagem – respondeu Febrônio.

Febrônio realmente vestia um uniforme de motorista. "Devia mesmo estar a serviço de uma empresa", pensou então João Marimba. Dando de ombros, esperou que ele analisasse o local. Quando Febrônio ficou satisfeito, despediram-se e cada um seguiu seu rumo.

Mais adiante, caminhando ainda pela estrada da Tijuca, Febrônio chegou a um local chamado Marimbeiro. Olhando em volta, percebeu um menino de cerca de 10 anos parado na porta de uma casa. Aproximou-se e, com sua lábia afiada, logo tirou dele a informação de que seu nome era José de Moura. No decorrer da conversa, o menino José perguntou a Febrônio se ele não conhecia alguém que estivesse oferecendo emprego. Febrônio, aproveitando o rumo da conversa, disse que era exatamente isso que fora fazer lá e perguntou ao garoto se o irmão dele estava em casa. Como quem precisava de emprego na família era Alamiro José, seu tio, o menino convidou sem demora o estranho para entrar, sem perceber que o homem havia perguntado sobre um irmão que não existia.

José apresentou Alamiro a Febrônio e na mesma hora começaram a conversar. Parecia que a família estava com sorte: havia uma vaga na empresa de autoviação "do Lopes". Febrônio se identificou como motorista dessa empresa, que estaria estabelecendo uma linha de ônibus do Leblon até Porta d'Água, cruzando justamente aquele local.

Nesse momento, chegou Antonio José, pai do pequeno José, que logo quis se inteirar da conversa. Estranhando a visita, perguntou a Febrônio por que tinha ido até sua casa. Este respondeu que fora mandado por Jodelino, irmão de Alamiro, para oferecer o tal emprego.

Antonio José ficou preocupado. Alamiro tinha umas feridas nas pernas e não poderia começar a trabalhar de imediato. Febrônio tranquilizou Antonio. Disse que o emprego era para tomar conta de um depósito de material da empresa, que ficava próximo à residência deles. As feridas do rapaz não seriam empecilho.

Antonio aquiesceu e se preparou para encerrar a conversa. Já era hora do jantar e o estranho devia ir embora. Ardiloso, Febrônio precisou apenas de mais dois dedos de prosa para compartilhar a refeição na companhia da família. Comportou-se muito bem; não bebeu nada alcoólico e comeu como rei.

Acabada a refeição, Febrônio convidou Alamiro para acompanhá-lo até a sede da empresa "do Lopes". Antonio José interveio, dizendo que seria melhor irem na segunda-feira. Febrônio argumentou depressa que Alamiro deveria assinar uns papéis sem demora, porque a linha já começaria a funcionar naquele dia e eles não tinham tempo a perder. Com segurança, venceu a resistência de Antonio e saiu com o rapaz porta afora. Já era noite fechada, mas Antonio José parou de se preocupar com o cunhado de quase 20 anos.

Alamiro seguiu Febrônio pela estrada da Tijuca até a ilha do Ribeiro. Embrenharam-se pela mata e, quando estavam completamente isolados, Febrônio propôs que parassem para pernoitar. Já era tarde e seria melhor retomarem o rumo no dia seguinte.

Por cima de folhas ressecadas, Febrônio estendeu uma capa. Tirou toda a roupa e, nu, pediu que Alamiro fizesse o mesmo. Hesitante, o rapaz tirou a calça e a cueca, mas, quando olhou o motorista, percebeu a excitação sexual dele e deu-se conta de suas verdadeiras intenções. Assustado, ouviu Febrônio mandar que se deitasse sobre a capa, mas rejeitou com veemência a ideia. Enraivecido, Febrônio não aceitou a negativa e tentou forçar Alamiro. Os dois, homem e rapaz, se envolveram em uma luta brutal. Alamiro era forte e não se renderia com facilidade. Febrônio, ágil como um animal predador, pegou o rapaz pelo pescoço e passou a estrangulá-lo. Já sem ar, os joelhos da vítima se dobraram e ela foi derrubada no chão. Sem demora, Febrônio enlaçou o pescoço de Alamiro com um cipó verde e apertou um nó. Asfixiou o rapaz.

Sem ter mais serventia para Febrônio, jogou displicentemente as roupas de Alamiro sobre o corpo inerte, deixando de fora apenas braços e pés.

Na segunda-feira, Antonio José, alarmado com a demora de Alamiro, foi até a Empresa de Autoviação Lopes. Lá foi informado que não existia nenhum funcionário de nome Febrônio, nem uma linha nova entre o Leblon e Porta d'Água. Com o coração pesado, Antonio José percorreu os hospitais da região, mas não encontrou Alamiro. Ao chegar em casa, o padeiro foi lhe

O CASO DE FEBRONIO PERANTE A PSYCHIATRIA

(Conclusão da 5ª pag)

Correccional da Ilha Grande) **o mundo vivo Oriente, o herdeiro de uma trombeta viva que scientifica tocando sem descanso noite e dia a**

O perfil do criminoso

existencia do seu eterno companheiro vindo do sol nascente".

A' pag. 16: **"eis o estrondo leal de u[illegible] or perfeito, o Santo Taberna[illegible]o Oriente ordenou a coroação [illegible]enino vivo Oriente".**

A' pag. 28: **"Buscou entre os homens mais infelizes o menino insignificante de valor tão precioso...; menino das magias antigas, qual o ente encarnado o mysterio da igreja do que a ti ensinou a voz da morte a vida prophetizar?"**

Todo o livro demonstra a par de nenhuma cultura a imaginação fantasista de Febronio. As leituras biblicas a que se entregou muito influiram nesse seu escripto assim como nos seus sonhos. De todos os capitulos da Biblia, evidentemente o que mais o impressionou é o referente a Daniel.

Febronio, como Daniel, pretende possuir altas qualidades de desvendar o futuro por meio dos sonhos. Como Daniel, exilado e escravizado, Febronio tem estado na Ilha Grande e na Detenção.

CONSIDERAÇÕES FINAES

Antes da doutrina psycho-analista, seria difficil comprehender os casos morbidos como o de Febronio. Teria de ir forçosamente para os [illegible]

cismo que á primeira vista poderia lembrar um recurso de supersimulação, mas que na realidade visa inconscientemente a dissimulação do archaismo psychico

A analyse dos seus sonhos e as experiencias de associações de ideaes não deixam a este sujeito grandes duvidas.

O "dragão", o "boi" (allusões muito directas á figura paternal), constituem no sonho o maior embaraço ás suas aspirações. Identificada a **imago** materna, soffre as maiores atrocidades (algolaguia passiva ou onirica). A **moça** sua protectora e conselheira (mago materna) o orienta na luta contra o "dragão". Recommenda-lhe o emprego da espada (symbolo de masculinidade) e de tatuagem (algolaguia activa) ao mesmo tempo que o induz á publicação de um livro justificando uma grande missão: "Dues vive", e o "menino vivo Oriente" (Febronio) é o seu herdeiro. Desde então o seu poder será illimitado, já não existirá o "dragão".

As impulsões para tatuagens tomaram-se irresistiveis.

A publicação do livro necessitou de uma grande tenacidade. Havia de "cumprir a sua missão".

As impulsões sexuaes de Febronio estão escondidas sob a mascara de tatuagens (impulsões sadicas).

Em conformidade com a estructura da entidade morbida os diversos symptomas nevroticos servem para derivar as representações obsidentes, que envolvem parentes muito proximos e que á sua consciencia apparecem como elementos estranhos. Servem ainda para exprimir a luta entre o desejo de satisfação e o dever de repressão.

Em resumo, de accordo com os

avisar que um cadáver havia sido encontrado nas matas da ilha do Ribeiro. Seguiram para lá e, com horror, Antonio José reconheceu Alamiro, ainda com um cipó em volta da garganta.

29 DE AGOSTO DE 1927. Segunda-feira, outra vez sem destino certo para Febrônio. Ele vagava a esmo pela ilha do Caju quando avistou o menor João Ferreira (10), chamado carinhosamente por todos de Jonjoca, na porta de sua casa. Com toda simpatia, aproximou-se dele e ofereceu alguns doces que levava no bolso. Entabularam uma conversa sobre trabalho e Febrônio convidou o menino para que se empregasse de copeiro na casa de um coronel do Exército, na avenida Pedro Ivo. Nesse momento, chegou dona Beatriz, mãe do menino. Animadamente, contaram a ela sobre o emprego, mas a senhora não gostou muito do que ouviu. Achava o filho muito novo para já ir trabalhar em endereço tão longe de casa.

Febrônio então perguntou para dona Beatriz:

– A senhora não teria um filho um pouco maior? Também acho este pequeno...

– Não, não tenho – respondeu dona Beatriz.

– Nesse caso, vai este mesmo. A senhora não se arrependerá, pois o coronel paga bem!

Com habilidade e paciência, foi argumentando com a mãe do menino. Dona Beatriz não conseguia se resolver. Ali estava uma boa oferta de emprego e Jonjoca ajudaria muito no apertado orçamento da casa. Por outro lado, achava o filho ainda tão pequeno... Com muito cuidado e bom senso, pediu a Febrônio que se dirigisse com o menino até a oficina onde seu marido trabalhava de mecânico, apresentasse a proposta para ele e, qualquer que fosse a decisão, ela acataria.

Dona Beatriz ficou na porta de casa olhando os dois partirem, depois de entregar ao filho um embrulho com uma calça cinza, caso precisasse trocar de roupa. Acenou para o filho, que lhe disse:

– Não se preocupe mamãe, eu volto logo!

Sem demora, homem e menino seguiram para encontrar José Ferreira na praia do Retiro Saudoso, 252. Febrônio explicou para o pai de Jonjoca tudo sobre o emprego, mas, com malícia, acrescentou que dona Beatriz já havia autorizado o filho a acompanhá-lo para empregar-se na casa do coronel. Depois de algumas perguntas, José "concordou" com a esposa e viu os dois partindo na direção combinada.

Naquele mesmo dia, ao chegar em sua casa, José logo descobriu que Febrônio tinha enganado o casal. Sem demora, começou uma busca desesperada por Jonjoca na rua Pedro Ivo. Percorreu todas as casas, mas a resposta era sempre a mesma: ninguém tinha visto seu filho, ninguém estava empregando um copeiro, não havia coronel nenhum morando por ali. Sem demora, José e Beatriz seguiram para a delegacia e prestaram queixa. Os policiais de plantão ouviram a descrição do estranho homem que levou Jonjoca: moreno, com dente de ouro e jaquetão escuro. Mostraram a eles várias fotografias de arquivo e, dentre elas, reconheceram a de Febrônio Indio do Brasil. Outro que compareceu e reconheceu Febrônio foi o menor Orlando Figueiredo, de 16 anos, vizinho de Jonjoca. Ele havia sido convidado pelo suspeito para trabalhar no mesmo emprego, mas não aceitara a oferta.

Enquanto José e Beatriz identificavam o raptor de seu filho, Febrônio o levava para a Quinta da Boa Vista, enchendo o menino com promessas que nunca cumpriria. Entraram pelas matas do largo do França e, já isolados, prometeu a Jonjoca um terno, caso ele se deixasse ser tatuado no peito. Sem muita alternativa e com medo do facão que o homem carregava na cintura, o garoto permitiu que ele desenhasse várias letras em seu peito com a ajuda de uma agulha, linha e tinta vermelha. O processo foi muito doloroso, mas o menino pensava que assim conseguiria sair vivo do que já se mostrava ser uma enrascada.

Depois da sessão de tatuagem, os dois tomaram o bonde da linha Itapiru e saltaram na rua Haddock Lobo. Mais um bonde e seguiram a pé para a ilha do Ribeiro, local agora bem familiar para Febrônio. Chegaram já de noite e, antes que Jonjoca percebesse o que acontecia, Febrônio o agarrou pelo pescoço, apertando-o até que o último fio de vida se esvaísse. Depois, despiu o menino, recolheu sua roupa numa trouxa bem apertada e jogou-a longe do corpo.

A HISTÓRIA

Em agosto de 1927, as manchetes do jornal *Correio da Manhã* destacavam as últimas notícias sobre Sacco e Vanzetti, anarquistas condenados à morte por homicídio nos Estados Unidos. Muitos os consideravam inocentes e injustiçados, sem direito a um julgamento imparcial por conta de suas crenças políticas radicais. No dia 17 de agosto, na página seis do mesmo jornal, saiu a primeira notícia do que seria chamado por toda imprensa de "O hediondo crime da ilha do Ribeiro". No dia anterior, a polícia havia sido avisada sobre um cadáver encontrado naquela ilha, distante apenas dois quilômetros do local onde tinha sido visto pela última vez Alamiro José Ribeiro.

O corpo estava no interior da mata, estendido sobre uma ramagem, de barriga para cima. Um policial aproximou-se e levantou o paletó que cobria a parte de cima do cadáver. Tratava-se de um rapaz com aproximadamente 20 anos. O policial também retirou de cima dele a calça e a ceroula que lhe cobriam o ventre e as pernas. Estava vestido apenas com a camisa e ainda

Aspecto dos trabalhos periciaes no local do crime da Ilha do Ribeiro.

mo ao hotel Rio Branco, conheceu, neste estabelecimento, nas vezes que alli fôra adquirir cigarros, um individuo de estatura regular, côr parda, cabellos ondulados, usando oculos escuros, muito falador, e quasi sempre permanecia na sala do restaurante; que, no dia 2 do corrente, pela leitura dos jornaes do Rio, os quaes estapavam a sua photographia, veio saber ser Febronio Indio do Brasil.

Tem um filho de 14 annos de idade, que, quasi sempre, vai ao hotel, comprar gulodices;

Agora lendo nos jornaes do Rio, noticias de um crime praticado na ilha do Ribeiro, soube pelas photographias nelles estampadas, ser Febronio Indio do Brasil, individuo que elle protegia, auctor dos barbaros crimes divulgados.

Assim terminou Thomaz o seu depoimento, passando-se então a serem lavradas as declarações da ultima testemunha.

FEBRONIO TENTA FAZER UMA OPRRAÇÃO

A ultima testemunha ouvida pela policia de Petropolis, foi o Sr. Antonio Alves Seabra, estabelecido com alfaiataria, á rua 13 de Maio numero 189.

Perguntado pelas [illegible] que sabia sobre [illegible] disse:

calçava meias, presas por ligas, como era comum na época. Próximos ao corpo estavam os sapatos da vítima.

Logo chegou ao local Antonio José, que reconheceu na hora o corpo como sendo do cunhado Alamiro.

Em um exame superficial, os peritos logo perceberam que o rapaz havia sido estrangulado com o cipó verde que ainda estava enrolado no pescoço. O corpo tinha marcas acentuadas de atos de crueldade, como contusões fortes nas nádegas e ferimento na cabeça. Aparentemente, não havia sinais de sevícias, mas isso só poderia ser confirmado na necropsia.

Perto do corpo, a polícia apreendeu uma bolsa de fumo e um boné. Um dos investigadores do caso logo se lembrou de um detento que saíra havia poucos dias da Casa de Detenção. Com pressa de resolver o caso, dirigiu-se para lá e não demorou para que o colega de cela do suspeito confirmasse que os objetos eram de Febrônio Indio do Brasil. O homem ainda declarou que o boné era seu e que Febrônio o havia furtado dele antes de ser solto. Dono de extensa ficha criminal, ele era muito conhecido pelos policiais do Rio de Janeiro.

Imediatamente, chamaram Antonio José de Moura que, sem pestanejar, reconheceu a fotografia do suspeito entre outras tantas providenciadas pelos policiais.

Febrônio, vulgo Tenente, usava vários nomes diferentes: Teborde Simões de Mattos Indio do Brasil, Fabiano Indio do Brasil, Pedro de Souza, Pedro João de Souza, José de Mattos, Febrônio Simões de Mattos e Bruno Ferreira Gabina.

Seus registros criminais incluíam 37 prisões pela polícia, oito entradas na Casa de Detenção e três condenações. Havia sido preso por vadiagem, furto, roubo, chantagem e fraude. No dia 8 de agosto daquele mesmo ano, tinha sido libertado da Casa de Detenção, depois de responder a um processo por crime de homicídio. Tinha espancado até a morte, com socos e pontapés, Djalma Rosa, um menor da mesma cela que não aceitara suas propostas indecorosas. Foi absolvido em 18 de julho de 1927, mas levado novamente para averiguações à Casa de Detenção. Quando colocado em liberdade, vestia farda azul-marinha e boné escuro.

Todos os agentes da 4ª Delegacia foram destacados para seguir seu rastro. Febrônio foi procurado em São Cristóvão, São João de Meriti e Petrópolis, sem sucesso. Os agentes carregavam sua fotografia no bolso para um possível reconhecimento, até que no dia 31 de agosto tiveram sorte. Febrônio foi preso na estação Barão de Mauá, ao tentar entrar no trem da Leopoldina. Em seus bolsos levava níqueis, papéis sem importância, uma cautela, uma chave costurada no cós da ceroula e um vidro com tinta de tatuagem. Não reagiu à prisão, mas negou terminantemente os crimes.

Já na delegacia, Febrônio declarou que não sabia de nada sobre o assassinato de Alamiro e o sumiço de Jonjoca. Alegava que quando saíra da cadeia dirigira-se para Petrópolis, onde se havia estabelecido como cirurgião-dentista. Lá tinha sido preso e encarcerado por vários dias. Ao ser libertado, fora para o Rio de Janeiro localizar, na Saúde Pública, seu diploma de dentista, em data após o desaparecimento das duas vítimas.

Nada convencida com as declarações de Febrônio, a polícia mandou chamar dona Beatriz, que o reconheceu imediatamente como o homem que havia levado seu filho. Frente a frente com ele, implorou:

– Dize, ao menos, onde está meu filho!

Febrônio ficou em silêncio; nada respondeu. Diante de seu rosto impassível e sem nenhuma resposta sobre o paradeiro de Jonjoca, a mãe da vítima desmaiou.

O delegado então chamou José Ferreira e Orlando Figueiredo, que também reconheceram Febrônio como o homem procurado pela morte de Alamiro e pelo desaparecimento de Jonjoca.

Às onze horas da noite, Febrônio foi novamente interrogado. Depois de muita conversa sem resultados práticos, declarou:

– Doutor, nada lhe posso dizer agora à noite. A minha memória não é tão fresca quanto o é de dia, consequência naturalmente de uma grave moléstia que me levou ao hospício.

O delegado Oliveira Ribeiro perguntou:

– Foi você então que induziu o menor João a acompanhá-lo?

Febrônio respondeu:

– Foi, sim.
– E onde o deixou?
– Já lhe disse, não me lembro, interrogue-me amanhã. Não raciocino bem à noite.

Febrônio foi levado de volta à cela. O interrogatório continuaria só no dia seguinte.

Na manhã do dia 2 de setembro, depois de algumas horas tentando fazê-lo falar, por fim Febrônio Indio do Brasil confessou ser o autor do assassinato de Alamiro José Ribeiro.

Segundo conta, ele e Alamiro saíram da Tijuca e tomaram um bonde para Cascadura. Foram à cidade, compraram uma bebida à base de cachaça e estiveram no Cinema Ideal. De lá seguiram para o Alto da Boa Vista e beberam tudo o que haviam adquirido. Os dois foram então para a ilha do Ribeiro, onde tiveram uma acalorada discussão. Febrônio teria enrolado o cipó no pescoço de Alamiro e só parado de apertar quando o rapaz "dormira".

Quando Febrônio acordou, disse ter ficado atordoado ao perceber que Alamiro estava morto e, assustado, fugiu para Ipanema, onde furtou o paletó e o colete que usava quando fora preso. Não soube responder ao delegado o que havia feito com a roupa que estava usando no dia do crime, nem indicar a localização da casa em que praticara o tal furto.

Durante o interrogatório, presenciado por toda a imprensa, todos repararam que Febrônio divagava sobre assuntos estranhos, para depois voltar a falar racionalmente. Era clara sua confusão mental, mas para todos ali isso não passava de uma inteligente dissimulação.

Quando interrogado sobre a tal religião que inventara, Febrônio respondeu ao delegado:

– Eu estava na Colônia Correcional quando criei a religião que presentemente adoto. Ela é fruto de repetidas leituras e estudos que tenho feito sobre as religiões professadas pelo povo. E tudo o que faço é em benefício da geração. Em tempos idos, reis e príncipes sacrificaram seus filhos em holocausto aos seus deuses. Eu sacrifiquei Alamiro em benefício da humanidade que está corrompida.

Febrônio afirmou que não havia matado Jonjoca. O menino seria o "substituto e continuador" da obra de Alamiro que, vitorioso, deixou este mundo de misérias e desenganos. Jonjoca teria sido libertado depois de tatuado com o Ímã da Vida, que seria seu talismã de proteção.

Pressionado pelo delegado a dizer a verdade sobre o menino desaparecido, Febrônio por fim declarou:

> – Nada direi. Tenho um pé enterrado e não enterrarei o outro... Isso nunca!

Diante da negativa de autoria, a polícia se concentrou nas buscas por João e em investigações sobre Febrônio Indio do Brasil. Muitas informações estranhas seriam levantadas naquela semana.

O MÉDICO E O MONSTRO

A primeira parada da polícia foi em Petrópolis, onde Febrônio havia declarado ter estado depois de ter sido libertado em 8 de agosto.

Descobriram que a sua moradia era o quarto número três do Hotel Rio Branco. Naquela cidade, era conhecido como dr. Bruno Ferreira Gabina, cirurgião-dentista desaparecido em 1922. O dono do estabelecimento mostrou aos policiais o quarto do "doutor Bruno", onde foram apreendidas nove peças de cirurgia, uma roseta com 25 dentes, uma forma para dentaduras, diversas ferramentas, fragmentos de massas para dentaduras, uma caixinha com aparelho para injeção e um vidro com brilhantina. Depois se saberia que esse material havia sido roubado do dentista Antonio Lourenço.

Fazendo perguntas pela cidade, logo descobriram histórias interessantes. O alfaiate Antonio levou para os investigadores as roupas que Febrônio vestia quando matara Alamiro, a tal farda azul-marinho. Segundo seu depoimento, o acusado o procurou usando a identidade de Bruno e comprou um terno. Deixou a roupa que usava, deu um sinal em dinheiro e pediu que Antonio recebesse o restante no seu quarto de hotel. Ao ir cobrar a dívida, o "doutor Bruno" notou que Antonio mancava e perguntou-lhe por quê. O alfaiate respondeu que tinha um cisto sebáceo no quadril. O "doutor Bruno" pediu para ver a lesão e Antonio tirou as calças para que fosse feito o exame. Sentiu quando o "médico" aplicou iodo sobre a pele, mas não esperava a canivetada que levou para ficar curado. O louco tinha lhe rasgado profundamente a carne e o ferimento sangrava sem parar. Assustado, Antonio correu dali para outro médico e não recebeu a dívida que tinha ido cobrar.

A dona do Hotel Rio Branco também conversou com a polícia. Segundo ela, um hóspede fora lhe contar que certo dia, à meia-noite, tinha visto o "doutor Bruno" enterrando alguma coisa no quintal. Quando foi verificar, achou um par de seus sapatos, cada pé contendo uma pata do coelho servido no jantar da noite anterior. Segundo a infeliz senhora, desde aquele dia sofria de dores de cabeça terríveis por causa da "mandinga".

Uma mulher de nome Francisca, moradora de Petrópolis que fora depor no Rio de Janeiro, contou uma história ainda mais bizarra. Com dor de dente, no dia 16 de agosto ela foi atendida pelo "doutor Bruno", que lhe extraiu quatro dentes. Indignada, perguntou por que o "dentista" havia tirado aqueles que ainda estavam bons. Ele respondeu que "dentes doentes comprometiam a integridade dos vizinhos". Depois, mandou que dona Francisca fizesse um bochecho com álcool puro na sua frente.

Quando Febrônio foi interrogado sobre suas histórias como dentista, confessou que havia se apoderado do diploma do doutor Bruno Ferreira Gabina, que o contratara para serviços gerais, mas vivia embriagado e não conseguia atender seus pacientes. Febrônio então tinha de despachá-los sem tratamento. Certo dia, de posse do diploma de Bruno, Febrônio foi até o Departamento Nacional de Saúde Pública e, passando-se pelo dentista, se registrou. Dali em diante atendia em consultório próprio, na rua Visconde de Rio Branco. O estabelecimento foi transformado em Assistência Dentária, tendo assim enganado várias pessoas. Sentia prazer no sofrimento físico que infligia a suas vítimas. Quando extraía dentes, eram vários de uma só vez.

Passado um tempo, transformou a Assistência Dentária em agência de empregos, onde empregaria indivíduos mediante uma fiança. Quando começou a ter problemas com a polícia, resolveu que era hora de mudar de estado. Em processo de 1925 pela 1ª Delegacia Auxiliar do Rio de Janeiro, consta que Febrônio tinha se formado dentista pela Faculdade da Bahia, sob o nome de Febrônio Simões de Mello Indio do Brasil.

Viajou para o Espírito Santo como Bruno Gabina, mas, como não conseguiu muitos clientes, "transformou" o diploma de dentista em um "de médico" e, novamente, registrou-se no Departamento de Saúde Pública, dessa vez no novo estado.

Lá foi morar em Mimoso, exercendo a profissão de médico. Fez vários partos e cirurgias.

Mudou-se então para Minas Gerais, onde também se passou por médico, dessa vez com o nome de doutor Uzeda Filho. Ao atender uma emergência de parto, acabou causando a morte da pobre mulher que socorria.

A polícia não conseguiu provas de que Febrônio tivesse matado o doutor Bruno Gabina e assumido então sua identidade. Nem a mãe do verdadeiro dentista sabia onde ele estava.

O caso de Febronio perante a psyc

A opinião dos drs. Murillo de Campos e Leonidio Ribeiro

Continua interessando vivamente opinião publica o caso monstruoso Febronio.

Proseguindo o nosso inquerito a peito desse criminoso, sobre o l já falaram os professores Henue Roxo e Espozel e os drs. Pedro nambuco e Evaristo de Moraes, nos procurar ouvir os dois peritos estão realizando um exame meo desse individuo, movidos apenas o interesse scientifico que o caso esenta, e são os drs. Murillo de mpos, psychiatra e chefe de seo militar do Hospicio e Leonidio

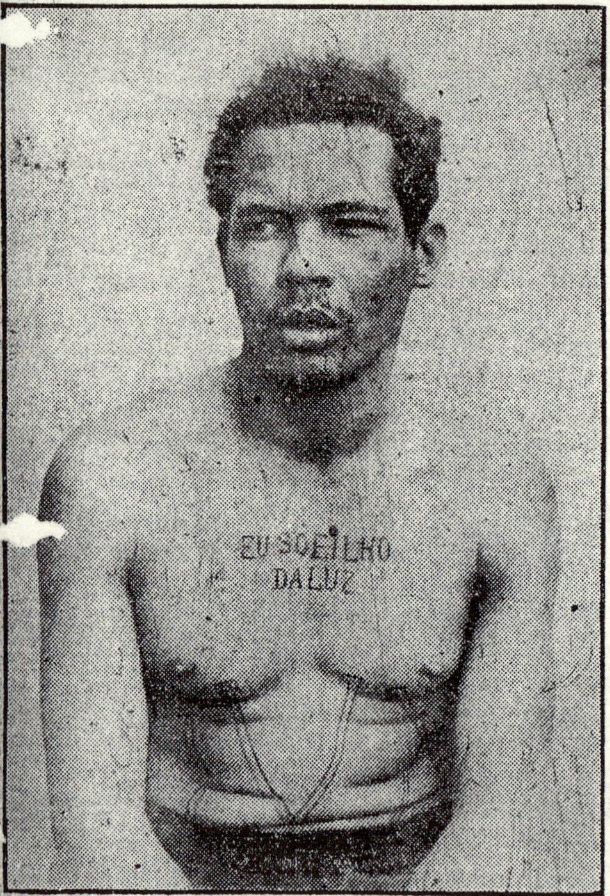

As tatuagens de Febronio

beiro, medico-legista e docente da culdade de Medicina.

ccedendo ao nosso desejo esses esialistas começaram a explicars as razões por que estavam exanando o caso de Febronio, com seguintes palavras: "Graças a especial gentileza do dr. Coriodo de Goes, chefe de policia, e a vontade do dr. Espozel Coutinho, egado auxiliar, e ... Meira

gistrados na literatura medico-legal de todos os tempos, e o primeiro publicado entre nós, de grande sadismo, tendo um especial interesse scientifico, por se tratar de um mestiço.

Este caso constitue uma observação curiosa, em que fica claramente evidenciado o typo caracteristico do sadista, denominação que se originou do nome desse nobre francez, o marquez de Sade, bello typo de homem, cheio de fortuna, que viveu em Paris, em principios do seculo passado. Depois de uma vida toda ella de dissipações e orgias, acompanhadas de praticas de perversão sexual e pederastia as mais ignobeis, ao ponto de maltratar e depois ferir as suas victimas, passou longos annos na prisão, sendo afinal condemnado á morte, para ser perdoado e internado num hospicio, como louco. Sendo homem de talento, ao mesmo tempo que um espirito culto, aproveitou os longos annos em que estetisfazer o seu prazer, num requinte de sadismo nunca visto.

EXAME SOMATICO DO CRIMINOSO

Febronio é um mestiço escuro, em que são poucos os caracteres de cruzamento. caboclo preto.

O contorno frontal da face é pentagonal, o nariz chato, o craneo bachicephalo, a testa fugidia.

As orelhas, imperfeitamente orladas, têm os lobulos adherentes. Os dentes são máos, cariados, e alguns irregularmente implantados. Cabellos abundantes e eri ados. Barba e bigode ralos. Pellos axilares e pubianos, pouco abundantes e cortados. Tronco e coxas glabros. Braços e pernas revestidos de pellos finos e pouco abundantes. Pelle fina e elastica. Panicula gordurosa pouco espessa —, mas bem perceptivel, sobretudo ao nivel do abdomen. Musculatura forte, mas sem o relevo das massas musculares. Esqueleto forte, bacia larga, escoliose com concavidade para a direita. Orgãos genitaes normaes, etc.

De accordo com os dados acima, e as mensurações realizadas, Febronio póde ser incluido, quanto á constituição physica, num typo dysplasico de Kretschmer, com accentuados elementos de feminilidade, ou num mixto cerebro-digestivo de Sigaud, ou ainda num typo mixto da primeira e segunda construcções morphologicas de De Giovanni.

SEU ESTADO MENTAL

Humor calmo; expressão facil, ás vezes muito reservado e certo grão de irritabilidade quanto a algumas perguntas. Propensão em perder-se em minucias. Difficuldade em destacar-se dos assumptos.

As respostas são geralmente de caracter vago e não raro reticentes, mas sempre rigorosamente fiscalizadas. As mesmas perguntas, feitas em dias diversos, obtêm, via de regra, respostas desiguaes e desorientadoras. Desorientação no tempo, não se podendo saber até que ponto as suas informações obedecem a propositos intencionaes. Orientação perfeita no meio. Não precisa factos nem datas do seu passado, parecendo ter certo prazer em confundil-os e apagal-os no interrogatorio.

Quanto aos crimes de que é accusado, nega-os systematicamente e com a maior displicencia repete: "é perseguição que me movem; con-

los lo
que
me.
co
sã
ci
d
a
C
t
r
i
r
i
z
r

is
No
firı
mesı
compı
uma es
gão. An
cedor, de
com as letı
tão poderia,
como ainda d
nuir a luz do

Datam mais ca as impulsõe mas dos crimes, processado. Proc

Um desenho feito por Febrnoio, na pris

cia meninos, offe
ro, presentes ou e
passar por unico
tia rica e assim o

Logo que passou
pada amarrada á
uma alteração no
curava repetir: "o
mou-se num boi e
procura alcançar-
Quando o avisto
uma arvore. Sinto
cresce, quando el
e diminue quando
acordado, diz Febı
a perseguição dess
xa.

Sente rebeldes in
ços nas idéas, etc.

A proposito de s
ções do Principe d
que não o assigno
movia a vaidade
apenas os object
são.

Indicando com
editora, conseguiu,
prietario, informaç
mam as de Febron
2 annos appareceu-

rônio · Índio do Brasil

ozgf. Bello Horizonte Diamantina

A letra do delinquente

...ctor da Casa de Detenção, ...os, apesar das condições ...dos exames, colher alguns ...nos permittem breves con... sobre este criminoso, que ...pelos seus inumerosos cr... ...cumstancias especiaes em ...tica, uma observação rara ...sima.

...estudo, ainda incompleto, ...e de caracter privado, ten... ...o intuito de examinar o ...o seu aspecto medico-legal ...rico."

...RIMES DE FEBRONIO

...oria da vida de Febronio, ...o seu proprio depoimento, ...stido, desde os doze annos ...quando pela primeira vez ...casa de seus paes, no inte... ...nas, em successivas passa... Colonia Correccional e pe... ...s, além de algumas esta... ...ospicio. Solto, a sua activi... ...xerce quasi que exclusiva... ...pratica do crime. Tem es... ...o como responsavel por to... ...de delictos, desde os mais ...– como furtos, estelliona... ...icio illegal de varias pro... ...omo advogado, medico e ...até os crimes mais graves, ...mentos e homicidios.

...a a parte onde é assigna... ...a presença, ficam vestigios ...lole perversa, especialmen... ...zer que sente em martyr... ...zindo dor, nas pessoas que ... Na Colonia Correccional ...uma feita, a perna de um ...ro, que se havia machuca... ...ando-se de um serrote de ...o; outra vez, enxertou um ...carne na ferida de um me... ...rendo tudo muito bem e ...ambos curados", segundo ...extualmente. Em Petropo... ...nando um cliente que o ... para tratar dos dentes, ...om elle para que deixasse ...um kisto, situado no dor... ...eitando-se desse momento ...ter-lhe o bisturi violenta... ...dagado por nós, porque as... ...dera, respondeu: "o tumor ...aduro e precisava ser ope...

...issão de dentista, que tem ...os varios logares por on... ...a sua especial habilidade ...racção de dentes, que fazia ...grande numero. A' nossa ...porque não arrancava só ...de cada pessoa, explicou, ...sorriso: "em greal os den... ...cam perto daquelle que se ...soffrem um grande abalo, ...que gostava de tirar lo... ..."de uma vez".

...do na pratica de tatuagem, ...de preferencia os adoles... ...nota perversões de nature... ...que têm sido verificadas. ...s logares por onde passa, ...ue, na Policia Central, em ...ste anno, tentou violentar ...de vinte annos, na pre... ...outros companheiros de xa... ...edindo-o e pisando violenta... ...ventre, de tal modo que ...na falleceu, na manhã se... ...uma contusão traumatica. ...e Detenção, onde tem esta... ...vezes, informam que elle ...ento perigoso, por isso que ...pre violentar os seus com... ...de cubiculo. No Hospicio ...sua observação clinica, ...ativa de igual natureza, ...doente da mesma enfer...

...O DE GRANDE SADISMO

...colloca, porém, este crimi... ...aleria dos casos raros, são ...umerosos crimes de morte, ...stancias que o tornam di... ...tudo dos especialistas. Tra... ...m individuo com a perver... ...stincto genital, conhecida ...e de sadismo, por isso que ...a relação intima entre o ...xual e a dor provocada n... Febronio constitue, sob es... ...um dos poucos casos re...

...ve preso para escrever varios livros e romances, em que tomou por thema e estudou demoradamente os seus proprios vicios e perversões sexuaes, acabando por descrever e criar o typo, hoje, classico, do sadista, de que foi o autor e primeiro modelo.

As manifestações do pequeno sadismo são muito communs e se revelam por formas attenuadas e symbolicas, num exaggero pathologico de certos phenomenos da vida sexual, até em individuos reconhecidamente normaes. Ha, por exemplo, os sanguinarios, que se comprazem com a vista mesmo de uma gota de sangue, e os flagelladores que, no meio das multidões, e até na familia e nas escolas, têm prazer em humilhar, injuriar e martyrizar crianças e mulheres.

O grande sadismo, porém, muito mais raro, só tem sido observado em tarados, com estigmas de degeneração muito accentuados, com obsessões e impulsões, podendo realizar seus crimes em perfeita consciencia e com remorso. Os casos conhecidos de criminosos de grande sadismo não têm occorrido, como é noção popular, em individuos de masculinidade excessiva, antes, ao contrario, em typos de organização afeminada, como o proprio marquez de Sade e tambem o nosso observado, que apresenta, além de signaes evidentes de degeneração, ginecomastia, escassez accentuada de barba e bigode, implantação feminina dos pellos do pubis, sendo completamente glabro no resto do corpo.

Os autores affirmam que o sadismo ou melhor a algophilia, que é o sentimento do prazer sexual ligado á dor provocada na victima, é muito raro nas mulheres, onde, ao contrario, é commum o masochismo, que é o amor obtido á custa do proprio soffrimento. Além da lenda conhecida e muito antiga sobre as mulheres vampiros, que sugavam o sangue de seus amantes, é preciso não esquecer que ha mulheres celebres, como Catharina de Medicis, onde o desejo imperioso de reinar, ao lado de uma crueldade voluptuosa em mandar chicotear, na sua presença, as damas da propria côrte, fez Krafft Ebbing dizer tratar-se de um caso de sadismo feminino. Basta, aliás, percorrer as paginas da historia das religiões e das guerras antigas, para encontrar numerosos exemplos, onde a exaltação morbida do sentimento religioso ou patriotico, não só de homens como de mulheres, fazia apparecer um prazer especial, que tocava ás raias do sadismo, em assistir a assaltos e massacres os mais crueis, além das scenas da inquisição e dos circos romanos.

Febronio se enquadra perfeitamente no grupo dos criminosos de grande sadismo, em virtude de ser levado a praticar os crimes chamados de "repetição", que são aquelles que se processam do mesmo modo e em identicas circumstancias, utilizando sempre o assassino o mesmo meio de provocar a morte, que é, na maioria dos casos, o estrangulamento, precedido ou acompanhado de violação e mutilação.

Ha varios casos registrados na literatura medico-legal, revestindo esse aspecto, dentre os quaes os mais recentes e conhecidos são o do francez Vacher, que estrangulou dezoito pastores dos dois sexos, cortando o pescoço das victimas, antes ou depois de as ter violado; o de Jack, o estripador, que, num arrabalde de Londres, conseguiu matar, por estrangulamento, uma dezena de meninas, com o fim de praticar actos libidinosos, sempre acompanhados de mutilação dos orgãos sexuaes dos cadaveres; Verzeni, que, em alguns mezes, commetteu, na Italia 6 crimes de morte por sadismo e Gruyo, na Hespanha, que fez, em 10 annos, 6 victimas, ambos provocando a morte por meio do estrangulamento.

Muito recentemente, em Hanover, na Allemanha, um individuo conseguiu estrangular, em alguns annos, no seu proprio apartamento, cerca de 20 meninos, que conseguira violentar, sendo, afinal, descoberto quando procurava occultar o producto do seu ultimo crime, jogando os...

...tesse-os na policia para fugir aos soffrimentos e martyrios que me esperavam si eu não fizesse".

Ausencia de disturbios psycho-sensoriaes. Manifestações affectivas exaggeradas em relação á sua progenitora. Imaginação viva que o conduz a concepções verdadeiramen-

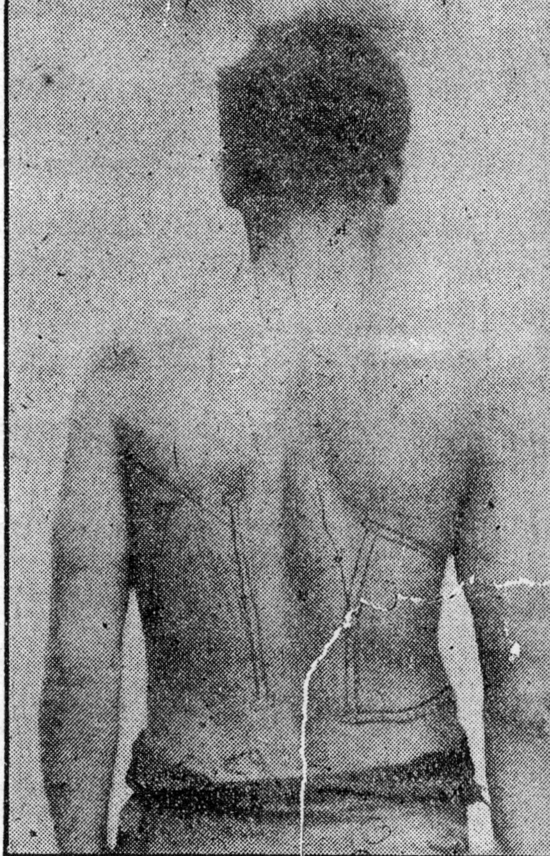

Visto de costas, onde apparecem as tatuagens

te fantasticas, em que parece encontrar uma compensação ás vicissitudes e dissabores da realidade. E' um sonhador "desperto", em muitas occasiões. Isto dá-lhe o aspecto de incorrigivel mythoveaniaco.

A sorte não lhe tem sido favoravel, mas isto "por obra e graça do demonio" (sic), como veiu a saber por meio de uma revelação em sonho, occorrido ha annos.

"Em um logar ermo vi apparecer uma moça branca de cabellos loiros e longos, que me disse que Deus não morrera e que eu teria a missão de declarar isso a todo mundo. Deveria nesse proposito escrever um livro e tatuar meninos com o symbolo D. C. V. X. V. I. que significa Deus vivo, ainda que com o emprego da força!"

Procurou, sem perda de tempo, dar desempenho a essa missão. Embrenhou-se nas mattas proximas do Pão de Assucar e ahi entregou-se a "altas cogitações", que constituem "as suas revelações do principe do fogo". Nessa época foi certo dia preso e internado no Pavilhão de Observações, do Hospital de Alienados. Da sua observação, nesse hospital, datada de outubro de 1926, consta effectivamente o seguinte:

"... encontrado completamente despido, explica que, sem dinheiro, sem moradia e sem destino, procurava descansar o corpo. Como os philosophos antigos, estava em altas cogitações, que constituirão a sua obra: "Revelações do principe do fogo".

No fim de algum tempo, por ou-...

...inintelligiveis, a querer publica...

Sabendo das difficuldades ...pressão, com aquelles ...voltou depois, com os mes... dactylographados. A impre... retardou longo tempo, por... ...bronio não dispunha de rec... só teve inicio quando, por ...

pequenas prestações, a casa ...a importancia da metade ...da edição, mais ou menos 80...

Depois da impressão as ... difficuldades: Febronio reti... ...queno numero de exemplar... ...dia-os e, com o producto d... retirava outros. De uma d... que lá appareceu, disse-lhe ... que não conseguira compre... seu livro, ao que Febronio ...dera: "aquillo é mesmo uma ...lhada, mas vocês entende... quando virem Jesus Vivo e ...na Avenida".

Esse livro, de pequeno ... tem 67 paginas, e foi publi... 1926. Começa a primeira fig... declaração da missão já re...

"Eis aqui meu santo
Tabernaculo vivente
Hoje dedicado a vós
Os encantos que legaste
Hontem a mim na fortale...
Do meu fiel Diadema Exc...

Nas paginas seguintes o ... **mo Deus vivo"** dá um tes... da veracidade dessa mis... mesmo tempo que exalta a ... de do observado.

Assim na pag. 10: "**... el... dade de um acto supremo, Tabernaculo — vivo Orien... nhou entre os vivos de u...**

(allusão a sua estadia na ...

(Continua na 9...

OUTROS CRIMES SEXUAIS

Com o rosto estampado em todos os jornais do Rio de Janeiro, Febrônio Indio do Brasil começou a ser reconhecido como autor de vários crimes.

Quatro meses antes dos assassinatos da ilha do Ribeiro, a polícia havia sido informada do misterioso desaparecimento dos menores Jacob Edelman e Octávio de Bernardi.

Febrônio conheceu Jacob no Hospital Nacional de Alienados, onde ambos estavam internados. Tirou-o dali com promessa de emprego em seu consultório dentário, na estação de Mangaratiba. Chegando lá, disse que a clínica estava fechada e que antes de pegar a chave em casa iriam buscar outro menino, Octávio, um pouco distante dali.

Ofereceu então um emprego para Octávio no matadouro de Santa Cruz e seus pais deram permissão para que o rapaz acompanhasse o agente.

Os três foram então juntos para a estação de Sampaio, onde pegaram um carro para Santa Cruz. De lá seguiram para Mangaratiba.

Em um local deserto, Febrônio, empunhando um "estilete especial", mandou que Jacob se deitasse no chão. Tatuou então no peito do rapaz as letras D C V X V I, enquanto Octávio assistia à cena, aterrorizado.

Pernoitaram em um rancho, na casa de uma senhora chamada Finoca, na praia da Cruz, onde permaneceram por cinco dias dormindo em uma esteira no mesmo cômodo.

No terceiro dia, Febrônio levou Jacob para a praia das Flecheiras, onde abusou sexualmente do menino apavorado. Também o obrigou a assistir todas as torturas a que submeteu Octávio, desde as tatuagens até as sevícias.

Febrônio furtou uma rede na casa de dona Finoca ao sair com Jacob. Fez então um buraco dentro do rancho, colocando dentro 11 pedaços de cana, 11 bananas e 11 pedaços da camisa da vítima. Depois, fechou o buraco com terra e colocou uma pequena cruz de pau, dizendo que assim fazia para que qualquer um que fosse persegui-lo, ao pisar ali, esquecesse o que estava fazendo.

Quando Jacob foi solto, procurou imediatamente a polícia e contou sua história. Octávio foi encontrado em Mangaratiba e, de tão maltratado, mal podia se locomover.

Em seu depoimento, Febrônio disse que escolheu Jacob porque ele era alemão e, como tal, pertencia a uma raça superior. Pretendia iniciá-lo nos mistérios de sua seita. A admiração com que se referia à Alemanha era inequívoca.

Outra vítima identificada foi o menor Eduardo Ferreira dos Santos. Em data desconhecida, Febrônio teria sido preso em flagrante nas matas de Santa Teresa, ao tentar forçar o rapaz a praticar o que se denominava, na época, atos imorais. Só não conseguiu porque foi interrompido pelo fiscal João Cabral de Brito, que chamou as autoridades do 13º Distrito Policial.

No início daquele fatídico mês de agosto, Manoel Alves, de 18 anos, também havia procurado a delegacia do 27º Distrito, pedindo uma guia para internar-se no Hospital D. Pedro II. Ele tinha sido vítima de um indivíduo que gravara em seu peito as letras D C V X V I e o maltratara sem dó nem piedade. Manoel chegou a dizer que o nome do homem era Febrônio e que se haviam encontrado na Gávea. Acompanhou-o com uma promessa de emprego.

Em 15 de agosto de 1927, Febrônio aplicou o mesmo golpe em dona Maria e seu filho Benjamim, de 14 anos. Já acompanhando Febrônio, a dupla cruzou no caminho com Joaquim (16), irmão de Benjamim. Os dois garotos trocaram de lugar, pois preferia alguém mais velho para o "serviço".

Joaquim acabou tatuado por Febrônio, que para executar a tarefa o segurou pelo pescoço com a mão esquerda. Cada vez que tentava reagir, tinha seu braço espetado pelas agulhas com que Febrônio escrevia em sua pele. Ele ameaçou furar os olhos do rapaz, que se "acalmou" na hora, esperando uma oportunidade melhor para escapar. No primeiro descuido de Febrônio fugiu.

Álvaro Ferreira (18), empregado no comércio e morador do arraial de Coroa Grande, contou em seu depoimento como foi seduzido por Febrônio. Estava em um trem quando o criminoso puxou conversa com ele, dizendo que era negociante no mercado e que poderia empregá-lo por um salário de 150$000 réis (cento e cinquenta mil réis). Disse a Álvaro que ele poderia começar a trabalhar imediatamente e convenceu-o a acompanhá-lo. Chegando à estação D. Pedro II às nove horas da manhã, foram juntos até a Tijuca. Febrônio disse que morava lá e que tinha de pegar alguns objetos antes de ir ao mercado. Saltando do bonde, seguiram por um caminho mato adentro. Febrônio convenceu Álvaro a deixá-lo tatuar seu peito. Com medo, Álvaro consentiu que Febrônio fizesse uma letra com uma agulha molhada de tinta. Depois disso, Febrônio quis praticar atos libidinosos e, como o rapaz se recusou, ficou raivoso e puxou uma faca, ameaçando-o de morte. Álvaro ficou ferido no braço esquerdo e, apavorado, consentiu.

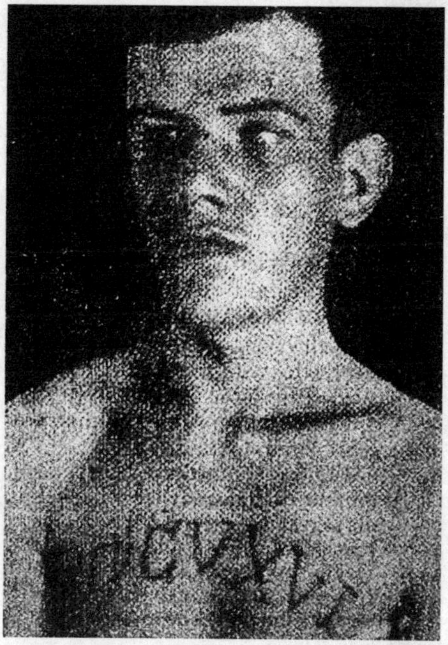

Muitos dos casos de garotos com os quais Febrônio se relacionou e que foram citados nos jornais não se transformaram em processos criminais.

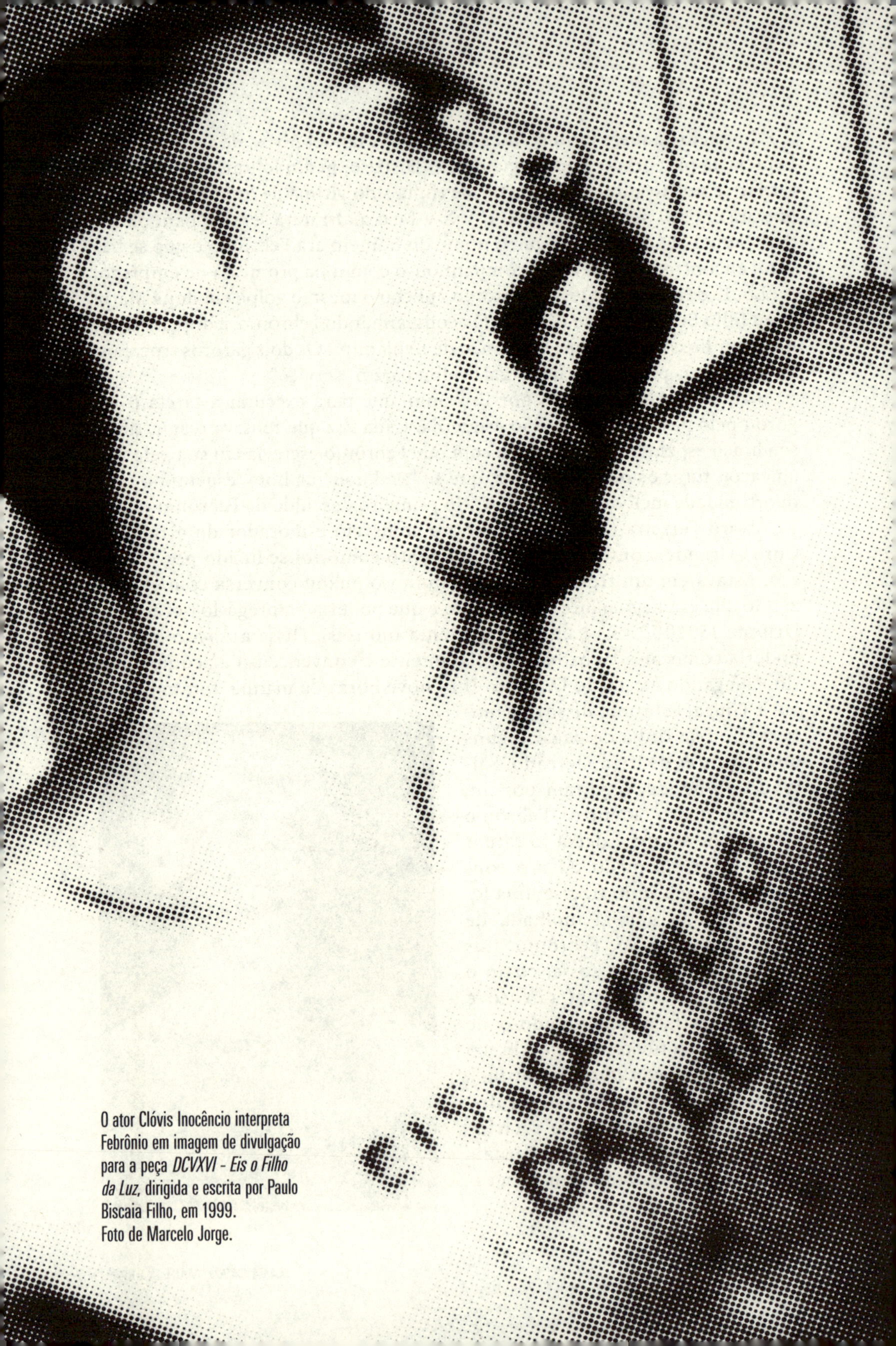

O ator Clóvis Inocêncio interpreta Febrônio em imagem de divulgação para a peça *DCVXVI - Eis o Filho da Luz*, dirigida e escrita por Paulo Biscaia Filho, em 1999. Foto de Marcelo Jorge.

EPISÓDIOS ESTRANHOS

Em fevereiro de 1927, Febrônio foi preso nas matas do Corcovado. Estava completamente nu e pintado de amarelo, dançando na frente de uma criança assombrada que se encontrava amarrada em um tronco de árvore.

Também chegou aos ouvidos do delegado a notícia de que Febrônio teria sido flagrado, pela dona da casa onde era inquilino, cozinhando uma cabeça humana em uma lata de querosene. A senhoria foi chamada para depor, uma vez que seu marido, o chinês Antonio Fonseca, já era falecido. Ela confirmou a história. Febrônio esclareceu que pegara a cabeça em um mausoléu do cemitério do Caju. Segundo ele, o crânio já não tinha nenhuma carne, apenas um pouco do couro cabeludo, mas ainda exalava mau cheiro. Para livrar-se do incômodo, ferveu a "peça" em uma infusão de cal virgem e sabão grosso, para depois utilizá-la em estudos relacionados à medicina. Depois de secá-la presa a uma tábua, arrancou-lhe todos os dentes da frente.

REVELAÇÕES DO PRÍNCIPE DE FOGO

Febrônio se dizia predestinado e que estava na Terra para cumprir uma missão divina que lhe havia sido confiada.

Depois de um sonho, criou uma religião segundo a qual ele era o "Filho da Luz", palavras que tatuou em seu próprio peito.

Nas palavras de Febrônio, seu sonho fora o seguinte:

> – Em um lugar ermo vi aparecer uma moça branca de cabelos loiros e longos que me disse que Deus não morrera e que eu teria a missão de declarar isso a todo mundo. Deveria, nesse propósito, escrever um livro e tatuar meninos com o símbolo D C V X V I que significa Deus vivo, ainda que com o emprego da força.

Escreveu um livro de pequeno formato e apenas 67 páginas, publicado em 1926. Ali estão, segundo o doutor Heitor Pereira Carrilho, médico psiquiatra forense responsável pela avaliação mental de Febrônio, "curiosos elementos de apreciação de suas ideias místicas e supersticiosas e de toda a sua mentalidade".

O livro é composto de pequenos capítulos que apresentam as revelações recebidas por Febrônio nos montes e nas ilhas desertas. Segundo o escritor, as revelações também foram tiradas de leituras bíblicas e de sonhos.

Declarava, indignado, que merecia ótimo tratamento, pois era autor de livro doutrinário. Não era pessoa fútil nem banal.

Seguem aqui alguns trechos, extraídos do Laudo do Exame de Sanidade Mental de Febrônio Indio do Brasil, datado de 20 de fevereiro de 1929:

"Eis aqui meu santo/ Tabernáculo vivente/ Hoje dedicado a vós
Os encantos que legaste/ Hontem a mim na fortaleza
Do meu fiel Diadema Excelso."

"Vivente, quando desencarnardes, ide ao Throno da Vida e alli encontrareis dois mysterios: o Santo Tabernáculo – Vivente e o Fiel Diadema Excelso."

"Eis-me ó potente Leviathan do Santuário do Tabernáculo do testemunho que há no céo; já que, prodigiosamente emergido, o eminente antigo, precursor pertinaz do bem, encanto da justiça honrada; no caminho da Luz entre o canal das trevas, manejando espada valente, feliz vivenda edificou; um dos fieis amigos surprehendente a guerra, o coração generoso, Carta Viva, a perola enterrada; debate a anciã esperando, o menino vivo ausente, nenhuma prenda d'antes, outro tanto adorou; representa um voto magestoso o testemunho do mar-de-vidro; deante do meu Sacro-Santo Throno-Vivo..."

"Buscou entre os homens mais infelizes o menino insignificante de valor tão precioso...; menino das magias antigas, qual o ente encarnado o mysterio da igreja do que a ti ensinou a voz da morte a vida profetizar?"

"Eis-me, ó santos fiéis do Santuário do Tabernáculo do testemunho que há no Céo./ Eis-me, ó quatro creaturas viventes/ Eis-me, ó dez reis fiéis do Santuário./ Eis-me, ó sete sellos do Tabernáculo/ Eis-me, ó Sordonia viva."

Na época, a polícia desconfiou que o livro não tivesse sido escrito por Febrônio, e sim por Bruno Ferreira Gabina. Nunca saberemos.

O ENCONTRO DO CADÁVER DE JONJOCA

Em 7 de setembro de 1927 foram encontrados os restos mortais do menino João Ferreira, o Jonjoca. Um pescador o avistou do mar, na ilha do Ribeiro, em local distante apenas trezentos metros de onde estava o corpo de Alamiro.

O cadáver de Jonjoca, já em adiantado estado de decomposição, jazia embaixo de uma moita de capim. Estava de barriga para cima, o braço esquerdo recolhido na altura da cabeça, mão esquerda aberta com a palma virada para cima. O braço direito estava estendido perpendicularmente e a mão direita, apoiada no chão. A perna direita estava esticada e a perna esquerda recolhida, com o pé encostado no joelho direito. Nenhum cabelo de João foi encontrado.

Ao lado do corpo a polícia recolheu um maço de cigarros vazio da marca Liberty, a mesma consumida por Febrônio.

Ainda se viam vestígios de uma fogueira. Perto, uma calça cinza, uma fivela de cinto e um botão.

Ao ver os objetos apreendidos no local do crime, o pai de Jonjoca os reconheceu imediatamente. A calça fora feita pela mulher, com brim comprado por ele em um saldão de um armarinho. Tinha uma espécie de queimadura no cós, pois pagara barato por ser tecido salvo de um incêndio. A fivela era parte do cinto de seu outro filho, Graciano, usado por Jonjoca naquele dia. O botão era do paletó do menino, que devia ter resistido ao ser atacado.

A roupa que o menino vestia só foi encontrada no dia seguinte, amarrada em uma trouxa, juntamente com seus sapatos. Ali estavam o paletó faltando um botão e o resto do cinto sem fivela. Também localizaram uma corda fina com argola na ponta, que podia ter sido a arma do crime.

Os pais de Jonjoca ficaram desconsolados. O enterro do menino paralisou a cidade e foi notícia de jornal. Os motoristas da cidade do Rio de Janeiro, em um ato de solidariedade e como um pedido de desculpas pelo infame assassino ter se passado por um deles, acompanharam o enterro em um enorme cortejo.

No dia 14 de setembro, sem se conformar com a atrocidade que seu pequeno filho sofrera, José Ferreira tentou atacar Febrônio com uma faca quando passou por ele na delegacia. Os policiais o seguraram.

A CONFISSÃO FINAL

No dia 8 de setembro de 1927, Febrônio Indio do Brasil finalmente confessou sua responsabilidade pelo homicídio de João Ferreira.

Mais uma vez o depoimento foi presenciado pela imprensa, que ouviu todos os detalhes do rapto e assassinato de Jonjoca. De fato, o menino havia lutado por sua vida, mas não tivera a menor chance.

Febrônio disse que foi levado a cometer esses crimes por meio de revelações que recebia constantemente, convencendo-o a sacrificar vítimas em benefício do Deus Vivo, símbolo de sua religião.

Também declarou que tinha mais uma tatuagem, que não mostrava porque "todo aquele que lesse seria infeliz pelo resto da vida".

Foi denunciado pelo Ministério Público em 19 de setembro de 1927.

O JULGAMENTO

A defesa de Febrônio Indio do Brasil foi realizada pelo advogado maranhense Letácio Jansen, que teceu severas críticas ao processo. Sua tese defensiva foi a inimputabilidade do réu, como ele mesmo explicou em seu discurso:

> – Quer criminoso, quer não criminoso, Febrônio Indio do Brasil é, positivamente, um louco. Não pode ser pronunciado, ainda menos condenado. Se a sociedade julga-o perigoso, que se o interne num manicômio, numa penitenciária nunca. Justiça!

Jansen conseguiu o seu intento. Febrônio foi avaliado pelo psiquiatra forense doutor Heitor Carrilho, que concluiu inimputabilidade e recomendou que ele ficasse internado pelo resto da vida. Febrônio foi absolvido, mas recolhido como o primeiro "habitante" do Manicômio Judiciário do Rio de Janeiro, que foi criado em função de seu caso. Na interpretação de muitos, foi a vitória da ciência sobre o direito.

Febrônio deu entrada no Manicômio Judiciário, procedente da Casa de Detenção, no dia 6 de junho de 1929. Lá, ficaria em "prisão perpétua" até sua morte em 27 de agosto de 1984. Causa da morte: enfisema pulmonar.

A FUGA

No café da manhã do dia 8 de fevereiro de 1935, os funcionários do Manicômio Judiciário deram falta do interno número 1 do estabelecimento: Febrônio Indio do Brasil não estava no refeitório. Imediatamente soaram os alarmes.

Durante a revista no pátio, os guardas perceberam uma corda confeccionada com várias tiras de lençol, presa a um gancho feito com alças de balde e firmada no alto do muro de quatro metros da instituição.

Um exército de policiais foi colocado nas ruas com a missão de encontrar o louco fugido, enquanto meninos vendiam jornais com a manchete "FEBRÔNIO FUGIU!".

Como Febrônio usava o uniforme do manicômio, logo se suspeitou que tivesse contado com a ajuda de alguém para passar despercebido em sua fuga. O primeiro suspeito foi seu irmão Agenor, mas, convocado a dar esclarecimentos, disse nada saber sobre os atos de Febrônio.

Na delegacia, o investigador Francisco Palha tentava organizar as buscas pelo fujão, numa confusão de agentes e policiais desesperados para aplacar o terror que começava a se instalar na cidade do Rio de Janeiro. Bernardino Barbosa mal foi percebido quando entrou no recinto, dizendo que precisava fazer uma denúncia.

Ao ouvi-lo, Palha não podia acreditar nas boas-novas. Barbosa estava lá para comunicar à polícia que Febrônio estava escondido em sua casa, em Honório Gurgel, levado por Agenor, seu amigo, como um irmão que acabara de chegar de Pernambuco para passar alguns dias no Rio.

Ao ver a fotografia de seu hóspede na capa da terceira edição do jornal *A Noite*, Bernardino Barbosa, morto de medo, logo resolveu avisar a polícia.

Febrônio foi encontrado em um dos quartos da casa, completamente nu, com uma figa amarrada na cintura e outra na perna. Na cintura também levava uma bolsa contendo várias cartas e 195$000 (cento e noventa e cinco mil réis) em dinheiro. Quando os policiais entraram para fazer sua prisão, ele ajoelhou no chão e pediu:

– Não me façam mal, por favor!

Febrônio isentou seu irmão de qualquer culpa e confessou ter aproveitado a saída da guarda que abria os portões do manicômio para funcionários a fim de escalar o muro e fugir.

Ao chegar ao Manicômio Judiciário do Rio de Janeiro, levado pela polícia, teve um ataque de ira e cólera e tentou agredir o dr. Heitor Carrilho.

Febrônio despertou o interesse de pesquisadores, criminologistas, criminalistas, poetas, psiquiatras e cronistas.

Os poucos exemplares de seu livro *Revelações do príncipe de fogo* foram recolhidos e queimados pela polícia. Resta hoje uma cópia na biblioteca particular de Mário de Andrade, no Instituto de Estudos Brasileiros, na Universidade de São Paulo.

Febrônio morreu com aproximadamente 89 anos depois de passar dois terços de sua vida internado, no que seria a primeira pena de "prisão perpétua" legitimada pela ciência no Brasil. Foi o inimigo público número um de sua época, virou marchinha de carnaval e seu nome era sinônimo de bicho-papão. Crianças desobedientes daqueles anos ouviam com frequência seus pais dizerem:

– Cuidado que o Febrônio vem te pegar!

REFERÊNCIAS

PRÍNCIPE de fogo. Direção: Silvio Da Rin. Produção: Lumiar Produções Audiovisuais Ltda e Silvio Da Rin. Direção de Produção: Hilton Kaufman. Intérpretes: Guilherme Karan; Yamba Pequeno; Nelson Xavier. Roteiro: Silvio Da Rin. Pesquisa: Mariza Sobral Miliet. Rio de Janeiro: Embrafilme, 1984. Curta-metragem (11 minutos), son., color., 35mm.

WUNDERLICH, Alexandre. Os casos de Piérre Rivière e Febrônio Indio do Brasil como exemplos de uma violência institucionalizada. *Jus Navigandi*, Teresina, ano 5, n. 43, 1 jul. 2000. Disponível em: <http://jus.com.br/artigos/1013>.

OUTRAS FONTES

(PERIÓDICOS DA ÉPOCA CONSULTADOS)

"A polícia conseguiu prender, hontem, o bandido Febrônio Indio do Brasil, apparecendo outras vítimas!" *Gazeta de Notícias*, Rio de Janeiro, 1º set. 1927, p. 4.

"Ainda o crime da ilha do Ribeiro." *Gazeta de Notícias*, Rio de Janeiro, 23 ago. 1927, p. 4.

"As monstruosidades de um bandido." *Correio da Manhã*, Rio de Janeiro, 9 set. 1927, p. 3.

"As monstruosidades de um bandido." *Correio da Manhã*, Rio de Janeiro, 10 set. 1927, p. 3.

"As monstruosidades de um bandido." *Correio da Manhã*, Rio de Janeiro, 16 set. 1927, p. 3.

"Aumenta assustadoramente a lista de vítimas do bandido Febrônio." *Gazeta de Notícias*, Rio de Janeiro, 14 set. 1927, p. 4.

"Barbaro assassino da ilha do Ribeiro." *Gazeta de Notícias*, Rio de Janeiro, 3 set. 1927, p. 4.

"Barbaro assassino da ilha do Ribeiro." *Gazeta de Notícias*, Rio de Janeiro, 4 set. 1927, p. 4.

"Crime da ilha do Ribeiro." *Gazeta de Notícias*, Rio de Janeiro, 20 ago. 1927, p. 4.

"Encontro de um cadáver na ilha do Ribeiro." *Gazeta de Notícias*, Rio de Janeiro, 18 ago. 1927, p. 4.

"Febrônio e a monstruosidade de seus crimes." *Correio da Manhã*, Rio de Janeiro, 21 set. 1927, p. 5.

"Febrônio fugiu!" *A Noite*, Rio de Janeiro, 8 fev. 1935.

"Febrônio, 'Filho da Luz'". *Correio da Manhã*, Rio de Janeiro, 4 set. 1927, p. 3.

"Febrônio, 'Filho da Luz'." *Correio da Manhã*, Rio de Janeiro, 7 set. 1927, p. 3.

"Febrônio, o 'filho da luz' e a monstruosidade de seus crimes." *Correio da Manhã*, Rio de Janeiro, 4 out. 1927, p. 3.

"Febrônio, o 'Filho da Luz', e a monstruosidade dos seus crimes." *Correio da Manhã*, Rio de Janeiro, 17 set. 1927, p. 5.

"Hediondo crime da ilha do Ribeiro." *Correio da Manhã*, Rio de Janeiro, 1º set. 1927.

"Hediondo crime da ilha do Ribeiro." *Correio da Manhã*, Rio de Janeiro, 2 set. 1927, p. 3.

"Os crimes de um miserável." *Correio da Manhã*, Rio de Janeiro, 8 set. 1927, p. 3.

"Os crimes do celerado que se diz 'Filho da Luz'." *Correio da Manhã*, Rio de Janeiro, 6 set. 1927, p. 5.

"Os crimes do Febrônio." *Correio da Manhã*, Rio de Janeiro, 27 set. 1927, p. 5.

"Os crimes monstruosos." *Gazeta de Notícias*, Rio de Janeiro, 13 set. 1927, p. 4.

"Preso! Febrônio detido pela polícia." *A Noite*, Rio de Janeiro, 9 fev. 1935, capa da 3ª edição.

"Reconduzido ao manicômio!" *A Noite*, Rio de Janeiro, 9 fev. 1935, 5ª edição.

"Um crime hediondo na ilha do Ribeiro." *Correio da Manhã*, Rio de Janeiro, 17 ago. 1927, p. 6.

3. BENEDITO MOREIRA DE CARVALHO

"MONSTRO DE GUAIANASES"

"Fiz tudo isso sem pensar. Cuide de sua vida e trate de me esquecer". – **Benedito Moreira de Carvalho à esposa**

RECONSTRUÇÃO DOS CRIMES

CASO DA CHÁCARA RUDGE RAMOS. Naquele sábado de 1952, Benedito já acordou com uma espécie de friagem, como um arrepio que não passava. Imediatamente veio o pensamento e a urgência de fazer sexo. Com a esposa era impraticável. Ela sofria de muitas enfermidades, o que tornava impossível ter relações sexuais sempre que desejava. O problema era o quanto queria; na verdade, não parava de querer. Já havia procurado um médico e vários curandeiros, mas nenhum remédio ou chá diminuíra sua virilidade. Nada fazia seu impulso sexual desaparecer.

Raras vezes se lembrava de suas vítimas. Só quando firmava bem o pensamento. Quase nunca sentia algum remorso, apesar de saber o que tinha feito. Parecia que nada havia acontecido.

Fazia a contabilidade de seus crimes num caderninho. Se um dia fosse preso, não queria levar a culpa por nenhum assassinato que não tivesse cometido. Sabia dos vários tarados sexuais que agiam em São Paulo. Era só olhar sua coleção de notícias sobre o assunto para perceber que, com facilidade, a polícia podia confundir tudo.

Ultimamente, conseguia cada vez menos controlar sua vontade. Em alguns dias, não se contentava nem com cinco mulheres. Tinha relações sexuais com elas até seu pênis sangrar. O mais excitante era quando a vítima resistia. Ah, a violência era um poderoso afrodisíaco. Se chegasse perto de uma mulher e ela cedesse, não seria tão prazeroso. Para ele, não importava se a moça era negra ou branca, grande ou pequena. Se satisfizesse sua vontade, servia.

Naquela madrugada, Benedito se vestiu no escuro para não acordar a esposa. Colocou o chapéu, abaixou a aba para que seu rosto não fosse visto facilmente, pegou sua pasta e saiu, não sem antes verificar se estava levando seu cordel.

Ao sair, tranquilizou-se com o fato de ainda estar escuro. Não levantaria suspeita; a cidade ainda dormia. Seguiu a pé até o parque D. Pedro II, pensando no rumo que tomaria para encontrar um local apropriado para agir. Decidiu-se pelo ônibus amarelo da linha São João Clímaco.

Sentou-se no fundo e tirou do bolso a fotografia dos campos de concentração alemães que ganhara como recordação. Benedito preferia as revistas de mulheres peladas, mas ver as mulheres nuas nas pilhas de cadáveres da fotografia também lhe dava prazer, excitação. Seria pelos corpos nus ou pela violência em que se encontravam?

Ao olhar pela janela, percebeu que já estava na altura do posto da Guarda Civil que ficava no começo da via Anchieta. Desceu imediatamente do ônibus. Aquele local era ermo o suficiente para que pudesse agir, mas não tanto que o impedisse de encontrar uma presa. Os arrepios e as friagens continuavam. Enquanto não satisfizesse sua sede sexual, não teria paz.

Benedito foi caminhando pela estrada, olhos apertados de caçador tentando avistar uma caça. Viu, a sua direita, a placa de entrada da chácara Rudge Ramos. Sabia que lá existia um lago e muitas casas de japoneses. Ele adorava meninas japonesas.

Andou alguns metros, atravessou um mata-burro, passou por diversas casas. Ao longe, indo em sua direção, Raquel,[1] 10 anos. A japonesinha era pequena e devia estar indo para a escola, já que carregava uma pasta, que Benedito certamente levaria como lembrança, se fosse possível.

Ele preferia mulheres, mas, quando se sentia como naquele dia, nada importava. Nem pensava no sofrimento da menina, só em ter relações sexuais com ela.

Quando Raquel passou por ele, agarrou-a com rapidez pelo pescoço. Tirou a cordinha da mala, já com a laçada pronta, e constringiu o pescoço da menina até que ela desmaiasse.

Benedito arrastou Raquel para o mato que cercava a estrada. Tirou as roupas da criança e tentou penetrá-la com seu membro. Não conseguiu. A

1 Os nomes das vítimas menores de idade foram substituídos por nomes bíblicos.

vagina era pequena demais e ele, avantajado. Na pressa de satisfazer-se, cuspiu na própria mão e umedeceu o sexo da menina. Mesmo assim, precisou de muito esforço. Finalmente ejaculou, mas o alívio tão esperado não veio. Benedito então a penetrou mais uma vez. Ao terminar, olhou para a garotinha desfalecida. Examinou sua fisionomia com atenção e verificou sua pulsação. Estava viva. Recolheu as roupas de Raquel e a cobriu com elas.[2]

Saiu sem olhar para trás, ainda inquieto, insatisfeito. Apanhou alguns ramos de cambuci e erva-de-bicho para fazer um chá quando chegasse em casa. Ainda sentia arrepios.

Ao voltar pela estrada, viu um menino brincando com uma garrafa e um carrinho. Imediatamente as pulsações voltaram; o desejo cresceu de forma insuportável.

Benedito chamou o garotinho e perguntou seu nome. Ele respondeu que era Abrão e que tinha 8 anos. Tentando ganhar sua simpatia, Benedito lhe disse que conhecia seu pai. O menino sorriu, envergonhado, segurando com força seus brinquedos. Benedito então propôs ao garoto que o acompanhasse por um atalho em troca de algum dinheiro. Sem perceber suas reais intenções, ele concordou. Naquela idade, jamais passaria pela cabeça da criança que aquele homem bem-vestido lhe faria algum mal.

Abrão e Benedito entraram pelo atalho e cruzaram uma porteira de arame farpado, alcançando o mato. Ao ver-se sozinho, sem enxergar mais a estrada, o menino teve medo. Largou os brinquedos no chão e tentou sair correndo. Não teve tempo. Benedito agarrou-o pelo pescoço até que desfalecesse. Nem precisou usar o cordel. Deitou-o no chão, arrancou suas roupas e o sodomizou.

Depois de verificar se ele ainda estava vivo, Benedito jogou longe os brinquedos para dificultar sua localização. Apressadamente, voltou à via Anchieta e pegou um ônibus de São Bernardo do Campo para o parque D. Pedro II. Ainda eram nove horas da manhã e ele falaria para a esposa que não havia conseguido trabalho naquele dia.

Pensou um pouco no risco que corria ao praticar aqueles crimes e deu graças pelo fato de as vítimas estarem vivas quando as deixara. Se elas morressem, não seria culpa sua.

Afastou esses pensamentos com urgência. O que importava é que agora estava em paz...

2 Raquel morreu posteriormente em decorrência dos ferimentos causados por Benedito em seu ataque brutal.

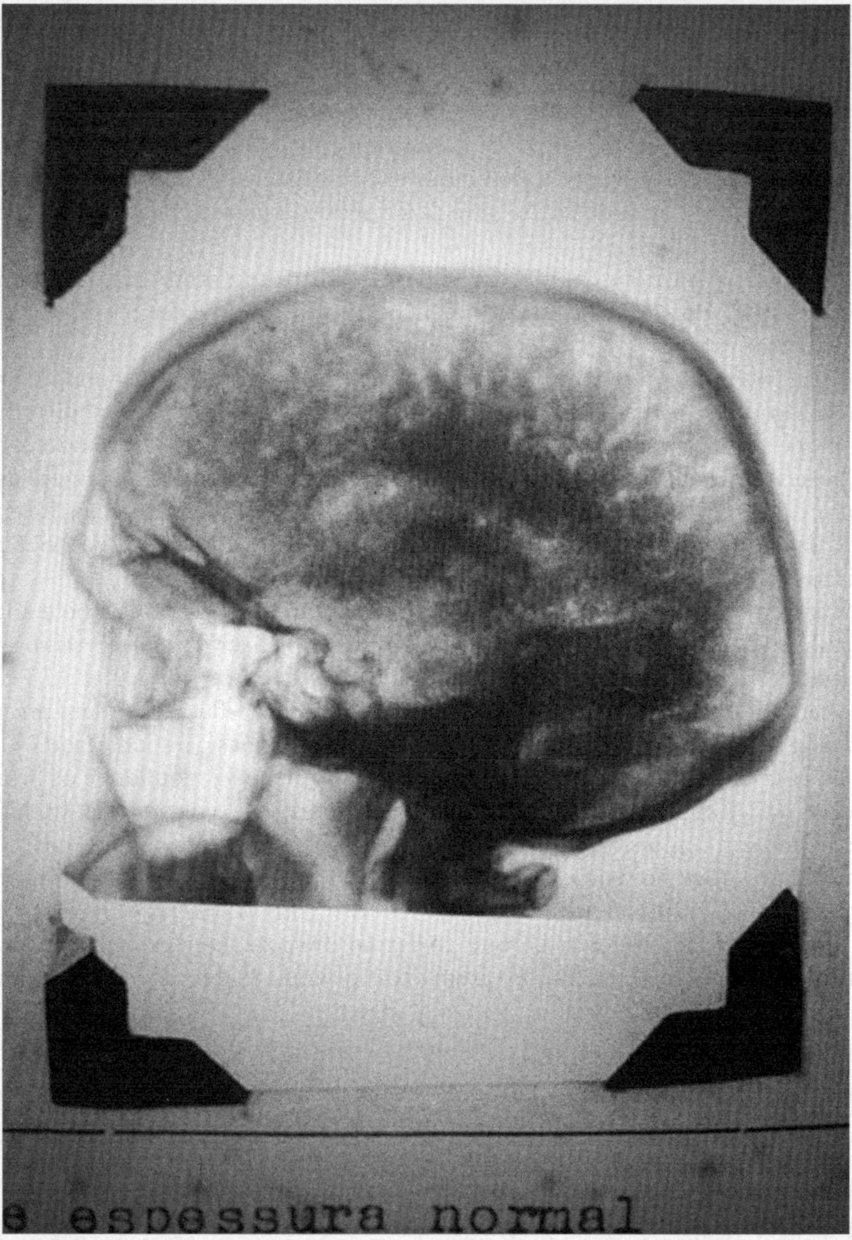

BENEDITO MOREIRA DE CARVALHO

Pneumoencefalograma – 13/9/1953

A HISTÓRIA[3]

Entre dezembro de 1950 e novembro de 1953, a polícia de São Paulo constatou um surto de sadismo e crimes sexuais. Eles chegavam a acontecer até duas vezes por semana, índice extremamente alto para a época. A polícia estava bastante perdida nas investigações.

Na Semana Santa de 1952, Gertrudes Dunzinger foi assassinada. A polícia logo foi chamada ao local do crime. O investigador de polícia Adalberto João Kurt, que atendeu ao chamado, quase morreu de susto quando um velho que afirmava ter visto um homem seguindo Gertrudes começou a gritar inesperadamente, apontando para ele. O assassino não era Kurt, mas era a cara dele! Essa foi a primeira pista da polícia sobre a aparência do homem que procuravam. Os atentados sexuais na cidade de São Paulo continuavam aumentando e a polícia estava muito pressionada para obter resultados.

3 Os relatos dos crimes constantes aqui foram feitos por Benedito Moreira de Carvalho e nem sempre estão de acordo com os dados do processo.

Os investigadores responsáveis pelo caso de Gertrudes começaram então a juntar o depoimento de várias testemunhas de outros crimes que, aparentemente, não tinham conexão.

Com espanto, perceberam que de fato, em todos eles, era descrito um indivíduo forte, sempre carregando uma pasta de couro marrom embaixo do braço, aloirado, parecido com o investigador Kurt em altura e fisionomia. As descrições das testemunhas também apontavam um homem que usava bigode pequeno e bem-aparado, e, muitas vezes, um chapéu cinza com a aba abaixada, que escondia parcialmente o rosto.

Suas vítimas eram frequentemente encontradas de forma parecida; o *modus operandi* em todos os crimes era semelhante. A polícia só podia concluir que um serial killer estava à solta na cidade.

Os métodos de investigação foram mudados radicalmente.

A sequência de crimes sexuais entre 1951 e 1952 em São Paulo indicava que o criminoso tinha larga experiência na área e uma boa probabilidade de anterior passagem pela polícia.

Iniciou-se uma investigação detalhada nos arquivos da Delegacia de Costumes, na Penitenciária do Estado, na Casa de Detenção e nas delegacias distritais em geral, utilizando-se listas de criminosos sexuais postos em liberdade condicional ou que já tivessem concluído sentença. Até arquivos de jornais foram pesquisados.

Entre dezembro de 1950 e novembro de 1953, a polícia de São Paulo constatou um surto de sadismo e crimes sexuais. Eles chegavam a acontecer até duas vezes por semana, índice extremamente alto para a época.

Desse imenso trabalho, resultou uma lista de nomes de possíveis suspeitos, que iam sendo estudados pacientemente e eliminados por exclusão, fosse por sua aparência, fosse por seu *modus operandi*.

Ao examinarem os arquivos da delegacia da 10ª Circunscrição, Distrito da Penha, depararam com a ficha de Benedito Moreira de Carvalho. Ao examinar as fotos, sua aparência logo chamou atenção dos policiais... O homem aloirado era parecidíssimo com o investigador Kurt!

Verificou-se em seu prontuário que já cumprira pena por estupro na Penitenciária do Estado e respondia simultaneamente a dois processos por crimes sexuais: duplo atentado cometido no município de Poá, que naquela época (e até 1950) ainda pertencia a Mogi das Cruzes, e outro contra uma jovem japonesa em São Paulo.

A leitura dos relatórios policiais indicava que o modo de agir de Benedito assemelhava-se bastante ao dos casos sem solução que estavam sendo apurados. Iniciaram-se rigorosas investigações em torno dele.

Logo descobriram que ele havia fugido da cadeia de Mogi das Cruzes em agosto de 1951 e que, no mesmo dia, praticara um estupro e uma tentativa de estupro em Itaquera.

O suspeito utilizava-se de vários nomes: Joaquim Moreira de Carvalho, Benedito Moura de Carvalho e José Carvalho.

Naquele momento das investigações, aconteceu mais um estupro com morte: Ruth, em Itaquera, em 18 de agosto de 1952.

A polícia, ao chegar ao local do crime e entrevistar testemunhas, obteve informações que assinalavam a presença de homem aloirado, magro, com altura por volta de 1,70 m, chapéu de aba baixada e pasta de couro na mão. Essa descrição batia com a de Benedito. Imediatamente saíram atrás dele.

Descobriram que Benedito era profissional de serrarias. Os investigadores Mário Gonçalves, Athos Tescarollo, Antonio Belli e Alcides de Oliveira, orientados pelo delegado Francisco Petrarca Iello, levantaram os endereços de todas as serrarias de São Paulo e assinalaram os diversos empregos do criminoso num mapa. Verificaram todas as folhas de frequência, cartões e livros de ponto desses locais. Sem exceção, Benedito havia faltado ao trabalho ou estava desempregado nas datas dos crimes, que sempre ocorriam próximos das serrarias. Não havia mais dúvidas de que Benedito Moreira de Carvalho era o autor dos crimes que estavam sendo investigados.

A tarefa de localizar o suspeito não foi nada fácil. Ele dava endereços falsos de sua residência em todos os empregos e até mesmo em seu sindicato, o que constituía mais uma indicação de que se tratava de alguém que tinha o que esconder. Finalmente chegaram ao endereço correto: rua Ponciano, 32, Guaiaúna, São Paulo.

Em 29 de agosto de 1952, a equipe de investigação da polícia de São Paulo, vestida com macacões e trajes de operários, estacionou um caminhão em frente à casa de Benedito. Eram duas horas da madrugada e todos fingiram estar consertando o "caminhão quebrado".

Por volta de 4h30 daquela manhã, Benedito Moreira de Carvalho saiu de casa com cautela, depois de examinar as imediações, como se soubesse que algo estava errado. Levava na mão uma pasta de couro marrom.

Os investigadores deram-lhe imediatamente voz de prisão. Ele não reagiu. Ao examinarem o conteúdo de sua pasta, constataram que só carregava um cordel com uma laçada em uma das extremidades. O achado era evidência importante, pois duas das vítimas haviam sido estranguladas com material semelhante.

Benedito Moreira de Carvalho foi detido e interrogado. Confessou dez dos seus crimes, sem nenhum constrangimento ou remorso. Entre os mais recentes, estavam dez estupros, oito acompanhados de homicídio, que ele confessou sem hesitar.

CASO DA VILA DIADEMA

DATA: 26.02.1952
VÍTIMA: TAMARA
IDADE: MENOR
CRIME: ESTUPRO E HOMICÍDIO

Benedito pegou o ônibus de manhã para procurar emprego numa serraria. Desceu na Vila Conceição e começou a seguir a pé. Andou uns sete ou oito quilômetros, mas não encontrou o local que procurava. Começou então a voltar pela mesma estrada. Já passavam das 13h quando ele avistou uma mocinha caminhando a sua frente. Apressou o passo, tomou a dianteira e, depois de cinquenta metros, começou a andar de volta em sua direção. Ao cruzar com a moça, parou e a convidou para entrar no mato. Ela o repeliu. Diante dessa atitude, apertou-lhe o pescoço e arrastou-a para dentro do mato. Segundo seu relato, "a moça gritou um pouco". Quando percebeu que sua vítima recobrava os sentidos, repetiu-lhe a mesma proposta e mais uma vez foi repelido por ela. Com raiva, esganou-a e a estuprou. Deixou o local achando que Tamara ainda vivia.

CASO DE PARELHEIROS

DATA: 07.04.1952
VÍTIMA: GERTRUDES DUNZINGER
IDADE: 29 ANOS
CRIME: ESTUPRO E HOMICÍDIO

Benedito tomou o ônibus para Santo Amaro às oito horas da manhã no parque Anhangabaú. Chegando lá, depois de pouco tempo, tomou outro ônibus para Parelheiros. Ao passar perto de uma escola, perguntou ao motorista se ali era o "Casa Grande" e desceu. Andou por uma estrada secundária e passou por outra escola. Já na volta, em frente a uma granja de japoneses, viu uma moça loira que parecia ser estrangeira. Subiu num barranco, esperou que ela passasse e começou a segui-la. Aproximou-se e propôs à mulher que entrasse com ele no mato. Repelido, continuou a segui-la até passar por uma segunda porteira. Dessa vez, segurou-a pelo braço. Ela gritou. Imediatamente, tapou-lhe a boca com a mão e apertou-lhe o pescoço com a cordinha. Arrastou-a para a margem direita do caminho, entrando com ela numa picada, para em seguida estuprá-la.

A mulher levava uma sacola com pão, maçãs, pequenos embrulhos e uma lata. Benedito comeu as maçãs e voltou pelo mesmo caminho. Viu um velhote que já havia cruzado seu caminho na ida. Cumprimentou-o e foi embora. Dois ônibus depois estava de volta à praça João Mendes.

CASO DA ESTRADA DA JUTA

DATA: 26.05.1952
VÍTIMA: ESTER
IDADE: 12 ANOS
CRIME: ESTUPRO E HOMICÍDIO

Logo cedo, Benedito tomou o ônibus para a Vila Carrão e depois para São Mateus. Em seguida, pegou carona com destino a Santo André. Nas proximidades de uma fazenda, pediu ao motorista que parasse e desceu. Voltou então um trecho do caminho a pé e numa baixada encontrou uma japonesinha que levava uma pasta escolar. Avançou sobre ela, apertou-lhe o pescoço, esganando-a, e depois de transpor uma cerca de arame farpado arrastou a menina desfalecida para o matagal existente à margem da estrada. Estuprou-a, usando vaselina de uma latinha que levava com ele. Depois, cobriu o cadáver com as roupas dela e voltou à estrada, indo a pé para São Mateus. Foi para casa. Cometeu o crime por volta das sete horas.

Benedito Moreira de Carvalho foi detido e interrogado. Confessou dez dos seus crimes, sem nenhum constrangimento ou remorso.

CASO DE CUMBICA

DATA: 28.05.1952
VÍTIMA: MARIA DE LOURDES ALVES
IDADE: 18 ANOS
CRIME: TENTATIVA DE ESTUPRO

Logo cedo, às seis horas da manhã, Benedito foi de ônibus primeiramente para Guarulhos e em seguida para Cumbica. Numa parada, pouco antes da Base Aérea, viu uma jovem acompanhando um menor até o ônibus. Notando que ela ficara só, na estrada, e que o lugar era adequado para os seus planos, desembarcou e seguiu a moça pelo atalho em que ela caminhava, à direita da estrada. Após uns duzentos metros, puxou conversa e perguntou se Maria de Lourdes era moradora dali. Ela disse que sim. Pouco adiante, Benedito propôs manterem relações sexuais. Repelido, agarrou-a pelo pescoço e arrastou-a para uma capoeira à margem do atalho. Não chegou a consumar o ato sexual. Perdeu o desejo ao perceber que a moça tinha um corrimento malcheiroso. Deixou a jovem desfalecida e, depois de socar seu rosto, foi embora.

CASO DE BARUERI

DATA: 20.06.1952
VÍTIMA: REBECA
IDADE: 12 ANOS
CRIME: ESTUPRO

Benedito saiu de casa em direção a Barueri, onde esperava localizar uma curandeira indicada por um amigo. Caminhou a esmo, parando num bar para tomar leite. Depois esteve em uma olaria, perto da estrada de Parnaíba, de onde seguiu em direção a um morro. Do alto, viu uma japonesinha acompanhada de um menino, talvez seu irmão, que levava um litro na mão. Decidido a possuí-la, aproximou-se e tratou de afastar o menino, fazendo com que ele levasse um recado para um motorista de caminhão que estava na olaria próxima. Ele relutou, mas cedeu. Ao ficar só com a garota, acompanhou-a na direção em que ela ia. Pouco adiante, entrou com ela no mato e mandou que se deitasse. Como ela não aceitou, Benedito lhe constringiu o pescoço até que desfalecesse e caísse. Segundo seu depoimento, não consumou o estupro porque a menina estava menstruada. Disse ter apenas introduzido levemente o pênis na vagina dela. Deixou-a deitada, com vida, e foi embora.

Objetos apreendidos pela polícia com o Mostro de Guaianases.

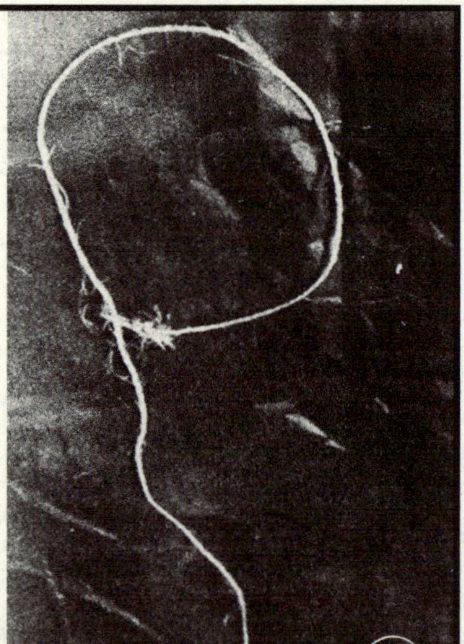

CASO DA PARADA XV DE NOVEMBRO

DATA: 21.07.1952
VÍTIMA: MERCÍLIA OLIVEIRA DE SOUZA
IDADE: 18 ANOS
CRIME: ESTUPRO E HOMICÍDIO

Depois de descer do trem, por volta das treze horas, Benedito esteve em um bar e, depois, "possuído de desejo sexual", pegou um atalho. No fim do caminho, viu uma capela, na soleira da qual se sentou e descansou.

Recomeçou a caminhar até encontrar a casa que procurava, onde viu uma senhora e uma menina. Pediu um copo d'água e conversou algum tempo com a mais velha, perguntando sobre uns negros que ali moravam. Ela disse que a família tinha se mudado. Benedito resolveu regressar pelo mesmo caminho. Foi quando viu, a algumas centenas de metros adiante, uma menina morena de 18 anos levando ameixas nas mãos. Perdeu-a de vista por algum tempo, para depois reencontrá-la em um casebre mal-acabado.

Cumprimentou-a, entrou pelo portão e da janela pediu-lhe que arranjasse algumas mudas de cana para ele. A moça respondeu que a cana de açúcar não era dela, mas se ofereceu para levá-lo à dona da plantação, que morava ali perto. Quando a moça, já do lado de fora, fechava a porta para acompanhá-lo, Benedito fez-lhe uma proposta sexual, que foi repelida prontamente. Agarrou seu pescoço, arrastou-a por alguns metros e pegou umas cordas que estavam no chão, estrangulando-a com elas. Arrastou a jovem pela corda, levou-a até um sapezal que ficava a uns cinquenta metros do casebre e estuprou-a enquanto estava desfalecida. Depois, desapertou o nó e notou que sua vítima ainda vivia. Fugiu pelos fundos da chácara, indo para a estação de trem. Disse, em seu depoimento, que a moça gritou ao ser atacada.

CASOS DA CHÁCARA RUDGE RAMOS

DATA: 02.08.1952

Esses casos foram utilizados no início do capítulo para reconstruir os crimes de Benedito Moreira de Carvalho e mostrar como ele pensava e agia.

VÍTIMA: RAQUEL
IDADE: 10 ANOS
CRIME: ESTUPRO E HOMICÍDIO

VÍTIMA: ABRÃO
IDADE: 8 ANOS
CRIME: ATENTADO VIOLENTO AO PUDOR

CASO DE ITAQUAQUECETUBA

DATA: 18.08.1952
VÍTIMA: RUTH
IDADE: 10 ANOS
CRIME: ESTUPRO E HOMICÍDIO

Benedito desceu do trem na estação de Aracaré às nove horas da manhã. Andou por um atalho e foi sair no Rancho Grande, onde tomou guaraná e permaneceu algum tempo. Voltou para pegar o trem, mas, como ele ainda ia demorar, resolveu voltar ao Rancho Grande e pegar um ônibus. No caminho, num ponto íngreme da estrada, encontrou uma menina negra, Ruth.

Ao cruzar com ela, convidou-a para acompanhá-lo ao mato. Não percebendo suas intenções, Ruth o seguiu até a margem da capoeira. Ali, Benedito agarrou-a pelo pescoço e a arrastou, desfalecida, mato adentro. Depois de estuprá-la, deixou-a recostada em uma árvore, à sombra, ainda com sinais de vida, coberta com suas roupas. Fugiu.

CASO DO SÍTIO INVERNADA

DATA: 21.08.1952
VÍTIMA: MIRIAM
IDADE: 15 ANOS
CRIME: ESTUPRO E HOMICÍDIO

Benedito foi para Cumbica, onde iria encontrar o amigo Albino, alistado na Força Aérea. Ao chegar ao local, soube que o colega havia sido expulso da unidade. Pegou carona num caminhão e desceu a dois quilômetros do sítio Invernada, no Barreiro. Seguiu a pé pela estrada até o tal lugar e cruzou com várias pessoas pelo caminho. Viu então uma mocinha tirando água de um poço na margem esquerda da estrada. Aproximou-se e verificou que era japonesa. Puxou conversa. Perguntou se alguém de sua família estava em casa. Miriam respondeu que não, que estavam todos na roça. Então Benedito agarrou-a pelo pescoço, mas dessa vez não seria tão fácil, porque a resistência foi grande e os dois lutaram até que ela fosse subjugada. Miriam foi derrubada e feriu o rosto em consequência da queda. Em seguida, Benedito apertou-lhe o pescoço e arrastou-a para o matagal. Colocou-a no chão, desfalecida, e estuprou-a. Não despiu inteiramente a moça e, em seu depoimento, lembrou-se de que a japonesa tinha um pano branco[4] de grandes dimensões sob o corpo. Recebeu uma lesão na unha quando lutava com a vítima. Fugiu.

4 *Jiban*, pano branco geralmente usado sob o quimono.

OS TRABALHOS POLICIAIS

A polícia conseguiu um mandado de busca para investigar a casa de Benedito. As seguintes evidências foram encontradas:

> Três pastas de couro; noticiário de seus crimes e outros em recortes de jornais; vários ternos; chapéu cinza como o descrito pelas testemunhas; livros de catecismo; imagem de santa Izildinha; relação manuscrita a lápis, do próprio Benedito, com várias anotações.

Benedito Moreira de Carvalho fazia um "livro-caixa" de seus crimes de morte. Os bairros eram marcados de acordo com suas próprias referências sobre o local, não com os nomes conhecidos pela imprensa.

Segundo o próprio assassino, suas anotações tinham o objetivo de prevenir-se no caso de ser responsabilizado por crimes sexuais que não tivesse cometido. Eis os registros de seu caderno de contabilidade:

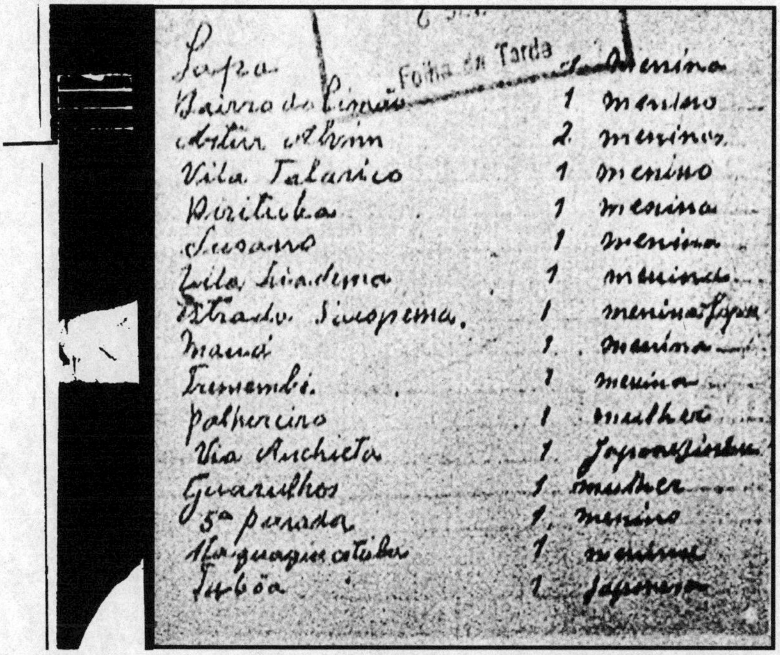

LAPA: 01 MENINA • **BAIRRO DO LIMÃO:** 01 MENINO • **ARTUR ALVIM:** 02 MENINAS • **VILA TALARICO:** 01 MENINO **PIRITUBA:** 01 MENINA • **SUZANO:** 01 MENINA • **VILA DIADEMA:** 01 MENINA • **ESTRADA SACOPEMA:** 01 MENINA JAPONESA • **MAUÁ:** 01 MENINA • **TREMEMBÉ:** 01 MENINA • **PARELHEIRO:** 01 MULHER • **VIA ANCHIETA:** 01 JAPONESINHA • **GUARULHOS:** 01 MULHER • **5ª PARADA:** 01 MENINO • **ITAQUAQUECETUBA:** 01 MENINA • **TABÔA:** 01 JAPONESA

Benedito nunca confessou cópula anal e estrangulamento, ações suas comprovadas por exames médico-legais. Nas marcas de estrangulamento manual deixadas pelo "Monstro de Guaianases" – ele foi assim "batizado" pela imprensa, uma referência aos locais em que praticava seus crimes – no pescoço de suas vítimas, sempre faltava parte do dedo indicador da mão esquerda, que Benedito Moreira de Carvalho tinha perdido num acidente de trabalho. O conteúdo de sua pasta também não deixou dúvidas sobre seus objetivos de uso do cordel com laçada.

Quando interrogado a respeito, ele afirmou que "aquela cordinha" era usada para fazer feixes de gravetos e cavacos que costumava levar para casa e utilizar no fogão. O problema foi que sua esposa negou categoricamente essa declaração, pois o fogão de sua casa era a carvão. De fato, aquele tipo de corda é usado em serrarias para amarrar caibros e ripas, mas as necropsias de Gertrudes Dunzinger e Raquel demonstravam que os sulcos encontrados no pescoço delas correspondiam com exatidão à espessura do cordel de Benedito.

A maior preocupação de Benedito era que as pessoas não acreditassem que ele era doente. Não queria ser tratado como criminoso, queria ser internado em hospital psiquiátrico. Confessou que não conseguia dominar os ímpetos de violência quando estava excitado sexualmente.

Sobre as pastas de couro encontradas em sua casa, declarou que foram compradas por ele na rua São Caetano, eram suas.

O caso do "Monstro de Guaianases" atraiu todas as atenções e causou grande comoção. Seus interrogatórios sobre cada delito em particular foram feitos publicamente, num salão da Secretaria de Segurança Pública, e acompanhados durante dias e dias seguidos por uma multidão de curiosos. Os jornalistas interrogavam Benedito à vontade. Psiquiatras interessados no caso foram entrevistá-lo sem o menor constrangimento.

Passados 14 dias da primeira confissão, Benedito, diante das novas provas, confessou mais três crimes.

A pasta que ele disse ter comprado um ano antes por Cr$ 34,00 (trinta e quatro cruzeiros), na rua São Caetano, provou-se custar bem mais do que isso. A etiqueta da mala levou os investigadores ao fabricante, que estimou o preço de venda em pelo menos o dobro do que ele alegava ter pagado.

Para resolver a dúvida, a polícia examinou outra vez todos os inquéritos de crimes sexuais para verificar se em algum caso havia sido assinalado o desaparecimento da mala da vítima. De fato, no caso de Sarah (10), isso tinha acontecido.

Ela havia sido estuprada e gravemente ferida no mesmo dia que a menina Ester fora estuprada e morta na estrada da Juta, em Santo André.

Foram chamados para depor Sarah e seu pai, que reconheceram a pasta, entre outras quatro, com todas as formalidades e testemunhas.

A menina ainda indicou uma anotação feita a lápis que estaria escrita dentro da mala, provavelmente o preço em código. O pai da vítima conduziu a polícia à loja onde a havia comprado e o vendedor a reconheceu entre outras, mostrando a anotação feita de próprio punho em seu interior.

Ao mesmo tempo, o criminoso confessou outros dois delitos por haver sido reconhecido por testemunhas: estupro de Deborah (11) em 5 de maio de 1952, na Vila Carrão, e de Lea (11) em 24 de junho de 1952, em Mauá.

Benedito fez o reconhecimento e a identificação de todos os locais dos crimes. Mostrou à polícia, com impressionante exatidão, os caminhos pelos quais chegava a eles, o ponto em que encontrara a vítima, a posição em que esta ficara, o caminho de volta, os lugares onde tinham ficado bolsas e outros objetos delas. Indicava com extrema segurança clareiras, atalhos, estradas, casas, capões de mato, cercas — enfim, todos os detalhes de cada crime cometido por ele. No sítio Invernada, cena de seu último assassinato, reconheceu o local, apesar de a casa ter sido demolida e o aspecto geral do lugar ter mudado. No local em que matou Ester, Benedito não se confundiu nem mesmo com a profunda modificação produzida ali por recentes queimadas.

A menina Rebeca (12), apesar do inicial estado de choque em que ficara após o ataque de Benedito, sobreviveu e pôde depois identificar seu estuprador e colaborar com mais detalhes sobre seu comportamento.

Suas vítimas, atacadas com luta corporal ou não, eram agarradas pelo pescoço e tinham a boca tampada. Arrastadas para o mato, eram estupradas brutalmente ao mesmo tempo que eram esganadas.

A violência de seus crimes era tal que suas vítimas desmaiavam durante o ataque. Os exames de corpo de delito das vítimas indicaram rompimento da vagina e ânus, lesões (escoriações, sulcos e equimoses) no pescoço e rosto, constrição da garganta, socos na cabeça, escoriação na face interna das coxas e face anterior das pernas, morte da vítima por esganadura, estrangulamento ou sufocação, além de contusões e escoriações nos seios.

Benedito cometeu crimes contra 29 vítimas: dez estupros seguidos de homicídio, nove estupros, um atentado violento ao pudor, um atentado ao pudor, seis tentativas de estupro, uma tentativa de estupro e homicídio e um homicídio.

Vinte e duas de suas vítimas com idade conhecida eram menores de idade. Todas, sem exceção, foram atacadas durante o dia. Todos os locais de crime eram escondidos, ermos, outeiros cobertos de vegetação de pequeno porte como capoeiras, clareiras ou capões de mato.

Em seu prontuário no Manicômio Judiciário do Estado de São Paulo,[5] mais cinco crimes constam como sendo de sua autoria. Em Suzano, praticou três atentados sucessivos em 1º de março de 1951 contra uma menina japonesa de 8 anos (seu nome não consta) salva por um passante; Hana, que foi vítima de estupro e tentativa de homicídio; e Eva (13), estuprada e esganada no interior de um rancho. Em 24 de abril de 1952 a vítima foi Leila (12), estuprada e esganada em Tremembé. Em 16 de junho de 1952 foi a vez de Moisés (9), esganado e morto no bairro da 5ª Parada.

5 Em 27/01/1988, o Decreto nº 28.195 transformou a instituição em Hospital de Custódia e Tratamento Psiquiátrico de Franco da Rocha. Em 30/08/1988, pelo Decreto nº 28.822, o local passou a se chamar Hospital de Custódia e Tratamento Psiquiátrico Professor André Teixeira de Lima de Franco da Rocha.

Ao ser interrogada, Marina Ferreira de Carvalho, esposa de Benedito, disse não ter queixas do marido. Parece que ao seu lado seus impulsos sexuais não eram nada doentios. Nunca notou qualquer anomalia ou perversão na conduta dele.

A senhora Carvalho declarou que Benedito era trabalhador e bom chefe de família, sustentando sozinho o lar. Nunca soube ao certo os motivos das prisões e condenações do marido. Sabia vagamente de que se tratava de "encrencas com moças".

Nos últimos tempos, vendo as notícias nos jornais, tentou abordar o assunto com Benedito, mas não conseguiu obter nenhum comentário. Lembrou-se de que, quando ele levara a segunda pasta para casa, ela teria questionado por que mais uma, se ele já tinha tantas. O marido respondeu que precisava daquela e encerrou o assunto.

Na última vez que o visitou, Benedito disse à esposa: "Fiz tudo isso sem pensar. Cuide de sua vida e trate de me esquecer".

SOBRE O CRIMINOSO

Benedito Moreira de Carvalho nasceu em 10 de agosto de 1908, em Tambaú, São Paulo. Sua mãe morreu ao dar à luz Benedito, seu décimo segundo filho. Queixava-se de crueldades sofridas na infância pelas mãos de seu pai, que o surrava frequentemente com argola de "rabo-de-tatu", um pequeno chicote feito de couro trançado. Também usava cabo de vassoura ou qualquer tipo de pau, sempre na cabeça, produzindo-lhe perturbações, tonteiras, náuseas e desmaios. Tinha pelo pai um misto de estima e ódio, mas se relacionava muito bem com a irmã que o criara.

Dizia ter sofrido uma infância de privações em seu lar. Já na adolescência, ocupou-se de tarefas agrícolas nas propriedades em que nasceu e morou.

Saiu de casa aos 16 anos, quando se instalou em Araçatuba. Lá trabalhou como carreiro (motorista de carro de boi), garçom e lavador de pratos.

Contraiu várias doenças venéreas, entre elas gonorreia, cancro venéreo e adenite inguinal.

Em 1928, aos 20 anos, "sentou praça" na Força Pública como bombeiro, sendo expulso por incapacidade moral em 31 de junho de 1936, depois de seu primeiro crime sexual. Nesse crime já se manifestavam os primeiros sinais de sadismo: atacou a menor Maria num lugar ermo, no bairro Cerâmica, e, subjugando-a com violência, tentou esganá-la. O estupro não foi consumado porque Benedito ejaculou antes, mas o fato chegou aos ouvidos de seu comandante e ele excluiu-o da Força Pública. Condenado a um ano de reclusão, cumpriu a pena e passou a ser serrador.

Em setembro de 1941, no bairro da Penha, cometeu um atentado violento ao pudor. Foi condenado a dois anos e 11 meses de prisão.

No ano de 1943, por causa de um acidente de trabalho, perdeu as duas primeiras falanges do dedo indicador da mão esquerda.

Em julho de 1946, no atentado que ficou conhecido como "Crime da estrada da Peninha", agarrou a menor Naomi, de 16 anos. Ela resistiu e Benedito esganou-a, arrastou-a para o mato e a estuprou. Quando foi preso, identificou-se com nome falso, Joaquim Moreira de Carvalho. Foi condenado a seis anos de reclusão, pena depois reduzida pelo Tribunal de Justiça para três anos e seis meses de prisão. Saiu em liberdade condicional em dezembro de 1949.

Em 25 de janeiro de 1951, Judith sofreu tentativa de estupro por Benedito em Poá. No primeiro dia de agosto de 1951 ele tentou estuprar as irmãs Dalila e Berenice e violentou a menina Sulamita, todas menores de idade. Em 18 de agosto de 1951, novamente em Poá, atacou a menina Dina (13). Arrastou-a para o mato, mas o estupro foi interrompido antes de ser consumado pela chegada de um rapaz no local.

No dia 6 de setembro de 1951 foi preso em flagrante ao invadir a casa de Edna em Itaquera do Campo. Benedito utilizou um cinto para apertar seu pescoço, mas a menina conseguiu gritar. Assustado, ele fugiu, mas foi perseguido e preso por populares. Por meio de um *habeas corpus*, alcançou a liberdade em novembro de 1951.

Menos de um mês depois, em 21 de dezembro, ainda estuprou Lidia, em São Bernardo do Campo.

No ano de 1952, iniciou-se a série de homicídios cometidos por Benedito Moreira de Carvalho, que até então se comportava como um estuprador.

Benedito não fumava, não bebia e era muito arredio. Introvertido, não fazia amigos e era reservado ao extremo com parentes e colegas. Vivia bastante isolado emocionalmente, jamais frequentando bares ou lugares públicos. Suas maneiras sempre foram hostis e antissociais.

Casou-se com Marina Ferreira, com quem teve um filho. Este, aos 13 anos, foi morar na casa dos tios e não falava, de jeito nenhum, sobre o pai. As razões de sua mudança não foram esclarecidas.

Benedito teve caxumba, que lhe causou uma orquite, inflamação dos testículos, e nem sempre secretava esperma. Alegava que depois da caxumba nunca mais pôde controlar seu desejo sexual. Chegava a colher ramos de cambuci e erva-de-bicho para fazer chás que diminuíssem sua virilidade. Acompanhava pelos jornais e colecionava todas as notícias publicadas sobre "tarados sexuais".

As lesões em suas vítimas eram sempre semelhantes: pescoço, rosto, seios e coxas. Se fosse uma criança, apenas a arrastava para o mato; se adulta, antes de tomar alguma medida drástica, fazia um convite, sem aceitar "não" como resposta.

Sempre despia as vítimas meninas e as cobria com as peças de seu vestuário depois de obter satisfação sexual. Quando atacava mulheres adultas, deixava-as nuas e completamente descobertas.

Teve sua prisão preventiva decretada em 12 de setembro de 1952 e foi para o Manicômio Judiciário de São Paulo, hoje chamado Hospital de Custódia e Tratamento Psiquiátrico Professor André Teixeira Lima, de Franco da Rocha, em 24 de outubro de 1952.

A conclusão de todos os laudos realizados até sua morte era de que o paciente sofria de psicose e/ou pseudopsicopatia por lesão cerebral, sendo assim indivíduo de alta periculosidade.

Foi absolvido de seus crimes em razão da inimputabilidade e mantido o resto de seus dias internado no manicômio.

Segundo José Benedito Catalani, funcionário da instituição desde 1973, Benedito Moreira de Carvalho era autoritário, dominador, meticuloso e obediente. Era responsável pelo refeitório dos pacientes da seção B e chefe muito duro com os outros presos. A liderança dos internos não gostava do excesso de autoridade sempre utilizado por Benedito.

Em 1975, Catalani assistiu ao paciente Armindo Pereira Alves, da elite da malandragem na época, atentar contra a vida de Benedito com um canivete Corneta, marca famosa na época, cuja lâmina saltava quando acionada. A camisa branca abotoada de Benedito se abriu com as quatro ou cinco facadas que levou. Sua barriga foi cortada como a de um peixe ao ser limpo; tripas e fezes ficaram expostas e Benedito, segurando o ventre, caminhou vinte metros até o consultório médico para buscar socorro. Hospitalizado durante algum tempo, recuperou-se totalmente.

Segundo Catalani, Benedito sempre teve receio de sair de sua unidade. Ele temia ser alvo de vingança por parte dos parentes de suas vítimas. Tinha mais medo ainda de qualquer paciente oriental.

Em 1976 sofreu um enfarte dentro da copa do refeitório. Como era um preso de confiança, a chave estava com ele e a porta, trancada. Depois do arrombamento executado por funcionários, Benedito ainda recebeu socorro, mas não sobreviveu.

Sua esposa Marina retirou seus pertences, que se resumiam em uma carteira de couro sintético, uma carteira porta-notas, uma caneta tinteiro, óculos com estojo, dez maços de cigarros Parker, um relógio de pulso marca Diva, cédula de identidade, carteira do 2º Batalhão da Força Pública da 4ª Companhia e certidão de nascimento.

Isso foi o que restou do temido Monstro de Guaianases.

REFERÊNCIAS

FONSECA, G. *Crimes, criminosos e a criminalidade em São Paulo (1870-1950)*. São Paulo: Resenha Tributária, 1988.

OUTRAS FONTES

Fotografias do acervo do Museu do Crime da Academia de Polícia do Estado de São Paulo e do prontuário nº 4.818 do paciente Benedito Moreira de Carvalho, do Hospital de Custódia e Tratamento Psiquiátrico Prof. André Teixeira Lima, de Franco da Rocha.

Museu do Crime da Academia de Polícia Dr. Coriolano Nogueira Cobra. Estado de São Paulo.

Museu do Tribunal de Justiça do Estado de São Paulo.

Museu e Arquivo Criminal Dr. Milton Bernardski. Associação dos Investigadores de Polícia de São Paulo.

Prontuário nº 4.818 do paciente Benedito Moreira de Carvalho, do Hospital de Custódia e Tratamento Psiquiátrico Prof. André Teixeira Lima, de Franco da Rocha.

Registro Geral nº 223.141, de Benedito Moreira de Carvalho.

Um caso grave de sadismo. Arquivos da Polícia Civil de São Paulo.

4. FRANCISCO COSTA ROCHA

"CHICO PICADINHO"

"Eu sempre era visto como alguém que está atrapalhando, indesejado [...]. Já nasci criando problema, minha mãe quase que faleceu ao dar à luz." – **Francisco Costa Rocha**

Seu Francisco e dona Nancy se conheceram no Espírito Santo. Ele, exportador de café, poderoso, bem-sucedido. Tinha um casamento "oficial" e seis filhos, mas caiu de amores pela extrovertida e alegre Nancy.

Francisco era homem rigoroso, enérgico, violento e extremamente ciumento da amante. As brigas eram constantes e certa vez chegou ao extremo de ameaçá-la de morte. Talvez fosse insegurança pelos vinte anos de diferença que os separavam. Por duas vezes Nancy provocou abortos, decisão imposta pelo amásio. Na terceira, resolveu ter o filho, apesar dos protestos dele.

Em 27 de abril de 1942 nascia o pequeno Francisco. Nesse clima de rejeição, não teria uma infância fácil. As idas e vindas do pai eram constantes, o tempo que permanecia na "filial" da família, em Vila Velha, era escasso, e os sentimentos do menino pelo pai oscilavam entre a adoração por aquela figura poderosa e elegante e a raiva pelo abandono e rejeição constantes. Apesar de registrado com o mesmo nome de seu pai, não pôde ter acrescido ao sobrenome "Filho" ou "Júnior", como era de se esperar.

Aos 4 anos, sem entender a doença pulmonar que acometera sua mãe e a repentina ruína financeira da família, Francisco foi levado para morar com um casal de empregados do pai em um sítio bastante isolado. Cercado por animais que nunca tinha visto, entre jiboias, porcos, gatos e galinhas, em um ambiente que depois descreveria como "sinistro", Francisco era chamado de "endiabrado e encapetado". Criança solitária, vivia pelas matas que rodeavam o local.

Não faltaram traquinagens na infância do menino. Sempre curioso e inquieto, matava gatos para testar suas sete vidas e observava os resultados, ora enforcando-os em árvores, ora afogando-os em vasos sanitários. Apanhava bastante e uma vez quase perdeu a mão, ao ser punido com lambadas dadas com as costas de uma faca que o acertou, sem querer, com o lado errado.

Depois de dois anos vivendo com o casal, dona Nancy voltou para buscá-lo. Foi um momento estranho, pois o menino Francisco mal se lembrava daquela mulher que se dizia sua mãe. Juntos, foram para Vitória.

Francisco sofreu de enurese noturna até os 5 ou 6 anos. Seu nariz sangrava constantemente, sofria de asma e de pavor noturno.

A mãe tentou de tudo para manter o sustento da família. Trabalhava como cabeleireira e costureira, mas sua inclinação em se envolver com homens casados e bem de vida perturbava bastante o filho. Ela mantinha casos por algum tempo, enquanto o menino se distanciava, evitando qualquer relacionamento com aqueles estranhos que iam e vinham de repente.

No colégio de padres em que iniciou os estudos, as dificuldades não foram menores. Era briguento, desatento, dispersivo, irrequieto, indisciplinado e displicente. Detestava fazer lições de casa e a dificuldade em matemática lhe causaria problemas até a vida adulta. As figuras de batina preta também o assustavam, depois que o famoso "aluno problema" foi chamado na sala do diretor para ser repreendido. Lá, encostado na porta, viu outro menino no colo do padre. Sem entender o que estava acontecendo, mas com uma sensação de constrangimento e vergonha, saiu sorrateiro e permaneceu sempre receoso de que acontecesse com ele a mesma coisa. Depois de repetir a quarta série, foi convidado a mudar de escola.

Passou a estudar em uma instituição estadual, onde cursou a quarta e quinta séries. Prestou exames no Colégio Americano e passou. Seu relacionamento com os colegas e professores se complicou quando, por influência de um tio, declarou-se ateu. Perdeu a namorada, ganhou olhares desconfiados e, antes de terminar o ano, abandonou os estudos.

Dona Nancy não sabia como controlá-lo. Era mais amiga do que mãe. Francisco vivia então muito tempo na rua, aprontando, pondo fogo em coisas, invocando o diabo, pesquisando sobre vampiros, perseguindo assombrações, mergulhando no mar bravio, enfim, matando a curiosidade de tantas perguntas sem respostas que sempre rondavam sua imaginação.

Na adolescência, sempre era o menor da turma com a qual andava. Nas "brincadeiras de menino", muitas vezes foi subjugado para troca de carinhos sexuais e, entre pauladas e pedradas, acabou se acostumando.

Tentou arrumar trabalho e até conseguiu alguns, mas não tinha a persistência necessária ou a orientação e autoridade da mãe para permanecer muito tempo em um emprego. A vida livre, na rua, era muito mais interessante. A "juventude transviada" corria solta naqueles anos e Francisco logo formou com os amigos o Clube Sentapua. Juntos, aprontavam pela cidade entrando como penetras nos mais chiques casamentos da alta sociedade, bebendo muita cuba libre, pegando "emprestado" carros para rodar sem rumo e depois os devolvendo aos donos, divertindo-se entre aventuras, pequenas transgressões e enrascadas.

O maior sonho de Francisco, aos 15 anos, era ser marinheiro. Não conseguiu. A mãe chorou, esperneou e gritou diante da possibilidade de o filho mudar-se para Santa Catarina, onde cursaria a Escola Naval. Não autorizou a viagem do rapaz.

Aos 16, mudou-se para o Rio de Janeiro com a mãe e seu companheiro, a quem Francisco reconheceria como padrasto num relacionamento que se manteria pelo resto da vida.

Ao completar 18 anos, resolveu que seria paraquedista. Alistou-se na Aeronáutica e logo pediu transferência para São Paulo, onde ficou alojado no Campo de Marte. Foi recruta por seis meses, passando depois para a Infantaria, onde trabalhava na parte administrativa. Fazia pagamentos e servia café. Ali conheceu um técnico americano, Mathias, especialista em galvanoplastia. Foi seu cicerone por São Paulo e Rio, desfrutando de jantares no Restaurante Fasano e na Churrascaria Rubayat, entre outros.

Depois da partida do amigo texano, que queria levá-lo para os Estados Unidos, Francisco pensou em continuar na carreira militar e seguir na profissão de mecânico de aviação, apaixonado que era pelas engrenagens. Mas a falta de disciplina novamente foi decisiva na escolha.

Tentando resolver essa instabilidade interna, a falta de rumo e a autoridade que permeava sua juventude, Francisco tentou ainda entrar para a Polícia Militar. Não foi bem-sucedido.

Olhando anúncios de jornal, encontrou o emprego que lhe proporcionaria bom salário e liberdade: representante de vendas da Gessy Lever.

A vida itinerante pelo interior do estado e a solidão logo foram aplacadas pela bebida, que rapidamente se tornou um vício, quando, por dificuldade em cumprir a meta de vendas, foi demitido.

Francisco tentou então a carreira de corretor de imóveis. Ganhava bem, alugava um apartamento no centro da cidade e passou a trabalhar para viver os prazeres que almejava. Sem horário fixo, divertia-se em bares e boemia, frequentava teatros com passe livre cedido por parceiros sexuais, lia

Nietzsche e Dostoiévski, experimentava todo tipo de drogas e participava de orgias noturnas com mulheres diversas. A agressividade sexual que lhe dava prazer se acentuava cada vez mais.

Chegou a enamorar-se de algumas mulheres e elas logo queriam firmar compromisso, mas isso Francisco não aceitava. Certo de que não queria se comprometer com alguém pelo resto de seus dias e avesso ao controle que logo as namoradas pretendiam exercer, preferia a companhia de mulheres da noite, que, como ele, se divertiam com bons programas e não exigiam nada mais que a conta paga por ele.

Em uma dessas farras, em 1965, foi atropelado no cruzamento da avenida Rio Branco com a avenida Ipiranga e teve a sensação de desmaio por alguns segundos, mas não sofreu nada mais grave que um ferimento na perna. Logo voltou à vida normal.

Dividia um apartamento no oitavo andar de um prédio na rua Aurora com um amigo chamado Caio, médico-cirurgião da Aeronáutica, que estava enfrentando uma grande instabilidade no casamento e usava a quitinete de vez em quando. Com esse amigo, Francisco foi assistir ao filme *O colecionador*,[1] a história de um rapaz solitário que em sua obsessão por uma mulher a aprisiona no porão de sua casa e a sevicia até a morte. O filme rendeu longas conversas e análises entre os dois.

As noites começavam no Bar Pilão e acabavam no Ponto Chic, no largo Paissandu, que ficava aberto madrugada afora e onde muitos boêmios de São Paulo terminam a noite até hoje.

Os amigos de Francisco já tinham comentado com ele sobre uma boêmia de nome Margareth Suida. Ela era austríaca, natural de Kroterneuburg, bailarina, separada e atendia como massagista para melhorar o orçamento. Tinha 38 anos de idade. Segundo alguns frequentadores do bar, ela era boa de copo e de papo.

Naquela terça-feira, 2 de agosto de 1966, Francisco conheceu a tão falada Margareth. Era uma mulher bonita, vestia um conjunto de saia e blusa azul e por cima uma capa de náilon cinza-chumbo de gola branca, amarrada na cintura. Ficaram ali no bar jogando conversa fora, falando sem compromisso.

Já bem tarde da noite, ele a convidou para ir ao seu apartamento, onde tinha a intenção de esticar o prazer.

Francisco se lembra pouco dos acontecimentos que se seguiram. Eles aparecem em sua memória como flashbacks, sem que se tenha uma sequência de fatos definida. Pode-se chegar a algumas conclusões por meio do laudo nº 14.985/66, referente ao levantamento do local de cadáver realizado pelo perito criminal Adolpho Viesti.

1 *The Collector*, 1965, direção de William Wyler, com Terence Stamp e Samantha Eggar.

PLANTA ARQUITETÔNICA DO APARTAMENTO DE FRANCISCO

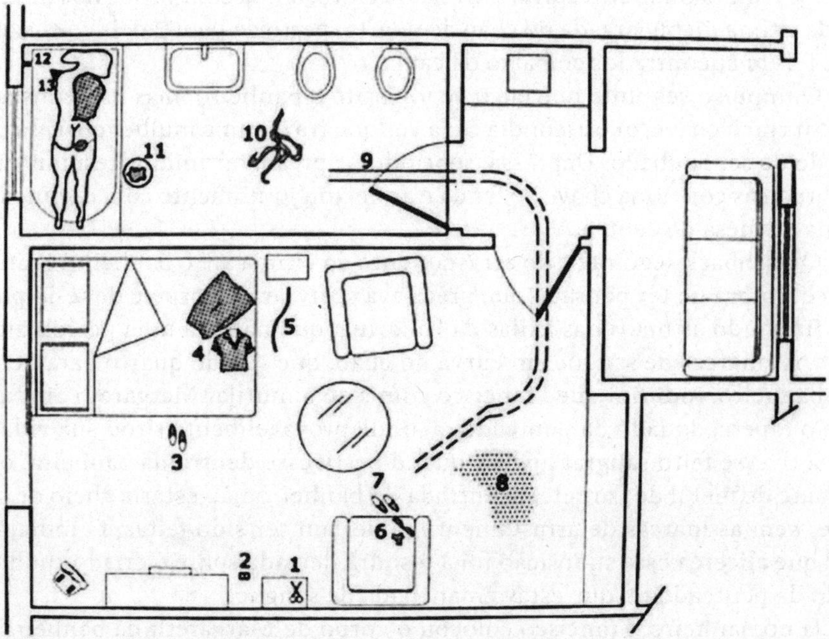

LEGENDA:

1. TESOURA SOBRE CRIADO-MUDO | **2.** FIVELA DO CINTO | **3.** SAPATOS DA VÍTIMA | **4.** ROUPAS DA VÍTIMA | **5.** CINTO DA CAPA DA VÍTIMA **6.** LINGERIE DA VÍTIMA | **7.** PAR DE SAPATOS DE HOMEM | **8.** CACOS E FRAGMENTOS DE COPO DE VIDRO | **9.** MARCAS DE ARRASTAMENTO **10.** CINTO SEM FIVELA E GRAVATA | **11.** BALDE COM AS PARTES DA VÍTIMA | **12.** GILETE SOBRE A BORDA DA BANHEIRA | **13.** FACA SOB O CADÁVER

Pelas roupas de Margareth sobre o pé da cama e sua lingerie colocada na poltrona, ela ficou nua de livre vontade. Os lençóis estavam desalinhados e os cinzeiros cheios de bitucas de cigarro de duas marcas diferentes. Pela quantidade de cigarros encontrados ali, consumidos por duas pessoas, horas se passaram antes que Margareth fosse morta.

A relação sexual que tiveram deve ter seguido o padrão de violência que Francisco descreveria como sendo habitual com “certos tipos de mulher”: Margareth apresentava várias mordidas perto dos seios e do pescoço, além de um hematoma no nariz.

Um dos primeiros flashbacks de Francisco é o de seu avanço sobre a vítima, com as mãos nuas em direção ao pescoço, para estrangulá-la. Segundo seu relato, os dois “arriaram” no tapete, ao lado da cama, enquanto ela desmaiava.

A próxima memória dele é sobre o cinto com o qual enforcou Margareth, terminando de matá-la. Francisco alcançou-o com apenas uma das mãos, mas não se lembra onde ele estava. A fivela do cinto, ainda com vários fios de cabelo da vítima, ficou largada no chão do quarto, perto da penteadeira. Seus brincos foram encontrados embaixo da cama.

O impulso seguinte que ele teve foi ir até o banheiro, mas não conseguia encontrar a chave, que escondia cada vez que trazia uma mulher em casa com medo de ser roubado. Depressa, sentindo-se preso, oprimido, desmontou as dobradiças com uma chave de fenda e as deixou juntamente com os pinos em cima da mesa de centro.

O flashback seguinte é do arrastamento da vítima até o banheiro. Francisco se lembra de ter pensado que precisava se livrar do corpo e de tê-lo puxado firmando as mãos nas axilas da bailarina, que não era uma pessoa muito leve. As marcas de sangue em curva no chão, que vão do quarto para dentro do banheiro, indicam que Francisco começou a mutilar Margareth ainda sobre o tapete, ao lado da penteadeira, onde provavelmente tirou sua vida. Se ele a tivesse feito sangrar apenas quando estivesse dentro da banheira, o arremate de metal do carpete na entrada do banheiro não estaria cheio de sangue, nem as marcas de arrastamento poderiam ter sido feitas. O indício final que alicerça essa suposição foi a tesoura deixada sobre o criado-mudo ao lado da penteadeira, que estava manchada de sangue.

Já no banheiro, Francisco colocou o corpo de Margareth na banheira, de barriga para cima. Com uma gilete, retirou seus mamilos e começou a retalhar o corpo de sua vítima. O processo a que submeteu o cadáver da mulher estaria mais próximo de uma dissecação do que de um esquartejamento.

Suas partes moles, como seios e músculos, foram recortadas e removidas; ela foi eviscerada. Sua pélvis foi também retirada. Esse estrago ou retirada das partes femininas da vítima é chamada de desfeminização.

Francisco tentou se livrar de algumas vísceras jogando-as no vaso sanitário, mas mudou de ideia no meio do processo. Foi até a cozinha e pegou um balde de plástico, dentro do qual começou a recolher cada recorte que fazia.

Quando terminou de descarnar boa parte da frente do corpo da vítima, Francisco a virou de bruços, ainda dentro da banheira. Dissecou a metade direita das costas e arrancou um pedaço das nádegas.

A confusão de pegadas de sangue encontrada no banheiro permite deduzir que o criminoso entrou e saiu várias vezes do recinto. Os vestígios de pegadas dos pés descalços não obedeciam a uma sequência de um caminhar normal.

No chão do banheiro estava o cinto sem a fivela, com o qual Margareth foi estrangulada, outro cinto de couro marrom e uma gravata. Todas as peças estavam embebidas em sangue. Sobre um estrado de madeira havia uma mala. Dentro dela, alguns livros, desenhos exóticos e pornográficos. Sobre a pia estava o anel de Margareth, provavelmente retirado por Francisco antes de iniciar a carnificina.

Na perícia do local do crime foi feito um exame minucioso do corpo da vítima. Foram constatadas mutilações generalizadas, evisceração parcial e ferimentos incisos e perfuroincisos. As regiões atingidas eram as seguintes: dorsal direita, glútea direita, perianal, parte anterior do pescoço, torácica, abdominal, pubiana, coxa esquerda, braço e antebraço esquerdos. No punho direito da vítima, uma atadura cobria uma recente tentativa de suicídio, ainda com a sutura.

Embaixo do ombro de Margareth, dentro da banheira, foi encontrada uma faca de cozinha. Sobre a borda da banheira estava a gilete utilizada, ainda manchada de sangue.

De repente, Francisco começou a voltar a si e a sentir extrema repulsa pelo que havia feito. Perplexo com seus atos, limpou-se com o álcool que estava na garrafa em cima da mesa do quarto e se vestiu rapidamente. Horas haviam se passado, já anoitecia, e ele tinha marcado um jantar com Caio.

Na hora em que o médico chegou à rua Aurora, Francisco já o esperava no térreo. Falou para o amigo que tinha um problema e Caio, bem-humorado, perguntou:

– É dinheiro ou mulher?

Francisco respondeu que dessa vez o assunto era sério, que havia uma pessoa morta "lá em cima". Pediu que Caio não subisse e que não contasse nada à polícia até que ele se entregasse, depois que fosse ao Rio de Janeiro tranquilizar sua mãe sobre os fatos que se sucederiam e arrumasse um advogado.

Assustado, ele acreditou no amigo. Combinaram que Francisco ligaria na casa da sogra de Caio, dando notícias no dia seguinte à noite. O médico saiu dali rapidamente, pensando em como se livraria da enrascada em que se havia envolvido.

Depois de muito pensar, chegou à conclusão de que não tinha muitas alternativas. Não havia dúvida de que nas investigações seu nome se tornaria público, assim como as escapadas extraconjugais que aconteciam na quitinete. Era melhor que ele mesmo contasse à esposa e, com ela, resolvesse o que fazer.

O casal foi procurar um amigo delegado para se aconselhar. Este, sem perda de tempo, levou-os para a delegacia e denunciou o crime.

O responsável pela investigação foi o delegado de homicídios doutor Antonio Strasburg de Moura, que chamou imediatamente o Instituto de Polícia Técnica, solicitando a realização de exames no local.

Na noite seguinte, Francisco cumpriu sua promessa de telefonar para o doutor Caio na hora combinada. O delegado Strasburg estava lá e depois de muita conversa conseguiu o telefone de onde ele falava. O número pertencia ao Hotel Regente, no Rio de Janeiro.

Francisco Costa Rocha foi preso em 5 de agosto de 1966. Já tinha conversado com um advogado, mas não com sua mãe. O delegado Strasburg, ao chegar onde ele estava escondido, falou:

– Eu sou de São Paulo e acho que o senhor sabe por que estou aqui. Sou da Delegacia de Homicídios.

Francisco respondeu:

– Pois não, tudo bem.

Sem reagir, o assassino que já havia conquistado a primeira página dos jornais foi levado para a 3ª Delegacia de São Paulo.

Francisco foi interrogado, mas não conseguiu apresentar um motivo para o assassinato que cometera. A polícia também desconfiava que o médico Caio havia sido cúmplice, pois os cortes no corpo de Margareth pareciam ter sido feitos por alguém com prática anterior.

Nos processos da época, consta a declaração de Francisco de que estrangulou e esquartejou Margareth Suida porque desejava dar vazão à raiva que sentia da própria vida.

A bailarina, segundo consta no interrogatório, lembrava a mãe do criminoso, que, abandonada pelo marido, vivia em companhia de um estranho. Além disso, Francisco disse que tinha a sensação de que "sua potência e virilidade diminuíam, aparecendo em seu lugar um sentimento mórbido pela violência, que se expressava em apertar-lhe o pescoço e morder-lhe". O assassino teria perdido o controle, ao ser rejeitado e ridicularizado ao tentar fazer sexo anal com Margareth.

Francisco Costa Rocha foi condenado a 18 anos de reclusão por homicídio qualificado, mais dois anos e seis meses de prisão por destruição de cadáver. Posteriormente, teve sua pena comutada para 14 anos, quatro meses e 24 dias.

Até 1972, cumpriu pena na Penitenciária do Estado. Ali fez supletivo de 1º e 2º graus, lia muito e era preso de confiança, trabalhando diretamente com a diretoria. Recebia muitas visitas e foi a época da sua vida em que ficou mais assistido.

Uma visita que recebia com frequência era a da amiga Catarina (pseudônimo), com quem acabou se casando ainda quando estava preso. Com ela, imaginou uma vida ideal, fora da situação prisional.

De 1972 a 1974, Francisco cumpriu pena na Colônia Penal Agrícola Professor Noé Azevedo, na cidade de Bauru.

Em junho de 1974, oito anos após ter cometido o primeiro crime, Francisco foi libertado por comportamento exemplar. No parecer, para efeito de livramento condicional expedido pelo então Instituto de Biotipologia Criminal, foi excluído o diagnóstico de personalidade psicopática e estabelecido que Francisco tinha "personalidade com distúrbio de nível profundamente neurótico". Obteve progressão penal e então sua única obrigação era apresentar-se em juízo, a cada noventa dias, para anotação na carteira de preso condicional.

A vida conjugal caiu na realidade da rotina e logo começaram os desentendimentos. Francisco foi trabalhar na Editora Abril, na divisão de volumes.

Continuava a ser bom vendedor, mas junto com o dinheiro veio a vontade de voltar para a boemia. Gradativamente, foi chegando cada vez mais tarde em casa, voltou a beber, passando a dormir na sala. Para complicar, Catarina engravidou e exigia do companheiro uma vida mais regrada. Sem conseguir "endireitar" o marido, o casamento acabou em separação ainda em 1974. A filha do casal nasceu em 1975.

Francisco começou a viver em pensões, hotéis baratos e apartamentos alugados ou emprestados. Voltou a usar drogas e mudou de emprego algumas vezes por conta da inquietude e da frustração que passaram a permear outra vez sua vida.

Quando morou no bairro da Liberdade, conheceu Berenice (pseudônimo), por quem teve o que chama de "paixão carnal". Com ela também teve um filho, mas isso não impediu que Francisco se entregasse cada vez mais aos programas da boca do lixo em São Paulo. Era a fase do sexo, drogas e rock'n'roll.

Em maio de 1976, novamente sem ter onde morar, Francisco procurou Joaquim, seu antigo amigo e fiador. Apesar de ter conhecimento de seu crime anterior, Joaquim deixou que Francisco ficasse em seu apartamento durante algum tempo, até que arrumasse nova moradia.

Em 13 de setembro de 1976, a empregada doméstica Rosemeire, de 20 anos, conheceu Francisco na Lanchonete Elenice, onde ele a convidou para acompanhá-lo ao Hotel Carnot, juntamente com mais um casal.

Enquanto estavam tendo relações sexuais, Francisco começou a ter um comportamento bastante violento. Mordeu sua parceira várias vezes além de tentar esganá-la. Segundo o depoimento da moça ela desmaiou e quando voltou a si percebeu que Francisco tentava morder a sua "veia do pescoço". Ao levantar-se, sangue escorreu por entre suas pernas. Fugiu do hotel sem demora e procurou atendimento médico no pronto-socorro da Santa Casa de Misericórdia. Lá, por meio de exames feitos por médicos e investigadores do hospital, ficou constatada agressão no útero por instrumento perfurocortante desconhecido, tentativa de estrangulamento, além de mordidas pelo corpo. Rosemeire, que estava no início de uma gravidez, perdeu o bebê. Em 15 de setembro foi instaurado um processo contra Francisco Costa Rocha por lesão corporal dolosa.

Entre a saída da prisão e a fatídica noite de outubro de 1976, quando Francisco cometeria seu segundo crime, ele mesmo notou a escalada de violência em que se encontrava. A cada relação sexual que praticava, seus instintos sádicos estavam mais exacerbados. Por volta de meia dúzia de mulheres sentiram a agressividade dos "quase" estrangulamentos, mas como a excitação sexual por privação de oxigênio (hipoxifilia) é prática comum em relações sadomasoquistas, não reclamaram. Quando a condição sádica é severa, e quando está associada ao transtorno da personalidade antissocial, o indivíduo pode ferir gravemente ou matar suas parceiras. Francisco sabia que esse dia não estaria longe.

No dia 15 de outubro de 1976, uma sexta-feira, Francisco conheceu Ângela de Souza da Silva, 34 anos, também na Lanchonete Elenice, na esquina da rua Major Sertório com a rua Rego Freitas. Ângela era uma prostituta acusada de roubos e furtos, que utilizava vários nomes diferentes: Benedita Ozório de Souza, Suely de Souza Silva, Sonia da Silva, Maria de Souza, Sonia Aparecida de Souza e Sonia Aparecida dos Santos. Para Francisco, apresentou-se como "Suely".

Ficaram durante toda a noite bebendo em diversos bares, pois Francisco sabia que só poderia usar o apartamento em que estava morando depois das sete horas da manhã, horário em que Joaquim já teria saído para trabalhar e o terreno estaria livre para a farra combinada.

Entraram no prédio da avenida Rio Branco por volta desse horário, fato confirmado pelo porteiro do edifício. Francisco agiu então com os mesmos requintes de sadismo e crueldade do seu crime anterior. Ângela foi morta por estrangulamento quando, sob o corpo de Francisco, mantinha com ele relações sexuais. Ao perceber que ela havia morrido, se deu conta do que fizera e das consequências daquele ato para sua vida.

A primeira providência por ele tomada foi a tentativa de esconder o crime. Da mesma forma que fizera no crime anterior, arrastou o corpo inerte até o banheiro, munido de uma faca de cozinha, um canivete e um serrote. Novamente, começou a retalhar o cadáver, extirpando os seios, abrindo-o pelo ventre, retirando as vísceras e jogando-as no vaso sanitário. O plano não deu tão certo... o encanamento entupiu.

Francisco então percebeu que, dessa forma, não conseguiria se livrar do corpo da vítima. Resolveu recomeçar, desta vez picando tudo bem miúdo, para que o transporte fosse facilitado.

O esquartejamento continuou, então, na parte da cabeça. Retirou os olhos e retalhou a boca para diminuir o tamanho do crânio. Logo Francisco descobriu como seria difícil seu trabalho. Segundo seus depoimentos posteriores, nunca havia sido açougueiro ou trabalhado em hospitais. Como não sabia secionar o corpo corretamente, usou sua força muscular e o serrote. Dessa vez, picou a vítima.

Após ter secionado os membros de Ângela, abriu a água do chuveiro, lavou as partes do corpo na banheira e acondicionou-as em sacos plásticos. Francisco acredita que levou entre três e quatro horas "trabalhando" no corpo de sua vítima. Dividiu os sacos com as partes do corpo numa mala verde de viagem e numa sacola xadrez. Colocou tudo na sacada do apartamento, com medo de que Joaquim chegasse mais cedo e testemunhasse seu crime.

Cansado, sentou-se no sofá e adormeceu. Em algum momento do sono, lembra-se de ter ouvido a campainha tocar insistentemente, mas não se levantou para abrir a porta.

Do outro lado estava Joaquim. Já eram 15h30 quando ele chegou ao apartamento, mas Francisco havia passado a trava na porta e ele não conseguia entrar. Resolveu ir até a casa de um sobrinho fazer um pouco de hora para depois voltar.

Francisco acordou somente perto das 18h30. Tinha a sensação de não realidade que acompanha o despertar de um pesadelo. Chegou à conclusão de que, se conseguisse arrumar um carro com algum conhecido, buscaria a "bagagem" e sumiria com as provas do crime. Prostitutas não eram muito procuradas pela polícia quando desapareciam. Deixou um bilhete para Joaquim, que dizia: "Amigo, viajei, obrigado".

Procurou o antigo colega da Penitenciária de Bauru, Rogério, que lhe poderia emprestar uma arma, mas não o encontrou. Não achou também outro companheiro, dono de um Dodge Dart, carro que pegaria emprestado para levar a mala, a sacola e os sacos plásticos até o rio Tietê, onde Ângela desapareceria para sempre.

Enquanto isso, Joaquim retornou ao apartamento. Ao entrar no banheiro, encontrou tudo muito molhado, além de o feltro da enceradeira estar encharcado, largado no chão. Recolheu-o e resolveu colocá-lo para secar na sacada.

Ao abrir a porta do terraço, Joaquim encontrou uma mala, uma sacola e vários sacos plásticos. Abriu para ver o que era e, a princípio, pensou que se tratava de peças de um manequim. A ilusão durou pouco. Atônito, percebeu que estava mexendo com partes de um corpo de verdade, brutalmente retalhado. Lembrou-se do primeiro crime de Chico e mais do que depressa chamou a polícia.

Enquanto isso, Francisco, sem conseguir realizar seus planos e com a certeza de que seria preso novamente, tentou voltar ao apartamento para livrar-se das provas do crime, mas percebeu o carro de remoção de cadáveres na frente de onde morava. Resolveu fugir enquanto era tempo. Por volta das 20h deixou a avenida Rio Branco, fato depois confirmado por uma conhecida prostituta que ali passava. Francisco teria dito a ela que iria viajar.

No dia seguinte, estava no Rio de Janeiro. Da Central do Brasil embarcou em um trem e foi até Japeri. Durante o trajeto, pensou seriamente em se jogar pela porta e acabar com a vida, mas lhe faltou coragem. Voltou para a Central do Brasil e passou a noite na praça Mauá, dormindo na marquise de um edifício antigo.

De manhã, viu seu nome e fotografia estampados em todos os jornais. Perdido, misturou-se à multidão que subia nas barcas e rumou para Niterói. Pretendia ficar em um hotel, mas o presidente Geisel estava na cidade, em visita oficial, e com isso havia inúmeros policiais.

Mudou seus planos e foi para a praia de Icaraí, mas não achou lugar para ficar. Perambulou até encontrar uma gruta segura, na praia do Ingá. Depois de sobreviver alguns dias catando marisco, tarefa que aprendeu com um pescador local, ficou sem dinheiro. Resolveu voltar até Niterói para vender o relógio, mas o negócio rendeu pouco dinheiro.

Sua única chance de escapar seria sair do país, mas para isso tinha de encontrar um velho amigo de cela que poderia ajudá-lo: Baianinho Charlatão, que ficava sempre pelas redondezas da praça do Pacificador, em Duque de Caxias.

Deu certo. Baianinho Charlatão já sabia de tudo pelos jornais. Os dois conversaram e o velho amigo se desculpou por não poder levar Francisco para sua casa, onde a esposa certamente reconheceria o famoso foragido. Prometeu arrumar dinheiro para ele, que seria entregue às 10h do dia seguinte, no mesmo local.

Em 26 de outubro de 1976, Francisco Costa Rocha foi preso pelo detetive Amadeu Vicente logo depois de encontrar-se com o amigo que iria ajudá-lo a escapar. Nunca ficou claro se Baianinho Charlatão era informante da polícia ou não. Nos bolsos de Francisco, agora já chamado por todos de Chico Picadinho, encontrava-se o comprovante de uma passagem de ônibus da Viação Cometa do dia 16 de outubro, para às 23h58m. Voltou para São Paulo num avião fretado pela Secretaria de Segurança Pública do Estado e foi recebido na 3ª Delegacia pelo doutor Erasmo Dias.

Em seu julgamento, a defesa afirmou que o motivo dos assassinatos não fora torpe, justificando que Francisco sofria de insanidade mental e seus crimes eram consequência da perturbação do réu. Alegou também que aquele era um homicídio simples, sem dolo, pois o motivo da retalhação do corpo da vítima não era sua ocultação e sim o transe de perturbação mental do momento. A acusação discordou, obviamente.

Foi apresentado também um laudo de sanidade mental de Francisco Costa Rocha, realizado pelos renomados psiquiatras doutor Wagner Farid Gattaz e doutor Antonio José Eça. Eles o consideraram semi-imputável e deixaram expresso que se tratava de "portador de personalidade psicopática de tipo complexo (ostentativo, abúlico, sem sentimentos e lábil de humor), que, em função direta dela, delinquiu". Apresentava "prognóstico bastante desfavorável, congênita que é a personalidade psicopática. Esta manifesta-se cedo na vida, e não é suscetível a nenhuma espécie de influência pela terapêutica, conferindo, no presente caso, alto índice de periculosidade latente".

Francisco, vulgo "Chico Picadinho", foi condenado a 22 anos e seis meses de prisão, em um resultado controverso. O veredicto de culpado não foi unânime: quatro jurados votaram sim, três votaram não.

Em 1994, foi emitido outro laudo pelo Centro de Observação Criminológica,[2] agora para avaliar a sua progressão para regime semiaberto. O diagnóstico foi "personalidade psicopática perversa e amoral, desajustada do convívio social e com elevado potencial criminógeno". Indicaram que Fran-

2 Laudo emitido em 26 de agosto de 1994, pela dra. Dirce Marini (psiquiatra), Magaly Iazzetti Caliman (psicóloga), Ana Maria Manresa (assistente social) e Mauro A. Cunha (estudo jurídico).

cisco deveria ser "encaminhado para Casa de Custódia e Tratamento, a fim de ser mais bem observado e acompanhado de forma mais satisfatória". Seu pedido de progressão penal foi negado.

Em 1996, novamente foram negados os pedidos de progressão de pena feitos pela defesa e de sua conversão em medida de segurança, pela promotoria. Sua permanência na Casa de Custódia e Tratamento de Taubaté foi autorizada, para acompanhamento psiquiátrico e relatório médico a cada seis meses.

Em abril de 1998, ano em que Francisco deveria ser libertado, a Promotoria de Taubaté entrou, na 2ª Vara Cível da cidade, com uma ação de interdição de direitos e obteve liminar. Para isso, utilizou um decreto de 1934, que prevê a interdição de direitos na área civil para pessoas com problemas penais.

Francisco Costa Rocha continua preso na Casa de Custódia de Taubaté, onde já cumpriu sua pena, mas não foi solto por estar "despreparado para viver em sociedade".

Pelas leis brasileiras, ele deveria ter sido libertado em 1998, depois de cumprir a pena. Na decisão do Tribunal de Justiça de São Paulo, que concedeu a interdição, pesou o medo de o crime se repetir. A realidade é que Francisco só poderia continuar preso se fosse considerado psicopata, mas, neste caso, deveria estar em um hospital psiquiátrico e não em Taubaté.

Existe discussão entre o conceito jurídico e psiquiátrico de doença mental. O diagnóstico de personalidade psicopata ou transtorno de personalidade antissocial implica na semi-imputabilidade, na qual inclusive o preso tem direito à diminuição de pena sem ser obrigatoriamente internado, já que não é considerado doente mental. O problema é que, apesar de o portador desse transtorno entender o caráter de seus atos, ele não consegue controlar sua vontade. Dessa forma, a probabilidade de reincidir é extremamente alta e sua periculosidade, indiscutível.

Quando em 1984 houve mudança de lei, ficou impossível aplicar, para um mesmo preso, medida de segurança e pena – o sistema denominado duplo binário. Todos os condenados assim passaram a cumprir apenas pena restritiva de liberdade, o que significa ficar por no máximo trinta anos em instituição prisional.

A curiosidade jurídica, nesse caso, é que a Justiça Civil, e não a Criminal, é quem está impedindo a libertação de Chico Picadinho.

AS ENTREVISTAS

Em dezembro de 2003 e janeiro de 2004, como membro do Núcleo de Estudos e Pesquisas em Psiquiatria Forense e Psicologia Jurídica do Instituto de Psiquiatria do Hospital das Clínicas e Faculdade de Medicina da Universidade de São Paulo (Nufor), entrevistei Francisco Costa Rocha na Casa de Custódia de Taubaté juntamente com o psiquiatra responsável doutor Charles Louis Kiraly e o psicólogo forense doutor Antonio de Pádua Serafim.

Fui preparada para conversar com o famoso Chico Picadinho, autor de dois crimes e reconhecido pela mídia como cruel assassino. Esperava encontrar um monstro sinistro. Não estava de forma alguma preparada para o que encontrei: um ser humano que tem absoluta consciência de suas limitações, que não entende o descontrole de seus atos, que busca uma explicação para eles e é dono de um intelecto preservado.

Mesmo sabendo que aqueles que possuem personalidade antissocial podem ser extremamente sedutores e inteligentes, fiquei perplexa com o conteúdo das conversas que tivemos sobre a vida e prisão de Francisco. Sua linguagem é clara, as frases são bem construídas e sua bagagem cultural é enorme. Mas não pude deixar de notar a incapacidade afetiva, a falta de empatia e o extremo esforço intelectual para cobrir esse lapso.

Em junho de 2005 voltei à mesma penitenciária para conversar com Francisco outra vez, porém acompanhada dos psicólogos forenses doutora Maria Adelaide de Freitas Caires e doutor Luis Alberto Di Santo, este último psicólogo clínico especialista em investigação do fenômeno dos assassinos em série.

Certa excitação rondou o início dessa entrevista, finalmente começada depois de vários entraves burocráticos. Dessa vez os relatos de Francisco não seriam apenas gravados em áudio, mas também para um documentário.

Enquanto a equipe arrumava câmeras e microfones, negociávamos a saída do agente penitenciário da sala onde trabalharíamos. Esperávamos ter privacidade, porque certos assuntos são difíceis de abordar e não são para conhecimento do público em geral ou interno, pois podem ser utilizados de forma indevida. Não é fácil convencer o responsável pela segurança de uma penitenciária que estávamos cientes de todos os riscos e que nos responsabilizávamos por qualquer eventualidade, apesar de que, querendo ou não, ele era corresponsável. O mais complexo é diferenciar nosso trabalho de uma matéria jornalística e isto tomou boa parte daquela manhã. Acabamos entrando em acordo quando ficou decidido que o agente ficaria do outro lado da porta, atento a qualquer barulho fora do comum.

Francisco fala pausadamente e com voz grave. No início, a conversa foi fria e distante, uma narrativa desprovida de emoção, como deve ser feita em locução profissional de um vídeo sobre a vida de alguém. Estabelecer conexões com indivíduos com as características do entrevistado já é extremamente difícil em uma situação corriqueira. Em uma entrevista, com câmera ligadas e na presença de outras pessoas, torna-se então quase impossível.

Quando cheguei, Francisco estava pintando um quadro que representava Adão e Eva saindo do Paraíso. E foi por aí que nossa conversa começou. Disse estar inspirado em uma gravura de Dürer, "mais ou menos" do ano de 1500. Foi um começo impressionante. Eu mesma jamais ouvira falar sobre esse pintor. Ele passou a me explicar como a arte dele é "baseada" em outra, e não copiada, uma vez que retira alguns elementos e coloca outros, "modernizando a paisagem". Nas suas palavras:

> *"É parecido com uma foto e (você) faz um corte nela, pega uma parte, um enquadramento, tira uma coisa, acrescenta outra. É uma composição."*

Ele fala com desembaraço e conhecimento sobre Nietzsche, Sartre e Dostoiévski. Sobre Sigmund Freud, pai da psicanálise, e Viktor Frankl, psiquiatra austríaco. Costuma fazer um paralelo entre ele mesmo e Raskólnikov, personagem central de *Crime e castigo* (1866), de Dostoiévski. Também relata a elaboração que fez de seus crimes usando os conhecimentos que adquiriu sobre psicologia freudiana e o entendimento de sua vida a partir das teorias da logoterapia. Enquanto a conversa é intelectual, ele parece uma pessoa normal.

Utilizei-me aqui de "licença literária" e mesclei as coisas ditas por Francisco nas duas entrevistas, pois muitas vezes algo perguntado e respondido na primeira fase dos trabalhos acabou sendo esclarecido e comentado por ele na segunda fase. Penso que, dessa maneira, meus leitores compreenderão melhor tudo o que foi dito, de forma contínua, poupando a todos ter de "pescar" cada assunto entre tantos por ele mencionados, caso apenas transcrevesse todo o material.

As pessoas entrevistadas nesse tipo de trabalho não seguem um roteiro de perguntas, eu as deixo livres para mudar de assunto quando sentem dificuldade em expor certos fatos ou sentimentos. Por esse motivo, a simples transcrição da entrevista acaba ficando confusa e cansativa, fazendo com que se perca o fio da meada. Mantive muitas das respostas de Francisco como no original, para que se possa perceber sua capacidade de linguagem e o nível de verbalização de suas ideias.

É preciso uma espécie de "aquecimento" e, de forma geral, falar da mãe e da infância pode ser uma boa escolha para começar, quando percebemos que é terreno anteriormente bastante explorado, uma vez que o "discurso" já está pronto.

Para os estudos que desenvolvo, foi essencial ter essa oportunidade, geradora de material riquíssimo para novas pesquisas. Ao Francisco eu agradeço o esforço e a honestidade com que se apresentou, para que vocês possam conhecê-lo além das notícias de jornal.

FRANCISCO FALA DO PAI, DA MÃE E DA INFÂNCIA

Francisco descreveu a mãe como mulher versátil, de diversas profissões, como costureira, manicure e cabeleireira, saúde frágil e vida difícil. Disse que, no primeiro exame de sanidade em que foi avaliado pelo doutor Wagner Farid Gattaz, foi injusto com a mãe e fez um longo trabalho consigo mesmo para se perdoar quanto a isso:

> *"Teci muitas críticas quanto ao comportamento da minha mãe. Falta de entender o mundo... em certos momentos de raiva ou de ira, às vezes dá um... a gente xinga até Deus. É a transferência, a gente vai culpando as coisas e nunca a si mesmo. Mas tem também a parcela que a gente deve culpar a si mesmo, embora eu entenda que o livre-arbítrio é um negócio muito relativo. Existe um certo determinismo nas coisas."*

Chorou muito ao lembrar-se da avó (materna) Clara, mas não se estendeu nessa relação. Preferiu comentar sobre seu próprio choro, citando Herman Hesse:

> *"Chorar muito assim também fica meio...* [Risos] *Diz que o mais importante é aquilo que não é dito, né? Herman Hesse falou isso aí."*

Na segunda entrevista, contou um pouco mais sobre a misteriosa avó, que conheceu mais pelas histórias que a mãe e a tia contaram do que pela protagonista:

> *"Ela se casou muito jovem, 13 anos de idade a contragosto. Ela foi casada. Só que ela é uma pessoa de posse de bens na época, ele era comendador, na cidade de Anchieta, casou com um homem com muitas posses e só que a minha avó era criança né? E com esse homem ela teve cinco filhos e ficou viúva. Só que foi um casamento a contragosto. Viúva então, ela escolheu um outro a gosto, só que ela parece que não tem bom gosto.* [Risos] *Um tinha muito, o outro não tinha nada. E com isso falta uma boa administração de bens e ela acabou perdendo aquilo que ela tinha, né. Então, na minha família tem duas linhas. Uma foi bem-sucedida na vida, então tem os que foram advogados, tem médico do primeiro casamento da minha avó. Já do segundo casamento, foi o contrário, nasceu os filhos meio assim problemático, né, além do que a minha avó veio ter esses cinco filhos do primeiro casamento, seis do segundo e ela ainda adotou uma criança, né? Pra cuidar dela. E quer dizer, minha mãe é a caçula dessa ninhada de filhos. Que por sua vez também se casou mais por conveniência do que por outra coisa, né?"*

Contou-nos como foi um filho indesejado e esta percepção de rejeição acompanhou-o por toda a ida:

> *"Sabe como é que é, eu sempre era visto como alguém que está atrapalhando,*

indesejado, meu nascimento já se deu assim, desse jeito. Alguém que veio pra atrapalhar. Já nasci criando problema, minha mãe quase que faleceu ao dar à luz. Aí meu pai mandou que ligasse as trompas dela, pra não ter mais filhos... Depois houve a separação. Eu conheci uns companheiros dela. Um deles, logo depois do meu pai, era um homem também casado. Bem de vida, mas casado. Parece que minha mãe queria manter aquela independência. Era uma feminista à moda dela."

Francisco esclareceu bastante alguns pontos que ficaram faltando no entendimento de sua infância. Contou-nos da grande paixão "secreta" de seu pai pela amante, sua mãe, de como ele era ciumento e a mãe, "muito dada":

> *"Ela tanto cumprimentava o meigo e o bandido, para ela era a mesma coisa... Para um homem ciumento é perturbador ter uma mulher assim."*

Contou-nos da dor de não ter, em sua certidão de nascimento, o nome do pai e de como a mãe tentou vários métodos para abortar a gravidez da qual foi fruto, sem achar meio que surtisse efeito. Segundo ele, o pai não queria a gravidez. É triste sua constatação de que não era uma criança desejada ou esperada. Ouvindo seu relato, ao perceber a gravidade da solidão ali exposta, a doutora Adelaide perguntou sobre comemorações de aniversário e Natal. Foi um momento muito tenso da entrevista. A questão causou um enorme silêncio e desconforto, além de muita emoção em Francisco, até que entendemos por quê: seu aniversário jamais foi comemorado em família, somente no sistema penitenciário. Nunca recebeu nenhum presente até hoje, nem de Natal.

Francisco não tem memória da época em que seu pai viveu no Espírito Santo com sua mãe. Lembra-se dele depois da separação, que se deu quando ele estava com 4 anos. Muito do que sabe são das memórias da mãe e dos conceitos que formou a partir delas, de maneira que o pai aparece como uma figura bastante idealizada:

> *"Olha, meu pai sempre me fascinou, não por ele em si, porque eu tive poucos contatos com ele. Acho que em toda minha vida só vi meu pai assim, que eu me recorde, se foi umas seis vezes foi muito. Mas ele sempre me fascinou assim como homem, minha mãe relatava a respeito e falava sobre meu pai. Sobre os atos dele e pelo que também pude verificar. Ele era muito enérgico, ativo e enérgico. Tinha firmeza, mas, ao mesmo tempo, ele era muito dedicado aos estudos, à pintura, meu pai era maçom. Depois se tornou maçom dissidente por causa do governo do Getúlio Vargas, né? Getúlio determinou que todas as regiões maçônicas precisariam da presença de um oficial das Forças Armadas. E meu pai foi partidário. Ou era secreto ou não é secreto. E aí houve uma dissidência devido a essa exigência do Getúlio. E como consequência dessa dissidência dele, aliás também concordo com ele... ou é de um jeito ou não é."*

Segundo seu relato, o pai era meio doido e "prendia" a mãe em casa e trocava a empregada doméstica todo mês porque, de acordo com o que chama de "conceito chauvinista do pai", duas mulheres só falam de um assunto: homem!

Dona Nancy vivia em completo isolamento, só saía para ir ao dentista, porque o médico atendia em casa. Nem mesmo com a família era permitida a confraternização:

> *"Ele impedia ela de visitar a irmã, então minha mãe era mantida como presa. Ficava presa. Tava sempre vigiada..."*

Na vida adulta, uma das constantes fantasias de Francisco era o cativeiro de mulheres e a equipe se perguntou qual seria o peso desse "quase cativeiro" da mãe nesta construção simbólica.

O pai sai de cena quando a mãe adoece e Francisco é entregue a uma família de caseiros, empregados de seu pai. Segundo seu relato, era uma família fria, distante, que apenas estava cumprindo uma tarefa ao cuidar dele. Ao nos contar sobre essa época e esse casal, que era negro, mostra todo seu preconceito e nos explica como, entre gente de "outra cor", se sentia desconfortável:

> *"É como se eu estivesse em outro mundo, outra tribo."*

Descreve o sítio onde morava como um lugar sinistro e assustador. Ficou nervoso quando perguntei se alguém o pegava no colo, por exemplo. Ele explica que naquela família não havia nenhum afeto.

Francisco nos contou um pouco sobre suas brincadeiras e fantasias de criança, que incluíam uma curiosidade insaciável e que constantemente passava da imaginação para a ação:

> *"Pois é... Diziam que gatos tinham sete vidas, né? Então eu queria ver se tinham mesmo e andei fazendo umas judiações com os coitadinhos lá e tal. E não sei se cheguei a matar, sei que eu pendurei, sei que essa mulher, parece que ela salvou os gatos lá. Eu não tenho ideia se os gatos, se eles morreram ou não, sei que eram uns três ou quatros gatos pra ver se eles tinham sete vidas. Eu queria saber se de fato eles tinham sete vidas...* [Pendurei] *Assim com barbante, não tenho mais lembranças a esse respeito, devia ter uns 4 ou 5 anos. Só assim, vagamente, tenho essas imagens, dessa façanha cruel. Sempre dizem que toda criança é meio perversa mesmo, dizem que é normal isso aí, eu não sei. Acho que pegar gato deve ser normal, não sei."*

Sua infância é cheia de memórias fantásticas e sombrias:

> "[...] *esses folclores, essas lendas a respeito, da mula sem cabeça, do saci-pererê. Que quando a gente é criança, a gente sempre houve histórias do bicho-papão, esses troços todos. Então, naquele trecho que o território era uma ilha, ficava num continente, né? Tinha mar, barco... mar, maré, sabe como é? Maré que enche tinha manguezal e o sítio então ficava aos arredores, num canto tal, e os caminhos que de noite ficavam sinistros*

com os ventos, e era uma construção muito antiga, né? E ali ficavam os monges, aquela coisa toda, e então associava quando criança, tinha trecho ali que eu passava correndo, né? Mas muitas vezes eu ali parava, eu ouvia o ranger dos bambus que davam muitos sons e às vezes eu me assustava com o som que o bambu fazia com o outro, né, e parava e tal e ficava ouvindo pra ver se era apenas o ranger, né, ou uma sombra ou um bicho do mato e atravessa o caminho e você se assusta, né? E eu criança sempre sozinho tinha aquela curiosidade pra verificar se de fato era alguma coisa sobrenatural e tinha esse quê, essa queda por essas coisas."

O fato que mais nos chamou atenção foi o de Francisco não conseguir lembrar-se do nome daqueles com quem viveu e que cuidaram dele durante dois anos, seus pais adotivos durante aquela fase. O episódio que se lembra com mais clareza é aquele em que a mulher do sítio o agrediu com uma faca:

"Eu não tenho boas recordações desse período, ao contrário. Eu fiz um golpe de faca que quase tive a mão decepada pela mulher dos empregados do meu pai, né. Até hoje eu tenho a marca, sumiu... um pouco era mais aqui. É, acho evidentemente que ela teve a intenção de me ferir, de me cortar, sei lá. Ela quis bater com as costas da faca, mas ao invés pegou o corte, é isso que eu sei a respeito. Mas quase que o braço vai pro brejo."

Não faltaram a Francisco problemas de relacionamento. Era criança solitária e as fantasias acabavam preenchendo os longos dias aos quais sobrevivia:

"Eu era muito dado a caminhadas solitárias. Eu tinha problemas de relacionamentos com meus colegas. O que tinha uma idade menor que a minha, não me atraía, né? O que tinha uma idade maior, me atraía. Mas dava um relacionamento [...] que dava sempre confusão e problemas, né? Então, vamos se dizer eu participava e ao mesmo tempo não. Quer dizer, eu sempre tive um problema de contraste, extremos. Buscar o grupo e ao mesmo tempo me afastar do grupo, né? É... Eu sempre tive sempre um relacionamento, que agora eu definiria, agora, né? Na época não. Vamos dizer... então eu me sentia muito bem caminhando no meio do campo, numa mata, querendo ver bichos... cobras, eu queria ver a cobra. Eu queria achar que o problema... estava em justamente em não ver o indivíduo. Se eu visse, tudo bem então. Se eu visse, né?"

Outro momento triste de seu relato é quando descreve sua confusão quando a mãe, de quem ele já não mais se recordava com exatidão, foi buscá-lo no sítio onde estava:

"Não. Não deu pra reconhecer, não. Ela tava diferente. O corpo, né, a fisionomia, mudou. O peso. A lembrança que eu tenho da minha mãe, era ela magra e na volta ela voltou gordinha, né? É assim, era como se fosse uma pessoa, algo estranho, uma pessoa estranha."

Contou-nos que dona Nancy também era uma pessoa distante, sem beijinhos ou carinhos. Ao ir morar com seus tios, sentiu-se novamente excluído. Os primos "pertenciam" à família, ele não. A rejeição ou o sentimento de ser rejeitado sempre se repete em seu relato.

Na vida adulta, Francisco levou a mãe para morar com ele na rua Aurora, mas ela não aguentou assistir à sua vida boêmia e acabou se amasiando com o último homem casado, com quem manteve relacionamento por 35 anos. Mas Francisco sentiu o novo abandono:

> "[...] *e chegou num ponto que a minha mãe me abandonou, por causa de todo esse rolo.* [...] *ela fez isso devido ao meu comportamento. Foi essa razão, por outro motivo ela não teria ido.*"

Francisco acha que houve um aumento em sua agressividade com as mulheres depois que a mãe partiu:

> *"Meu comportamento tava sendo mais neurótico, mais compulsivo em relação ao sexo, né? Mas isso já devido a algumas experiências minhas já... com mulheres."*

Enquanto falávamos dessa fase de sua vida, chorou muito de arrependimento por não ter dado atenção à mãe naqueles tempos em que ela morou com ele, de não tê-la levado ao Theatro Municipal, a concertos e passeios. Mas não lamenta seus crimes e sente certo espanto por isso:

> *"Ah... é muito difícil...* [longo silêncio] *Ela iria gostar. Ia ser uma boa pra ela...* [Francisco chora muito...] *A gente vai vivendo, vai vivendo, vai chegando à idade que as coisa ficaram pra trás, as lembranças. Pode nos oferecer felicidade e pode nos oferecer...* [chora muito] *muita dor. Eu não sei lamentar o meu crime. Posso dizer que lamento... da boca pra fora. Não é sentir... No entanto, essas coisas da minha vida, pequenas coisas, pequenas passagens, pequenos acontecimentos, detalhes insignificantes... agora aos meus sessenta e poucos anos tem outro valor, outro peso. Às vezes eu acordo de noite e...* [chora muito] *é só agonia... por que eu fiz isso?* [...] *mas não é o crime em si, é outra coisa* [...] *Eu sei que a somatória dessas coisas todas pequenas e tal, na minha vida, que você acompanha e acompanha e que me levaram ao crime, né? Desajuste, vamos dizer assim, né? São coisas aparentemente banais..."*

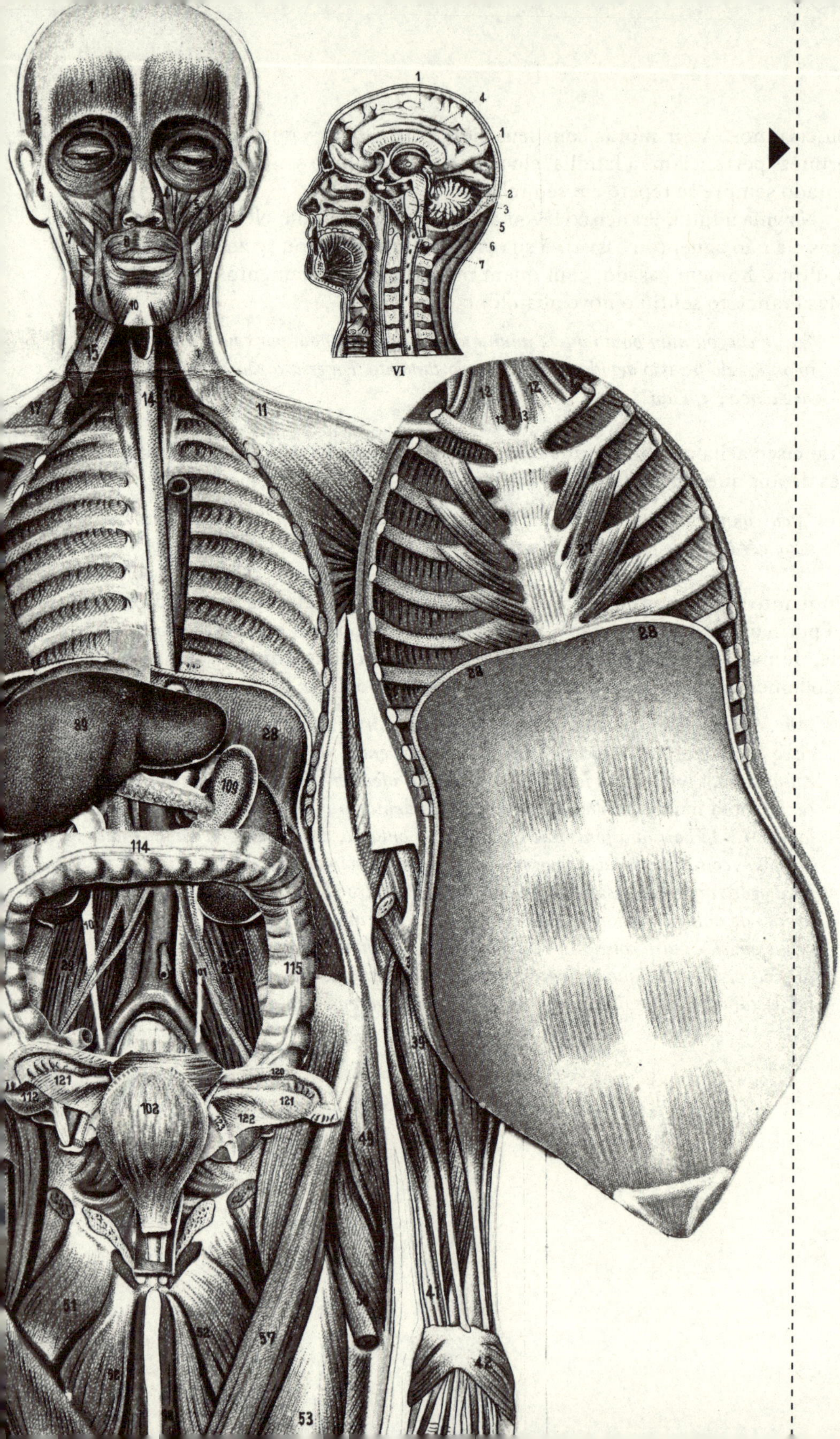
VI

A VIDA SEXUAL

Francisco nos relatou com alguma dificuldade, de início, sua vida sexual. Para ele, quando jovem, foi difícil lidar com os tabus sexuais que envolviam as mulheres e suas aventuras sempre lhe traziam problemas.

A masturbação também era vista como um grande pecado, não gostava de praticá-la, mas quando cedia à tentação o fazia obsessivamente.

Segundo a descrição de si mesmo, é "complexado" e tem a autoestima muito baixa.

A zona erógena do pescoço é aquela pela qual tem predileção, além de seu hábito incontrolável de mordê-la durante a relação sexual com mulheres, chegando, algumas vezes, a deixar marcas de suas investidas:

> *"Vem aquelas ideias vampirescas ou algo assim, sei lá."*

Quando perguntado se as mulheres se queixavam de suas maneiras sexuais agressivas, Francisco respondeu que algumas sim e outras não, mas também esclareceu que seu comportamento também mudava, dependendo da parceira:

> *"Sempre há uma coisa assim, a pessoa gosta de um jeito ou de outro, mas da minha parte eu sempre procurava... Tem que haver uma reciprocidade, então a gente deve respeitar também o outro. Eu quero tomar vinho, o outro quer tomar cerveja, não vou obrigar o outro a tomar vinho. Eu não sei, essas coisas são um mistério... Por que o comportamento tão ignóbil com algumas e tão respeitoso com outras."*

Questionei-o se era mesmo uma questão de ser "mulher respeitável" ou não e a observação do doutor Antonio Serafim foi a seguinte:

> *"Acho que as pessoas que te davam uma atenção diferenciada, uma receptividade mesmo com você, parece que isso mobilizava você. Parece que tem dois tipos de pessoa que você admirava muito: as pessoas fortes e positivas como a Cláudia,[3] como teu pai, e aquelas pessoas mais meigas, que não são passivas mas são atenciosas. São duas características que são importantes."*

Francisco concordou e acrescentou que para as mulheres que julgava ter que dar proteção, pelas quais se sentia responsável e zeloso, jamais seu lado sádico despertava.

Explicou que, na medida em que aumentou o consumo de bebida alcoólica e vida boêmia, sentindo-se desiludido e frustrado com relação a si mesmo pelos fracassos profissionais e pessoais, tentou encontrar um caminho "filosófico" que explicasse suas tendências sádicas que estavam se

3 Pseudônimo utilizado para uma amiga de Francisco que o introduziu na literatura russa.

agravando. É nessa fase que se autodenomina um hedonista, apoiando-se na doutrina que considera o prazer individual e imediato como único bem possível, princípio e fim da vida moral.

"O quê, como viver? Veio então o hedonismo como uma forma de vida, prazer. Beber, dar risada, e nisso eu me entreguei cada vez mais, só que de uma forma abusiva, neurótica, que foi se acentuando cada vez mais e me levando a isso... Depois eu li Assim falava Zaratustra [*Assim falou Zaratustra*]. *O Nietzsche me impressionou muito nesse período. Mas é a tal coisa, não tinha respaldo, uma loucura para entender aquilo ali. Aí eu pegava aquilo, abraçava com as dez e não era nada disso. Essas contradições. São contradições que eu trago dentro de mim, inclusive nessa área do comportamento sexual. Por que com determinadas pessoas tinha um comportamento normal, no sentido amplo da palavra, e por que com outras eu agia de uma forma... tem a ver com a saturação dentro de mim, com aquelas frustrações, digamos assim."*

As relações homossexuais de Francisco começaram em sua adolescência, entre 12 e 13 anos. Contou das brincadeiras "de meninos", das primeiras experiências, da sua chegada ao Rio de Janeiro, de sua atração por homossexuais de mais idade e de melhor posição financeira. Para ele, a questão central não era o dinheiro:

"O Ziembinski, que já faleceu. O Ziembinski foi uma pessoa que... Ele me deu, por exemplo, uma credencial que me dava acesso a qualquer teatro do Rio de Janeiro... Era só apresentar e ia na conta dele. Conheci escritores, arquitetos, decoradores conhecidos, gente assim de bom nível, então eu gostava. Quem não gosta de coisa boa! Só que o meu natural não era naquilo. Esse tipo assim de vida, quer dizer, então eu me dividia. Queria ter a minha menina, queria ter a minha namorada e se fosse para escolher entre uma coisa e outra, é lógico que eu iria escolher meninas... Eu jamais iria escolher um..."

Francisco achava muito complicado, naquela época, se relacionar com meninas, porque tinha uma sexualidade exacerbada e era obrigado a ter conduta social adequada. Por esse motivo começou a sair com prostitutas, com quem não tinha que "perder tempo" com romances e conquistas:

"É, isso... tanto trabalho! [Risos] *Mas por outro lado tinha aquele outro tipo de vida, tal, de relacionamento que a menina não poderia me dar, né? Essas outras condições, de lugares que eu ia, que eu podia frequentar. Das coisas que eu aprendia, por exemplo, através de conversas. É... Da parte teatral, da parte artística e eu sempre tive assim... Gostava de... E, então esse caso de aventura assim, romance e mais outros assim que aconteceram a seguir, fizeram com que eu fosse para o lado da prostituição, entende? Eu devo dizer que eu conheci muita gente, de escala superior, de escala social por meio da homossexualidade, né? Eu não sei até que ponto eu fui assim um prostituto assim!*

Entre aspas... Não tinha tabela, [coisa] *assim. Mas eu via através do relacionamento homossexual um meio de frequentar certos ambientes, de adquirir certas vantagens... de conhecer certas coisas... Eu cheguei a falar... eu não sei se citar nomes fica bem, né!"*

Relacionava-se com mulheres da prostituição, na zona portuária. Segundo ele, o comportamento bissexual foi sempre um problema:

"[No começo eu era] *ativo, sempre ativo. Depois já ficou sendo de qualquer jeito. Não acho que a hombridade tem a ver com a sexualidade, mas existe o machismo.* [...] *Meu problema era essa divisão, ser hétero e ao mesmo tempo ser bi, de um lado para outro. E eu acabava ou lá, ou cá, minha vida sexual era muito desregrada... Isso aí me criou problemas, talvez de definição. Bom, se tiver que escolher entre um e outro, é a figura feminina, mas a problemática com a figura feminina em si tem a ver com a minha mãe, claro. Acho que é um dos fatores mais fortes."*

SEXO, DROGAS, ROCK'N'ROLL... E DOSTOIÉVSKI

Francisco Costa Rocha, ou Rocha, como o chamavam os amigos, era frequentador da alta boemia paulistana nos anos 1960 e 1970. No mundo, era a época do "sexo, drogas e rock'n'roll". A famosa boca do lixo ou do luxo era o seu reduto e ali se relacionava com as figuras da noite. Eram filhinhos de papai ricos e sem trabalho, profissionais liberais de variados níveis sociais, prostitutas, mulheres ditas fáceis, artistas ou pseudoartistas. Ficavam de bar em bar, fumando maconha, tomando anfetaminas diversas, conversando sobre a vida, Deus e o comunismo, como era hábito da clássica boemia da cidade.

"Mas só que a minha turma não pertencia àquela turma do centro da cidade. O meu ambiente era Pappillon, Ipiranga, Nove de Julho, Ponto Chic lá no largo Paissandu. Quantas e quantas vezes a gente ia terminar a noite lá, comer um mexido... tomar um chope, bem tirado... A turma então do Pilão. O Pilão fechava e a gente ia pro Ponto Chic. E no Ponto Chic aí a gente comia alguma coisa."

Ele não pertencia à turma de mais glamour, como nos esclarece, mas divertia-se bastante, liberado que era de horários conservadores e rígidos que sua profissão de corretor não exigia. Naquela época já se dizia "complexado", porque achava os amigos mais bem situados que ele, uma vez que tinham família. Mas a falta de cultura que o acompanhava na época o fez entender as coisas de forma parcial, por vezes apenas por um viés superficial:

"Aquela busca de sentido, quer dizer, então eu via no comunismo uma solução para... a [situação] *do mundo, vamos dizer, em si. Social... uma forma de, por exemplo, o*

comunismo já se dizia ateu. Eu também já naquela posição de descrente. Quer dizer, já era um ponto de... Né? A literatura soviética me influenciou muito, mas era um tal caso, não tinha aquele respaldo. Se eu tivesse feito na época o segundo grau, eu já teria uma outra visão da coisa e iria ver com outro ângulo."

Francisco experimentou vários tipos de drogas: maconha, anfetaminas, benzedrina (inalante), cocaína. O que gostava mesmo era álcool, muitas vezes acompanhado de anfetaminas para conseguir se manter acordado e trabalhar.

"Usei, usei diversas drogas. Mas daí a dizer que eu passei para aquela dependência... Embora eu me analisando eu sei que se eu tivesse sob o efeito assim de uma maconha eu não teria cometido esse crime. De jeito nenhum, devido às reações que a maconha dá. Se estivesse sob efeito de cocaína, poderia ser diferente, embora também não se compare ao álcool. Eu considero o álcool, no meu caso, o pior. Devido à dependência e às reações que passam a ser imprevisíveis. A maconha fumei bastante na prisão e na rua, cocaína também já cheirei, só que é droga perigosa. Perigosa mesmo! Embora de todas a mais perigosa é o crack. É a pior desgraça."

Esclareceu que, bem-informado que era, jamais experimentou LSD, a droga que estava na moda em todas as rodas intelectuais:

"Eu tinha lido reportagens. Muita coisa eu evitei, inclusive através de leitura. LSD foi uma delas. Era hábito meu comprar diariamente o Estadão, Folha de S. Paulo. *Eu gosto... E lia a respeito do LSD, o ácido lisérgico que vem do cogumelo, experiências... Segundo essa reportagem na época, publicada no* Estado de S. Paulo... *Ah... Tinha por finalidade de... Era pesquisa feita por militares na finalidade de ser uma arma química. Que uma quantidade 'x' de LSD jogada num reservatório de água de uma cidade, já era. Todo mundo ia... né? Mas como ocorreram reações assim inesperadas..."*

Fala daquele tempo ainda com mágica, se referindo a pessoas com sobrenomes famosos, advogados, intelectuais, gente com quem bebia e dava risada.

"Recitar poesia, Omar Khayyan – Quando eu nasci, Deus sabia que eu ia beber. Se eu não bebesse estaria errada a Sabedoria – Oleiro, cuide bem desse barro que um dia vai voltar a ser ele – Sabe como é que é? Esses negócios de 'a mesma boca que beija, bêbado...'. Quer dizer, ficava à noite assim e junto também com algumas mulheres. Aí, por sua vez, eu já tinha lido Dostoiévski..."

São vários os autores citados na entrevista, dos quais Francisco fala com domínio sobre o assunto e ainda certa perplexidade, comparando suas interpretações sobre o que leu na época da liberdade e releu anos depois, já preso.

"Pois é... o que ocorre é o seguinte: eu não sei por que cargas d'águas eu sou inclinado à abstração, né? Tento ser introspectivo, às vezes até demais, né? Então, o mundo

das ideias, assim, tem muita importância e daí a leitura, certas leituras e também sou impressionável, né? Dependendo... Franz Kafka, por exemplo, me impressionou. Eu li O processo, *nossa...* [A] Metamorfose, O castelo, Muralhas da China [*A muralha da China*], *são contos* [sic], *assim curtos, uns tem só meia página... é... sobre o absurdo da condição humana, que ele explorou... é sei lá, é a busca, né? Uma busca talvez de orientação. Teve uma vez uma psicóloga que disse que meu caso era confusão. Outro falou que era falta de orientação, mas eu tenho um pouco de estudo, né? Minha mente... neurótica, isso aí é uma neurose, né? Ontem à noite eu não consegui dormir."*

Francisco ficou impressionadíssimo com a leitura de *Crime e castigo*, de Dostoiévski. Gaba-se, dizendo que leu dois volumes em duas noites, e fala das personagens com bastante intimidade. Mas faz ressalvas quanto as suas interpretações daquela época, quando ainda não tinha o conhecimento literário que tem hoje:

"Saber o que aquela ideia, aquele pensamento, [o que] *aquele livro representa naquela época."*

Perguntei a ele se, quando leu o livro (meses antes do crime), já tinha pensado em matar alguém, ao que ele respondeu que não, mas disse que refletiu muito sobre um paralelo entre a personagem Ródia e a vida dele.

"É, alguns meses. Me deu uma forte impressão, realmente. Não só o comportamento do Ródia em si com a justificativa dele, aquele raciocínio que ele tinha, filosófico – Napoleão ousou, por que eu não posso ousar? Também ele tirou vidas por causa de um ideal, por que eu não posso? – Aquelas considerações todas que ele fazia, aquilo me impressionava. E aquele esquema de empréstimo, os ideais dele, a Sônia e os pais da Sônia me impressionavam, eu me identificava com esses personagens patológicos. E também aquele desgosto com relação ao mundo. Se é assim desse jeito... E vinha aquele outro ideal, que pode ter a ver com o comunismo em si, consertar o mundo e o comunismo seria uma forma de igualar. Mas não é assim, é utopia. A natureza e o comportamento de todos os seres vivos não apresentam esse comunismo. É o que é. Já era, o comunismo, embora o socialismo seja uma forma... Nem tanto ao mar nem tanto à terra. Vamos ter mais justiça social. Então me impressionava aquela neurose; vamos então à bebida, vamos nos divertir."

Segundo sua análise, identificou-se com a busca de um sentido para a vida, de ser único. Traz na conversa o mesmo pensamento, de que "se Napoleão ousou, por que ele não podia ousar..." e, afinal, por que não se pode ousar? Francisco conclui:

"É, havia, nesse sentido... é onde entra o Raskólnikov, de sair da vulgaridade, ser capaz de transpor... É como se eu quisesse ver a alma. Tem coisas assim, estes componentes,

vamos dizer assim. [...] Nesse sentido de desafiar, fazer uma coisa além... Aí seria no sentido de ousar. Por exemplo, o Crime e castigo *de Dostoiévski fala muito sobre isso, né. Da filosofia pra justificar o que ele fez, né? E então eu tava muito remoído, muito disso assim, de ousar. De fazer alguma coisa fora do comum. Só que em vez de eu subir eu desci. Devia ter procurado e realizado alguma coisa que eu pudesse ser aplaudido, né? De ser festejado, enfim. Eu desci. Então, a minha mente tá no sentido de ousar. De fazer alguma coisa fora do comum. Então, por exemplo, se existe algo por que não verificar quanto a isso, entende? Então são elucubrações, pensamentos, mas não nesse sentido de matar. O clima emocional meu, né?"*

O PRIMEIRO CRIME

Francisco conheceu sua primeira vítima, Margareth Suida, na mesma noite que a matou. Naquele momento, nem se lembrou de Ródia Raskólnikov. Estava em mais uma de suas noitadas pelos bares de São Paulo.

"Era boêmia! A rapaziada já tinha me dito a respeito dela – Olha, Rocha, conheci uma pessoa fora de série, gente fina, gosta de um copo – e naquela mesma noite eu conheci a Margareth. Uma noite de saturação. Como é que pode, né?"

Explicou que não tinha qualquer vínculo com ela, pois se assim fosse jamais teria tirado sua vida. Margareth não era uma prostituta, mas, segundo Francisco, "mulher sem cerimônia", o que ele denominava "mulher da noite". Convidou-a para terminar a noitada em seu apartamento e a questão de pagar ou não o programa ela deixou a critério dele. Naquela fase, ele não conseguia mais dormir sozinho, não passava uma noite sem sexo e álcool, e estava numa frenética espiral que se repetiria antes do segundo crime, um estado de espírito muito particular.

"Acontece o seguinte, meu relacionamento era feito todo com pessoas problemáticas. Não problemáticas tão graves quanto a minha, nenhum deles cometeu nenhum crime. Eram pessoas melhor situadas socialmente do que eu. [...] O último filme que eu vi antes do crime foi O colecionador, *que me impressionou muito. [...] O filme demonstra a problemática do relacionamento entre um homem e uma mulher, onde outros fatores, independente do dinheiro... Vocês viram? Com a Samantha Eggar e o Terence Stamp. Passou no Cine Ouro em 1966."*

Margareth Suida também era uma pessoa problemática. Francisco logo reparou nas marcas de tentativa de suicídio recentes que a mulher tinha nos dois pulsos.

As lembranças que Francisco tem daquela noite são entrecortadas, acontecem em flashbacks e são corroboradas pelas fotografias tiradas no local, no dia do encontro do cadáver da vítima:

"Flashback... Aquilo me permite, quer dizer, uma das cenas... Eu estou assim avançando pra ela, e ela está caindo no chão, tem um objeto esparramado... Mas por que eu tive esse impulso assim? Não sei... Por que ocorreu aquele impulso. Como tem copo quebrado, tem mais de um cinzeiro lá cheio de... Eu fumava, ela também fumava. Tem um litro de álcool numa mesinha de centro e tal. Então lá tem indícios de que alguma coisa ocorreu assim."

A exagerada ingestão de álcool também parece ter tido papel fundamental nas ações que se seguiram:

"[O álcool] *Libera, né? Nesse ponto aí eu tenho certeza que sem o álcool eu não... sem estar sob o efeito assim... eu não teria cometido o crime. Tenho certeza absoluta quanto a isso. Agora, o problema não é o álcool em si, é o que me levou ao álcool. Aí é que está. Eu já pensei muito sobre isso e é quando a gente vai sempre na infância... canalizando, se autoconhecendo e procurando se autotranscender pra aguentar a barra. Senão não aguenta... Aquela violência, eu avançando sobre ela e ela caindo no chão. Mas a essas alturas tinha um monte de bitucas de cigarro no cinzeiro, nos dois cinzeiros. Não sei onde nós fumamos tanto cigarro! É aquele branco... O álcool, eu encontrei a justificativa pra aquele litro de álcool ali* [na mesinha]. *Eu usei depois pra limpar as minhas mãos."*

As lembranças seguintes de Francisco são confusas. Segundo ele, não houve nenhum pensamento, nada racional. Iniciou a relação sexual que nunca seria finalizada; não consegue entender o que o motivou, apesar de refletir sobre isso durante mais de trinta anos. É difícil para ele falar sobre o crime, mas não porque sinta remorso, mas porque não consegue fazer a sua habitual racionalização e intelectualização dos acontecimentos.

"É como se aquilo fosse algo inevitável, sei lá. Algo assim... É, não dá pra entender. Esse ponto aí eu não... Não entendo. Não sei se tem relação com alguma coisa anterior que aí... Me é obscuro isso aí. Eu tenho como justificar aquilo, o fato de ela ter... É... É, é um negócio... eu busco entender por quê! Veja bem, se eu quisesse vitimar mulheres no sentido assim... 'Maníaco do Parque' e outros casos que têm aí, eu teria condições. Eu não iria usar o meu próprio apartamento! Usaria da minha inteligência e se fosse para matar mulher iria matar no apartamento da vítima."

Francisco nos dá a impressão de que acredita na "colaboração" de suas vítimas em todo o processo criminoso, como se elas quisessem mesmo morrer ou não se importassem ao se colocar numa situação estranha, perigosa, insegura:

"Aí é meio complicado dizer. A vitimologia estuda, né? Tem um porquê acontece[r] *com uma pessoa e não com outra. Eu não sei, a pessoa não ofereceu reação, seria uma parte... por exemplo, a segunda vítima, ela aceitou aquele tipo de coisa. Que foi num*

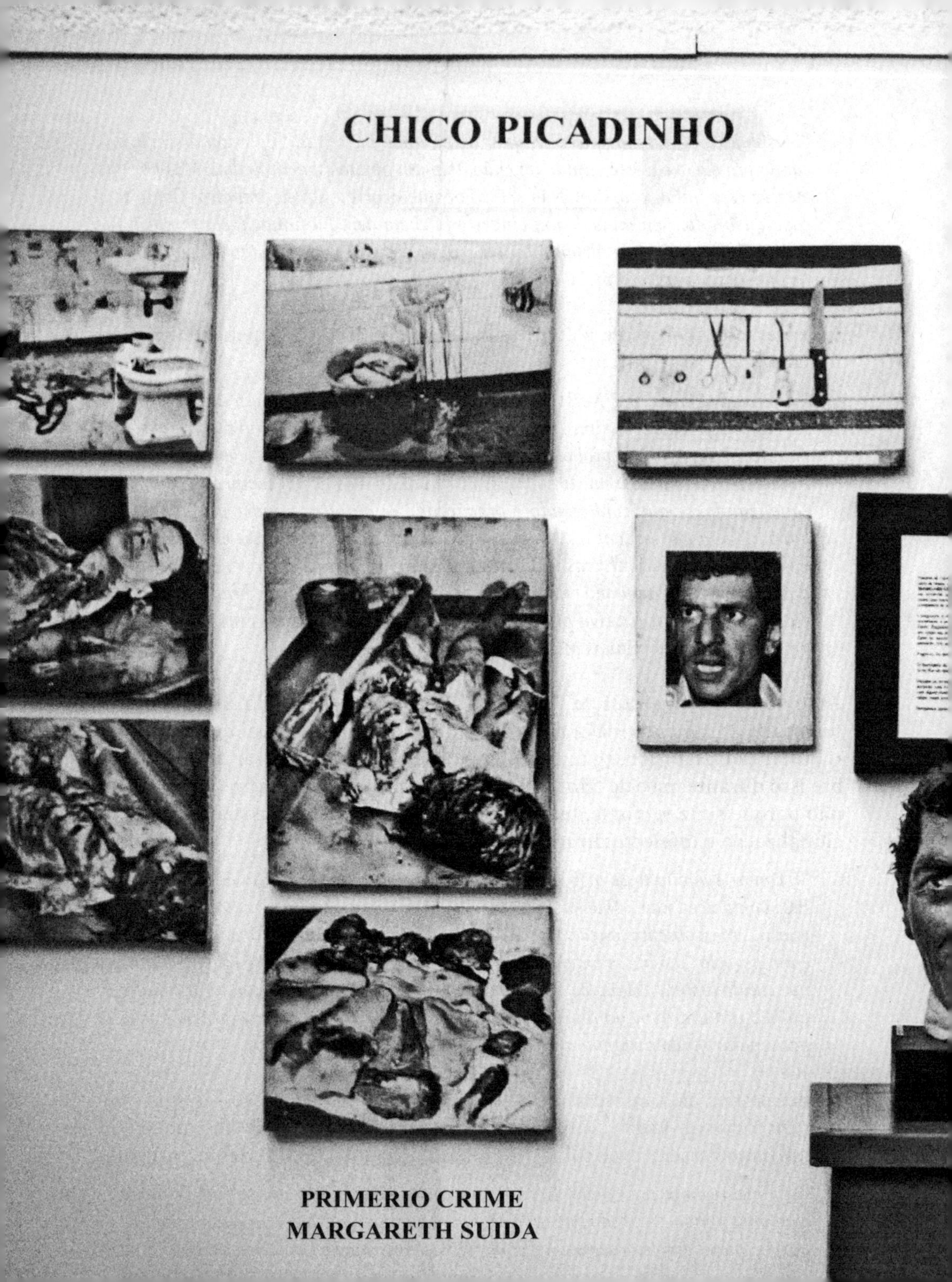

PRIMERIO CRIME
MARGARETH SUIDA

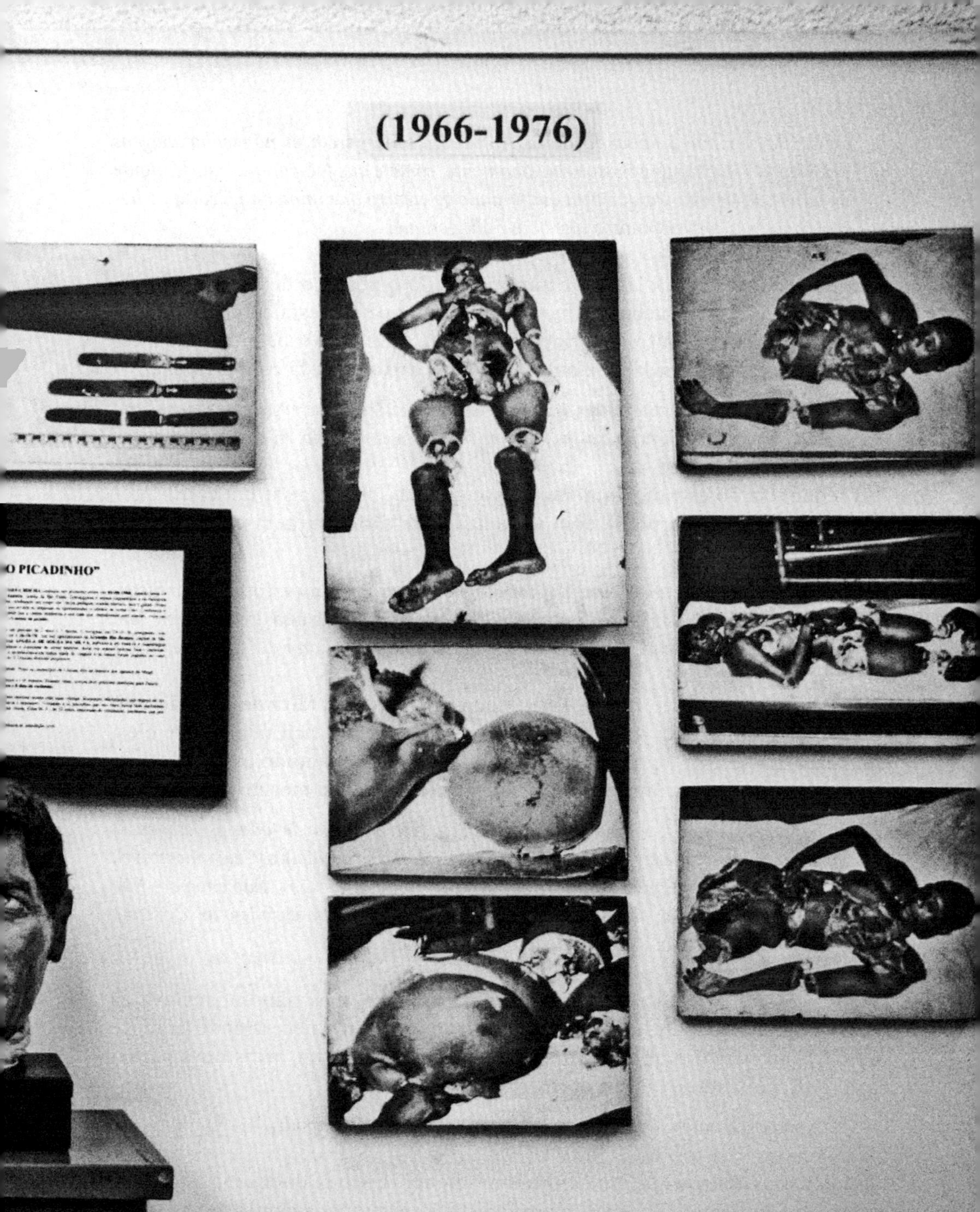

SEGUNDO CRIME
ÂNGELA DE SOUZA DA SILVA

crescendo e terminou ela sendo morta. Agora com a Margareth, eu não tenho imagens de como nós iniciamos o nosso relacionamento, como é que foi, por que aquele monte de bituca de cigarro. Porque pela quantidade de cigarro que tinha ali foi coisa de horas! O que nós conversamos, o que houve ali, por quê?"

Seu próximo flashback já é de estar apertando o pescoço de Margareth, ela desmaiando, ele se agachando para acompanhar o seu desfalecimento. Lembra-se de pegar um cinto, mas não de onde ele estava. Só sabe que os dois estavam nus, ela desacordada, e que começou a estrangulá-la com o cinto.

"É como se ali eu tivesse vendo, como se não fosse eu, como se eu tivesse vendo uma coisa acontecer. A sensação é essa... Aí complica, fica embaçado. Aí embaça, embaça."

Na sequência do estrangulamento, disse que passou a pensar em como precisava se livrar do corpo; já com as ideias mais claras surgem pensamentos mais práticos:

"Aí as ideias já são mais claras. Eu me lembro que após retirar a corda e... arrastei, né... E coloquei no banheiro... Eu não sei por que eu descrevo essas cenas assim com certa frieza. Não entendo bem... Choro quando não é para chorar e..."

Nesse momento de seu relato, Francisco se dá conta da falta de emoção que o envolve quando fala sobre os crimes; não que seja difícil falar sobre eles, mas espanta-se ante a própria frieza e distanciamento quando o faz. Diz que, ao ouvir-se, tem uma impressão estranha em relação a si mesmo e se explica:

"É porque, veja bem, a minha postura é de quem quer o perdão de todas as pessoas. E, no entanto, nisso que eu fiz, eu não tenho a... É como se aquilo fosse algo inevitável, sei lá. Algo assim... É, não dá pra entender. Esse ponto aí eu não... Não entendo. Não sei se tem relação com alguma coisa anterior que aí... Me é obscuro isso aí. Eu tenho como justificar aquilo, o fato de ela ter... É..." [Silêncio]

Francisco queria levar sua vítima para o banheiro, mas não encontrava as chaves do quarto. Sentiu-se oprimido, preso, com uma necessidade urgente de sair, que o fez desmontar a dobradiça da porta. Por fim, arrastou-a para o banheiro, puxando-a pelas axilas.

"Ela não era levinha. Que coisa monstruosa, né? Como é que pode..."

Também nos contou que em nenhum momento teve qualquer sentimento de raiva em relação a ela, que sua aversão estava relacionada com a figura feminina e não exatamente com Margareth:

"Que por sua vez teria a ver com a minha frustração, com a falta de satisfação, o que eu buscava em relação à mulher."

Quanto desse discurso já é resultado das dezenas de psicólogos e psiquiatras com quem conversou nestes anos durante suas avaliações mentais? Ele identificava essa aversão em si ou esse pensamento é influência de tudo o que leu sobre ele mesmo?

"Aí já é influência de tudo. Nesse primeiro crime eu não entendia, achava que de fato isso é anormal, é coisa de louco. Só que eu recebi orientações ao contrário. Eu então não queria tanto entender."

As horas seguintes foram ocupadas pelo ritual de dissecação que eliminaria, na cabeça de Francisco, qualquer rastro de Margareth. Segundo ele, passou a agir automaticamente, como se houvesse uma hierarquia da problemática: a maior já acontecera, ele a assassinara – nada poderia ser pior.

"Foi tudo improvisado. Lâmina de barbear... faca de cozinha... mas só que à medida que eu fui tomando consciência, aí a diferença com relação ao segundo [crime], *no segundo era ao contrário. À medida que eu ia vendo aquilo que eu tinha feito o impulso era de me livrar daquilo! Se eu tivesse um moedor, acho que eu tinha moído a vítima* [a segunda – Ângela] *ali dentro até ela sumir. Daria sumiço nela com ácido, qualquer coisa. Que aí já vinha a imagem da prisão. Acho que aí eu me tornei mesmo um psicopata."*

O ritual começou pelos seios da vítima e prosseguiu sem pausa. A certa altura dos acontecimentos, Francisco achou que foi passando o efeito das drogas e do álcool e ele começou a reagir ao que via e ao que fazia. Não terminou seu plano e não conseguiu mais entrar no banheiro. Passou a pensar no que fazer quando Caio chegasse ao apartamento, que também era seu. Resolveu esperá-lo no térreo para impedi-lo de subir.

A PRISÃO

Ao ser preso, Francisco disse ter falado toda a verdade, mas assim não parecia para a polícia. Queriam saber a motivação do crime, coisa que ele também não entendia. Várias suposições foram feitas e a versão obtida no processo foi desmentida. O interessante é perceber, por meio do relato do entrevistado, como foi difícil para ele explicar o inexplicável.

"Viemos direto para a 3ª Delegacia. Delegado-geral titular da época, ele tem a parcela dele de culpa... Sei lá. O procedimento dele propiciou da parte dele um novo delito. E aí começou. No início sabe como é que é, a polícia deixa falar tudo. No começo você fala 'quero ou não quero'. Ou então minto ou falo a verdade, mas você vai falando... Não estava havendo contradição. Não estou sendo contestado. Então me deixaram

falar à vontade e tal... Não houve! Nada! Não houve uma justificativa! Por causa disso, eu cheguei a ser torturado! Fiquei dez dias no 3º Distrito sendo... E pá, e vira... Sabe aquele negócio de torrar? Dez dias de suplício e... E aí passa fome, toma porrada no calcanhar, aquele negócio todo... Eles queriam o motivo do crime e eu não sabia dizer o porquê. Assumi a autoria. Isso aí eu não discuti."

Outro entrave nas investigações era a suposta participação do médico Caio nos crimes, amigo que dividia o aluguel com Francisco. Parecia ter lógica. Francisco tinha servido na Aeronáutica, Caio era capitão-médico da mesma instituição. Os dois dividiam o pequeno apartamento e o assassinato de Margareth Suida era *sui generis*, envolvia a dissecação parcial do cadáver. Se o médico não tinha sido comparsa, certamente teria participado daquilo que a polícia entendia como "ato cirúrgico", o vilipêndio do corpo da vítima de maneira tão complexa.

"Como na prática eu debilitei o cadáver, houve assim, entre aspas, uma delicadeza, eu não... Sabe? Eu não fui assim, naquela de destruir o corpo, sabe? Eu imaginei uma coisa assim de desmembramento... Sabe como é? Uma coisa de... e houve a desistência. Então aquele estado que dá pra entender... Na linguagem policial, deviam ter me perguntado se eu sabia anatomia. Não, eu sei anatomia assim, um pouco de desenho... um estudo normal que a gente pode conhecer sem profundidade. E eles acharam que aquilo era obra que..."

Francisco acha que houve uma fantasia policial que lhe custou muito sofrimento, pelas torturas que sofreu.

"É, se é da Aeronáutica... eu sou... se ele foi cirurgião operador... Começou a... Aí começaram a imaginar homossexualismo, começaram a imaginar... Sabe? Aquela fantasia policial e aquelas indagações. Então tinha hora que o Caio era convocado, ele ia lá, teve uma vez que deixaram nós dois sozinhos. Eu cheguei a mencionar que a coisa esquentou muito para o lado dele. Porque a polícia, a partir daquele momento, passou a ficar nele. Fixou-se nele. Tô preso, mas o motivo eu não digo. Quer dizer, há indícios de que... né? Uma hora lá o delegado Hugo ainda falou 'é... chega de filosofia tal, não sei o quê... O que é que o senhor foi fazer na rua Aurora?', como quem diz: por que é que foi? Né? Aí fui torturado. Três vezes torturado! E não é brincadeira. Pau de arara, quando a polícia resolve... Não é fácil, não é fácil... Fizeram umas coisas lá que, barbaridade! Então eu também descarregava. Gritava à beça... Mas pegaram o meu ponto fraco. Tamparam a minha boca, eu não podia mais gritar. [Risos.] *Antes lavaram toda a cela, me deixaram nu. Eu não estava entendendo. Eles fazem um jogo: um investigador é bonzinho e o outro é mau. Então eles revezam. Um vem e dá um tapa o outro vem e alisa, sabe como é que é? Eles ficam nesse jogo assim. Um aceita o que diz, o outro já não aceita. Então um dia era bem tratado, o delegado trazia macarronada de casa, então eu comia que nem um paxá, macarronada da mama, né?! No outro*

dia eu ficava sem comer nada. Já era a preparação para ir para o... E tinha dia também que eu ficava completamente nu, a cela toda molhada porque eles estavam naquela de que eu poderia me 'suicidar'... Realmente eu me abalei com isso aí... Nem em sonho passou pela minha cabeça fazer o que eu fiz. O que aconteceu eu não entendia."

Francisco jamais comprometeu Caio, mesmo sob tortura. Mas acabou assumindo a história deduzida pela polícia como a motivação do crime:

"Porque foram dez dias [de tortura], *meu! Não foi um dia só, certo? Chegou num ponto que inclusive eu... Quando jogaram sal na minha boca e panos, a minha mão arroxeou, ficou azulada, o negócio ficou sinistro e tal, e os dois investigadores* [diziam] *'Quiser falar faz um sinal aí'. Eu fiz um sinal e aí veio o delegado. Aí ele fez eu desenhar lá um instrumento, como se fosse um bisturi. Eu nunca tinha visto um bisturi na minha vida. E fiz lá, sei lá como é que era... Ele 'Não, não, ele participou, ele participou...' Antes ele já tinha me dado um motivo hipotético sobre a causa do crime. Ele disse 'Ô Rocha! Foi encontrado vestígio na bolsa... Vestígio de sangue, pedaço de papel higiênico na bolsa da mulher. Será que vocês dois não foram lá e aí você viu que ela estava menstruada e quis uma cópula anal, um negócio diferente, aí ela se ofendeu, falou que não era coisa de homem ou qualquer coisa assim e...' Bom, nessas alturas eu já tinha sido pendurado uma vez, só que foi devagar, né? Na segunda vez eles engrossaram... Eu digo 'Ô doutor, é possível...' Mas eu, pelo que me conheço, acho que isso aí não seria motivo. Eu sei que pode ter acontecido, eu sei que é possível, mas eu acho que esse não é o motivo. Ele aí disse: 'É, mas pensa a respeito porque nós precisamos encerrar o caso, a sua preventiva foi pedida e o juiz não concedeu. Dez dias amanhã está vencendo, você não pode mais ficar preso, eu não posso te soltar, mas tem que te soltar, preventiva não tem. Você entende qual é o problema? Tá faltando um motivo. E tá faltando o Caio também aí que você... Você não ia fazer isso.' Então tinha investigador que vinha para mim e dizia 'Ô Rocha, você...' – o termo que se usa agora é laranja, né? – 'É isso. Quanto o médico está te dando? Quanto ele está te pagando? É esse o jogo?' É, sabe aquelas fantasias, hipóteses, que teria sido um aborto malsucedido, um negócio qualquer... Ih, inventaram tanta coisa... Tudo ele, explorando o nome dele. Bom, aí nessa terceira vez que eu fui torturado, foi quando eu falei com delegado. E aí ficou naquela de trazer o Caio – 'Vamos buscar o Caio' –, mas na subida, aí tinha a imprensa. Nisso eu subo e tal, porque eu subi e tal para assinar a declaração referente ao crime, que eles iam colocar o Caio como tendo ele me ajudado, feito aquilo de me ajudar a se desembaraçar do corpo da vítima. Não ele como agente ativo do crime, mas como participante* [para se livrar do corpo]*... e aí era para eu assinar essa declaração e tal, e a parte dele seria na presença dele. Foi quando eu num último assim... fôlego, né, eu... Tinha uns repórteres presentes... Eu digo 'Ó doutor, o senhor quer a participação do Caio no crime, eu fui torturado, não aguento mais essa situação. Só que é o seguinte, quando o senhor for diligenciar melhor sobre o crime, o senhor vai comprovar que não houve a participação*

dele'. Aí o delegado ficou me olhando, olhando... Falou 'Olha aqui' – deu um tapa na mesa – 'Chega! Não aguento mais, não aguento mais! Vamos encerrar! Bate aí.' Aí já o escrivão falou 'O motivo é aquele então?' [Eu respondi] *'É. Aquele'."*

Também perguntamos para Francisco se, pelo tipo de crime que cometeu, era mais respeitado e temido dentro do presídio, quando já cumpria pena. Por ironia do destino, de fato foi mais respeitado, mas não pelos outros presos e sim pelos seus familiares. Finalmente ganhou a atenção que não havia recebido antes, acompanhado de muito aconchego:

> *"No primeiro crime eu fui muito bem-assistido. A administração, cheguei na Casa de Detenção, pavilhão nove, visita era de monte. Cheguei a receber onze pessoas, vinha a Cláudia, a amiga da Cláudia, vinha a minha esposa, a irmã, o irmão, o Caio e a mulher... um monte de gente. Minha mãe, meu padrasto... Não me faltava nada."*

A ESCALADA E O "INEVITÁVEL" SEGUNDO CRIME

Francisco saiu da prisão determinado a ter uma nova vida, casado, novo emprego, um mundo de boas intenções. A realidade implacável do dia a dia foi se assomando devagar à sua frente, porém de forma inexorável. Com baixa tolerância às frustrações, foi voltando à vida desregrada de antes, principalmente depois do fim de seu casamento. Até se surpreendeu com pensamentos de como houvera sido mais fácil no tempo em que estava preso. Mesmo frequentando os Alcoólicos Anônimos, Francisco escondia a sua história de vida, com medo da rejeição. O estigma o acompanhava e ele sentia que estava a caminho de mais um desastre:

> *"Houve uma repetição de estado de espírito. Houve uma repetição. A mesma angústia, mesma agonia... Só que há umas diferenças... o estado psicológico assim, a falta de rumo, a falta de sentido, a falta de..."*

Eliane, mãe de seu segundo filho, conheceu-o nessa época, mas quando ela e a família descobriram seu passado as coisas se complicaram ainda mais. Vivendo em diversos hotéis e pensões baratas, Francisco entrou em uma espiral negativa de comportamento:

> "[...] *paulatinamente eu fui voltando aos meus atos, vivia naquele cenário, naquele ambiente, meu casamento não deu certo, né. Devo dizer por minha culpa, eu assumo. Então eu não soube me autoadministrar meus sentimentos, né? Minhas emoções. Isso porque já havia o instinto, uma tendência. Na penitenciária do estado, eu tinha saudade daquela época, tava numa boate, fazia brincadeiras com os amigos, sabe como é que é. Vinham saudades, coisas que não ocorriam antes... Hoje, mas antes ocorria.*

Quer dizer, eu fui retornando a esse mesmo tipo de vida. Aí, de repente eu tô novamente no meio da noite, termino por trabalhar num esquema de consórcio, de uma rede hotéis e similares e comecei. Qualquer sorteio, qualquer lance vinha mais uns drinques... você sabe como funciona esses tipos de reuniões e eu fui indo e fechava negócio, eu levei dois anos e meio, dois anos e cinco meses, né? E repeti o crime. Mas paulatinamente eu fui criando... Acabei, inclusive... a morar lá próximo ao local do crime, rua Aurora... rua Aurora, primeiro. Avenida Rio Branco com a Duque de Caxias, foi o segundo. De onde eu morava e de onde eu morei por último, não chega a mil metros de distância [...] *eu sabia que alguma coisa estava pra acontecer. Eu tava mais... Vamos se dizer, suportando... Eu não conseguia passar uma noite sozinho, então eu terminava com algum tipo de mulher, algum tipo de orgia sexual..."*

Com as mulheres, Francisco notava um aumento em sua agressividade. Primeiro, ao praticar asfixia erótica com uma mulher, ela evacuou durante o ato. Quando ele contou essa história, explicou que o descontrole foi devido à constrição do pescoço, ao relaxamento muscular, rindo muito da minha ideia de que poderia ser devido a algum sentimento de medo. Também descreveu como passou a morder mais suas parceiras de sexo, algumas vezes deixando marcas profundas na pele delas, numa crescente necessidade de atos mais contundentes, que variavam de intensidade dependendo do momento ou de com quem estava, sem regularidade ou previsão. Nunca sabia como seria a próxima vez.

"[Aconteceu com] *umas três, quatro... Por aí. Mais ou menos. Quatro ou cinco... Meia dúzia no total, não passou disso aí. Teve uma que até...* [Risos.] – *'Pô, você quase me matou... e tal' – e ficou comigo. É, mas se fosse com todas, sempre, mas pelo jeito não."*

Sua história com Rosemeire aconteceu um mês antes do assassinato de sua segunda vítima fatal e lhe rendeu um processo por lesão corporal dolosa. Francisco, que afirma total desconhecimento de que ela estava grávida, negou que tenha perfurado o útero da moça, mas confirmou que o sexo praticado naquela noite foi violento.

"É, a Rosemeire eu conheci assim, na... Ali na boca do lixo, na Rego Freitas, General Jardim, naquelas imediações ali. Na noitada. E eu estava com um chegado meu, que era um companheiro de copo, bebia, né? Também gostava de beber. Ele já era formado já. Era advogado e tal. E ele gostava de... Porque eu acompanhava ele no copo a noite toda e tal, né? E ele também gostava de farra com as meninas e tal. Aí conheceu... Ele tinha a dele, que de vez em quando ele saía, e tinha a Rosemeire, que estava junto. Aí... – 'Vamos junto? Vamos não sei para onde?' – Eu fui parar no Canindé, um motel assim... No Canindé."

O programa começou como tantos outros, mas Francisco sentiu seu próprio ânimo mudar quando, já dentro do quarto do motel, Rosemeire contou que tinha um gigolô e deu a entender que cobraria por seus serviços. Francisco já havia passado constrangimento semelhante com Margareth Suida; ficava muito irritado com este tipo de atitude.

"Chegando lá, ela se lembrou do gigolô dela... – 'Depois preciso ir, você paga meu táxi?' – Aquilo eu achei meio... como ela tivesse me faturando. Uma piranha, veio me faturar. E eu não gostava desse tipo de coisa. Pagava tudo, saía, mas não vem com essa de querer me faturar. Quebrava, cobrou já... então a coisa mudou quando ela me falou isso... em vez de eu tratar de um jeito... Aí ela ficou meio assim... Combinasse antes de vir! Na hora H é que vem me falar isso? Falasse antes. [...] Aí tivemos relações, tal e pá, meio assim... As dicas, vamos dizer... Meu comportamento era meio de médico e o monstro."

Não entendi essa referência a "médico e monstro" que fez Francisco, porque à primeira vista poderia parecer ter ligação com a questão médica em si, uma vez que Caio era médico, Rosemeire precisava de um aborto etc. Pedi que ele esclarecesse, sem influenciá-lo com meus pensamentos, e logo descobri que seu entendimento sobre essa expressão era outro:

*"A destruição desse lado, vamos dizer, animalesco, dessa escalada, tudo isso aí faz parte da teoria, no terreno das hipóteses, como é que eu vou dizer que foi realmente isso aí. Eu sei que realmente eu busquei, eu buscava... na época eu bebia, eu fumava, jogava, fumava três ou quatro maços de cigarro por dia, ficava bebendo, era capaz de beber até cair, quer dizer, sexo etc. Mas em si, não era aquele o problema. Às vezes tinha período que eu parava, brecava e ia em restaurante comer comida italiana... coisa gostosa, melancia, manga, salada de vegetais com azeite, uma castanha-do-pará, umas coisas assim e tal, eu ia para esse lado. Mas de repente eu queria uma feijoada, uma caipirinha, várias... uma vez falaram, o médico e o monstro, uma hora era o médico, outra hora eu era o monstro... então algo mais assim, não sei se dupla personalidade, não se isso traz, talvez não, eu sei que a minha tendência era mudar, não só na aparência mas no comportamento. Então durante o dia eu saía de paletó, gravata, uma pasta, terno, bacana, me penteava, me barbeava, ia visitar os clientes, saía para fazer bons negócios, só não fazia melhores negócios porque me faltava perseverança. Marcava um fechamento de negócio para o dia seguinte... Mas quando chegava a noite eu tirava a gravata, tirava o paletó e já colocava um conjunto de veludo preto, anéis de aço que usava na época, sapato de plataforma e ia para a noite. [*Bate uma mão na outra, como quem diz que não estava mais nem aí.] *Não sei se isso aí caracteriza dupla personalidade, não sei, talvez não. E nessa degradação eu seguia até ficar duro, não tinha mais nada, só pra comprar um maço de cigarro e um cafezinho, aí sim eu ia trabalhar. Chegava na firma... – 'Já sei, tá duro, não quero mais conversa...'* [Segue contando o mesmo ciclo.] *Agora chegava de noite, pronto, eu me transformava..."*

O doutor Charles levantou a hipótese de Rosemeire ter se aproveitado das marcas em seu pescoço deixadas por Francisco e provocado um aborto sozinha, no que seria um álibi perfeito para ela, que teve atendimento médico sem ser processada. Francisco continuou afirmando que nada sabia sobre isso:

> *"O que eu posso dizer é o seguinte: tem a ver, lógico, com sexo. Agora, eu queria matar a vítima? Não. Não sei, talvez quisesse, com certeza queria. Há antecedentes nisso? Há. Aquela Rosemeire, foi um mês antes. Ela agravou o meu desequilíbrio, quer dizer, o que eu fiz, o que aconteceu agravou o meu desequilíbrio."*

Nesse momento, passamos a falar sobre o segundo assassinato. Francisco insistiu que se tivessem acreditado nele da primeira vez, quando afirmava desconhecer o motivo pelo qual matou, talvez ele pudesse ter tido uma chance de se recuperar. Associa o segundo crime à falta de credibilidade dele, à falta de um diagnóstico de semi-imputável, que foi útil para o júri, como o advogado acreditava, mas não para a sua vida.

Pergunto a Francisco sobre a vítima, que chamei de Sueli, e ele me olha espantado – Quem? – Troquei de nome, repeti: – Ângela. Ele me disse que nem sabia o nome dela.

> *"Já era fim de noite. Quando ela foi pro meu apartamento já estava claro, já eram umas seis horas da manhã. Negona, ela, né? Ela estava com outra postura. Sabe, bar que as prostitutas saem da boate, do bordel e se reúnem ali, para comer, para beber, num bar de esquina que ao mesmo tempo era restaurante, café. Chega muita gente ali por vários motivos. Várias prostitutas estavam ali e vários homens também. Sabe esse ambiente da noite? Mistura tudo. Então ela chegou e eu não sei como foi nosso diálogo inicial. Sei que de repente eu tava trocando ideias, mas até em pé. Eu não sei se nós saímos dali juntos ou... tem esse lapso aí mesmo. A lembrança que depois eu tenho dela já está na avenida Rio Branco. Ela junto comigo na rua. Nessas alturas eu tô indo para casa. Normalmente ela não andaria dez passos comigo. Nada contra ela, mas...* [Ela não servia] *por ser negra, por ser feia, uma porção de fatores."*

Nesse segundo assassinato, Francisco disse que tem memória quase nítida do que aconteceu, mas que não premeditou nada, não tinha fantasias a este respeito.

> *"Não havia assim ideias a respeito. Não há, não houve pensamentos assim do que fazer ou o que deixar de fazer, né? Apenas como eu me sentia, né? Eu me sentia frustrado, eu me sentia sem controle de mim mesmo... Nessa altura eu não tinha nenhum controle mais sobre mim. Às vezes era pra ir trabalhar, não ia; entrava no cinema e ficava no cinema; qualquer coisa já desviava do trabalho... Já não conseguia passar uma noite sem ter alguém, sem sexo. Mas tudo assim... Tudo mecânico... Pá..."*

Para nós, parecia que Francisco escolhera Ângela exatamente porque a desprezava e não sentiria remorsos ao matá-la. Quando perguntamos se ele também achava que ela queria morrer, como Margareth, ele disse que não tinha pensado nisso, mas que uma pessoa que é enterrada como indigente não é muito relevante.

"Eu não sei, a pessoa não ofereceu reação, seria uma parte... por exemplo, a segunda vítima, ela aceitou aquele tipo de coisa. Que foi num crescendo e terminou ela sendo morta."

Seu ritual inicial foi quase o mesmo do primeiro crime. Esclareceu que, diferentemente do que está no processo, não estrangulou Ângela depois do ato sexual, mas durante, quando aconteciam seus descontroles, antes de atingir o orgasmo.

"Aí o crime em si, há imagens dela, num crescendo, num crescendo e, desculpe a expressão que eu vou falar, mas ela realmente foi dita, no momento em que ela falou 'Ai, que gostoso!'... VUMMMM! Foi isso. Isso aí revela um problema meu. É como se eu quisesse entrar naquela parte mau [sic] *minha, naquela parte, sabe como é que é?"*

Em nenhum momento lembrou-se do primeiro crime, nem mesmo quando arrastou o corpo desacordado da vítima para a banheira. No caminho, enquanto ela ainda estava viva, a campainha da quitinete tocou. Apavorado com a possibilidade de Ângela gritar e decidido a não voltar para a prisão, acabou com a vida dela ali mesmo, dessa vez com as mãos nuas. Mas sem nenhum sentimento de raiva.

"Não, não seria. Porque aí no caso passa a ser só um símbolo de uma determinada coisa. A pessoa aí. Não é raiva da pessoa em si, mas do que aquela pessoa representa em si. É um negócio meio... Ganha um simbolismo. Coisa assim e tal. Não há motivo nenhum... Por que ter raiva de uma pessoa dessas? Mas do que ela, vamos dizer, representava, vamos dizer que ela representasse ali naquela hora as esposas, a minha mãe, os amores desfeitos, enfim, que ela representasse o universo feminino... O meu também... Sei lá. É [uma] *coisa monstruosa demais, porque..."*

Quando perguntamos sobre o esquartejamento de corpo da vítima, Francisco contou que agiu completamente diferente do que fez da primeira vez. Disse que agiu de forma "brutal e alucinada", sem critério, sem respeito ao corpo, retalhando-a. Seu único pensamento era livrar-se do cadáver o mais rápido possível, apesar de seu estado de espírito estar perturbado:

"Ah, não dá pra ficar tranquilo. Aí é um estado que a gente fica meio assim como se fosse... dá um estado muito peculiar ao acontecimento em si. A gente fica estarrecido, parece um autômato assim. Sonâmbulo, já não tava... sabe?"

Todo o processo levou por volta de quatro horas. E Francisco disse que então estava disposto a ir até o fim, usaria arma, renderia alguém com carro, faria o que fosse necessário. Estava completamente descontrolado, mas não sentia a mesma perplexidade que o envolveu ao cometer o primeiro assassinato:

> *"Porque eu já sabia que ia acontecer alguma desgraça. Só que* [não sabia] *nem quando nem como! Até chegou um ponto que eu sabia que era iminente, mas eu já não tinha mais controle. É como pegar um carro descendo em direção a Santos pela Anchieta e de repente não tem freio e tá descendo, e não tem jeito... não tem mais governo! Chega uma hora que não tem mais controle."*

Antonio questionou Francisco sobre o que teria dado errado, afinal, para que se livrasse do corpo. Ele fugiu do assunto, nos contando várias histórias, mas não concluiu nada. Bem-humorada, reclamei de como ele enrolava ao se deparar com alguma parte mais difícil daquilo que estava falando. Rindo muito, ele replicou que, se não fizesse isso, "era dose", tinha que descansar de vez em quando.

Em alguns momentos cruciais das entrevistas, quando pedia para ir ao banheiro, muitas vezes sorrindo, falava:

> *"Pausa para o comercial!"*

VIDA FAMILIAR

Após a segunda prisão, foi inevitável que Francisco Costa Rocha, antes conhecido como Rocha, passasse a ser chamado de Chico Picadinho. É o "jeitinho brasileiro" de marcar a ferro um criminoso por uma alcunha, muitas vezes imposta pela necessidade da mídia por notícias sensacionalistas. Em muitos casos conhecidos, o indivíduo acaba de cumprir sua pena, mas jamais se livra do apelido que adquiriu com seu crime, que passa a fazer parte de sua identidade.

> *"Como diria o Nelson Rodrigues: 'A gente deve assumir a própria lepra'.* [Risos.] *Eu entendo por aí, né? Vou fazer o quê? Seguir em frente."*[4]

Apesar de não ser mais casado, a primeira esposa (que chamamos aqui de Catarina) e a filha continuaram a relacionar-se com Francisco. Ele tem muito orgulho delas, mas muito arrependimento do sofrimento que causou. A menina cresceu sabendo que ele havia cometido um crime, mas sem conhecer detalhes.

4 Em *Anjo negro* (1946), Nelson Rodrigues escreveu: "A gente deve ser o que é. Acho que até o leproso não deve renegar a própria lepra".

Em 1997, um ano antes de completar sua pena e já completamente esquecido pela mídia e opinião pública, Francisco se viu envolvido por uma situação que selaria seu destino. Estava sendo libertado, depois de trinta anos de prisão, João Acácio Pereira da Costa, o Bandido da Luz Vermelha, em meio a protestos generalizados da sociedade e da imprensa. Para justificar sua liberdade, Luz Vermelha citou o fato de que Chico Picadinho também estava para sair da penitenciária, chamando atenção outra vez para o caso, que foi fartamente noticiado, com todos os detalhes, levantando a discussão: esses criminosos lendários deveriam ou não voltar para as ruas. O resultado para a vida familiar de Francisco foi um desastre:

> *"A minha filha não. Não sabia desses detalhes. Não sabia como é que foi o crime, as mutilações, aquele negócio todo... a mãe não entrou nesses detalhes também. Presumo eu, né? Pela modificação radical dela em relação a mim... Acho que foi isso."*

A esposa Catarina, que trabalhava havia dez anos em uma mesma empresa, acabou desempregada. Pediu demissão por não aguentar a pressão da exposição de sua vida nos jornais. A filha apoiou a mãe, oferecendo-se para sustentá-la. Francisco foi contra, achando injusto, achando que Catarina deveria lutar, que estava se precipitando. Hoje acha que tomou a decisão errada e chora muito ao nos contar estes acontecimentos:

> *"Aí a Catarina perdeu o emprego. Porque começou a sair reportagens contando do meu primeiro crime, contando do meu segundo crime e me associando ao Luz Vermelha... Aí aparece outro 'santinho', né, o 'Maníaco do Parque', e eu no meio. Vê só o clima da época que se anunciava a minha liberdade... Numa dessas reportagens, assim, de página inteira de jornal, afixaram lá que a Catarina trabalhava numa empresa, estava de gerente. Tinha vários funcionários lá que eram subordinados a ela. Colocaram o jornal na parede da sala lá da firma... Ela chegou em casa abalada... Aí a filha falou para ela 'Mãe, a senhora não vai trabalhar mais não.* [Silêncio... Chora.] *Tô formada, tal. Foi a senhora que cuidou de mim, agora é a minha vez...'"*

A filha de Francisco, segundo seu relato, é jornalista formada pela Universidade de São Paulo e, até onde ele estava informado, trabalhava numa multinacional. Depois desse desentendimento, nunca mais visitou o pai e não respondeu mais as cartas dele. Apenas se correspondeu com a avó Nancy, que eventualmente reenviou para o filho Francisco os cartões da neta (o que nos mostrou era enviado pela filha de Paris).

> *"Aí a minha filha, após essa data, porque eu achei que houve uma precipitação, entende? Eu não aderi a essa ideia, eu achava que a Catarina... Eu acho que eu errei também, né?...* [Chora.] *É, achei que poderia haver uma flexibilidade, que a Cátia não deveria se abalar, porque ela se prejudicou. São dez anos de firma perdidos! Pois é, mas eu achei que... A senhora entende? Agora eu entendo o que..."*

Com sua segunda companheira, que vamos chamar aqui de Eliane, Francisco teve um filho, Leonardo. Uma das maiores tristezas do pai é não poder assumir a paternidade oficial dele por conta de sua interdição civil. Pai e filho conviveram juntos na Casa de Custódia de Taubaté depois que Leonardo foi preso.

O rapaz era office boy, já ficou algumas vezes internado por abuso de drogas "com sintomatologia produtiva (alucinações e delírios)" e cometeu crimes de furto e roubo para manter seu vício em crack. Seu histórico familiar inclui alcoolismo dos tios-avós maternos e vários casos de patologias mentais entre os colaterais e ascendentes diretos, incluindo sua mãe, que à época de sua avaliação mental estava internada no Sanatório Américo Bairral de Itapira.

Leonardo foi examinado pelo Instituto Médico Legal de São Paulo e considerado inimputável, "portador de transtorno mental de características psicóticas, que comprometiam, à época dos fatos, de forma total, sua capacidade de entendimento e determinação do caráter delituoso do fato".

Tive de perguntar três vezes a Francisco se ele se perdoava por seus crimes. Sua resposta envolve família e religião, além de passar a responder sobre seu perdão para com os outros. Durante todo o tempo, ficou muito contido e falou extremamente baixo e pausado.

> *"Olha, aí foi um processo que onde entra a Seicho-No-Ie. Foi através... dezenas, centenas de vezes vendo e ouvindo sobre perdão. Porque às vezes a gente pode se perdoar, a parte consciente, né? Mas no subconsciente a coisa é outra. Aí entra aquele processo todo e comecei pedindo perdão aos meus familiares. À minha mãe em primeiro lugar, minha filha, à mãe dela, enfim, à minha tia, aos familiares, que me perdoassem. Mas perdão sabe como é que é, né? É jogo duro, né? Pra mim foi difícil chegar a esse ponto de pedir perdão. Foi um problema muito sério. Mas quando eu comecei a coisa, aí... a relação eu tenho que perdoar, né? É um processo... Tem hora que não... Perdoar Deus... é... a Escritura fala... esqueça seus pecados, é uma questão de crença, fé. Então, eu fiquei moído com essas coisas, mas depois fomos vendo os processos, a coisa foi se complicando e tal. A gente pode criar uma ilusão a respeito de tudo, essas coisas todas. Mas eu procuro perdoar sempre. Não só em relação às coisas, mas às coisas passadas que de repente vem à mente assim e pesam. Procurar entender o significado daquilo. Porque em termos de fé, na minha fé não existiam santos, não existiam anjos, não existia a morte... e a minha concepção de Deus... é aquela certeza que existe algo além. E é até estupidez pensar algo ao contrário, afinal não é só nós que somos nosso próprio planeta... Não é assim. Agora, esse Deus devoto, esse Deus... Pra mim, perdeu o valor."*

Dona Nancy, a mãe de Francisco, faleceu em 25/3/2009, de pneumonia, sem ver o filho. Ele ficou completamente transtornado e implorou para obter uma licença especial e acompanhar o enterro. Apesar de seu advogado e amigo, doutor José Fernando Rocha, pedir permissão através de petição e responsabilizar-se por Francisco, o pedido foi negado.

CURIOSIDADES

Algumas coisas que Francisco nos contou nessa segunda entrevista podem não parecer tão importantes para entender seus crimes, mas certamente nos ajudam a perceber nuances da personalidade deste indivíduo. Foi muito interessante o relato da história carcerária através dos olhos de alguém que ficou no sistema penitenciário por tantos anos.

"Tudo vai da administração, a começar do governo em si. Tivemos um período do regime militar e a penitenciária sofreu inclusive uma intervenção federal. Aí os diretores foram afastados para assumirem os coronéis do Exército. O diretor penal, inclusive, foi acusado de subversão porque ocorreu a denúncia que ali estariam se fazendo os impressos dos assuntos subversivos, a tipografia que era da penitenciária do estado, né? Daí a denúncia, daí a intervenção. São regimes bem diferentes. Depois dos militares, que o militar, segundo o que eu vim a saber, assim de conversa de pessoas interessadas nesses assuntos, o militar não tinha a preocupação com o criminoso comum. Não havia perseguição ou caça, tanto que a comutação coletiva do 'Sesc Centenário', foi em 1972, ela foi ampla. Ela abrangeu todo mundo, inclusive a mim. Então, o militar não tinha preocupação que era com relação ao preso comum, achavam que perigoso era o preso político. Bom, aí vem a filosofia. Depois, com a queda da ditadura, os perseguidos também políticos tiveram um pouco de, não vou dizer de afinidade, mas de simpatia em relação ao preso. Inclusive essa fundação aí, a FUNAP, que é uma fundação de amparo ao trabalhador preso, foi fundada por um homem que também pensava assim, o Manoel Pedro Pimentel, coisa assim. E nós tivemos gravados na penitenciária, o planejamento e eu participava de algumas atividades. Então foi gravado o discurso dele e ele chamava, adjetivou o criminoso comum, como um herói, né? Quer dizer que um homem que era capaz de arriscar sua própria vida, pra socorrer a sua família de suas necessidades tinha que se ter uma outra visão sobre esse tipo de homem, sobre assaltantes, criminosos... as consequências sociais... As modificações da penitenciária teriam certas liberações. Então, o governo Franco Montoro, que ele entrou com aquela política que as unidades deveriam cuidar de seus próprios problemas, criou a comunidade carcerária. Foram criadas algumas comissões de presos, então teve uma determinada abertura e por incrível que pareça a penitenciária do estado chegou até ter cachorro dentro da cela."

Francisco ri e chora quando conta a história do ratinho que adotou naquela época, apesar de outros presos preferirem cuidar de cachorros. Realmente fez uma conexão afetiva com o bichinho:

"Eu levei o ratinho pra cela, um ratinho desses brancos, pequenininho, dei banho nele, no vaso sanitário que era importado, veio da Inglaterra. Vê só, naquela época, até o vaso sanitário era importado! Aí eu tampei o boi [vaso sanitário], *que a gente chama de boi, enchi de sabão, joguei o rato ali, tinha que dar uma higienização, um*

trato pra ele poder ficar comigo na cela. Quase afoguei o ratinho. Depois eu vim a saber que o rato não precisa disso. Então, fui indo e tal e naquela época eu usava drogas. Principalmente cannabis, *né? Gostava de fumar maconha. Aliás, eu acho que maconha não faz mal pra ninguém, mas tudo bem...* [Risos.] *Acontece que o ratinho fumava junto comigo. Ihhh, ele era viciado. Ele fumava vários e depois ficava muito doido.* [Risos.] *Depois eu pegava ele, tinha uma cortina assim, no boi, uma linha. Aí, eu pegava o ratinho e colocava ele lá em cima – 'Eu quero ver agora você sair daqui!' – E ele ficava e ficava. Parecia que ele queria era que eu me distraísse. Quando eu menos esperava, ele tava no chão de novo. E eu perguntava, como ele conseguiu fazer isso? Eu quis saber como ele fazia isso. Aí eu coloquei ele lá de novo. Aí ele olhava e olhava, se agachava e ele se jogava um pouco na parede, um pouco no lençol e um pouco mais na parede – 'Você é esperto, hein rapaz?' – Aí, fui fazer um teste, eu dava as bolas pra ele brincar e tal. Fui vendo a higiene dele, como ele se limpava pra ver se ele sabia se cuidar. Aí, numa parte alta assim da janela, fiz uma casinha pra ele lá, eu fiz uma escultura lá de papel machê e ele ficava embaixo da escultura. Então, no café da manhã, ele sabia, ele ficava ligado, tenso. Interessante. A queda dele inclusive, cai sempre com as quatro patas assim, de pé. Aí lá de cima e tal eu servia o café dele. Uma vez, o café tava muito quente, ele tava agitado e eu dei muito quente e ele se queimou, eu vi isso. Ele nunca mais fez isso. Puxa vida, quem diz que animal não tem inteligência. Da outra vez, vinha a bolota. Eu punha lá, ele ficava olhando, cheirava, punha assim. Ele tinha uma mão bonita, já viu este ratinho branquinho de pele? Tem uns dedos... Bom, encurtando a história, naquela época eu era dado à prática de ioga, de posturas, né? Pelo Borges, que é um carioca, ele e a esposa dele desenvolveram um sistema, ele tem uma academia no Rio de Janeiro, e então eu seguia e tal. Eu praticava exercícios respiratórios, abdominais. Só que eu fazia também com a* cannabis, *segurava todos os efeitos e ele também participava e eu dormia no chão. No duro, né? Que ioga não deve ter coisas, não duras, mas deve ser coisa rígida, né? E ali mesmo eu dormia e o ratinho dormia junto. Ele ficava debaixo de minhas mãos e ficava brincando. Só que numa noite levanto assim e pisei nele. Pisei bem no corpo dele. Aí tudo bem, eu senti, né? Eu fiz assim, chamei ele e ele veio se arrastando... aí ele ficou assim de um dia pro outro e tal e depois, uma vez quando eu acordei, ele amanheceu morto nas minhas costas, acho que eu virei, ele não saiu fora, né? Matei o ratinho, matei... mas existe uma inteligência da natureza."*

Outra questão interessante de ser contada aqui é sobre os sonhos de Francisco, principalmente o que teve na véspera do segundo crime que cometeu.

"Esse sonho mesmo, que um dia anterior ao crime, eu tô mergulhando. Mas eu tô entrando numa gruta, gruta subterrânea, e ela vai se estreitando, eu vou passando e ela vai se estreitando e chega num ponto, eu não consigo mais avançar, eu não consigo mais recuar, não consigo subir ou descer, quer dizer, eu tô... prensado, praticamente, entre as pernas... é quando eu acordo e quando dei por mim eu tava de pé... E aí, na

outra noite, isso tudo aconteceu, o último delito... Foi esse sonho... Nesse eu realmente senti... Um outro sonho que eu tive, também relacionado com a água, muito agitadas e eu tô embaixo d'água e quando eu me dei conta eu tô no meio de uma bolha, como se tivesse uma bola embaixo da água assim. Então eu já acordo com a sensação assim de mal-estar... Mas isso aí eu tive muitos anos depois de preso, na penitenciária do estado. E alguns dias depois eu vim pra cá."

Depois desses relatos, ele arrisca algumas interpretações freudianas sobre si mesmo, fala em libido, complexo de Édipo, infância e pais, filosofia judaica e hindu. Nada que faça algum sentido; uma verdadeira miscelânea de coisas que já escutou na vida.

SOBRE A PRIMEIRA ENTREVISTA

Nos momentos finais da entrevista realizada por mim e pelo doutor Antonio de Pádua Serafim em 2003/2004, fizemos uma avaliação conjunta dos trabalhos até aquele momento. Francisco nos disse então que muitas coisas não conseguira nos relatar:

"Vou ser fiel, mas é difícil, pelo menos no meu caso tem uma máscara que a gente tira e aí vem outra máscara, outra máscara, mais uma máscara... É um negócio meio... Tem coisas que a gente quer dizer, mas que não vem a coragem, é como se eu não suportasse dizer. Ou a pessoa que estivesse a ouvir também não suportasse ouvir o que eu tivesse a dizer. É coisa muito dantesca, realmente, eu não sei qual seria a minha reação se eu dissesse determinada coisa."

Argumentei com ele, pois em geral nossos entrevistados já cometeram homicídio, estão sempre numa situação como a dele, mas poder falar com ele pessoalmente era "um achado", devido à sua inteligência, sensibilidade intelectual, cultura e análise dos fatos. Foi interessante ouvir o próprio Francisco nos dar sua análise e percepção sobre si mesmo.

Antonio colocou que atualmente Francisco tinha uma compreensão muito mais detalhada do que tivera durante a ocorrência dos processos. E que, depois de ter sido entrevistado por tantos especialistas, apesar da dificuldade de falar, o fazia de maneira especial, se defendendo de todas as reações que viesse a ter e que certamente seriam analisadas e rotuladas nesses exames. Antonio avaliou que Francisco refletia sobre seus atos e criava opiniões sobre eles, habilidade desenvolvida ao longo dos anos, bem como seu entendimento foi se modificando. E sua falta de compreensão sobre certas situações e a racionalidade na maneira de falar muitas vezes foram interpretadas como falta de sentimento.

"Tudo bem, tem coisas que eu reconheço como bastante frio, como se eu fosse um observador, meio estarrecido diante dos acontecimentos. [...] Então, há certas imagens, imagens que eu não ouso, não me sinto capaz assim de falar."

Novamente Francisco repetiu que o mais importante é aquilo que não é dito. Não concordei com ele e argumentei que a fantasia é sempre pior do que a realidade. Quando você não sabe uma coisa e imagina como ela teria sido, tanto você pode estar muito longe da verdade como às vezes sua imaginação é até pior do que seria de fato, se você conhecesse o fato. A fantasia de cada um constrói um Chico Picadinho diferente, porque vai da cabeça, da capacidade criativa de cada um.

Aqui, depois da entrevista, muitos mitos caíram por terra e temos finalmente o relato dos fatos. Mitos são sempre perigosos – podem ser ótimos, mas também podem ser péssimos. Sem bem nem mal, são apenas mito. Então desmitificar também é importante.

Alguém que cometeu um crime de homicídio teve uma história antes e tem uma história depois; é relevante saber o que fez com isso, porque o discurso da sociedade é simplista: tranca e joga a chave fora! Mas nós estamos falando de um ser que também é filho, que também é marido, que também é pai, que tem toda esta bagagem e que também quer entender.

"Eu sinto pelo criminoso, é uma destruição, ele também está destruído... Ninguém é só bom ou só mau."

O RITUAL

Na segunda oportunidade que tive de entrevistar o Francisco, depois de todo este "aquecimento" que fizemos, a conversa permeou seus crimes e o entendimento dele e o nosso sobre o assunto.

Insisti naquilo que não havia compreendido na primeira vez, ou naqueles pontos onde senti que havia algo "errado" no relato, ou ainda "pontos de dificuldade", que só percebemos ao transcrever uma entrevista. Dessa forma, no que se refere ao assassinato de Margareth Suida, voltei ao ritual relatado pelo autor nos pontos discordantes com a perícia.

Para quem analisa os laudos e as fotografias do local de crime, a vítima foi morta ainda no quarto e arrastada, já sangrando, até o banheiro. Voltei a perguntar sobre a ordem dos fatos, que ele dizia sempre não se lembrar muito bem. Reconstruí para ele o seu próprio relato, em que apertou o pescoço dela, mas que ela não desfalecia. O flash seguinte lembrado por ele já é com o cinto na mão e, na sequência, Margareth sendo puxada por debaixo dos braços até a banheira, onde se iniciara o ritual de vilipêndio. Francisco me ouvia atentamente e eu passei a argumentar que havia, no chão, uma marca de sangue desse arrastamento, do quarto para o banheiro, que significava que o ritual tivera sido iniciado ainda no quarto. Para tanto, Francisco teria que ter usado algum instrumento de corte, porque senão não marcaria o chão com sangue daquela forma, uma vez que o estrangulamento não causa sangramento. E havia, realmente, em cima da mesinha do quarto, uma tesoura com vestígios de sangue que não havia sido levada ao banheiro; ficou ali, esquecida. Francisco "saiu pela tangente":

> *"Tem aquela justificativa pelo qual inclusive supuseram que teria sido o motivo do meu crime, motivo torpe, que é o fato de que ela poderia estar menstruada. Porque encontraram vestígios de papel higiênico na bolsa dela de sangue menstrual. Aí teriam proposto que eu teria feito aquilo porque ela se recusou a ter uma relação ou eu não quis ter aquela relação, quis manter uma forma... né? E ela teria se recusado e me ofendido com uma palavra e eu aí teria tendido a fazer o que eu fiz. Não me lembro, sinceramente, dessa tesoura sendo usada no recinto. Nem dela ter sido usada no banheiro!"*

Esclareci novamente que a tesoura fora deixada no criado-mudo, na mesinha, e que a marca de arrasto não poderia ser de menstruação, era um arrasto "importante".

Francisco interrompeu a conversa, alegando que estava com a "boca seca" e começou a fazer perguntas ao doutor Luis Di Santo, nada relacionadas ao assunto.

Outra vez, minha sensação era de que escondia alguma coisa; seu desconforto era visível. Segui pressionando-o com dados técnicos periciais, demonstrando que cada passo ali havia sido estudado. Expliquei que estavam, ali comigo, todas as fotografias do local do crime e encontro de cadáver e perguntei se Francisco queria vê-las para se lembrar melhor. Depois de um curto silêncio, ele me respondeu que não gostaria de ver nada, tinha tudo na cabeça.

Mudei a forma de abordagem, fazendo para Francisco uma análise do seu ritual antes mesmo de detalhá-lo de como, com a Margareth, existiu da parte dele quase que uma "delicadeza" no que ele fez com o corpo dela. Ele não a esquartejara, como noticiado em todos os jornais. Ele a dissecara, "descobrindo" camada por camada.

Silêncio na sala. Segui, falando agora sobre Maria Ângela, por quem Francisco já havia deixado claro seu desprezo. Talvez fosse mais fácil falar primeiro sobre a segunda vítima. Expliquei que, na minha avaliação, com ela havia sido completamente diferente. Apesar de algumas similaridades, não havia nada de delicado nessa ação, mas sim de fúria. Perguntei se havia uma curiosidade pelo que poderia encontrar no processo que executou com Margareth, recortando-a como alguém que tira a roupa de outrem, e não havia mais isso com Ângela.

"É, aí é que tá. O porquê desse jeito. Essa forma de agir... É uma outra interrogação que eu tenho. É... o porquê desse jeito, né?"

Luis questionou Francisco se, em suas relações com as mulheres, já na fase sádica, fantasiava sobre assassiná-las e manipular o corpo delas. Para amenizar (se é que era possível isso), contei que muitos entrevistados nossos tiveram sua própria fantasia antes do dia de a executarem – durante a leitura de um livro ou de uma relação sexual, por exemplo –, construindo esta ideia como se fosse um sonho maluco. No caso dele, houve algum processo desse tipo ou a ideia tinha vindo apenas no momento do crime? Aconteceram flashes, que iam e vinham, ou não?

"Compreendo. Olha, desculpem, mas... eu preciso... ir ao banheiro!" [Risos.]

Liberamos Francisco, brincando com ele ao dizer que pensasse no caminho para nos responder na volta. A situação estava tensa e não estávamos chegando a nada. Quando sentou-se novamente, mudamos de tática de maneira radical e passamos a falar do crime do dr. Farah Jorge Farah, que também vilipendiou o corpo de sua vítima. Expliquei que, quando comparamos o vilipêndio feito por Francisco com aquele de autoria do médico, a diferença era brutal, ficava claro nas ações do segundo que ele queria se livrar do corpo em um ritual de cunho prático e com objetivo operacional. Farah retirou de forma cirúrgica as digitais e a expressão facial de Maria do Carmo Alves, para impossibilitar sua identificação, e esquartejou o corpo para dividi-lo e carregá-lo em sacos plásticos, viabilizando o trabalho de esconder o cadáver, uma vez que era fraco e franzino para carregá-la inteira. No caso de Francisco, era uma descamação. Aquilo me dera a impressão, e eu poderia estar errada, de que agira como "um menino que quer olhar por dentro". Diante do que ele havia feito, dizer que era para esconder o corpo ou livrar-se dele não parecia uma boa explicação.

"Não sei explicar. Bom, é uma coisa que não bate. Às vezes eu acho que até é profanando, né? Uma coisa com as minhas palavras. Tô até sendo mole ou cruel em expor assim, por que a coisa acaba se relacionando com a minha mãe de novo."

Explicamos novamente que não estávamos ali para julgá-lo, nem à mãe dele. Procuramos uma identificação com ele ao colocar que, de certa forma, éramos todos mórbidos; estávamos ali todos conversando sobre crime, para pessoas que também gostavam de ler e estudar sobre eles. Alegamos que todos temos esse lado escuro e que este era um ponto crucial para entender esse mistério que envolveu o ritual utilizado por Francisco.

"Pois é, mas aí fica uma coisa muito, muito ousada. Veja bem: é uma simples elucubração mental, fantasiosa, não sei, talvez ou é muito sem respaldo, sem elemento que eu possa dizer: não, eu procedi assim porque... Se neste caso o vilipêndio de cadáver, quando eu pratiquei, quantos e quantos não praticam? Até o médico. Quer dizer, então teria também aquela outra pessoa, o outro e a mesma explicação, a mesma hipótese, quer dizer... É bom se dizer, tudo muito vago. Procurando ser objetivo, né, mas é duro, é difícil. Eu fico que nem o touro na arena, fico encurralado."

Luis, psicanalista experiente, explicou para Francisco que ao ultrapassar esse umbral, que para ele parecia a porta do inferno, talvez ele se libertasse.

Insisti com jeito, mas de forma firme. Francisco acabou falando que o arrastamento de Margareth para o banheiro o fazia se lembrar de uma cena de infância da qual não queria falar. E assim começou um "jogo de adivinha": nós fazíamos perguntas do tipo se a mãe ou o pai estava presente, se foi algo cruel, se havia conotação sexual e assim por diante.

Tentei argumentar com Francisco que era muito importante, para entender o ritual dele, compreender de onde ele vinha simbolicamente. Acontece um fato na vida de uma criança, interpretado por ela com os recursos que tinha naquela idade. Depois, anos adiante, isso pode se repetir nos rituais dela, talvez não da mesma forma, mas mantém relação íntima com aquele acontecimento. Ele estava me dizendo que havia um arrastamento do qual se lembrava na infância e repete esta atitude nos dois crimes que cometera, daí a relevância de tentar entender por que o marcou tanto. Era sua própria oportunidade de autoconhecimento, relatar para dois psicólogos forenses ali presentes e tentar fechar, na sua própria mente, a compreensão de seu proceder.

Francisco nos colocou que era um acontecimento que preferia manter em segredo e que, se me contasse, ele se tornaria público. Diante desse argumento, desligamos gravadores e câmeras e mantivemos sua privacidade.

Só posso revelar aqui que o fato que era secreto relacionava-se diretamente com sua mãe e aconteceu quando ele tinha 11 anos. Depois de conseguir relatá-lo e de longa conversa a respeito, Francisco comentou:

"Aquele ponto que achei que pudesse ter um chilique parece que saiu normal. [...] *O que eu tanto temia que pudesse me trazer um desequilíbrio, um lapso, crise, saiu de uma forma que eu fiquei analisando... Eu falei de uma forma fria. Eu achei frio isso aí. Aí eu disse... será que é isso mesmo?"*

Como bem colocou Adelaide:

"Temos que enfrentar. O monstro parece muito maior do que a realidade. Porque fica lá dentro, guardado por tanto tempo, é que parece tão enorme e depois..."

No dia seguinte, Francisco acabou nos dizendo que achou seu relato frio e que não tem certeza de que o acontecimento está, de alguma forma, ligado aos seus crimes.

Em nossa discussão posterior, em equipe, após a entrevista, analisou-se a possibilidade do bem conhecido processo psicológico em que a negação de um fato traumático permite a manutenção da própria sanidade daquele que o viveu.

Francisco me perguntou o que eu achava dele. Comecei de maneira simples, dizendo que o via como pessoa que, desde pequeno, experimentava tudo, no sentido de descobrir o que havia por trás das coisas e como elas funcionavam, de verdade e de mentira, sem medir o risco. Sua curiosidade é maior que seu medo. O corpo teria alma? Um gato teria mesmo sete vidas? Deus existe? A gente se afoga mesmo se desrespeitar o mar? Até onde dá para mergulhar? Sobre a Margareth, achei que Francisco "errou na mão" da agressão na sua necessidade sádica sexual e, uma vez que o pior já havia ocorrido, ou seja, Margareth já estava morta, experimentou mais uma vez, agora exercendo sua curiosidade anatômica. Ele me respondeu que isso poderia ter acontecido, mas, se assim foi, em um nível totalmente inconsciente e não pelo seu querer.

> *"Quanto a isso, até aí tudo bem. A questão não é essa. A questão é tirar a vida em si, né? A pessoa morreu, morta está, né? Nós nos alimentamos dos seres existentes e um dia nós seremos alimento dos outros seres, né? Então, como diria o Duran* [?], *a vida é isso mesmo, né? A vida... Deus se alimenta de si mesmo, isso aí é outro lado, se bem que Deus é uma projeção mental, mas vamos dizer, essa forma cósmica do universo, que existe ela se sacia a si mesmo."*

Francisco gosta de racionalizar através da mística, o que me deu uma brecha para abordar outra dúvida sobre seu ritual, as mutilações feitas nas nádegas das vítimas dele. Comecei teorizando sobre mutilações em geral e suas conotações, como as de Margareth, que eu percebia com traços "anatômicos", uma verdadeira aula de anatomia.

> *"Será que eu quis dar uma de Leonardo da Vinci?* [Silêncio.] *Não, aí é dose* [Risos dele.] *Isso aí...* [Risos dele.] *É dose. Desculpe assim, vai, mas é pra distrair."*

Silêncio na sala. Não tratamos aquela fantasia de Francisco como piada. Continuei, no mesmo ritmo, a explicar o que achava que ocorrera ali sem tantos psicologismos ou análises freudianas. Provoquei-o, acusando-o de ter sempre buscado "os grandes personagens", os que fizeram coisas novas. Nesse primeiro crime, o matar teria apenas acontecido, como aconteceu com tantas pessoas que ele mesmo conhecia. Já as mutilações o diferenciaram do restante dos criminosos, porque são parte da ousadia que habita nele. Tinha a curiosidade e ali teve a oportunidade, o acesso que a situação lhe dava, para perguntas cujas respostas não se encontram nas bibliotecas. Ele estava sozinho, tudo estava ali, na sua frente, ele tinha tempo, a vítima não sentia mais dor, ele não sentia remorso. Era um estado emocional propício e uma curiosidade incontrolável de saber além, o proibido, o diferenciado, ousar, ser o que ninguém foi. Sempre se procura um trauma, mas será?

Francisco me ouviu "curioso". Apresentava-se aqui uma nova teoria para seus crimes, menos complexa, mais objetiva. Aproveitamos também a oportunidade para voltar ao seu ritual, comparando seus atos com a segunda vítima, quando aparentemente apenas queria descartar o corpo, mas provocou ferimentos que nos dizem outra coisa. Perguntei se ele sabia de quais ferimentos eu falava. Ele ficou confuso, me pediu para repetir a pergunta. Repeti com calma e ofereci de novo as fotografias para que ele visualizasse. Ele não quis pegá-las, apontou com o indicador para a própria cabeça e disse que não precisava ver nada, que estava tudo ali, na sua mente. Resolvi falar de forma clara que nos referíamos aos ferimentos das nádegas e dos olhos de Maria Ângela, pois não fariam sentido se não fossem parte de um ritual.

> *"É esse detalhe aí dos olhos, não tenho a mínima ideia do por que eu procedi assim. Se bem, quer dizer, era como se fosse a minha, vamos dizer, alienação assassina, vamos dizer assim, me fosse possível me desfazer totalmente do corpo. Tanto que os pedaços foram parar no vaso sanitário."*

Perguntamos por onde ele iniciou as mutilações da segunda vítima, se fora igual ao processo da primeira. Ele respondeu que, nesse caso, a cabeça foi a última parte do corpo que retalhou.

> *"Ficou pra depois.* [Francisco fica em silêncio.] *Na minha ideia em como se fosse possível fazer ela desaparecer pelo vaso* [sanitário]. *Pensamento, a pretensão, né? Mas daí certos tipos de coisa. Provavelmente, os olhos estejam relacionados com isso. No sentido de me desfazer das partes menores."*

Insisti na questão, relembrando-o que, enquanto o rosto de Margareth ficou intacto, o de Maria Ângela estava completamente destruído. Francisco me respondeu: "Eu vi além". Duvidei de sua afirmação. Ele me disse que com Maria Ângela tinha de fato a intenção de destruí-la, mas com Margareth não. Levantei a questão de que as duas tinham ferimentos similares nas nádegas, como cruzes ou a letra X. Ele reage, diz que "não lembra". Mas ali estávamos num ponto onde não havia retorno – ou esclarecíamos, ou parávamos. Meio incerta do que estava fazendo e com medo de estar entrando em seara que poderia irritá-lo ainda mais, coloquei a pilha de fotografias sobre a mesa e pressionei-o para vê-las. Ele novamente preferiu não vê-las, dizendo que não faria bem a ele, mas eu dizia que, se não se lembrava, tinha por obrigação olhar e tentar explicar. Ou lembrava?

> *"Ali me passa a ideia de como se eu desse por encerrado. É a ideia que me passa."*

Eu, Luis e Adelaide expusemos para Francisco que tínhamos, então, diante de sua explicação, entendido que se tratava de um ciclo, um "trabalho" que se iniciou com a Margareth, mas só terminou com a Maria Ângela; o que não terminou em uma terminou com a outra, como se tivesse ficado incompleto. Precisou de dois corpos para satisfazer sua busca e assinou quando terminou, utilizando um símbolo universal de "trabalho encerrado". Francisco permaneceu em silêncio.

Partimos então para analisar outra questão que sempre aparece nas análises do caso de Chico Picadinho: a teoria edipiana que o transforma em "assassino freudiano". É opinião de muitos profissionais que estiveram com Francisco, inclusive advogados e juízes, que a primeira vítima dele se parecia com sua mãe biológica e a segunda vítima, com a mãe adotiva. Se isso fosse verdade, Francisco assassinara, simbólica e literalmente, suas duas figuras maternas, em consequência de suas dificuldades com a figura feminina. Teria sido mais delicado com o corpo de Margareth porque dona Nancy também havia sido mais delicada como mãe que a outra, da qual se lembra com mais mágoa.

> *"É. Tem essa simbologia pra essas interpretações assim psicanalíticas, algo assim, deduções. Realmente, por aí. São raciocínios* a posteriori. *Todas essas deduções, teorizações, tudo isso veio depois, né? Antes era aquilo que eu mencionei pra senhora: eu via o crime e pronto. Crime de louco, nas vias da psiquiatria. É um fator importante. Isso era um sinal de anormalidade. O segundo foi de um jeito que deu pra entender, houve todo um processo em busca de uma explicação do porquê. Mas sempre cai nessas teorizações, perfeitamente válidas. Na época, o meu próprio defensor mencionou isso: 'É, Chico, isso, se for pensar na linha de defesa, vão dizer que você tem complexo de Édipo'. Agora esse desembargador aí, dr. Renato, no meu retorno à prisão, mencionou isso. Isso é um caso edipiano mal resolvido, expressão dele. Com as mães, então primeira branca e a segunda que é a mãe negra. Só que tudo isso aí é um processo que se passou inconsciente. Como eu disse pra senhora, enfim. Não procurei ali, foi uma coisa ocasional. Não a levei, vamos se dizer, especificamente com esse propósito, isso na área consciente. Inconscientemente eu sei que o processo era outro. Eu sabia que alguma coisa ia acontecer, inclusive os sonhos que eu tive e tal. Eu sabia que ia acontecer, só que eu não sabia como."*

Perguntamos se realmente suas vítimas se pareciam com suas mães. Francisco respondeu que Ângela, só na cor e na feiura, mas que de fato não tinha muita lembrança da mulher que cuidou dele na infância. Ela apenas fazia uma função, um serviço, cuidar daquela criança. Isso o incomodava em demasia.

> *"Vou fazer nela tudo o que merece ser feito pra ela. Foi isso, a impressão que passa. Era bom até onde deveria ter ido, nossa! Como é difícil, que conversa..."*

Outra possibilidade levantada por Francisco, mais realista, sobre as diferenças entre os dois crimes, é de como, no primeiro, seu ritual com o corpo levou a polícia a suspeitar de Caio, seu amigo, por achar que era trabalho de um "especialista", e que no segundo crime não cairia novamente no mesmo risco, incriminar alguém que gostava por algo que ele havia feito. A lição havia sido aprendida.

Francisco aproveitou bem a oportunidade de estar algumas horas com psicólogos e psicanalista à sua disposição. Eles explicaram para Francisco que, pensando em tudo que havíamos falado, surgiu o fato de que ele não havia premeditado os homicídios e sim se encontrou em uma situação que não podia dominar e terminou matando. Mas apareceu outra questão, aquela que o tornou famoso: o que fez com os corpos. Pareceu, nesse momento, que Francisco se aproveitou da situação para resolver alguns conflitos seus representados ali. Francisco concordou plenamente com essa análise, de forma enfática.

Todos concordaram que voltar a esse momento de sua vida é muito difícil, muito duro. Nós estávamos tentando entender o que havia passado, mas não podemos dizer que um só elemento tenha sido a causa dos eventos, uma cena, um trauma único. Na verdade trata-se de uma série de fatores que se põem juntos na cena e outras coisas que passam pela cabeça dele relacionadas ao todo. Nesse momento, concluiu-se que estava tudo ainda muito aberto, incompleto, e que, independentemente da nossa investigação, do resultado obtido ou não, seria importante que isso fosse finalizado para o próprio Francisco seguir em frente e transformar tudo o que acontecera em passado. Ele respondeu que sentia o fato de estar simplesmente preso e não poder dar continuidade a alguma espécie de tratamento.

> *"Possivelmente, o trabalho profundo, em termos, da psicanálise, psicanalítico não sei. Um trabalho profundo de análise, possivelmente fizesse com que eu, é, é, entendesse ou descobrisse as raízes, né? O referente ao que é possível. Mas que, infelizmente, uma expressão lamentável do sistema penal não oferece."*

Demos cinco minutos de intervalo para que Francisco pudesse refletir se havia alguma pergunta dele ainda não feita, algum pensamento não compartilhado, para que pudesse aproveitar melhor aquela entrevista.

Ele acabou, ao voltar para a sala, nos dando um resumo de sua situação:

"Gosto de analisar, e a troca de ideias e de receber visitas, de pessoas, assim, né? Fora, percebendo inclusive o trabalho, né? Afinal de contas é um trabalho devido a minha pessoa. Me sinto grato, agradecido. Pra mim é um prazer, é um conforto. Falar dessas coisas me traz um certo alívio, não é o certo, mas é um grande alívio. O choro me faz bem, eu descarrego, me sinto leve, me sinto... Como se eu tivesse me limpado de alguma coisa, né? Eu gosto de coisas assim. Eu não tenho condições financeiras, não sou aquele jornalista lá do Estado de S. Paulo [referindo-se ao Pimenta Neves] *que se pode dar o luxo de poder viver outro tipo de coisa, né? Senão, evidentemente eu teria um psiquiatra particular, que a lei não faculta isso. Essa interdição que foi feita sem assistente técnico. O próprio Tribunal de Justiça reconheceu... tece comentário a respeito do recurso impetrado foi condizente, que caberia um agravo, no sentido de, um negócio assim qualquer. Eu sei que seria como se eu tivesse um advogado com idade necessária, uma raposa né? Velho dos tribunais, colocaria esse tipo de recurso, impugnaria a interdição e eu seria posto em liberdade. Processo de interdição ocorreria, mas eu estaria em liberdade. Com esse documento, esse tipo de agravo que entrou com o* habeas corpus *que é pra casos de constrangimento ilegal. Não tava dentro do procedimento legal. Eu assinei um alvará de soltura, da vara de execuções penais. Que hoje foi pedido, do Ministério Público pedindo a minha interdição. Se a defesa entra com a impugnação e pedisse a apresentação de provas, e o alvará de soltura teria que ser cumprido, a liminar cairia por terra. Eu estaria em liberdade. Então por falta de... Não tem aí o fator financeiro, é falta de... eu não sei. O meu caso é inédito. Ninguém acreditava que essa interdição pudesse vingar aqui... O diretor, o pessoal daqui, o advogado veio me ver, que é aqui mesmo de Taubaté. É um negócio muito rápido, quando eu vi já concedeu a liminar e já designou um advogado dativo e já nomeou o perito, tudo assim. Um mês, dois meses antes de vencer a minha pena, né? Tudo bem, eu até aceitei, por que não seria pra mim ficar aqui* [sic]. *Seria sair daqui e ir pro mundo. Estabelecimento adequado ao meu caso. Aí fizeram a saída de emergência e aí eu recorri ao Rio de Janeiro e tal e pedi a minha transferência pra lá. Teve o hospital aqui que declinou, por esse motivo, por esse, por esse e ninguém me aceitou. É uma petição, inclusive muito bonita feita pelo procurador do estado, o dr. Rui, que fala a respeito, sobre a minha a situação. Mas ocorre que o que tem no meu caso e o que prevalece é a presunção e a discriminação. Só isso. Cachorro pode morder? Então deixa ele preso. Só isso e o tratamento não recebi nenhum, pode ter certeza. Nenhum de psiquiatra, nem de psicólogo. Tô preso! Num hospital que não é hospital, na realidade, sabe como é que é, é denominado hospital. Bom, tem a parte hospitalar, mas na verdade é o estabelecimento penitenciário misto, com a predominância do atendimento médico-psiquiátrico. Eu tenho muitos companheiros, mais da metade, a maioria que toma medicação. Tem interno aí que toma remédio de manhã, na hora do almoço, toma de tarde*

e começa a dormir. Toma pra impregnar, toma pra 'desimpregnar'. Tem caso aí que toma dez remédios por dia. Tomam comprimidos, tomam injeção. Então há casos assim, de necessidade de tratamento. Já vi muitos casos assim do cara se recuperar. Parece que tem uns remédios que derrubam o cara e depois se levanta, né? Impregna e depois faz o processo de desimpregnação. Mas pra mim, que sou enquadrado naquela tribo de personalidade psicopática, a não ser o que me diz a admirável psicóloga Magali, que tá de parabéns, o perfil dela é ótimo. Me deu um tratamento muito bacana. Me tratou bem. Depois até justificou a forma que ela me tratou e falou sobre Pinel, né? Sobre esse grande médico. Sobre o que ele fez. Então ela tava justificando, me tratando de uma forma humana. Deve ser da índole dela, da formação dela, tudo dela, pra ela me tratar daquele jeito. Por isso, após a entrevista, de fazer o teste de Rorschach... então o perfil que ela traçou, realmente é aquilo. Até áreas do inconsciente que não vem ao nível da consciência, certos recursos, certas coisas que tal e que realmente é o tal caso de saber o que fez uma coisa, o porquê disso daí. É, mas enfim, eu tô aqui. Fazendo o quê? Preso!

A gente vai se corrompendo. Com o tempo, a parte animal vai, vai entrando em evidência e vai se tornando um animal

---

SERIAL KILLER, SER OU NÃO SER...

FRANCISCO: Havia muita curiosidade assim, neste sentido, que *[me]* levava sempre a uma devassidão. A gente vai se corrompendo. Com o tempo, a parte animal vai, vai entrando em evidência e vai se tornando um animal. O sexo vira uma coisa mecânica, sei lá, fica tudo, fica tudo muito neurótico e desesperado. E aquela repetição se torna uma compulsão, e aquilo vai cada vez ficando pior, até chegar num ponto que acontece o que aconteceu, uma desgraça dessas. Eu não sei se o título assim "Chico Picadinho: o serial killer" seria justo pra mim, porque não sei até que ponto eu posso ser considerado um serial killer... Se eu tivesse usando minha razoável inteligência, aparência etc. *[para]* matar mulheres, com certeza eu não teria assassinado elas. *[Silêncio.]* Não sei se devo me autorrotular assim, né? Porque uma das coisas, segundo me disseram, é que o serial killer costuma não deixar vestígios, não deixar pistas dos seus crimes.

ILANA: Nem sempre, Francisco. Muitos que eu estudo são exatamente o contrário, eles estão transtornados naquele momento, muitas vezes tinham uma fantasia havia muito tempo, mas eles não esperavam executar a fantasia exatamente naquele momento. Não é que a fantasia surge naquele momento, ela já vinha, mas não estavam preparados para ser ali, então, às vezes, é o contrário, deixam muitas e muitas provas. O que a gente tem dentro deste estudo é que existem diferentes grupos de serial killers, então você tem um chamado ORGANIZADO que, vamos dizer, é como o 'Maníaco do Parque', que tem toda uma premeditação, escolhe um local muito seguro pra ele e afasta esta vítima. Isso é uma coisa. Outra coisa é como aconteceu com você (DESORGANIZADO), você matou dentro da sua casa, apesar da sua enorme inteligência. Na verdade, se você soubesse que ia acontecer, você tinha mil maneiras de ter feito. Agora, eu acho que o que você pode questionar é o seguinte: por que sou um serial killer se eu matei duas *[vítimas]*? Aí eu que vou te perguntar: se você não tivesse sido preso naquela época, no nível de degradação que você estava, quantas você teria matado?

FRANCISCO: Olha, sinceramente... Eu não sei... não sei... não sei... Porque o crime em si, a morte em si ela chega num ponto... Por exemplo, eu cheguei a relatar a passagem que eu tive com mulheres em que constrangi o pescoço delas etc. e não cheguei... Infelizmente, com essa aí, a Maria Ângela... ocorreu. Ela poderia inclusive ter escapado se não toca a campainha do meu apartamento. Ela estava viva ainda. *[Silêncio. Francisco chora alto, soluça.]* Naquela hora, não acontece isso, eu teria entrado... É um negócio... É um tipo de impulso que ele... depois ele declina, a senhora entende, tem um ponto que declina, então eu tava no pico, no início do declínio. Ia passar, daquele momento em diante eu seria capaz de salvar, de fazer tudo pra ela ficar viva! Seria... tudo! Se não... 'páááááá''... *[Imita o barulho da campainha.]* Naquele apartamento que eu tava não tinha olho mágico. Eu teria que abrir e eu não fazia ideia de quem poderia estar ali. E ela começou a voltar à vida, a despertar, então naquele momento ali eu em vez de... *[Bate a mão na perna.]* Coisa monstruosa. Isso é coisa de... dois minutos depois ela estaria em outras condições. Eu não sei por que cargas d'água foi arrastada, na forma de vítima... quarto, banheiro... eu não entendo isso aí. Bom, fazer o quê, né? Eu não entendo isso aí... Duas ou três noites eu fiz este mesmo percurso, este mesmo ritual, e não aconteceu nada. Uma delas ainda permaneceu comigo, naquele dia mesmo. Nós bebemos, pá e tal, passamos a noite, passamos o dia juntos, só à noite é que nos separamos. Chegamos a ir a um apartamento de um amigo meu ali na Rego Freitas mesmo e tal, aquela convivência social... aquele negócio todo. Ela tinha passado por isso. Eu não consigo entender o porquê deste tipo de coisa, deste arrastar dela. Eu retrocedo e vou lá em acontecimentos de infância... relacionados com a minha mãe. *[Silêncio.]*

Taubaté, 7 de setembro de 2004

Cara Sra. Ilana Casoy:

Do costume meu se tornou usar cartas destinadas aos entes queridos, de forma a buscar expressar algo que as palavras limitam.

A senhora passou a fazer parte das pessoas que estimo, que agradeço por existirem, que, de um modo ou de outro, me ajudam a viver.

A ajuda a viver, para mim, às vezes se dá com uma simples palavra, uma atenção qualquer, e a carta recebida da senhora tenho como um ato de atenção para comigo, no que, aliás, a ponho acima de uma atenção qualquer, pelo que me vejo agradecido, até porque me trouxe a ciência de que usou pseudônimos para contar em seu livro a minha triste história. Critério louvável. Muito obrigado.

Além do que, congratulou-me com a senhora por ter realizado o seu objetivo, lançando seu livro, no qual oferece ao leitor casos reais que levam à reflexão acerca do entendimento de que ninguém é de todo mau ou bom. Parabéns!!!

Ouvi pelo rádio, em FM, o "Linha Direta", da Globo, a respeito de mim. Causou-me náusea ouvir o nome da mãe de minha filha, por inteiro, em uma parte que leva a quem (qualquer um), sem estar a par da realidade de tudo, mesmo que tenha tido acesso aos autos dos processos, a ilações fantasiosas. A mãe de minha filha jamais esteve no meu apartamento nem exercia trabalho externo. Tampouco corresponde à veracidade o como passamos a compartilhar o mesmo apartamento, eu e o médico. Ao certo, pode crer, ele veio a ter por domicílio o meu, atendendo ao anúncio que fiz

CARTA DE FRANCISCO ENVIADA A ILANA CASOY

Taubaté, 7 de setembro de 2004

Cara sra. Ilana Casoy:

Do costume meu se tornou ornar cartas destinadas aos entes queridos, de forma buscar expressar algo que as palavras limitam.

A senhora passou a fazer parte das pessoas que estimo, que agradeço por existirem, que, de um modo ou de outro, me ajudam a viver. A ajuda a viver, para mim, às vezes se dá com uma simples palavra, uma atenção qualquer, e a carta recebida da senhora tenho como um ato de atenção para comigo, no que, aliás, a ponho acima de uma atenção qualquer, pelo que me vejo agradecido, até por que me trouxe a ciência de que usou pseudônimo para contar em seu livro a minha triste história. Critério louvável. Muito obrigado.

Além do que, congratulo-me com a senhora por ter realizado o seu objetivo, lançando seu livro, no qual oferece ao leitor casos reais que levam à reflexão à cerca do entendimento de que ninguém é de todo mau ou bom. Parabéns!!!

Ouvi pelo rádio, em FM, o "Linha Direta", da Globo, a respeito de mim. Causou-me náusea ouvir o nome da mãe da minha filha, por inteiro, em uma parte que leva a quem (qualquer um), sem estar a par da realidade de tudo, mesmo que tenha tido acesso aos autos dos processos, a ilações fantasiosas. A mãe de minha filha jamais esteve no meu apartamento nem exercia trabalho externo. Tampouco corresponde a veracidade o como passamos a compartilhar o mesmo apartamento, eu e o médico. Ao certo, pode crer, ele veio a ter por domicílio o meu, atendendo ao anúncio que fiz publicar no jornal *O Estado de S. Paulo*, oferecendo divisão de apartamento onde eu morava. Foi quando então o conheci.

publicar no jornal O Estado de S. Paulo, oferecendo divisão do apartamento onde eu morara. Foi quando então o conheci.

Por coincidência ou conseqüência, o fato é que, logo após ouvir o que nem deveria ter ouvido, isto é, o "Linha Direta", adoeci. Uma forte gripe prostou-me. Fiz até exame de escarro, felizmente negativo. Problemas de hipertensão surgiram, levando-me a usar medicamento. Dores musculares, quem sabe se em sintonia com as d'alma, eclodiram. Até um furúnculo apareceu. Fiquei fora do ar.

Mas estou recuperado, no que graciosamente favorecido fui com o zelo do meu nobre defensor Dr. José Fernando Rocha, ofertando-me o Polivitamínico e Polimineral Centrum Silver, especialmente formulado para adultos com 50 anos ou mais. Muito bom, pois em breve tempo notei acentuada diferença na disposição física e mental.

Acho que me referi à saúde abalada mais como um jeito de querer justificar por não lhe ter escrito antes. Queira desculpar.

O quadro que a senhora encomendou de mim está no meu imaginário, até porque o quer todo de minha autoria. Materializar uma das idéias em uma composição pictória, artisticamente aceitável, é o que falta. É fácil pintar uma tela, uma pintura qualquer, mas pintar um quadro — um bom quadro, é claro — original, próprio, é um desafio. Desafio aceito. Aguarde.

A propósito, do nobre defensor Dr. José Fernando Rocha ganhei um livro que veio ao encontro do querer compor com originalidade na arte da pintura. O livro "Assim se compõe um quadro", de José Maria Parramón Vilarós, da internacionalmente famosa coleção "Aprender Fazendo", editado por Instituto Parramón Ediciones, Barcelona (España), foi um presente que atende ao desejado desde muito.

Juridicamente, tudo na mesmice agora, também, à vista de o funcionalismo do Judiciário em greve. Todavia, as questões de providências se tem em compasso de espera. Dia 20 de maio último, poderia ter sido submetido a exame pericial, para eventual desinterdição, se adiado não fosse, a meu pedido. Como gato escaldado tem medo de água fria, uma vez que prejudicado fui, por falta de assistente técnico à de-

Por coincidência ou consequência, o fato é que, logo após ouvir o que nem deveria ter ouvido, isto é, o "Linha Direta", adoeci. Uma forte gripe prostou-me [sic]. Fiz até exame de escarro, felizmente negativo. Problemas de hipertensão surgiram, levando-me a usar medicamento. Dores musculares, quem sabe se em sintonia com as d'alma, eclodiram. Até um torcicolo apareceu. Fiquei fora do ar.

Mas estou recuperado, no que graciosamente favorecido fui com o zelo do meu nobre defensor dr. José Fernando Rocha, ofertando-me o Polivitamínico e Polimineral Centrum Silver, especialmente formulado para adultos com 50 anos ou mais. Muito bom, pois em breve tempo notei acentuada diferença na disposição física e mental.

Acho que me referi à saúde abalada, mas como um jeito de querer justificar por não ter lhe escrito antes. Queira desculpar.

O quadro que a senhora encomendou de mim está no meu imaginário, até porque o quer todo de minha autoria. Materializar uma das ideias em uma composição pictória [sic], artisticamente aceitável, é o que falta. É fácil pintar uma tela, uma pintura qualquer, mas pintar um quadro – um bom quadro, é claro – original, próprio, é um desafio. Desafio aceito. Aguarde.

A propósito, do nobre defensor dr. José Fernando Rocha ganhei um livro que veio ao encontro do querer compor com originalidade na arte da pintura. O livro *Assim se compõe um quadro*, de José Maria Parramón Vilasaló, da internacionalmente famosa coleção "Aprender Fazendo", editado por Instituto Parramón Ediciones, Barcelona (España), foi um presente que atende ao desejado desde muito.

Juridicamente, tudo na mesmice agora, também, à vista de o funcionalismo do judiciário em greve. Todavia, orquestração de providências se tem em compasso de espera. Dia 20 de maio último, poderia ter sido submetido a exame pericial, para eventual desinterdição, se adiado não fosse, a meu pedido. Como gato escaldado tem medo de água fria, uma vez que prejudicado fui, por falta de assistente técnico à defesa, achei por bem preencher essa lacuna. Dr. Rui Carlos Machado Alvim, coordenador da Procuradoria Regional local, conforme pedi, interviu [sic] adiando o exame e, ao mesmo tempo, antes até, recorrendo a NUFOR (Núcleo de Psiquiatria Forense da Faculdade de Medicina da USP), no sentido de designarem um perito que possa servir de assistente técnico à defesa. O NUFOR recolheu do solicitado, porém, subordinando-o a que se faça um agendamento com a necessária antecedência. Daí o adiamento.

fesa, achei por bem preencher esta lacuna. Dr. Rui Carlos Machado Alvim, coordenador da Procuradoria Regional local, conforme pedi, interveio adiando o exame e, ao mesmo tempo, antes até, recorrendo a NUFOR (Núcleo de Psiquiatria Forense da Faculdade de Medicina da USP), no sentido de designarem um perito que possa servir de assistente técnico à defesa. O NUFOR acolheu do solicitado, porém, subordinando-o a que se faça um agendamento com a necessária antecedência. Daí o adiamento.

Enquanto isso, o Dr. José Fernando Rocha veio a conhecer a Dra. Hilda Clotilde Penteado Morona, do Corpo Clínico do HC e do IMESC, que se colocou à inteira disposição, quando necessária, para avaliar o exame pericial.

A senhora deve ter observado que fiz menção do nome do meu nosso defensor várias vezes. Menção proposital, recomendável. Ele tem sido fora de série no seu humanismo. Dia dezesseis, já faz alguns dias, do presidente do Grupo Pró-Menor do Rio de Janeiro (Fellow da Ashoka Internacional) recebi carta colocando à minha disposição, no Rio de Janeiro, um lugar para trabalho remunerado, graças à influência do nosso defensor, advogado e amigo, Dr. José Fernando Rocha.

Ele, em defesa da minha causa, por mais de uma vez foi à Brasília. Em meu favor, impetrou recurso de HC perante o STJ e, posteriormente, outro HC, desta vez, dirigido ao STF. Apresentado me foi por outro notável humanista, o Desembargador Renato Laércio Talli.

Em assim sendo, com tais referências, se a senhora, por ventura minha, tiver alguma idéia que possa vir a auxiliar a que se encontre uma saída para esta situação inédita e confusa, segundo, aliás, a senhora mesma a reconhece, queira, por favor, estabelecer contato com o meu nosso defensor (ou mesmo simplesmente para cumprimentá-lo) —

Aqui fico agradecido e dignificado com a sua atenção.

Muito obrigado.

Cordialmente,

Francisco Costa Rocha

Enquanto isso, o dr. José Fernando Rocha veio a conhecer a dra. Hilda Clotilde Penteado Morana, do corpo clínico do HC e do IMESC, que se colocou à inteira disposição, quando necessária, para avaliar o exame pericial.

A senhora deve ter observado que fiz a menção do nome do meu nobre defensor várias vezes. Menção proposital, recomendável. Ele tem sido fora de série no seu humanismo. Dia desses, já faz alguns dias, do presidente do Grupo Pró-Menor do Rio de Janeiro (Fellow da Ashoka Internacional) recebi carta colocando a [sic] minha disposição, no Rio de Janeiro, um lugar para trabalho remunerado, graças a [sic] influência do nobre defensor, advogado e amigo, dr. José Fernando Rocha.

Ele, em defesa da minha causa, por mais de uma vez foi à Brasília. Em meu favor, impetrou recurso de HC perante o STJ e, posteriormente, outro HC, desta vez, dirigido ao STF. Apresentado me foi por outro notável humanista, o desembargador Renato Laércio Talli.

Em assim sendo, com tais referências, se a senhora por ventura minha, tiver alguma ideia que possa vir a auxiliar a que se encontre uma saída para esta situação inédita e confusa, segundo, aliás, a senhora mesma a reconhece, queria, por favor, estabelecer contato com o meu nobre defensor (ou mesmo simplesmente para cumprimentá-lo) - telefone xxx.xxx (fax) - endereço xxx.

Aqui fico agradecido e dignificado com a sua atenção.

Muito obrigado.
Cordialmente,
Francisco Costa Rocha

REFERÊNCIA

KRAUSZ, Renato. Justiça civil mantém Chico Picadinho preso em Taubaté. *Folha de S. Paulo*, São Paulo, 6 jun. 1998. Cotidiano, Justiça, p. 3.

OUTRAS FONTES

Agravo nº 249.231-3/1-00 – Jobst D. H. Niemeyer (procurador de Justiça). 15 mar. 1998.

Agravo em Execução nº 110.204 – Maria Cristina Pinto Bilcher – 10º PJ das Execuções Criminais. 3 nov. 1997.

Contraminuta de Agravo em Execução – Execução Penal nº 402.499 – Geraldo Sanches Carvalho (procurador do estado) – Vara de Execuções Criminais – Capital. 30 nov. 1997.

Desenho em planta do apartamento nº 83, do 8º andar do prédio 72 da rua Aurora, local de homicídio. Vítima: Margareth Suida – Instituto de Polícia Técnica.

Laudo criminológico – Magaly Iazzetti Caliman (psicóloga) e Dirce Marini (psiquiatra). 26 ago. 1994.

Laudo de exame de manchas de sangue nº 16.580. Dr. Rubens Ferrari – Universidade de São Paulo – Faculdade de Medicina – Instituto Oscar Freire. 27 set. 1966.

Laudo de local de encontro de cadáver nº 14.985. Secretaria da Segurança Pública – Instituto de Polícia Técnica. 1966.

Laudo de sanidade mental. Dr. Wagner Farid Gattaz e dr. Antonio José Eça. 11 jan. 1978.

Museu do Crime da Academia de Polícia do Estado de São Paulo.

Museu do Tribunal de Justiça de São Paulo.

Museu e Arquivo Criminal Dr. Milton Bernardski. Associação dos Investigadores de Polícia de São Paulo.

Parecer da Comissão Técnica de Classificação – Exame Criminológico – Secretaria de Estado da Administração Penitenciária – Penitenciária do Estado de São Paulo – Hilton Reynaldo R. Gavioli (psiquiatra) e Eliana Urbano Bergamo (psicóloga). 11 mar. 1994.

Parecer da Diretoria da Penitenciária do Estado de São Paulo. Walter Erwin Hoffgen. 14 mar. 1994

Parecer do Conselho Penitenciário do Estado de São Paulo – Caso "Chico Picadinho". Claudio Theotonio Leotta de Araújo.

Pareceres psiquiátricos criminológicos EPC-009/96, EPC-012/97, EPC-026/97 e EPC-043/95 – Casa de Custódia e Tratamento Dr. Arnaldo Amado Ferreira, de Taubaté.

Pedido de promoção ao regime semiaberto efetuado por Francisco Costa Rocha – Fernão Borba Franco (juiz de direito). 2 maio 1994.

Psiqweb – Psiquiatria Geral. Disponível em: <www.psigweb.med.br>.

NOTA DA AUTORA: Todo o material para a pesquisa deste caso foi obtido com a preciosa ajuda dos seguintes amigos: desembargador Emeric Lévay; Elisabete Regina Martins Pires; Maria Cristina Maia de Castro; Hevlim Vicente; dra. Armenui Mardiros Herbella Fernandes; Sérgio Francisco Serafim Monteiro da Silva; Rosângela Sanches; dra. Maria Eli Colloca Bruno; dr. Adriano César Maldonado; dr. Charles Louis Kiraly; dr. Antonio de Pádua Serafim; dr. Maria Adelaide de Freitas Caíres; dr. Luis Di Santo; dr. José Fernando Rocha.

5. JOSÉ PAZ BEZERRA

"MONSTRO DO MORUMBI"

"Quando a mulher fica com a carne dura, ela fica mais gostosa e só fica com a carne dura depois de morta." – **José Paz Bezerra**

Naquela pacata quinta-feira, 8 de outubro de 1970, os policiais da Delegacia de Polícia da 15ª Circunscrição de São Paulo iniciaram as investigações para esclarecer um furto acontecido na rua Jesuíno Cardoso, na casa de Celina e Otávio Ruiz. No dia anterior, Celina, a vítima, estava chegando da feira acompanhada de sua empregada Mariana e estranhou que quem foi lhe abrir o portão fosse Cláudio, tapeceiro que estava forrando um sofá em sua casa. Rotineiramente, quem abria o portão para o carro entrar na garagem era Alberto, mordomo e marido de Mariana, que também tinha a função de cozinheira.

Ao descerem, logo perguntaram para Cláudio onde estava Alberto. Ele respondeu que havia saído com um pacote nos braços, dizendo que ia pagar uma conta para o doutor Otávio no Banco de Boston.

Celina ficou intrigada, pois Otávio nunca tivera conta corrente em tal banco. Sua sensação de que algo estava errado aumentou ao olhar para Mariana, que aparentava nervosismo e aflição. A cozinheira rapidamente perguntou para a patroa se o casal guardava armas em casa e, diante da resposta positiva, as duas subiram correndo as escadas, suspirando de alívio ao abrir a gaveta, no quarto, constatando que a arma estava onde deveria estar. Mas a alegria durou pouco: a arca onde eram guardadas as joias estava aberta e vazia. Alberto tinha levado tudo, além do dinheiro que era mantido ali. O mais esquisito é que desapareceram dez echarpes de Celina, um isqueiro marca Dupont, um par de óculos escuros e uma muda de roupa de Otávio. Ao questionar o tapeceiro, ficou claro que Alberto saíra de casa usando as roupas do patrão, mas para o sumiço das echarpes ninguém encontrava explicação.

As duas saíram à procura de Alberto, indo até um hotel onde o casal de empregados costumava ficar hospedado. Ninguém tinha visto o mordomo e Mariana comentou que talvez o marido tivesse fugido para Recife. Dirigiram-se então para a 15ª Delegacia, onde deram queixa do furto.

Os policiais foram para o local e começaram a interrogar todas as pessoas da casa: patrões, empregados domésticos e o tapeceiro. Ninguém achava que Mariana era, de alguma forma, cúmplice no crime do marido, mas a mulher estava extremamente nervosa, titubeando e contorcendo as mãos o tempo todo. Intrigados com a atitude da cozinheira, os policiais resolveram continuar o interrogatório na delegacia.

Mariana sentou-se em frente ao delegado André Cassiano Pirozzi. Conforme o depoimento prosseguia, mais aflita ela ia ficando. Em certo ponto da conversa, caiu em pranto incontido. O delegado, sem entender, perguntou-lhe:

– O que foi, dona Mariana?

– Tenho a consciência muito pesada, doutor.

– Mas por quê? A senhora tem alguma coisa a ver com o furto?

– Não, doutor, do furto não sei nada, mas vou fazer uma revelação terrível. Tenho certeza de que foi meu marido quem roubou as coisas de dona Celina e do seu Otávio.

– Por que a senhora tem tanta certeza disso?

– Porque Alberto, o meu marido, é o Monstro do Morumbi!

O doutor Pirozzi ficou atônito. O Monstro do Morumbi era o assassino mais procurado da cidade. Havia matado pelo menos sete mulheres em São Paulo, seu retrato falado saíra em todos os jornais, mas a polícia não tinha nenhuma pista do cruel homicida que agia havia um ano na capital do estado.

Respirando fundo, pasmo pela revelação, começou a ouvir a história daquela pobre mulher, que se desmanchava em lágrimas na sua frente.

UM CASO DE AMOR – DEPOIMENTO DE MARIANA EM 8 DE OUTUBRO DE 1970

Mariana era desquitada. Tinha dois filhos, Alberto José (13) e Luciana Maria (15). Morava na cidade de Monte Aprazível e fora fazer um curso de cabeleireira na Niasi, fabricante de produtos de tratamento para cabelo e perfumaria, em São Paulo. Certo dia à tardinha, quando saía da aula, foi abordada por um sujeito falante e bem-apessoado, que a convidou para um lanche nas proximidades do largo do Paissandu.

Ele se chamava Roberto. Depois desse primeiro encontro, cada vez que Mariana saía do curso lá estava Roberto esperando. Mariana não aceitou nenhum dos apelos de passeio que ele lhe fez. Apenas quando foi a São Paulo fazer um segundo curso é que finalmente deu seu endereço para o moço. Os dois começaram a namorar e andavam juntos pela cidade. Durante o ano em que Mariana ficou estudando em São Paulo, Roberto algumas vezes sumia sem dar notícias, chegando a ficar fora por até dois meses consecutivos.

Já no fim do curso, o namorado a convidou para irem à casa da irmã dele, nas imediações do Jaguaré, partindo de condução da praça Ramos de Azevedo. Quando subiram no ônibus, Mariana perguntou por que Roberto carregava um rolo de papel para presentes embaixo do braço e ele respondeu que era para embrulhar uma japona que estava na casa da irmã.

No caminho, Roberto contou para a moça quais eram suas verdadeiras intenções: queria ir para "um cantinho sossegado" com ela e fazer amor. Mariana achou que já era hora, pois estavam namorando havia bastante tempo e ela não era mais virgem, esta não era uma preocupação.

Desceram do ônibus em um lugar onde havia uma mata mais fechada; ali podiam ter alguma privacidade. O caminho estava encharcado, cheio de poças d'água. Roberto pegou Mariana no colo e falou:

– Eu te levo, boneca.

Mariana estava encantada com o jeito galante do rapaz. Ao chegarem em um lugar apropriado, ele forrou a relva com o papel de embrulho e quis fazer sexo anal. Mariana, com delicadeza, não consentiu e fizeram amor convencional. Depois, com a cabeça recostada no ombro do namorado, ela lhe contou que tinha dois filhos. Roberto não se incomodou e resolveram morar juntos a partir daquela data.

O casal passou a residir na rua Tupi, mas logo depois resolveram se empregar em casas de família, como cozinheira e mordomo.

Certo dia Roberto confessou para Mariana que, apesar de ter antes contado para ela, com orgulho, que tinha patente de soldado do Exército e que se chamava Roberto, era tudo mentira. Na verdade, chamava-se Alberto e tinha desertado alguns anos antes, fugindo do dever. Uma ponta de decepção cruzou os olhos de Mariana, mas ela decidiu relevar a mentira. Seu primeiro marido era fiscal e todo correto, mas não fora feliz com ele. Já com Roberto, quer dizer, Alberto...

Depois de algum tempo morando juntos, Mariana deu falta da certidão de nascimento do filho, que também se chamava Alberto. Dias depois ela encontrou no bolso do paletó do companheiro uma carteira profissional com a fotografia dele, mas com o nome e sobrenome do filho. Ele utilizara a certidão "roubada" para tirar documento novo. Quando Alberto chegou em casa, Mariana quis saber a razão de tal ato. Alberto, nervoso, respondeu que não gostava de perguntas e que cortava a língua de gente que conversava muito. Diante disso, Mariana se calou e passou a chamá-lo de "Preto", para não haver confusão. Ela nunca mais tocou no assunto.

Cada vez mais agitado e irritadiço, Alberto resolveu se mudar com a nova família para Ituiutaba, Minas Gerais. Alguns fatos estranhos aconteceram ali, aumentando as dúvidas de Mariana sobre Preto. Primeiro ele matou o cachorro deles com uma machadada na cabeça. Tinha sido um ato tão cruel com o animalzinho de estimação da casa que todos ficaram com medo de falar qualquer coisa. Calaram-se e Mariana ainda teve de, imediatamente após o ocorrido, manter relações sexuais com Alberto, pois ele ficou excitado com a morte do bichinho.

Algum tempo depois, um vizinho pediu que Jaime, um empregado de Alberto e Mariana, o ajudasse a matar um porco. Quando Alberto chegou e viu que seu funcionário não estava com coragem de fazer o serviço, pulou o muro, arrancou a faca da mão dele e desferiu mais de dez facadas no animal. Alberto tinha uma expressão transtornada enquanto destroçava o bicho.

Durante dois anos o casal operou uma marcenaria, mas o negócio não deu certo. Mariana e Alberto então a venderam e receberam um sinal referente a um terço do valor. Alberto fugiu com o dinheiro para o Rio de Janeiro, voltando um mês depois sem nada no bolso.

Entre juras de amor e ameaças de morte contra sua filha Luciana Maria, Mariana aceitou Alberto de volta e passaram a morar juntos outra vez. Mudaram-se para a cidade de Uberlândia, onde ficaram por um mês. Estabeleceram-se então em São Paulo, em março de 1969.

O casal passou a trabalhar e morar em casas de família, como doméstica e mordomo, mas, devido ao gênio difícil de Alberto, sempre mudavam de emprego repentinamente.

Em certa casa em que se empregaram, em Santo Amaro, Alberto furtou dois revólveres e fugiu no dia de Natal do ano de 1969, deixando Mariana sozinha no emprego. Roubar armas não era novidade para ela. Em junho daquele ano Alberto já havia feito a mesma coisa com outro patrão.

No dia 27 de dezembro voltou e devolveu as armas para o dono. Disse que tinha dormido no mato todos aqueles dias, mas, arrependido, voltara. Mariana tentou novamente romper o relacionamento, mas Preto ameaçou outra vez de morte ela e a filha. Mais uma vez, Mariana cedeu e aceitou de volta o seu Preto.

Ele tinha mania de encher a esposa de presentes. Eram joias, bijuterias, roupas, sapatos e bolsas. Dizia comprar tudo isso de um tal Ernani, funcionário dos Correios e Telégrafos.

Em 3 de julho de 1970, Mariana ficou doente dos ovários e mudou mais uma vez de emprego. Alberto dormia na casa onde ela trabalhava, no bairro da Mooca, mas disse que tinha arrumado uma colocação de garçom em um restaurante de Itapecerica da Serra.

No fim daquele mês, Preto contou para Mariana que havia pedido demissão, preferindo voltar a trabalhar com ela em casa de família. Empregaram-se no bairro da Aclimação.

Por volta do dia 17 de agosto, Alberto chegou em casa com um jornal na mão e extremamente nervoso. Gritando com Mariana, exigiu que ela pedisse um adiantamento de salário no valor de trezentos cruzeiros. Ela se negou a pedir o vale aos patrões, mas nunca imaginou que a reação de Alberto fosse tão violenta. Ele ficou transtornado, seus olhos se esbugalharam e as veias do pescoço saltaram. Largou o jornal no chão e avançou em direção a Mariana com os braços esticados e as mãos abertas, mirando seu pescoço. Aos berros, declarou:

– Eu já estrangulei muitas e eu estrangulo você.

Estupefata, Mariana respondeu:

– O que você está dizendo, meu Preto?

Desarmado com as palavras cândidas da mulher, Preto jogou-se ao chão e, segurando fortemente suas pernas com o rosto entre seus pés, disse:

– Estou perdido, me salve. Sou o estrangulador e estou perdido...

Alberto apontava para o jornal enquanto falava com Mariana. Com o olhar vidrado e a mãos espalmadas, ele murmurava:

– Eu não sei, eu não sei, eu preciso ver sangue.

Numa mudança radical de comportamento, levantou-se e disse:

– Se você não arrumar o dinheiro, eu mato você e Luciana Maria.

Mariana, tremendo, pegou o jornal no chão e viu o retrato falado do então procurado Monstro do Morumbi. Parecia Alberto, sobretudo os olhos e o queixo. Sem pensar mais nem um segundo pediu o vale ao patrão, deu duzentos cruzeiros para Alberto e despediu-se dele, que dizia estar indo para Recife.

Mariana se demitiu e hospedou-se num hotel chamado Nova Cintra por cinco dias. Quando esfriou a cabeça, foi até a Agência Perdizes e arrumou novo trabalho na rua Peixoto Gomide.

Depois de quinze dias, Alberto já estava procurando Mariana novamente. Luciana Maria tinha anotado errado o número do telefone do novo emprego da mãe e Alberto não conseguiu, através da menina, encontrar a esposa. Procurou então a agência, que lhe deu o endereço. Marcaram um encontro na entrada do prédio e Mariana se assombrou com o que viu. Preto estava sujo, maltratado, e ameaçou:

– Se você não voltar a morar comigo eu te mato, e mato também Luciana Maria.

Assustada, Mariana voltou para Alberto. Dessa vez, nem bagagem ele tinha. Perdera até o blusão vermelho que havia sido descrito nos jornais quando foi estuprada e assassinada uma tal de Cleonice.

Foram juntos na Agência Perdizes, onde conseguiram colocação em uma mesma casa, dessa vez na rua Jesuíno Cardoso, Vila Olímpia. Ela gostou dos patrões, dona Celina e seu Otávio, e não achou o serviço complicado.

Mariana lia os jornais todos os dias. Começou a ver, nas reportagens sobre o Monstro do Morumbi, a descrição de diversos presentes que tinha ganhado de Preto como sendo das vítimas mortas pelo tal assassino. Sentindo-se mal, confrontou Alberto se tudo aquilo era verdade. Ele confirmou.

Ficou sabendo que a japona xadrez vermelha e azul era de uma tal Nilza, que o casaquinho vermelho era de Cleonice, que a blusa branca era de Ana Rosa, que a japona xadrez verde e branca mais relógio e anel eram de Wilma.

Mariana tinha uma echarpe amarela e marrom. Um dia, querendo usá-la, encontrou apenas uma tira dela. Depois leu nos jornais que o restante do lenço tinha sido encontrado atando os pulsos de uma das vítimas do Monstro do Morumbi. Perguntou a Alberto por que ele amarrava as infelizes moças e ele respondeu que os corpos das vítimas "custavam muito a esfriar e, além do mais, ficavam com os olhos esbugalhados e com a língua de fora", o que o levava a introduzir peças íntimas e jornais em suas bocas e ainda as imobilizar, temeroso de que elas fossem atrás dele.

Nas poucas conversas que tinham sobre o assunto, Alberto também ria da polícia. As notícias dos jornais informavam que ele e Wilma tinham se encontrado no Cine Metro, na avenida São João, mas a verdade é que tinham se encontrado na praça Marechal Deodoro. Alberto também falava que "a polícia estava por fora do negócio". Contava para Mariana que em Ituiutaba também havia encontrado uma moça em um ônibus e a convidara para irem "para o mato". Ali, ele a estuprou e assassinou, mas a polícia nunca resolveu o misterioso crime.

Mariana evitava fazer perguntas para Alberto sobre seus atos. Mesmo quando lavou uma cueca do marido com uma enorme mancha de sangue, não comentou nada.

Desgostosa em ter de viver com um homem tão sanguinário, Mariana, em um ato de desespero, pediu que Alberto a estrangulasse e colocasse um fim em seu martírio. Ele respondeu:

> – Vamos para o mato que eu te estrangulo como fiz com as outras mulheres e então dou queixa do seu desaparecimento.

Para ele, seria apenas mais um jogo de pega-pega com a polícia.

Não demorou muito para que Alberto brigasse com Maria de Lourdes, a outra doméstica da casa em que trabalhavam, e quisesse de novo trocar de emprego. Cansada da vida errante, Mariana conversou com ele, com muito jeito para não irritá-lo, dizendo-lhe que podia sair se tivesse vontade, mas que ela continuaria empregada ali. Alberto disse que ela iria se arrepender amargamente daquela decisão e ligou para a agência. Os patrões Otávio e Celina ficaram sabendo e interpelaram Mariana, dizendo que estavam muito satisfeitos com ela. Ela esclareceu que não ia sair do emprego, também estava feliz.

A partir desse dia, Alberto mudou de atitude de forma radical. Disse que também ficaria ali, pediu desculpas a Maria de Lourdes e tratou todos com muita educação e respeito.

Na quarta-feira, 7 de outubro de 1970, Mariana acompanhou dona Celina à feira, enquanto Alberto ficava sozinho na casa, uma vez que Maria de Lourdes estava doente e ausente. A partir de então, todos sabiam o que tinha acontecido.

A polícia voltou com Mariana para seu quarto na casa em que trabalhava e apreendeu diversos objetos que ela relatava ser das vítimas de Alberto.

Mariana também declarou que Preto deu uma pulseira de corrente e placa para sua filha Luciana Maria, que gravara o nome da menina. A infeliz esposa também contou ao delegado que Alberto frequentava bastante a avenida Ipiranga, local de grande concentração de gays e travestis na época. Desses passeios, muitas vezes voltava com alguma peça nova de roupa de homem, como o blusão vermelho que saíra nos jornais.

Também esclareceu que quando Alberto relatava seus crimes para ela tinha diversas reações, como chorar, gesticular, se desesperar e rir. Ela acreditava que, além dos sete assassinatos pelos quais era acusado com provas irrefutáveis, Alberto seria o responsável por diversas outras mortes.

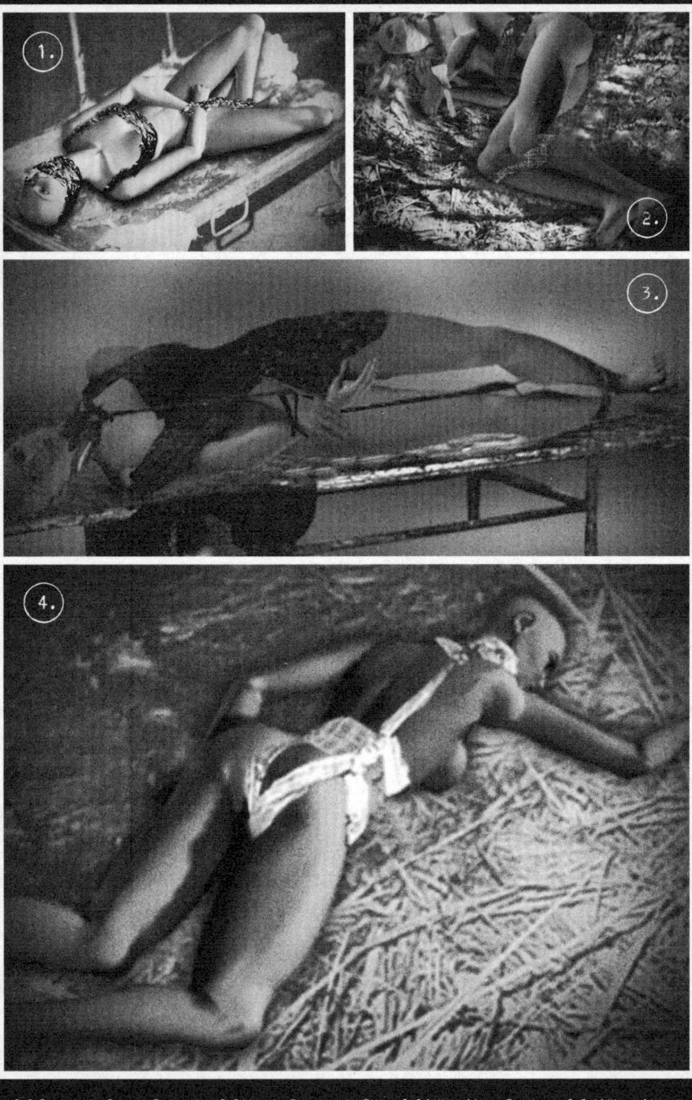

[1] Cenira de Castro Camorim **[2]** Vanda Pereira da Silva **[3]** Nilza Alves Cardoso **[4]** Wilma Negri

AS VÍTIMAS[1]

CENIRA DE CASTRO CAMORIM

IDADE: 44 ANOS
PROFISSÃO: PROFESSORA DE MÚSICA
DATA DO CRIME: 08.10.1969

Cenira residia em Santana. Era professora de música em um conservatório e artista plástica. Branca, pele bem clara e cabelos loiros, 1,55 m de altura e 44 anos. Sempre sustentou e cuidou sozinha da mãe doente.

Saía de casa todos os dias por volta das 15h e fazia questão de dizer aonde ia. Às vezes passava na farmácia ou no banco para depois dar aula de música a seus alunos. Algumas vezes frequentava uma escola de cabeleireiros na rua 24 de Maio, como cliente. Voltava perto das 20h30. Quando tinha uma festa, nunca chegava depois das 22h.

No dia 8 de outubro de 1969, saiu usando um vestido de lã xadrez azulado com fundo branco, malha tipo casaquinho vermelha, sapatos brancos de salto e bico fino e bolsa amarronzada de couro sintético. Na mão, um anel de ouro com uma ametista grande. Eram 15h e Cenira disse que ia pagar a conta de luz e tentar arranjar alunos para dar mais aulas.

Depois de sair do banco, passou pela Farmácia Romano, conversou um pouquinho com dona Fifi, funcionária do estabelecimento, e seguiu seu caminho.

Cenira foi visitar o doutor Flávio em seu laboratório de próteses dentárias na rua Senador Feijó. Eles já tinham sido íntimos. Apesar de educado e bem-posicionado na vida, a família dela não deixou que os dois casassem por conta da deficiência física que ele tinha nas duas pernas. Desde então, visitava frequentemente o doutor Flavinho para "conseguir algum dinheiro em troca de carinho".

Nos últimos domingos tinha saído com um judeu de nome Jacob, que morava no Bom Retiro. Ele era baixo, gordo, usava chapéu e capote. Cenira tinha muitos amigos com quem passeava.

O senhor Guilherme, que alugava uma banca no laboratório de prótese do doutor Flávio, viu quando ela chegou para visitar o antigo namorado, mas ele não estava. Era por volta de 17h30 daquele fatídico dia e ela nunca mais foi vista com vida.

No dia 18 de outubro de 1969, sábado, um funcionário da ETEL – Empreendimentos Técnicos de Estradas de Rodagem Cia. Ltda. – estava trabalhando

1 O nome das vítimas foi mantido como nos processos, mas as testemunhas tiveram os nomes modificados.

em uma sondagem com mais dez homens no Km 14,5 da via Anhanguera, em um bairro chamado Vila Mangalot, quando percebeu alguma coisa estranha debaixo de arbustos do matagal. Ao se aproximar, viu que se tratava do corpo de uma mulher em posição ginecológica, despido e com uma meia de náilon apenas no pé esquerdo. Sem demora, chamou a polícia.

O primeiro policial a chegar ao local foi o soldado José Gonçalves da Rocha. Ele preservou tudo para os trabalhos de perícia, que dessa vez seriam dobrados. Distante apenas cinquenta metros do corpo recém-encontrado estava o cadáver de mais uma mulher.

Paulo Pinto, Heitor Felippe e Roberto Damas Salgado, os peritos criminais que assinaram o laudo de local, constataram que a vítima estava completamente despida, em decúbito lateral direito e em estado de putrefação. Seus pés e mãos estavam amarrados; sua boca, amordaçada.

Ao redor do corpo havia um garrafão estilhaçado e peças do vestuário, rasgadas e utilizadas para restringir os movimentos da vítima e impedi-la de gritar. Os panos estavam amarrados um ao outro, num tipo de corda que envolvia trapos, sutiã e meia de seda.

Cenira de Castro Camorim foi identificada através de levantamento das queixas de desaparecimento registradas entre os dias 8 e 14 de outubro de 1969. O confronto de digital foi positivo, obtido pela luva cadavérica.

O corpo foi encaminhado ao Instituto Médico-Legal, onde foi submetido à necropsia, assinada pelos doutores Waldemar D. P. de Carvalho e Abeylard de Queiroz Orsini. No laudo de exame também relataram que o corpo da vítima estava em adiantado estado de putrefação, com a boca e o nariz obstruídos por retalhos das vestes, com o pescoço, as mãos e os pés manietados por meio de meias de náilon e retalhos das vestes.

Descreveram o tipo de amarração utilizada, bastante incomum, que consistia nas vias aéreas externas (nariz, boca e laringe) tamponadas por fragmentos de tecido, provavelmente das vestes da vítima, fixadas por tiras do mesmo tecido, que circundavam o pescoço e comprimiam a traqueia e a cartilagem tireoidea. Os membros superiores estavam amarrados um no outro, pelos punhos, à frente do corpo, por meias de náilon de uso feminino. Também os membros inferiores estavam atados um ao outro pelos tornozelos por faixas de tecido de lã de cor cinza. Após a retirada dessas ligaduras, foram encontradas, na face e no pescoço, em ambos os punhos e ambos os tornozelos marcas profundas na pele produzidas por elas. Dentro da boca de Cenira havia um chumaço de tecido e uma prótese dentária com caracteres especiais, que foi enviada para exame odontolegal. A causa da morte foi asfixia mecânica traumática.

ALZIRA MONTENEGRO

IDADE: 40 ANOS
PROFISSÃO: DOMÉSTICA
DATA DO CRIME: 17.10.1969

Pela manhã, Alzira trabalhava servindo café e salgados na Nemasa Importação e Exportação, na rua 24 de Maio. À tarde atendia em um bar, além de costurar nas horas de folga para ganhar um dinheirinho extra. Era mulher de muitos namorados e bailes. Nem sempre dormia na casa dos tios, onde morava havia três anos.

Naquela sexta-feira, Alzira estava animada. Chegou às 12h30 e disse que ia se deitar um pouco, enquanto a prima Carolina levava o filho na escola. Quando Carolina voltou, Alzira levantou-se e sentou-se à máquina de costura. Precisava acabar um vestido para usar no sábado, quando iria ao "Baile dos Coroas", no Clube de Danças Lilás.

Depois de trabalhar na roupa a tarde inteira, Alzira comentou com Carolina que ia tomar um banho rápido, pois marcara encontro na praça da Sé com um rapaz que tinha conhecido naquele dia. Cuidadosamente, maquiou-se, colocou um vestido de lã verde de mangas compridas e por cima um casaco de veludo azul-marinho. Enfeitou-se com brinco, anel e, claro, o relógio de pulso que sempre usava. Comeu com rapidez um prato de macarrão e carne frita, avisando à prima que não se preocupasse se ela só chegasse em casa na manhã de sábado. Diante do olhar de Carolina, explicou que, se o rapaz não aparecesse ao encontro por causa do frio, iria dançar a noite inteira no Lilás.

Pegou a bolsa colorida de um lado só e acenou, dizendo:

– Vou me encontrar com meu broto!

Alzira não foi vista com vida novamente. Seu corpo foi encontrado perto do cadáver de Cenira, no matagal da Vila Mangalot, e o laudo de local foi feito pelos mesmos peritos que já estavam presentes.

Segundo o relato desses profissionais, o cadáver da vítima estava em decúbito dorsal, vestindo apenas sutiã e anágua, enrolada à altura do quadril; o pé esquerdo ainda calçava meia de seda comprida, descida até o tornozelo. O outro pé de meia, a calcinha e sapatos foram encontrados por policiais nas imediações. Não apareceram as demais peças do vestuário.

O cadáver mostrava rigidez completa. Havia um ferimento perfurocontuso, circundado por zona de "esfumaçamento", localizado acima do bojo esquerdo do sutiã, característico de entrada de projétil de arma de fogo em tiro realizado a curta distância. Nas costas, região escapular esquerda, constatou-se outro ferimento, consequente da saída da bala.

Como o sangue que saía da boca e do ferimento estava escorrido apenas lateralmente, os peritos concluíram que a vítima foi atingida pelo tiro naquele local.

Em um ramo próximo, os peritos encontraram um lenço branco, de uso masculino, com pequenas manchas de sangue e outras semelhantes a fezes.

O exame necroscópico complementaria a perícia. Foi colhido material da vagina para pesquisa de espermatozoide. A terceira costela de Alzira estava fraturada e o projétil havia transfixado o coração e o pulmão. Pela trajetória encontrada através dos ferimentos, foi possível concluir que o projétil dirigiu-se da frente para trás, da direita para a esquerda e de cima para baixo. Os médicos atestaram que a vítima falecera de hemorragia interna traumática, produzida por projétil de arma de fogo.

Pelo resultado do exame toxicológico, Alzira não havia ingerido álcool. Em sua anágua foram encontradas e examinadas manchas de sangue, a maioria do grupo "A", como o tipo sanguíneo da vítima, e outras do grupo sanguíneo "B". A pesquisa de espermatozoide resultou negativa e os peritos estavam certos quanto às nódoas no lenço masculino – eram realmente de matéria fecal.

NILZA ALVES CARDOSO

IDADE: 23 ANOS
PROFISSÃO: N/I
DATA DO CRIME: 11.07.1970

Naquele sábado, Nilza arrumou-se com todo capricho e esmero. Uma semana antes havia conhecido um rapaz na frente do Mappin e com ele marcado um encontro naquele dia às 19h. Com cuidado para não borrar as unhas recém-feitas, escolheu meticulosamente a roupa que usaria: um vestido de lã azul-marinho, que afinava sua silhueta, bolsa e sapatos de verniz da mesma cor. Para completar a produção, colocou seu colar de contas brancas e pretas, a medalhinha do Menino Jesus de Praga, um anel com pedra azul que comprara no Norte e a pulseira dourada de plaquinha, na qual ainda não havia gravado o nome. Na última hora, pegou a japona xadrez azul e vermelha. Fez de tudo para estar bem-arrumada, pois o rapaz a convidara para jantar e disse para ela estar "chique", porque seus colegas a conheceriam naquele dia. Esqueceu-se de avisar à amiga Sara de que não iria encontrar-se com ela na boate Som de Cristal, como sempre.

Nilza foi para a casa de sua irmã Marina às 17h. Lá, em conversa com o sobrinho Gustavo, contou como conhecera o rapaz bacana, alto, moreno e bem-vestido, que disse ser caixa de um banco, e como estava animada com o encontro. Ele até já havia comentado que tinha um apartamento, no caso de se casarem um dia, e que então ela não precisaria mais trabalhar.

Nilza estava feliz. Tranquilizou a irmã: no domingo apareceria sem falta para o churrasco de comemoração do aniversário do sobrinho e levaria a lembrança que havia comprado para ele. Com sorte, estaria com o namorado, para apresentá-lo à família.

Essa foi a última vez que a família a viu. Quando o domingo passou e ela não apareceu, todos começaram a procurá-la. Uma semana depois, ao ouvir as notícias sobre moças estranguladas no Morumbi, foram à polícia. Fizeram o reconhecimento de seu corpo no Instituto Médico Legal.

O corpo de Nilza havia sido encontrado em um terreno baldio localizado no alto de um morro. Praticamente despido, com um vestido escuro levantado na altura dos braços e descalço. No chão, próximo ao cadáver, havia um par de sapatos e uma bolsa de couro preto. Ela fora amarrada e amordaçada, manietada com várias peças de seu vestuário, a anágua, a calcinha branca, o sutiã cor-de-rosa e a cinta-liga preta, num tipo de amarração incomum, que descia do pescoço para mãos e pernas. As peças de roupa estavam fixadas no pescoço da vítima, por meio de nós fixos, situados na região lateral direita. Na boca havia um amassado de papel, em forma de bola, que impedira Alzira de emitir qualquer tipo de som.

Depois de removidas as peças que constringiam com força o pescoço da vítima, foram notados ao seu redor sulcos profundos, no sentido horizontal, produzidos pelas amarras.

Nas proximidades do local onde o cadáver fora descoberto, havia parte de uma tábua e, espalhados pelo vento, foram encontrados ainda alguns retângulos de jornal e um pedaço de barbante de cor verde, contendo em sua torcida um fio de metal prateado. Havia ainda um pedaço de papel de cor verde, de formato irregular, igual àquele encontrado na boca da vítima. Essas peças, com exceção da tábua, aparentavam terem sido utilizadas na confecção de um embrulho para presente, segundo o laudo de local, assinado pelos peritos criminais Orlando Righi, Walter Acras e Roberto Damas Salgado.

A descrição detalhada do tipo de amarração a que Nilza foi submetida veio no laudo necroscópico: "1) amarrada ao nível dos dois tornozelos por uma tira de pano preto; 2) amarrada ao nível dos dois punhos com tira de pano preto; 3) duas tiras de pano, uma branca e outra preta (fragmento da calça e cinta-liga), amarradas fortemente em volta do pescoço; 4) várias lesões escoriadas na face lateral esquerda do tronco e perna esquerda; 5) edema de rosto, principalmente lábios; 6) sulco circular em volta do pescoço mais profundo na face anterior, onde apresenta quinze milímetros de largura; 7) sulco circular contornando a face posterior do pescoço e a face, e a boca medindo dez milímetros de largura; 8) sulcos nos tornozelos e punhos, correspondentes às tiras referidas".

No exame interno, encontraram: "1) hematoma da mucosa da laringe; 2) fratura da asa direita do hioide; 3) pulmões aumentados de volumes; 4) estômago vazio; 5) órgãos em estado de putrefação. Órgãos genitais externos: hímen roto. Esfíncter anal dilatado. Fissura anal recente no quadrante posterior".

Os doutores Chibly Michel Haddad e José Henrique da Fonseca concluíram que aquela era uma vítima de estrangulamento.

O corpo de Nilza foi encontrado em 18 de julho no Real Parque. No dia seguinte, domingo, seria localizada ali mais uma mulher assassinada, distante apenas mil metros da primeira.

VANDA PEREIRA DA SILVA

IDADE: 44 ANOS
PROFISSÃO: INDUSTRIÁRIA – COSTUREIRA EM FÁBRICA DE LUVAS
DATA DO CRIME: 19.07.1970

Vanda era uma pessoa retraída e, segundo alguns, meio triste. Tinha ficado assim deprimida depois de terminar um caso de amor seis anos antes, ao descobrir que o namorado era casado e tinha uma filha. Nunca mais quis saber de um relacionamento sério.

Visitava a irmã, Gervásia, todos os fins de semana. Sábado, 18 de julho, não foi diferente. Chegou às 14h30, almoçaram juntas, conversaram sobre assuntos familiares e o estado de saúde de Vanda, que sofria dos rins. Duas horas depois disse que tinha de ir embora, pois queria trocar de roupa antes de sair para passear. Era muito vaidosa e achava que não estava vestida adequadamente. Naquele dia usava uma saia axadrezada escura, blusa de banlon vermelha, malha marrom e meias beges. Podia não estar enfeitada com o esmero de sempre, mas estava muito bonita, com os cabelos e as unhas feitas naquele dia no salão de cabeleireiros de sua amiga Ivone.

À noite pensava ir ao Atlântico, restaurante dançante que frequentava quase todos os fins de semana com a colega Gabriela. Lá ninguém sabia seu verdadeiro nome: era conhecida como Célia. Depois de uma semana inteira de trabalho na indústria de luvas Alvarez & Garcia Ltda., onde estava empregada havia oito anos, dançar era sua única diversão.

Trocou uma ideia com sua irmã sobre o caminho de volta. Deveria pegar o ônibus com destino à praça Clóvis Bevilácqua e depois tomar outro denominado Oratório, que a deixaria perto de seu destino.

Gervásia acha que Vanda nunca chegou em casa. Quando foi reconhecer o corpo da irmã no Instituto Médico Legal, ela vestia ainda as mesmas roupas com as quais saíra de sua casa, no dia anterior.

O corpo foi encontrado em terreno baldio, numa valeta localizada no alto de um morro, nas proximidades do Hospital Psiquiátrico Morumbi, entre a rua Riachuelo, um campo de futebol e uma moradia.

Estava tombado no chão, em decúbito lateral direito, com as vestes em desalinho. Na altura da cintura, completamente erguidas, viam-se uma saia cinza e uma anágua branca. O tronco vestia blusa vermelha e sutiã avermelhado. Seus pés calçavam meias beges e sapatos de couro preto.

Vanda estava amarrada e amordaçada. Rodeando as pernas, abaixada até a altura do terço inferior dos joelhos, havia uma calcinha preta, disposta de tal maneira que, através de um nó, prendia com força o movimento. As mãos achavam-se manietadas com uma cinta-liga branca. Envolvendo com vigor o queixo, havia um lenço com várias listas de cor vermelho-escuro, cujo nó, fixo, situava-se na região lateral direita do pescoço, o qual, assim utilizado, teria anulado a articulação vocal e a própria respiração. Além disso, havia ainda uma gravata preta envolvendo a garganta da vítima com três voltas em forma de laçada. Nela havia o vocábulo "Dior" estampado em seu reverso e uma etiqueta, onde se lia "Tisse Main". Depois de removidas essas peças, que constringiam o pescoço da vítima, ficaram evidentes sulcos profundos, no sentido horizontal, provocados por elas.

Os peritos criminais Orlando Righi, Loury Lopes Rocha e Roberto Damas Salgado ainda observaram que, nas proximidades do corpo da vítima, havia um casaquinho marrom-claro (havana) que deveria fazer parte do indumento da mulher. Ainda encontraram, a cerca de cinquenta metros de onde se achava o cadáver, junto à moradia, espalhados pelo vento, alguns retângulos de jornal cortados e um pedaço de barbante do tipo fantasia, de cor verde, contendo na sua torcida um fio de metal prateado, ou seja, do tipo comumente utilizado na confecção de embrulhos para presentes.

Todo material apreendido foi encaminhado com o relatório, inclusive um distintivo de pano com a inscrição "Tenda de Umbanda São Jeronimo – Pres. Altino".

Os médicos do IML, doutores Chibly Michel Haddad e Antonio Valentini, ainda relataram vários ferimentos contusos medindo vinte milímetros, o maior deles localizado na região parietal, e uma regular quantidade de alimentos não digeridos no estômago. Atestaram, como causa da morte, asfixia aguda mecânica por estrangulamento.

CLEONICE SANTOS GUIMARÃES

IDADE: N/I
PROFISSÃO: EMPREGADA DOMÉSTICA
DATA DO CRIME: entre 19 e 20.07.1970

Cleonice trabalhava como doméstica em uma casa no Brooklin. Tinha dois filhos que estavam sob os cuidados de uma senhora no bairro de Artur Alvim. No dia 19 de julho foi visitar as crianças, retornando com a amiga Margareth para São Paulo. No trajeto, comentou que iria se encontrar com um rapaz na praça Clóvis Bevilácqua, junto à estátua de Manuel da Nóbrega, às 20h. Cleonice pediu que Margareth lhe fizesse companhia até que ele chegasse. Como ainda faltavam dez minutos para o encontro, as amigas foram tomar um café. Retornaram para o ponto de encontro e Margareth, ficando um pouco para trás, viu Cleonice conversando com um homem moreno, de bigode, cabelo ondulado, aparentando ter entre 28 e 30 anos. Ele trajava uma blusa vermelha e camisa branca. Cleonice apresentou Margareth ao rapaz. Ele perguntou se as duas eram irmãs, dizendo que as achava parecidas.

Durante o encontro, ele falou que era mineiro, criado no Rio de Janeiro, bancário e morava em São Paulo havia dois anos. Também brincou que fora vestido de vermelho porque sabia que Cleonice também estaria usando essa cor de roupa. Eles tinham se visto antes de Cleonice ir para Artur Alvim. Tomaram um lanche e, como a moça tinha prometido ver os filhos, marcaram encontro quando ela retornasse de lá.

Assim, ficaram conversando, até que ele perguntou a Cleonice se ela já jantara. Diante da negativa, convidou-a.

Cleonice, carregada com uma sacola cheia de roupas das crianças, pediu que Margareth levasse suas coisas para ela. A amiga ainda perguntou por que ela não colocava a sacola no carro do rapaz, mas ele respondeu que não tinha um. Margareth então foi embora, deixando Cleonice nos braços da morte.

O corpo da moça apareceu no dia 24 de julho, cinco dias mais tarde. Ela foi encontrada despida, com os pulsos manietados por um lenço e seu sutiã. No pescoço estava amarrado um vestido que também cobria toda a sua cabeça, como se fosse um capuz. A boca estava amordaçada e os pés amarrados com uma calcinha. Houve ataque sexual.

Nas proximidades do local foram encontrados vários pedaços de papel de embrulho para presente e alguns jornais cortados com tesoura, no mesmo formato. Também estavam perto do corpo barbantes de cor verde com um fio prateado torcido.

ANA ROSA DOS SANTOS

IDADE: N/I
PROFISSÃO: EMPREGADA DOMÉSTICA
DATA DO CRIME: 21.07.1970

Alguns dias da semana Ana Rosa trabalhava de faxineira na rua Bento Freitas. No dia 21 de julho, terça-feira, apesar de não ser dia de trabalhar na casa de dona Sheila, Ana tocou a campainha do apartamento e pediu para tomar banho lá. Ela havia marcado encontro com um rapaz muito bacana, bancário, que a esperaria nas proximidades do prédio.

Dona Sheila não se incomodou. Viu a moça sair do quarto toda arrumada, perguntando se estava bonita e dizendo que o encontro seria às 20h.

Ana Rosa agradeceu o banho, despediu-se da patroa e saiu cheia de expectativa. Dona Sheila, curiosa para ver quem era o tal rapaz que ia sair com a moça, foi para junto da janela espiar. Do oitavo andar a visão não era das melhores, mas foi o suficiente para ver a moça atravessando a rua com um homem moreno, mais alto do que ela, e que trajava uma blusa vermelha.

O corpo de Ana Rosa foi encontrado semidespido nas proximidades da via Anchieta, em São Bernardo. Tinha sido espancada e amarrada com pedaços de roupa na altura dos braços, pulsos e joelhos. O assassino introduziu na boca da moça pedaços de papel e por cima colocou uma mordaça de pano. A perícia concluiu que houve ataque sexual. Suas roupas estavam enroladas no pescoço da vítima, com evidentes sinais de estrangulamento pela meia de náilon.

Nas proximidades do local foram encontrados vários pedaços de papéis de embrulho para presente e alguns jornais cortados com tesoura, no mesmo formato. Também estavam ali perto barbantes de cor verde, com um fio prateado em sua torcida.

Os corpos de Cleonice e Ana Rosa estavam aproximadamente mil metros distantes um do outro.

WILMA NEGRI

IDADE: 34 ANOS
PROFISSÃO: TELEFONISTA
DATA DO CRIME: 25.07.1970

Naquela quinta-feira, Wilma chegou ao trabalho cheia de novidades. Entre os telefonemas que ela e a amiga Benedita atendiam, ela contava como tinha conhecido Paulo e dado a ele o número de seu telefone. Na sexta-feira o tal Paulo ligou, marcando um encontro para sábado às 20h em frente ao Cine Metro.

Curiosa, Benedita não parava de perguntar para Wilma como era o rapaz. Foi descrito pela telefonista como moreno, estatura média e cabelos crespos. Paulo aparentava ter entre 28 e 30 anos e falava com calma e pausadamente. Trabalhava como caixa em um banco da cidade. As páginas do diário de Wilma ficaram repletas com o nome da nova paixão: Paulo Medeiros.

No sábado, Wilma se arrumou toda. Vestiu seu conjunto de saia de lã e japona de xadrez verde e branco sobre uma blusa vermelha. Colocou o relógio de pulso, o anel de pedrinhas azuis e um cordão com a medalhinha de Nossa Senhora Aparecida, que estava amassada por causa das mordidas de um cachorro.

Eram 17h quando saiu, dizendo aos pais que voltaria no máximo às 22h. Nunca mais a viram com vida. O reconhecimento de seu corpo não foi tarefa fácil. Foi feito no dia 6 de agosto de 1970 pelo pai, através das roupas, cabelos, restos da saia xadrez verde e branco e da blusa vermelha que usava no dia em que saiu de casa pela última vez.

Os peritos criminais Paulo Spitzer e Motoho Chiota atenderam ao chamado policial de encontro de cadáver, na estrada do Rio Pequeno.

O corpo estava abandonado em um terreno baldio, em uma ravina, em decúbito ventral e em adiantado estado de putrefação. Além disso, havia grande falta de tecido muscular, tanto nos membros superiores como nos inferiores, em razão da ação de animais.

Wilma foi encontrada quase completamente desnuda. Na altura da cintura, erguidas ao máximo, estavam ainda sua saia verde e anágua. Rodeando as partes remanescentes das pernas, abaixada até a parte inferior das coxas, havia uma calcinha rendada, cor-de-rosa.

Estava descalça, mas no chão, ao lado do corpo, havia um par de sapatos feminino, de couro havana.

Sob o cadáver, encontraram uma cinta-liga cor-de-rosa (com florzinhas estampadas) que cingia parcialmente a cintura.

Wilma estava amarrada com várias peças de roupa: sua blusa de banlon vermelha, um sutiã de seda cor-de-rosa e um par de meias femininas de cor bege. A manga direita da blusa (ou casaquinho) envolvia o pescoço do cadáver, formando ali uma laçada, amarrada por dois nós, que constringia fortemente o pescoço, enquanto a manga esquerda estava esticada até a altura da coxa direita, onde também envolvia esta com uma volta, fixada por meio de dois nós. O sutiã estava amarrado em volta do pescoço, cobrindo a laçada da manga direita da blusa, e as meias, enroladas uma na outra e esticadas por dois nós executados na nuca, cobriam esse conjunto, formando uma laçada maior, que parecia ter sido destinada a amarrar a boca da vítima.

Os peritos descobriram o mecanismo a que servia o tipo de amarração utilizado pelo assassino, ou seja, nas palavras do laudo, "Pelo que se pode depreender da disposição desse amarrado de peças, o casaquinho teria sido colocado naquela disposição a fim de forçar a abertura das coxas e das nádegas da mulher e ainda para provocar o seu estrangulamento. O sutiã e as meias teriam sido dispostos em volta do pescoço, a fim de completar o estrangulamento e provocar sufocação".

Presumiram a presença anterior de ferimentos na região do pescoço, pois ao removerem as peças de roupa encontraram uma manifestação mais acentuada dos fenômenos de putrefação ali e nas regiões mandibular e bucal.

Também notaram que, nas proximidades do local onde se encontrava o cadáver, a vegetação apresentava-se "tombada e amarfanhada, em consequência da movimentação de pessoas" e que "entre essa vegetação foram encontrados ainda alguns pedaços de jornal, cortados em formato retangular e um barbante (ou fitilho) de cor verde, contendo em sua torcida um fio de metal prateado. Havia ainda um pedaço de papel de cor verde. Essas peças aparentavam terem sido utilizadas na confecção de um embrulho e, como poderiam estar relacionadas com o fato, foram arrecadadas pela autoridade requisitante do exame".

Os médicos dr. Cypriano Osvaldo Mônaco e dr. A. de Queiroz Orsini, do Instituto Médico Legal de São Paulo, tiveram dificuldade em examinar o corpo, devido ao estado de decomposição, e concluíram que "as várias peças da examinada envolvendo o pescoço da vítima podem nos levar a admitir provável estrangulamento".

A INVESTIGAÇÃO

Quando Mariana prestou depoimento na 15ª Delegacia, as investigações tomaram um rumo mais certeiro. De posse da identidade do Monstro do Morumbi, seria mais fácil prendê-lo. Ledo engano.

Todos os familiares das vítimas foram chamados para reconhecimento dos objetos que estavam de posse da esposa do estrangulador.

A família de Alzira Montenegro reconheceu o vestido de lã verde que a moça usava quando foi assassinada. Quando o casal ainda morava na Vila Mangalot, Mariana ganhara aquele vestido juntamente, no mesmo pacote, com um casaco azul-marinho, que, agora sabia, pertencera à mesma vítima, bem como o anel, um par de brincos tipo pingente e uma bolsa de pedras dupla face – sendo de um lado branca e de outro, preta.

Conversando com a irmã de Cenira de Castro Camorim, Mariana ficou sabendo que as roupas que ela usava quando foi vista pela última vez eram uma blusa avermelhada e sapatos brancos de bico e salto finos. Ela também ganhara esses itens de presente, mas a blusa já tinha sido transformada em pano de chão e o sapato, já velho, havia sido jogado fora.

Os familiares de Nilza Alves Cardoso reconheceram a japona de lã xadrez, vermelha e azul, o colar de pedras pretas e brancas e a pulseira de plaquinha, agora com o nome "Luciana Maria" gravado.

A mãe de Cleonice reconheceu o casaquinho vermelho, o par de brincos com pedra branca fosca rodeada de pedrinhas transparentes e o anel com pedra oval azul-clara.

A filha de Ana Rosa dos Santos reconheceu a malha branca de gola olímpica.

A irmã de Wilma Negri reconheceu a japona de lã verde e branca, o anel e o relógio, e mostrou uma fotografia em que ela aparecia usando aqueles adornos.

A irmã de Vanda Pereira da Silva reconheceu os óculos de grau com lentes esverdeadas dela.

Os policiais que cuidavam da investigação logo perceberam a similaridade entre as histórias relatadas pelos familiares das vítimas – a forma pela qual todas elas estavam amarradas, os objetos espalhados nos locais de crime e as descrições do "rapaz" que todas elas iriam encontrar.

Mesmo sabendo que se tratava de um único assassino, não havia pistas. Ele provavelmente não usava o seu verdadeiro nome e só era conhecido pessoalmente pelas mulheres assassinadas. Devia ser um homem sedutor, pois todas o acompanharam para locais distantes de onde se encontraram. Quase todas as vítimas tinham idades similares, ou seja, eram "balzaquianas" e pareciam ter sido escolhidas ao acaso e mortas sem razão aparente.

A informação mais importante para estabelecer a identidade verdadeira do Monstro do Morumbi, que usava vários nomes diferentes e documentos falsos, veio a partir do depoimento de Mariana. Ela relatara que o então Roberto/Alberto tinha lhe confidenciado ter desertado do Exército, no Rio de Janeiro.

Os investigadores Paulo Rosa e Ivan Garcia seguiram na mesma hora para o Rio, levando Mariana com eles. Dirigiram-se para o Comando da Polícia do Exército e, a seguir, para a vila militar. Nada constava sob os nomes que sabiam ser usados pelo Monstro. Ficaram extremamente frustrados e insistiram com Mariana para saber se ela se lembrava de algum outro nome do qual ele teria se utilizado algum dia.

Mariana concentrou-se. Acabou por se lembrar que certa vez, de maneira ardilosa, envolveu o esposo para invocarem espíritos numa prática em que se usa o nome verdadeiro da pessoa, um copo e letras do alfabeto. Alberto, naquela ocasião, revelou chamar-se José Paz Bezerra.

A equipe paulista agora contava com a ajuda de um investigador carioca que, de posse de um novo nome para o criminoso, sugeriu uma busca na Delegacia de Vigilância e Capturas. Finalmente encontraram um prontuário pertencente a um tal José Paz Bezerra, procurado por furtos, assalto, vadiagem e porte ilegal de arma.

Foram então para o Instituto de Identificação Félix Pacheco a fim de obter a fotografia dele e confirmar com Mariana se era mesmo Alberto. Lá estava: José Paz Bezerra, natural do estado da Paraíba, nascido em 12 de dezembro de 1945. Também constavam outros nomes que José usava: mais sete.

A equipe se dirigiu ao Ministério da Guerra – Serviço de Identificação – onde confirmaram todas as informações obtidas e ainda descobriram que José era procurado pelo Exército não só por deserção, mas também por apropriação indébita de dinheiro pertencente a um oficial.

De lá foram para o Primeiro Batalhão de Guardas, onde conheceram a pessoa que tinha investigado, na época, o caso de José Paz Bezerra no Exército. O sargento Amaral tinha todas as informações sobre o rapaz e se propôs a acompanhar a equipe.

Amaral se lembrava onde morava a mãe de José, em Nova Iguaçu, no morro do Ponto Chic. Ela relatou para os policiais que o filho era delinquente desde criança, fora internado várias vezes quando menor, era violento e perigoso. Ela mesma já havia sido ameaçada de morte por ele. A última vez que o tinha visto fora em abril daquele ano, mas os investigadores podiam procurar sua filha, irmã de José, no morro do Santo Cristo.

A irmã confirmou o que a mãe dissera e que ele realmente aparecera na Páscoa, acompanhado de dois marginais, havia tentado arrombar a porta de sua casa e sumira mais uma vez.

A polícia começou então a procurar José Paz Bezerra por todos os pontos de marginais e zonas de meretrício do Rio de Janeiro, mas nada foi descoberto. Mostraram a fotografia dele em todos os cantos, inutilmente. O rastro do Monstro do Morumbi acabava ali.

BELÉM DO PARÁ

Depois de entregar as joias roubadas para um caminhoneiro, José Paz Bezerra saiu de carona pela estrada São Paulo—Brasília—Belém, chegando a seu destino final. Em Belém, passou a assediar qualquer mulher que encontrasse na via pública, sempre usando lábia e promessas mirabolantes, aliadas a uma simpatia que usava para atrair suas vítimas.

1ª VÍTIMA: PROF. MARIA TERESA

Esta história me foi relatada por Josete Marvão, irmã da vítima, que esteve no local do crime e identificou o corpo no Instituto Médico Legal de Belém.

Segundo ela, sua irmã era professora no Colégio da Aeronáutica, onde dava aulas para os filhos de oficiais. Tinha 44 anos, vivia com um homem mais velho e tinha cinco filhos.

Maria Teresa Marvão, quando jovem, chegou a trabalhar no Teatro da Paz, de tão bonita que era.

No dia 23 de dezembro de 1970, quarta-feira, saiu de sua residência para receber os três meses de salário atrasado. Com o dinheiro, consultou sua vizinha umbandista, que lhe aconselhou a comprar a imagem de um santo. Foi então que desapareceu.

Uma semana depois, em 30 de dezembro, seu corpo foi encontrado sem vida no terreno da estação de rádio da Marinha, em Nova Marambaia.

Dona Josete concluiu, depois de conversar com uma vítima sobrevivente ao ataque do Monstro do Morumbi, que sua irmã tinha sido abordada por José Paz Bezerra depois de comprar o santo. Ele deve ter dito a ela que tinha um "contrabando" para vender, coisa comum na Belém daqueles dias, e atraído Teresa para a mata, onde teria dito que possuía uma casa. Lá estariam os artigos importados que serviriam tão bem para serem ofertados como presentes de Natal.

Naquele lugar, tão ermo que se gritasse jamais seria ouvida, Teresa foi amarrada com um fio de náilon, estrangulada com um cinto e atacada sexualmente. Foi encontrada despida e suas roupas estavam rasgadas e espalhadas pelas imediações. Na sua bolsa ainda estava o santo que a protegeria. Seu dinheiro e joias tinham sido levados pelo assassino. Seus sapatos ainda estavam calçados nos pés. O corpo de Teresa se encontrava de bruços e o mesmo fio que amarrava seus punhos juntos envolvia seu pescoço de forma tão apertada que, desesperada, ela enfiara os dois polegares para afastá-lo, numa tentativa de respirar. Foi encontrada nessa posição, uma semana depois de seu desaparecimento. Distante poucos metros do local jazia o corpo de uma desconhecida, até hoje não identificada, dentro de um buraco para fazer carvão.

O companheiro de Teresa Marvão foi considerado suspeito pela polícia, que não encontrou provas suficientes para indiciá-lo. Quase um ano depois, dona Josete foi chamada à delegacia. O Monstro do Morumbi estava preso. Aproveitando-se do fato de ser muito parecida com a falecida irmã, colocou-se na frente dele, pois se ele fosse o responsável pelo assassinato de Teresa certamente teria alguma reação à sua imagem e semelhança. José Paz Bezerra levou um susto enorme ao ver dona Josete, talvez imaginando que uma de suas vítimas tivesse escapado das amarras.

2ª VÍTIMA: N/I

Foi estrangulada com uma corda nas proximidades do local onde foi encontrado o corpo da primeira vítima. Seu cadáver estava dentro de um buraco para fazer carvão, popularmente chamado de caieira. Jamais foi identificada.

3ª VÍTIMA: FABIANA

Estava acompanhada da filha quando foi abordada por um homem que se dizia contrabandista. Foi convidada por ele a ir até sua casa, na mata da Marinha, onde estavam os produtos que vendia. Levada para a mesma área deserta de Nova Marambaia, teve seu cordão de ouro com crucifixo e o relógio roubados, mas escapou com vida. Quando o homem tentou agarrá-la por trás, conseguiu reagir e sair correndo de mãos dadas com a filha.

4ª VÍTIMA: ANIBALINA ATAÍDE MARTINS

José Paz Bezerra voltou a atacar em 27 de setembro de 1971, quando conheceu a comerciária Anibalina Ataíde Martins, funcionária da Livraria Martins. Cortejou-a por uns dias e, sob promessas de casamento, da saída do trabalho da moça rumou para a estrada de Benfica, município de Benevides, onde a despiu na mata, estrangulou-a com as próprias vestes e levou suas joias, seu dinheiro e os objetos pessoais. Manteve relações sexuais *post mortem* com a vítima.

5ª VÍTIMA: VERA LÚCIA

Em outubro, encontrou e conquistou Vera Lúcia. Foram para Marituba, onde ele tentou estrangular a moça com as mãos. Ela passou a suplicar de joelhos por sua vida, prometendo sustentá-lo sem fazer perguntas, incondicionalmente. Conseguiu sobreviver e passou a ser sua concubina.

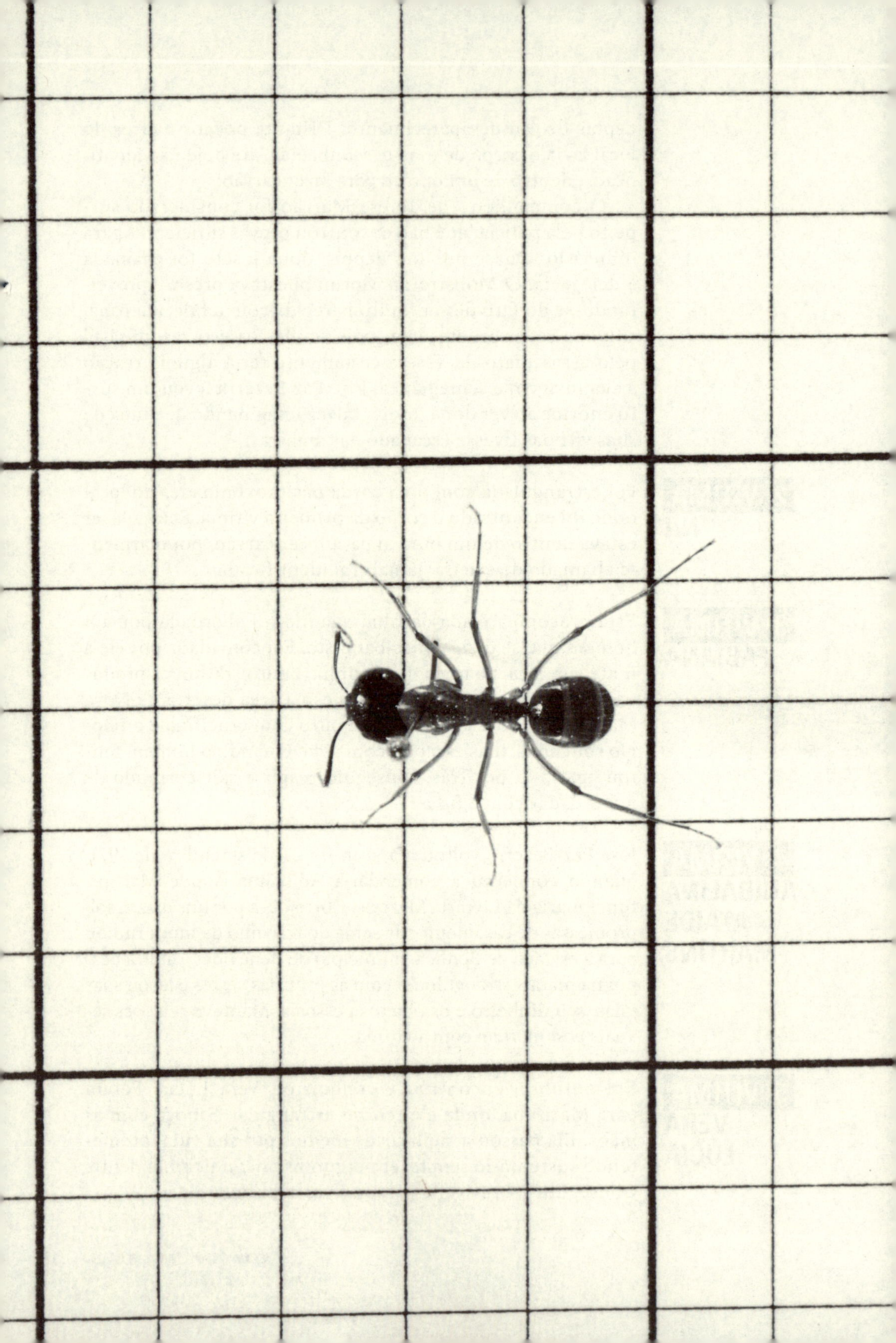

A PRISÃO

Denise Moreira (pseudônimo) trabalhava de balconista na Farmácia Drogamar. Era ex-cunhada de Anibalina e a tinha visto ser cortejada por um homem bem-apessoado, moreno e de cabelos crespos. No dia em que a amiga sumiu, foi na farmácia dela que os dois entraram, pedindo caneta e papel para anotar alguma coisa. Ela se lembrava bem dele e, em 9 de novembro, por volta das 11h, Denise o viu passar na frente da Drogamar. Era o mesmo homem que fora visto andando em volta da farmácia antes do crime e possivelmente era ele que tinha saído com sua ex-cunhada Anibalina antes de ela ser assassinada. Tomada por um impulso sherloquiano, Denise seguiu o homem em direção ao largo do Palácio, onde tomou um táxi e seguiu o ônibus que ele pegara. Ele carregava uma pasta na qual estava escrito "Clínica Santa Cecília". O criminoso saltou em São Braz, seguido por Denise, que o viu saindo com uma mulher (Vera Lúcia) da referida clínica. Sem perda de tempo, telefonou para a polícia e relatou tudo o que havia descoberto para o investigador Armando Mourão.

Hoje, o dr. Armando Mourão é delegado de polícia em Belém do Pará, diretor da Seccional Urbana de Polícia de Mosqueiro. Em novembro de 2003, me relatou os fatos da prisão do Monstro do Morumbi pessoalmente, naquela cidade.

ENTREVISTA COM DR. ARMANDO MOURÃO [11.2003]

A ILANA CASOY

COMO ERA O MONSTRO DO MORUMBI?

DR. ARMANDO MOURÃO: Ele era uma pessoa que se podia considerar um sujeito de boa aparência, bem-apessoado, e isso chamava atenção das mulheres. Ele se trajava muito bem, tão bem que você não sabia se ele tinha uma cicatriz ou uma tatuagem, porque vivia inteiramente coberto. O botão do colarinho sempre abotoado, camisa social de manga comprida sempre, calça social sempre, cinto, bem-arrumado.

COMO FOI A INVESTIGAÇÃO? QUAIS ERAM AS PISTAS?

Nós só tínhamos as histórias dos cadáveres e, até então, o que tinha no local [dos crimes] era um corpo de mulher que não demonstrava nenhum sinal de violência sexual, um cadáver em perfeitas condições e um cinto. O que se sabia é que ele utilizava para consumar o ato dele um cinto. Era por estrangulamento, por enforcamento. Eu já vinha com outros colegas, apenas eu estou vivo ainda, aliás o Batista está vivo mas está aposentado, o Justino já morreu, o Ivanovic já morreu... então o pessoal que trabalhou em cima disso aí... No momento eu considero que este arquivo vai morrer comigo. Foi um dos casos mais notáveis que nós tivemos aqui.

NÃO VAI MORRER, NÃO, EU VOU ESCREVER! NÃO MORRE, NÃO, DOUTOR! E COMO VEIO A PRIMEIRA PISTA?

E aí esta mulher [Denise Moreira] conseguiu me localizar por telefone e queria fazer um contato comigo. Mas não podia ser depois das 18h, porque religiosamente ele passava por ali, então eu teria que falar com ela como se fosse um cliente da farmácia. Conversei com ela e ela me disse que tinha reconhecido o rapaz que tinha saído com Anibalina antes de ela desaparecer, passando em frente à farmácia que ela trabalhava. Ela o seguiu e descobriu que ele havia encontrado uma enfermeira que saía da Clínica Santa Cecília e que tinham ido embora juntos. Investigamos a história e descobrimos que a mulher era a amásia dele. [Vera Lúcia] Foi atraída por estes dotes que ele apresentava. Eles começaram a namorar e ela saía às 18h e ele a aguardava na praça do relógio. Era o namoro à moda antiga, de mão dada, pra levar pra casa dela e ali começou a se apaixonar por ela. E essa paixão foi tão grande que, por intermédio dessa paixão, nós conseguimos chegar até ele.

COMO ELA ESCAPOU DELE? POR QUE ELE NÃO A MATOU?

Conversei com ela e ela me disse: 'Tenho visto pelo jornal [sobre os crimes] e eu tô morando com um homem que eu acho ele muito estranho, eu já estive em áreas de mata, em locais ermos com ele, para colóquios amorosos, e eu sinto que aquele homem não é normal, apesar de eu já estar gostando dele sinto que ele não é normal'. Então, nós [a polícia] começamos a trabalhar em cima daquelas informações. E um dia ele a levou [Vera Lúcia] para o mesmo local onde matava suas vítimas, na Área do Coqueiro, que hoje é o Conjunto Cidade Nova. Ele a levou para lá e nesse dia ele tinha o propósito de matá-la. E aí ela foi com ele para o local, ela estava acostumada a ir, e nesse dia ele chegou a tirar o cinto e passar em volta do pescoço dela e ela pediu muito, chorou e segundo ela ele também chorou muito porque ele reconheceu neste dia que também já estava gostando dela. E aí ele 'perdoou' a vida dela, e foi por aí que nós conseguimos chegar até ele.

ELA COLABOROU COM VOCÊS?

Ela colaborou e, como já havia o inquérito para apurar as três mortes anteriores, nós tínhamos certeza absoluta de que era a pessoa que a gente estava procurando. Aí ela conseguiu uma fotografia dele, nós mandamos uma pessoa segui-lo e da área comercial ele foi para o bairro dos Jurunas, rua Alberto Cabelier, passagem Almeida, casa número 3, eu me lembro como se fosse hoje. Era onde ele pernoitava.

E COMO FOI A PRISÃO?

Nós armamos o bote. Eram cinco horas da manhã, horário que tradicionalmente o bandido para pra alguma coisa. E aí... nós cercamos a casa. Por volta de 5h eu contornei a casa e consegui abrir uma janela sem ser percebido. Eu passei pra dentro, a casa toda no escuro. Mas, pra surpresa minha, não tinha ninguém lá. Eu disse meu Deus... Aí abri a porta da frente, os policiais entraram e nós íamos sair, totalmente desiludidos. Aí me deu aquele lampejo de voltar. Vamos voltar! Aí voltamos. Quando nós voltamos e olhamos embaixo da cama ele estava dormindo ali, totalmente nu debaixo da cama.

ELE DORMIA SEMPRE ASSIM? ERA UMA MANIA DELE?

Era. Era mania. Aí nós o prendemos e, como se tratava de um caso de extrema repercussão, nós, através do delegado, que na época eu era investigador, o delegado solicitou ao procurador-geral e ele designou o promotor doutor Alvarenga para acompanhar a tramitação regular do inquérito, para evitar que ele alegasse que fora espancado.

O QUE ELE ACABOU ALEGANDO, NÉ? DE QUALQUER JEITO ELE FALAVA QUE AQUI EM BELÉM TINHA SIDO MUITO ESPANCADO PARA CONFESSAR.

No interrogatório em si, eu seria até suspeito para dizer, mas não houve isso. O que aconteceu foi que ele se rendeu a um extraordinário policial, que tinha na época, na arte de interrogar, Manoel Ivanovic dos Santos. Que Deus o tenha em bom lugar. Ele não resistiu à pressão, porque o Ivanovic conseguiu transportar pra dentro da sala de interrogatório a cena do crime, com o dote investigativo que ele tinha, com aquela tenacidade na investigação. Ele conseguiu transportar o local do crime para dentro da sala onde o Monstro estava sendo interrogado. Apresentou o cinto... Então, quando ele sentiu que nós já sabíamos, ele viu que contra fatos não havia argumentos. Aí ele se rendeu. Esse interrogatório foi assistido por gente do Ministério Público. Ele foi recolhido ao presídio, na época Presídio São José, a única casa penal que nós tínhamos aqui em Belém.

COMO É QUE O IVANOVIC CONSEGUIU FAZÊ-LO FALAR?

O Ivanovic reuniu as fotografias das vítimas e da Vera Lúcia, que como mulher foi quem mais conviveu com ele. Então era uma pessoa que ele reconhecia perfeitamente. Então o Ivanovic conseguiu pegar as fotos dos cadáveres no local do crime junto com o cinto que ele utilizou e deixou em cima da mesa de interrogatório. Ele sendo interrogado, já sabendo que ia ser denunciado, e olhando todo aquele quadro. Ele teve dez minutos de reflexão e disse: 'Vou falar'. Ele falava pausadamente, um cara de bom papo, tinha aquele linguajar de marginal, de vagabundo... Ele disse que fazia aquilo por amor, porque ele achava que elas não deveriam pertencer a mais ninguém. Psicopata, né?

COMO FOI A VIDA DE PRESIDIÁRIO DELE AQUI EM BELÉM?

Ele começou a passar por uma situação que até hoje ninguém consegue explicar. Ele, trabalhando na oficina de sapataria, tinha acesso a pregos. Sem mais nem menos, saiu enfiando pregos no braço. Enfiava no pescoço também e aí aconteceu um problema: como essas feridas estavam infeccionando, a direção do presídio o levou para o pronto-socorro. Na época nós também só tínhamos uma unidade ambulatorial pública. Eu ia lá todas as tardes. Ele estava sendo escoltado por guardas internos, que eram presos de bom comportamento que faziam a vigilância interna. E numa dessas idas minhas pra ver o que estava acontecendo eu me deparei com ele na calçada, indo embora. Ele burlou a vigilância das pessoas de alguma forma e já estava na calçada esperando pra tomar um táxi. Eu encostei e disse: 'Vou ter que te prender de novo'. Levei ele pra dentro e só aí viram que ele tinha fugido, não sabiam ainda. Ele foi levado de volta para o presídio e ficou sendo tratado na enfermaria dali até que São Paulo pediu ele.

COMO SÃO PAULO FICOU SABENDO?

Ah, isso estourou!

ESTOUROU NA IMPRENSA?

Muito, muito. Na época veio aqui a *Revista Cruzeiro*, *Fatos e Fotos*... Essas revistas de circulação nacional, todas lucraram. Praticou 21 assassinatos em São Paulo na área do Morumbi e era procurado por isso, então a Justiça de São Paulo tinha razão! O decreto de prisão já havia sido expedido contra ele, tomaram conhecimento, e nós tivemos que levá-lo para lá. E de lá pra cá ele não retornou.

NA MINHA PESQUISA LEVANTEI APENAS SETE PROCESSOS DE HOMICÍDIO CONTRA ELE.

Ele é morto?

IMAGINA! ELE FOI SOLTO EM NOVEMBRO DE 2001. É CAPAZ DE ELE PARAR AQUI PRA UM CAFÉ. A MULHER DELE AINDA É VIVA?

Não lembro. Ele foi preso aqui no ano de 1971 pra 1972. Ele tinha um vozeirão grosso. Ele não foi julgado aqui. Aqui tem três assassinatos e uma tentativa. Ele era um cara de rosto afilado, bigode muito bem cultivado, bem-aparado e media em torno de 1,70 ou 1,72 m.

ELE JÁ SE MUTILAVA?

Foi depois. Com os pregos que ele enfiava no corpo. Ele esteve a pique de perder o braço porque infeccionou. Ele queria ter a sensação de dor e não permitia que ninguém fizesse nenhum tipo de curativo ou tratamento nele. De tanta dor ele desmaiou e aí aproveitaram e levaram ele para o pronto-socorro.

ELE RECEBIA VISITAS NA CADEIA?

As mulheres iam fazer visitas no presídio para vê-lo. O presídio era modelo e a pessoa tinha inclusive que tirar uma carteira de identificação para entrar. Muitas mulheres se sujeitaram a isso e até à revista íntima só para vê-lo.

ELE FICOU PRESO QUANTO TEMPO AQUI?

De dois a três anos. Foi quando São Paulo pediu o reencaminhamento dele para lá e o delegado Euclides Freitas Filho foi quem o levou.

ELE ERA UM PRESO BEM COMPORTADO?

Sim, sim. Sem qualquer participação em grupos. Não havia diálogo, falava só o necessário. Era uma pessoa muito fechada. Preso de excelente comportamento carcerário e nunca criou nenhum problema para a administração carcerária, a não ser pelo braço. Acho que ele fez aquilo pra chamar atenção, na verdade ele não queria se matar. Ele polarizou a atenção pelo *modus operandi*, pela frieza com que ele executava o ato extremo. Segundo as palavras dele, ele poupou a vida da enfermeira porque estava apaixonado por ela.

ELE FOI CHAMADO POR ALGUM APELIDO PELA MÍDIA AQUI EM BELÉM?

Em Belém não tinha apelido. A partir da prisão dele ficou conhecido como Monstro do Morumbi, por causa de São Paulo.

NOS LOCAIS DE CRIME DAQUI ELE DEIXAVA JORNAL RECORTADO, PAPEL DE PRESENTE E FITILHO?

Nos três casos de Belém não tinha papel de embrulho com fitilho. As sobreviventes contaram que ele começava a carícia dele por trás e passava o cinto no pescoço delas.

BOM, DOUTOR MOURÃO, TEM MAIS ALGUMA COISA QUE O SENHOR GOSTARIA DE ACRESCENTAR NA HISTÓRIA?

Eu queria deixar aqui uma homenagem para um dos melhores policiais que eu conheci, o Manoel Ivanovic dos Santos. A polícia do Pará ainda não fez nenhuma homenagem a este homem. E ele merece. Ele morreu pobre, miserável, morando de favor. E policial igual a ele não tem.

Mariana soube pela imprensa que José Paz Bezerra tinha sido preso em Belém do Pará e Gil Gomes, em seu programa, colocou-a em comunicação radiofônica com o ex-amásio.

O HISTÓRICO DO MONSTRO DO MORUMBI

Em novembro de 1973, José Paz Bezerra foi encaminhado para um exame de sanidade mental realizado pelos psiquiatras doutores Elizeu Souza Rodrigues, Joel Srur e Messildo Morado Lutterbach, no Hospital Juliano Moreira. A partir desse laudo e dos depoimentos de José na Justiça foram retiradas as informações que aqui seguem. Para maiores detalhes sobre o trabalho psiquiátrico, partes dos laudos estão transcritos nos anexos deste capítulo.

A INFÂNCIA

José Paz Bezerra era primogênito. Nasceu no interior da Paraíba, em uma família de baixo nível socioeconômico. Seu pai faleceu aos 30 anos, de lepra (hanseníase). Foi uma morte lenta e dolorosa, assistida por toda a família. José já conheceu o pai assim, inválido e "largando os pedaços", como ele dizia. Era sua responsabilidade higienizá-lo todos os dias, retirando as "carnes mortas" que necrosavam nas lesões causadas pela doença. Não era tarefa fácil, pois ele exalava um mau cheiro difícil de aguentar.

A mãe de José se prostituía para garantir o sustento da família, o que envergonhava muito o filho perante os vizinhos. Como álibi para suas "saídas", fingia que ia passear com o filho para então atender seus clientes em matagais. Dessa forma, muitas vezes o filho assistiu à vida sexual da mãe. Até a morte do pai, a mãe ainda lhe dedicava algum afeto. Depois de viúva, repudiou-o e castigava-o com frequência. Uma das vezes em que foi brutalmente espancado aconteceu quando espiou a mãe "atendendo" a um cliente na mata. Tinha mais ou menos 7 anos e nunca mais se deixou ser flagrado enquanto espreitava, mas observou durante toda a infância a vida sexual da mãe com vários homens enquanto seu pai apodrecia na cama. As surras por qualquer motivo eram então frequentes. Desde essa idade odiou a mãe e passou a masturbar-se sempre.

José era uma criança tímida, arredia e isolada, que fugia do convívio com outras pessoas. Aprendeu a ler e a escrever com muita dificuldade e mal assinava o nome.

Após a morte do pai, a família mudou-se para o Rio de Janeiro, onde a mãe conheceu um homem chamado Severino com quem passou a viver maritalmente. Ele era pederasta e José ficava olhando pelo buraco da fechadura enquanto o padrasto tinha relações sexuais com sua mãe, pedindo que ela introduzisse o dedo em seu ânus.

Severino também levava vários homens para casa e, enquanto a mulher mantinha relações sexuais com uns, ele praticava sexo com outros. Certa vez manteve José durante três dias com braços e pernas amarrados, até que ele conseguisse se soltar sozinho.

Depois de seis meses de convivência, a mãe de José separou-se de Severino e, uma semana depois, amasiou-se com Manoel, que não gostou nada da presença de crianças na casa.

Aos 10 anos e algumas surras depois, por "influência do padrasto", foi internado na Escola XV de Novembro, uma instituição correcional. Fugiu depois de quase um ano de experiências amargas. Aos 11 anos estava solto e repudiado pela família, passando então a ter uma vida itinerante. Vendia balas na Central do Brasil, adquiridas com o dinheiro que ganhava pedindo esmolas ou doadas por instituições filantrópicas. Dormia no mato e, quando ficou um pouco mais velho, fazia várias viagens a São Paulo e outros estados. Em algumas épocas, vendia jornais para sobreviver.

Sua única irmã foi expulsa de casa por ter engravidado e também entrou para a prostituição, passando a morar nas casas de meretrício. José ficou inteiramente abandonado pela família na adolescência. Vivia isolado porque a presença de outras pessoas causava-lhe medo. Parava pouco nos empregos; não tinha paciência de ficar muito tempo num lugar só.

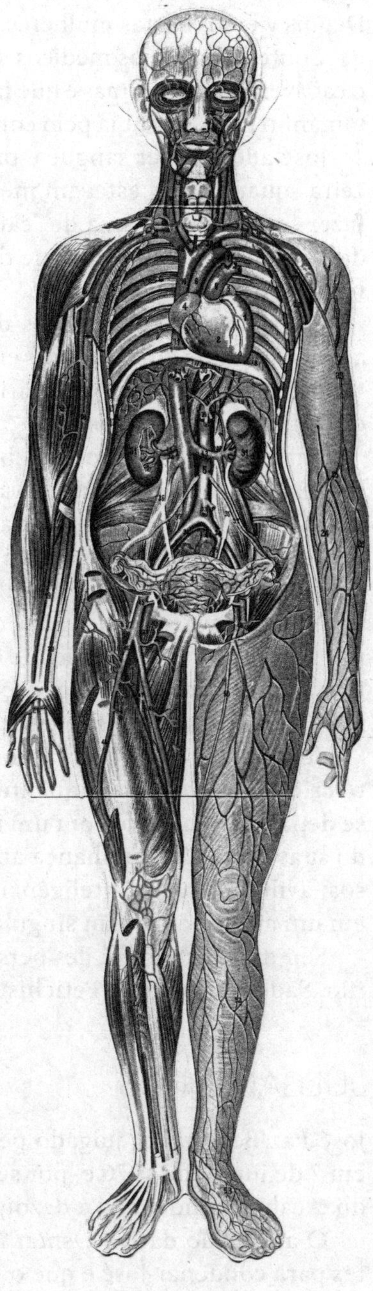

Sempre apresentou dificuldades nos relacionamentos sexuais. Sua primeira experiência foi um fracasso porque, ao morder a parceira, ela saiu gritando. Depois vieram outras mulheres, mas a maioria não suportava ser maltratada.

Confessou para os médicos que obtinha orgasmo completo copulando com o cadáver de suas vítimas e que fantasiava com eles para se masturbar. Disse que tamanho fogo lhe subia pelo corpo chegando ao ponto de perder a consciência.

José adorava ver sangue e preferia manter relações sexuais com suas parceiras quando elas estavam menstruadas. Também declarava que gostava de fazer sexo com a vítima de "carne gelada". Segundo seu depoimento, "quando a mulher fica com a carne dura, ela fica mais gostosa e só fica com a carne dura depois de morta".

Queimava-se com pontas de cigarro no peito, braços e antebraços. Ele afirmava que as queimaduras eram símbolos de umbanda, executadas por determinação de entidades espirituais. Frequentemente se cortava para oferecer seu sangue aos exus.

Enfiava vários pregos nos braços porque, com a dor da autolesão, ficava tão excitado que era obrigado a se masturbar pelo menos quatro vezes seguidas. Gostava de exercitar seu autocontrole sobre a dor enquanto enfiava os pregos ou se queimava e a cada vez que sentia desconforto causado pelos objetos inseridos em sua pele vinha a necessidade de se masturbar novamente.

Apresentava elevado grau de ansiedade, manifestando desejos suicidas por não suportar a hostilidade dos companheiros de prisão. Tentou se matar ingerindo vidro moído e pedaços de gilete. Quando relatava seus crimes, fazia-o com absoluta indiferença.

Segundo os psiquiatras que avaliaram a sua sanidade, "no comportamento criminógeno do delinquente, raro e inusitado nos anais da criminalidade, se depara a sociedade com um indivíduo frio, calculista e bárbaro. Liquidando suas presas à semelhança animalesca, transcendendo a dignidade da pessoa, aviltando a sua inteligência e contrariando a lei de Deus e dos homens, em um autêntico festim singular de matança continuada".

Seu diagnóstico foi de "personalidade psicopática do tipo sexual (Necrófilo, Sado-Masoquista-Fetichista)".

JULGAMENTOS

José Paz Bezerra foi julgado pelo assassinato de Cenira de Castro Camorim em 7 de junho de 1976 e, por sete votos a zero (7 × 0), foi considerado culpado. Acabou condenado a dezoito anos de reclusão.

O advogado dativo Osmar M. Gama apelou, alegando provas insuficientes para condenar José e que o júri tinha sido influenciado pela imprensa.

O Tribunal de Justiça acolheu os argumentos e mandou o réu para novo júri, em 29 de novembro de 1976.

Desta feita, José Paz Bezerra foi absolvido por cinco votos a dois (5 × 2). O promotor Rubens Marchi apelou da sentença, mas o Tribunal de Justiça manteve a absolvição do réu.

Em 14 de janeiro de 1977, José Paz Bezerra foi julgado pelo assassinato de Vanda Pereira da Silva e, por seis votos a um (6 × 1), foi considerado culpado, condenado a dezoito anos por homicídio acrescidos de oito meses por furto, mais medida de segurança, que foi cancelada em 1984 com a reforma do Código Penal.

Houve apelação, que foi negada, e a sentença, mantida.

Em 26 de agosto de 1977, José Paz Bezerra foi julgado pelo assassinato de Nilza Alves Cardoso, e teve como seu defensor o doutor Márcio Thomaz Bastos das acusações de homicídio, vilipêndio de cadáver e furto. Foi considerado culpado pelo júri por quatro a três (4 × 3) e condenado a treze anos de reclusão pelo homicídio, mais um ano de detenção pelos outros crimes, além de medida de segurança. Não houve apelação.

Pelo assassinato de Wilma Negri, José Paz Bezerra foi julgado em júri popular em 24 de outubro de 1979. Foi considerado culpado e sentenciado a doze anos de reclusão acrescidos de medida de segurança.

Em 25 de março de 1980, o Monstro do Morumbi foi absolvido do assassinato de Alzira Montenegro por sete votos a zero (7 × 0).

Seu defensor, doutor Vicente Fernandes Cascione, colocou em dúvida a autoria do homicídio e o juiz solicitou, no plenário do júri, que fosse colhido sangue para tipagem sanguínea do acusado. Foram requisitados dois peritos para fazer o exame, cujo resultado foi O+.

O promotor Walter de Almeida Guilherme, após os resultados terem sido divulgados, disse não estar convencido da culpabilidade do réu. O defensor clamou por absolvição, pois *in dubio pro reo*, isto é, na dúvida, a favor do réu – e conseguiu seu intento.

José Paz Bezerra foi libertado em 24 de novembro de 2001.

Observação: Durante a leitura do material obtido, foi encontrada citação referente ao processo nº 164/70, no qual José Paz Bezerra havia sido pronunciado pelo assassinato de uma desconhecida, na noite de 8 de outubro de 1969. O crime teria ocorrido em terreno baldio no parque São Domingos, com um tiro de revólver, que causou hemorragia externa traumática.

Na fase de inquérito, o réu confessou o crime, passando a negá-lo na fase de instrução do processo, alegando tortura. Foi pronunciado por esse crime em 30 de dezembro de 1976.

Em todos os depoimentos de José Paz Bezerra, ele faz referência aos 68 anos de sentença que teria recebido pela Justiça do Pará, mas não tenho dados oficiais que comprovem tal afirmação.

AS CARTAS TROCADAS ENTRE MARIANA E JOSÉ[2]

10 DE SETEMBRO DE 1976

Amor querido

Nesta vida de regime e ordens, obedecendo ao sinal de campainhas e horários, pareço uma sonhadora.

Olhar perdido no passado, ando viva como uma autônoma, só me faz sorrir quando me lembro de uma pequena casinha, um quartinho em qualquer lugar, um copo com água e uma flor, palavras simples, mas a mim é dirigida, só a mim, "preta".

Aí, penso, era para mim, na sua mente obscura, o meu nome era um raio de luz e agora na sua vida sem sentido eu sou um raio de sol, que penetro todos os dias no seu olhar profundo e esperançoso, alguém a quem ama, alguém que o ama também, este é o único laço, o único motivo de vida, na tua pequena cela penetro e estou sempre presente, com o sol a esperança de uma próxima visita. Com a chuva a certeza de mais dias de separação, passamos a odiar a chuva e o frio e queremos o calor e o sol, que abrasará mais ainda o amor.

Amor que existe entre nós que é imortal, profundo, sereno e concreto.

Para que lágrimas se temos a "nós", e isto nem a morte nos separará.

Continuaremos vivos, seremos eternos, só se eterniza os fortes. Tudo o que aconteceu foi uma lição e uma lição que servirá para que saibamos que o "bem" é o maior vínculo para uma vida normal e feliz.

Um dia flutuaremos no espaço do amor e bondade e procuraremos consertar tudo que de mal por ventura tivermos feito e juntos resgataremos perante Deus tudo e assim poderemos e finalmente sermos muito feliz, feliz, feliz...

Mariana

2 Transcrição de duas cartas escritas por Mariana para José durante o tempo em que ele cumpria pena em São Paulo.

SÃO PAULO, 26 DE NOVEMBRO DE 1976

Meu querido
Na dor da minha doença entre um acesso ou outro de tosse, parece que agora inerte nesta cama, uma saudade imensa que sinto de você, que corre lágrimas dos meus olhos, ai tão só eu sem poder fazer nada, me lembro do nosso amor tão belo, há um espelho a minha frente e ao falar de amor me olhei e o que nele está refletido, não uma mulher quarentona, e sim 60 a 70 anos, você não mais me conhece pele e ossos, mais um acesso de tosse, as lágrimas e a emoção me faz parar por alguns segundos.

Sabe, quando ainda não estava doente, às vezes pensava, será que era amor que eu tinha por você, ou apenas por ter sofrido tanto e desprezada, as vezes chegava a pensar que eu estava louca.

Agora sei o quanto te amo, que nossas vidas estão ligadas para a eternidade. Você com todas as suas loucuras é o homem que eu amo, e continuarei amando sempre.

Querido, quando me for, se for permitido pedirei aos bons espíritos por você, sei que em breve estaremos juntos.

Eu estou com um pulmão todo tomado e metade do outro, mesmo em uma visita especial tão cedo não poderei ir. Fui internada no hospital, fui maltratada e judiada e de INPS estou cheia, meus filhos foram me buscar e estão revoltados, coitados, nem tão bem eles estão, sempre mais panca.

Mas a Luciana Maria, paga o aluguel, paga uma empregada para cuidar da Soraia e de mim, vive apertada.

O Alberto José, aluguel, pois ele não mora conosco, pois brigam muito, prestação do carro e devido ao mal tratamento do hospital precisou montar um pequeno ambulatório aqui para mim. Como oxigênio e outros objetos que em hora que eu fico em crise me ajudam a sofrer menos.

Luciana Maria me dá banho e comida na boca com o maior carinho.

A única coisa que não está bem é a imensa saudade do meu coração de você, do 1º e único amor, estou ansiosa para que possa melhorar e ir até você e vê-lo.

Só o que você verá não será a mesma.

Mas aqui bem dentro sou a mesma, com o coração ardente de amor. Depois da carta da Luciana Maria mandei uma para você, será que não puseram no correio?

No mês que vem é seu aniversário e eu preciso pelo menos caminhar para vê-lo.

Você aí só e abandonado, ai meu Deus, nos ajude. Segunda-feira começarei com umas aplicações radiológicas diferentes, espero que dê certo.

Para por aqui a imensidão do meu amor não caberia, porque ele é mais que o mar, o ar, o sol, a vida, e continuará depois da morte, pois ele é eterno.

Meu querido, mesmo sabendo agora que tornaria a passar tudo que passei com você, inclusive sevícias policiais, eu começaria tudo outra vez para poder reviver aqueles momentos de felicidade que passamos juntos. Que foram maravilhosos e nada é mais forte que um grande amor.

Beijos eternos da sua Mariana

Luciana Maria e Alberto José lembram de você com carinho e acham também que é o amor da minha vida, mandam lembranças, beijos da Soraia, que está perguntando o que é que eu estou escrevendo.

DECLARAÇÃO NA TV – JOSÉ PAZ BEZERRA

Na época em que um estrangulador agia em Guarulhos e São Paulo, um programa de televisão entrevistou o Monstro do Morumbi. Seu rosto ficou nas sombras, mas sua voz foi colocada ao vivo para que as vítimas sobreviventes pudessem identificá-lo, caso o assassino fosse o mesmo.

Nenhuma delas o reconheceu positivamente. Naquele dia, José contou um pouco da sua história para os perplexos espectadores que, ao mesmo tempo que ficavam sabendo de seus crimes através de seu próprio relato, eram informados que ele havia sido liberado depois de cumprir trinta anos de sua pena, como manda a lei.

Na versão de José, todas as vítimas eram prostitutas e se pareciam com sua mãe. Relatou a infância de fome e abandono, afirmando que desde a mais tenra idade o mal estava "cristalizado", pois já pensava em roubar.

O Monstro do Morumbi disse que sofreu muito na prisão, que achava que estava errado ao matar aquelas mulheres e pediu perdão para os pais e parentes das vítimas que matou.

Disse que durante o tempo em que ficou preso só estudou e que nunca pensou em suicídio porque achava que seria covardia. Dali para a frente tinha certeza de que seria um homem bom.

José Paz Bezerra terminou seu relato dizendo:

– Mães, cuidem de seus filhos!

FONTES

Os nomes dos mencionados neste capítulo foram trocados, com exceção do assassino, para que a proteção das pessoas envolvidas fique garantida, uma vez que o "Monstro do Morumbi" já cumpriu sua pena e atualmente está em liberdade.

Todo o material para a pesquisa deste caso foi obtido com a preciosa ajuda dos seguintes amigos: promotora Mariângela Balduíno; Divanira de Fátima Moraes – 1º Tribunal do Júri de São Paulo; Gessilda Gallardi – 1º Tribunal do Júri de São Paulo; Elisabete Regina Martins Pires – Museu do Tribunal de Justiça de São Paulo; dr. Justiniano Alves Júnior – Delegado em Belém do Pará; dr. Armando Mourão – Delegado em Belém do Pará; sra. Josete Marvão.

"'Estrangulador' deve ficar preso até 2003." *Jornal da Tarde*, 7 ago. 1998.

"'Estrangulador', condenado em 73, agia como maníaco." *O Estado de S.Paulo*, Caderno Cidade, 7 ago. 1998.

"Estrangulador do Morumbi é libertado após passar 30 anos na cadeia." *Jornal Agora*, 23 nov. 2001.

Desenhos realizados por Flávio Teixeira Junior – Desenhista Técnico Pericial.

Processo nº 231/70 – Antiga 2ª Júri.
Processo nº 249/70 – 1º Júri.
Processo nº 596/70 – 1º V. Júri.
Processo nº 615/70 – 1º Júri.
Processo nº 690/70 – Antiga 2ª Júri.

6.

MARCELO COSTA DE ANDRADE

VAMPIRO DE NITERÓI

"Vampiros não existem não!" – **Marcelo Costa de Andrade**

O ÚLTIMO CRIME[1]

Quarta-feira, 11 de dezembro de 1991. Na casa de dona Maria, doméstica desempregada e viúva, mais um dia sem esperança se iniciava. Novamente as panelas estavam vazias e os sete filhos iriam passar fome. Suspirou e tentou, em vão, encontrar uma saída para sua situação difícil. Quando viu Lucas, de 11 anos, sair pela porta com o irmãozinho Simão, de 6 anos, fez vista grossa. Tomara encontrassem o que comer na rua. Sabia que eram pequenos demais para perambular por aí, mas contava com a proteção divina para que se alimentassem por mais um dia.

Lucas e Simão já haviam se acostumado com a permanente dor no estômago. Tinham o hábito de andar pelo centro de Niterói até que conseguissem um trocado ou algo para comer. Aquele dia não seria diferente de nenhum outro. Lucas não se incomodava tanto por ele, mas o irmão era muito pequeno, e era difícil ouvi-lo choramingar de fome.

1 Os nomes de todas as vítimas foram trocados por nomes bíblicos, para proteger sua identidade.

Enquanto brincavam perto do parque de diversões, no Terminal Norte, um rapaz bem-apessoado se aproximou. O estranho logo gostou de Lucas, apesar de seu defeito numa vista. Ofereceu pão aos irmãos, que prontamente aceitaram, e propôs que o acompanhassem para acender velas no altar de São Jorge. Caso fossem, ganhariam CR$ 3.000,00 pela tarefa.

As crianças concordaram sem piscar. O rapaz explicou que andariam um pouco para chegar ao local correto e colocou Simão nos seus ombros para que não se cansasse. Lucas achou que finalmente tinha encontrado uma alma boa na rua e que não custava acompanhá-lo e ajudá-lo a acender as velas para o santo.

A pé, pegaram o caminho para a praia do Barreto, nas margens da BR-101. O lugar era ermo, sem residências ou lojas, mas não pensou que o rapaz oferecesse perigo. Ao chegarem perto de uma tubulação de esgoto, na beira da praia, o estranho começou a encurralar Lucas perto das pedras. O menino se assustou e negou-se a acompanhá-lo. De repente, o rapaz pegou sua cabeça entre as mãos e empurrou-a contra uma pedra. O sangue começou a jorrar e Lucas, mudo de terror, resolveu obedecer.

O rapaz disse que se chamava Marcelo, deu a mão para Simão, que o obedeceu de imediato, e entraram os três na galeria de esgoto. Obrigou Lucas a deitar-se de bruços num canto. Afastou-se poucos metros e, sem aviso prévio, esbofeteou o pequeno Simão. O menino caiu no chão com a violência do golpe e Marcelo passou a apertar seu pescoço com as mãos nuas. Só parou quando Simão ficou completamente imóvel. Sodomizou o garoto e largou o corpo sem vida, partindo para cima de Lucas, que chorava compulsivamente. Marcelo declarou seu amor pelo sobrevivente, acalmando o assustado menino. Convidou-o para morar com ele, atacou-o sexualmente e depois dormiram ali, um agarrado ao outro.

Quando o sol nasceu, Marcelo colocou as mãos do pequeno Simão para dentro do short, de maneira que os ratos não as machucassem, e jogou o corpinho em uma enorme poça d'água. Lucas, sem olhar para os lados, só ouviu o som do corpo caindo na água e seguiu para as barcas de mãos dadas com o assassino.

Ouviu-o explicar que se tentasse fugir ou gritar seria morto. O menino estava tão aterrorizado que nem pensava em reagir. Seguiu Marcelo até o local onde trabalhava como panfleteiro e recebeu um cheque. Seguiram para o banco e depois até o serviço dele. Lá Marcelo deixou-o sentado em um canto da rua esperando, enquanto entregava panfletos da Roxi Joias, como fazia todos os dias. Mandou que Lucas não saísse dali.

Quando se viu sozinho, Lucas fugiu. Entre lágrimas, voltou para casa e contou para dona Maria que Simão tinha se perdido dele no centro de Niterói. Os dois começaram a procurar Simão nas delegacias e hospitais da cidade. Depois de alguns dias, a irmã mais velha de Lucas, desconfiada, conseguiu arrancar do menino a trágica história pela qual havia passado. Mãe e filho finalmente encontraram Simão, dias depois, no Instituto Médico-Legal.

NA DELEGACIA

No dia 12 de dezembro, a polícia de Niterói encontrou o corpo de um menino que aparentava ter 5 anos. Ele estava numa galeria de esgoto perto do bairro do Barreto, de bruços. Vestia bermuda preta e branca, tênis vermelho, amarelo e azul. Estava sem camisa.

Sem pistas e sem conseguir imaginar um motivo para um crime tão brutal, os policiais estavam de mãos atadas. Não era incomum o desaparecimento de crianças de rua. Muitas vezes fugiam dos maus-tratos dos pais ou caíam nas mãos de psicopatas que se aproveitavam da sua inocência.

O laudo da necropsia constatava a selvageria com a qual a vítima fora morta. O menino tinha escoriações na testa, acima da orelha esquerda, na face e no pescoço, nos olhos, no braço, no antebraço e na axila direita. Equimoses[2] foram encontradas no pescoço, nos olhos, nas virilhas, na perna esquerda e nos joelhos. Também havia ferimentos no ânus que evidenciavam ataque sexual. A causa da morte era asfixia por afogamento. O menino parecia ter sido esganado e talvez estivesse inconsciente quando a maré subira, enchendo de água a galeria de esgoto onde fora encontrado.

Por volta de dez dias depois do encontro do cadáver, dona Maria e Lucas foram até a delegacia e deram seus depoimentos. No início de 1992, Marcelo Costa de Andrade foi preso no seu local de trabalho.

Os depoimentos de Marcelo, Lucas e dona Maria contavam basicamente a mesma história, com as seguintes diferenças:

1. Marcelo disse que ele e Lucas tinham passado a noite num posto de gasolina, mas o vigia do local, Alberto, declarou que seria impossível que ele não tivesse visto a dupla.
2. Marcelo não assumiu que atacou sexualmente Simão, mas a necropsia o contradisse.
3. Lucas contou para a mãe que ouviu Simão morrer e que viu seu corpo sendo lançado na água. No seu depoimento na delegacia, nega ter ouvido Marcelo jogar Simão na poça de água para que parecesse afogamento.
4. Lucas, na polícia, não confirmou ter ouvido Simão ser atacado sexualmente.

O último depoimento foi o da mãe de Marcelo, Maria Sonia. Ela era vendedora ambulante de café e contou que Marcelo era uma criança como qualquer outra, mas conforme foi crescendo passou a dar risadas sem motivo. Segundo ela, o riso não era normal. Também declarou que algumas tias paternas já haviam sido internadas no "pinel".[3]

2 Pequenas manchas, de natureza hemorrágica, de cor azul ou púrpura.

3 Nome do pronto-socorro psiquiátrico do Rio de Janeiro, Hospital Pinel, assim batizado em homenagem ao psiquiatra francês Philippe Pinel e hoje utilizado como gíria para "pessoa maluca" no Brasil.

A princípio, a polícia pensou que o assassinato de Simão era o único crime cometido por Marcelo. Após o depoimento de sua mãe, já não tinham tanta certeza. Ela contou que, certa vez, seu filho saíra para cortar bananas, equipado com uma machadinha. Ao retornar, não trouxe nenhuma fruta, mas a machadinha estava coberta de sangue. Pressionado, Jack, Maluco, Barão ou Vampiro, como era chamado, confessou os outros crimes e levou a polícia até os locais onde se encontravam os restos mortais de suas vítimas. Evangélico à sua moda, justificava seus crimes por intermédio da religião, dizendo que crianças mortas de forma violenta "ganhariam o reino dos céus" e que, segundo as palavras de seu pastor, as que morriam antes dos 13 anos iriam diretamente para o céu. Na mente doentia do Vampiro, ele estava fazendo um favor para aquelas que matara. Bebia o sangue para ficar "tão bonito" quanto elas. Garotos eram seus preferidos, por serem mais bonitos enquanto ainda tinham a pele "lisinha".

A HISTÓRIA DE MARCELO COSTA DE ANDRADE[4]

Marcelo Costa de Andrade nasceu no Rio de Janeiro em 2 de janeiro de 1967, na favela da Rocinha. Teve uma infância extremamente infeliz. O pai bebia muito e era uma pessoa nervosa, de pavio curto. A mãe era calma e pacata; trabalhava em casas de família para ajudar no orçamento.

O casal se separou quando o menino tinha 5 anos e de comum acordo levaram-no para morar com os avós maternos num açude chamado Sangradouro, na cidade de Sobral, no Ceará.

Marcelo chorou muito por causa da separação, sem entender por que não via mais pai, mãe e irmãos. Até aquela data, nem sequer tinha convivido com os avós. Depois de algum tempo, acabou se acostumando com a nova vida.

Desde a infância, tinha alguns problemas que já se manifestavam: frequentes sangramentos pelo nariz, visão de vultos e fantasmas durante a noite e vários ferimentos na cabeça, provocados por surras com cabo de vassoura ou correia, quedas e acidentes.

Na escola o chamavam de retardado e burro. Ele mesmo tinha vontade de internar-se num hospital para que verificassem seu cérebro, mas nunca foi examinado ou tomou medicamentos. Não conseguia prestar atenção à aula, não conseguia acompanhar os estudos e não conseguia passar de ano. O máximo que conseguiu foi ser alfabetizado e aprender contas matemáticas simples. Nas horas livres nadava, pescava, matava gatos.

4 Segundo ele mesmo, em entrevista aos psiquiatras que fizeram sua avaliação.

Aos 10 anos, a mãe foi buscá-lo em Sobral. Ele mal se lembrava dela, e outra vez ficou desesperado com a nova separação que enfrentou. Foi morar em São Gonçalo com a família da mãe, que agora tinha um novo membro: o padrasto Neves.

Nessa fase da vida, Marcelo gostava de assistir aos desenhos animados na televisão e de ler gibis. Seus personagens preferidos eram Pica-Pau, Mickey, Tio Patinhas e Os Trapalhões. No domingo, não perdia o *Fantástico*.

Também foi apresentado à umbanda e ao candomblé pelas mãos de Neves, que era médium de terreiro. Ficou muito impressionado com as possessões e oferendas para as diversas entidades poderosas que assistiu "descerem" no centro espírita.

Nos poucos meses em que morou com a mãe, as brigas do casal eram mais do que frequentes. Cada vez que ela saía de casa, levava o filho. Mais uma vez Marcelo fazia a mala, para retornar novamente quando o casal voltava às boas. O casamento da mãe não deu certo e ela arrumou um trabalho de doméstica para dormir no emprego. Marcelo foi morar com o pai, a madrasta e os filhos do casal, em Magalhães Bastos. O esquema também não funcionou: o casal brigava muito, principalmente por causa de Marcelo, que se sentia um estranho no ninho. O menino era o que se podia chamar de esquisito. Ria à toa, sem motivo, tinha poucos amigos e era bastante isolado e ridicularizado. Essas mudanças frequentes de casa também não ajudaram no seu desempenho escolar e socialização, que voltavam para a estaca zero nessas idas e vindas. O pai e a madrasta resolveram que era melhor para todos colocar Marcelo num colégio interno em Engenho Novo, de onde acabou fugindo.

Ainda criança, Marcelo passava longos períodos na rua. Partiu para a Central do Brasil, onde dormia nos intervalos fora de casa. Passou a ser abusado sexualmente por adultos e aprendeu a ganhar dinheiro se prostituindo. Ao ouvir falar de um lugar chamado Cinelândia, ficou encantado com a semelhança deste nome com a Disneylândia, cidade onde moravam seus personagens de ficção favoritos. Mudou-se definitivamente para lá aos 13 anos. A partir de então, não voltou mais para casa, exceto para visitas irregulares.

São várias as internações na Febem e Funabem nessa época de sua vida. Tinha uma compulsão por viajar para lugares distantes e, com o dinheiro que ganhava vendendo sexo, pegava ônibus e caronas pelo Brasil. Algumas vezes foi para o Nordeste procurar a casa da avó com quem havia morado, mas a infantilidade de seus planos o levavam para outras paradas. Entre seus sonhos de viagem estavam Israel, Rússia, Montevidéu (onde afirma ter estado) e Buenos Aires, além da Disneylândia, logicamente. Quando chegava a um destino e o dinheiro acabava, aproveitava-se de sua situação de menor de idade, procurava uma instituição governamental e conseguia que esta o "devolvesse" para a Funabem do Rio de Janeiro, de onde fugia, recomeçando todo o ciclo novamente: ganhando dinheiro na prostituição, saindo da cidade e assim por diante.

Aos 16 anos iniciou um longo relacionamento com um homem mais velho. Aos 17 tentou violentar seu irmão, então com 10 anos.

Nessa época resolveu voltar sozinho para o Ceará. Queria encontrar os avós novamente. Andou por Feira de Santana, Salvador e Vitória, onde acabou preso no Juizado de Menores durante um mês e foi mandado de volta para o Rio de Janeiro. Mesmo assim, não desistiu de encontrar os avós. De carona, chegou ao Açude de Sangradouro, mas só encontrou uma tia em lua de mel, que aproveitou para maltratá-lo sem parar, irritada com a chegada daquele estranho rapaz. Marcelo fugiu novamente, depois de furtar a tia, como vingança pelo tratamento que recebeu. Retornou ao Rio de Janeiro e foi encaminhado pela Funabem Quintino para morar com o pai.

Ele também não aceitou o filho, que voltou a se prostituir e a viver nas ruas. Marcelo conheceu então um senhor de 48 anos por quem se apaixonou e foi morar com ele em um quarto alugado. Morou ali durante quatro anos, até que o companheiro resolveu se mudar para Salvador. Nem foi mencionada a possibilidade de levar o rapaz com ele.

Quando completou 23 anos, sem ter mais a companhia e proteção do amante, Marcelo mudou-se para Itaboraí com sua família. Voltou para a casa da mãe e arrumou um emprego temporário na distribuição de panfletos para venda de ouro e prata. Achava que vender ouro era muito mais importante do que vender balas. Marcelo mudava constantemente de trabalho, não conseguia estabilizar sua vida profissional, apesar de não beber, não fumar e não usar drogas. Também era filiado à Igreja Universal do Reino de Deus e passou a ir à missa quatro vezes por semana.

A mãe começou a estranhar certos comportamentos dele, como a verdadeira obsessão por revistas que mostravam fotografias de crianças, principalmente as de olhos azuis, e as roupas sujas de sangue com as quais algumas vezes voltou para casa. Também não entendia a coleção de bermudas infantis que o filho guardava numa caixa de isopor, dentro do armário. Apesar de sua risada estranha, Marcelo parecia uma pessoa normal e ela não podia sequer imaginar a trilha de terror que o rapaz estava traçando.

Em 1991 Marcelo começou a matar. Ele atraía suas vítimas, meninos de rua com idades entre 5 e 13 anos, oferecendo um prato de comida, doces, lanche ou dinheiro. Sua área de ação era a BR-101 (que liga Sul e Nordeste do Brasil), nas imediações de Niterói.

Marcelo matou treze meninos, num período sanguinário que durou nove meses. Em uma ocasião, decapitou um dos garotos; em outra, esmagou a cabeça de sua vítima. Marcelo não dizia ser vampiro, apenas bebia o sangue de suas vítimas para, segundo ele, “ficar tão bonito e puro quanto elas”.

Marcelo Costa de Andrade foi considerado pessoa com traços psicopáticos de personalidade, provavelmente como consequência de sua infância abandonada. Segundo os psiquiatras que o avaliaram[5] nos vários laudos de incidentes de sanidade mental ao longo de sua internação, não era totalmente capaz de entender o mal que fazia. Era frio e não tinha capacidade de se controlar. Foi diagnosticado deficiente mental, doente mental grave que reúne esquizofrenia e psicopatia, portador de distúrbios comportamentais (perversão da conduta) oriundos da convergência de transtornos mentais (oligofrenia + psicopatia).

O incidente de sanidade mental é instaurado quando existe a suspeita de que o acusado, em qualquer tipo de crime, possa ser doente mental. O processo fica suspenso e ele é submetido ao exame até que se comprove ou se descarte essa possibilidade. No caso de haver um quadro mental que tenha relação direta com o crime cometido, o réu é isento de pena (inimputável) e a medida de segurança é aplicada, por ser o criminoso considerado perigoso. Essa medida prevê tempo mínimo de internação (três anos), mas não tempo máximo. A desinternação fica condicionada à cessação de periculosidade, o que pode significar prisão perpétua em alguns casos incuráveis.

Marcelo Costa de Andrade foi absolvido pela Justiça por ser inimputável e enviado ao Hospital de Custódia e Tratamento Psiquiátrico Heitor Carrilho, no Rio de Janeiro, para tratamento por tempo indeterminado.

Ali, durante sua internação, comandava os bailes de forró nas tardes de sábado, como DJ. Segundo os médicos, essa atividade fazia parte de seu tratamento psiquiátrico. Tinha comportamento calmo e exemplar, apesar de sempre dizer que ainda ouvia vozes que ordenavam que ele "mandasse crianças para o céu".

Em 24 de janeiro de 1997, fugiu do hospital quando um guarda deixou um portão aberto durante o banho de sol dos pacientes. Em 5 de fevereiro, foi recapturado na cidade de Guaraciaba do Norte, Ceará. Conforme seu depoimento, visitaria o pai e depois seguiria para Israel, a "Terra Prometida".

Marcelo foi encontrado por meio de uma denúncia anônima, segundo a qual um indivíduo semelhante a ele estava circulando pela cidade. Ali realmente morava o pai de Marcelo, Manoel. De acordo com sua mãe, Maria Sonia, Marcelo já havia fugido para lá quando escapara de uma instituição para menores, anos antes. A polícia montou vigilância em frente à casa até prender o procurado assassino. Marcelo reagiu à prisão, mas estava desarmado. Só carregava uma Bíblia e artigos de higiene pessoal. Chegou sujo, malcuidado e com delírios místicos.

5 Psiquiatras: doutor Miguel Chalub (2003, 1998, 1993), doutor Álvaro Lucio Cabral Lito Figueiredo (2003), doutora Kátia Mecler (1998), doutor Paulo Gláucio de Cerqueira (1997, 1996), doutora Denise Coelho da Rocha (1997, 1996), doutor Carlos Leal Vieira (1993).

Os exames de cessação de periculosidade são previstos no Código Penal e devem ser realizados anualmente em todos os pacientes que cumprem medida de segurança. Essa avaliação é enviada ao juiz da Vara de Execuções Penais, que pode ou não seguir as recomendações dos peritos. Em todas as avaliações, os peritos atestaram que Marcelo Costa de Andrade não tinha condições mentais de ser desinternado. Nenhum juiz discordou.

Em 2003 foi transferido para o Hospital de Custódia e Tratamento Psiquiátrico Henrique Roxo, em Niterói, sem previsão de libertação.

OUTRA VÍTIMA

Em julho de 1991, Marcelo Costa de Andrade confessou que, depois de receber seu fundo de garantia, viajou para Belo Horizonte. Na rodoviária da capital mineira, encontrou um menor abandonado, pelo qual sentiu forte atração. O criminoso tentou levar o garoto para o Rio de Janeiro, mas foi impedido pelo juizado de menores da cidade, que não permitiu que o menor entrasse no ônibus. Marcelo levou o menino de 9 anos para um horto florestal, onde o matou. Contatos foram feitos com a polícia de Minas Gerais, na época, para esclarecimentos, mas a investigação permanece sem resultado.

A ENTREVISTA

Em setembro de 2003, entrevistei Marcelo Costa de Andrade, que gentilmente foi levado ao Manicômio Judiciário Heitor Carrilho com a inestimável colaboração de seu diretor, doutor Anaton Albernaz de Oliveira. Participaram dos trabalhos os seguintes membros do Nufor: Maria Adelaide de Freitas Caires (psicóloga e na época presidente), Sérgio Paulo Rigonatti (psiquiatra e vice-presidente) e Antonio de Pádua Serafim (psicólogo e membro da comissão científica). Sem a preciosa ajuda e experiência deles, jamais obteria esses resultados que aqui apresento.

Entrevistar Marcelo Costa de Andrade foi um enorme desafio. Eu já sabia que ele havia assassinado treze crianças, mas as informações que obtive eram confusas e incompletas. Muitas perguntas haviam ficado sem resposta: Ele escolhia o local dos crimes com antecedência? Qual era o critério utilizado para a escolha das vítimas? De onde havia tirado a ideia de beber o sangue das crianças? Para que fazia isso? Levava com ele algum troféu de seus crimes, alguma lembrança? Era, de fato, doente mental?

Todos os crimes cometidos por ele só foram conectados com sua captura pela morte do menino aqui chamado de Simão. Meninos de rua são alvos fáceis para serial killers. A família demora a sentir falta da criança, que habitualmente dorme fora de casa muitos dias, e não são casos de grande repercussão na mídia, exceto quando desaparecem em grande número.

No Brasil, em 1991, pouquíssimas pessoas já tinham ouvido falar de matadores assim. Apesar de todas as crianças terem sido encontradas apenas de camiseta (as bermudas haviam desaparecido), apesar de todas estarem incluídas na mesma faixa etária e sexo, apesar de todas as vítimas serem meninos de rua, apesar de todas terem sofrido violência sexual.

A partir da captura de Marcelo, ele resolveu confessar todos os seus crimes. Alguns foram impossíveis de serem verificados, outros foram confirmados. Pela descrição que fez durante a entrevista,, recheada de detalhes escabrosos e macabros, fica difícil imaginar que algum deles não tenha ocorrido. Ele parou e pensou em cada um cuidadosamente, descrevendo-os minuciosamente. Muitas vezes, a equipe do Nufor se perdeu nas anotações, diante do elevado número de vítimas e das atrocidades relatadas, mas Marcelo esclareceu cada dúvida que surgia.

Ele é calmo, educado e parece uma criança, apesar dos 37 anos, à época da entrevista. Não tem a menor ideia da dimensão de seus atos. Não sente arrependimento pelas vítimas em si, apenas pelas consequências dos crimes para ele mesmo. Sua face é sem mímica, um rosto plácido, sem trejeitos. Sua fala, monótona. Descreve seus atos como quem lê uma lista de supermercado, com muita frieza, como se não se importasse. Não chorou nem se emocionou em nenhum momento.

Durante várias vezes, na entrevista, me pediu que lhe enviasse uma bermuda, vestimenta que guardava de cada criança que matava, como lembrança ou troféu. Não enviei.

Dos membros do Nufor que participaram da entrevista, eu era a única inexperiente na situação. Apesar disso, todos nós nos sentimos mal ao término dos trabalhos. Eu fiquei de cama por quatro dias.

Para as pessoas mais impressionáveis, meu conselho é que não leiam a transcrição da entrevista no que diz respeito aos crimes, leiam só os assuntos gerais. Marcelo Costa de Andrade fez um relato de seus crimes totalmente desprovido de qualquer cuidado com a alma alheia, por ser incapaz de entender completamente o caráter de seus atos. A crueza dos detalhes pode chocar.

ENTREVISTADORES

MARIA ADELAIDE DE FREITAS CAIRES
SÉRGIO PAULO RIGONATTI
ANTONIO DE PÁDUA SERAFIM
ILANA CASOY

ENTREVISTA
ASSUNTOS GERAIS

M.A. FREITAS CAIRES Nós estamos o dia inteiro aqui te esperando, Marcelo. Chegamos aqui às oito horas da manhã.

MARCELO COSTA DE ANDRADE Lá de São Paulo?

M.A. São Paulo.

MARCELO É o quê, é revista?

M.A. Não, nós somos estudiosos, a gente trabalha também num hospital e ela é escritora e pesquisadora.

S. PAULO RIGONATTI Marcelo, o que aconteceu com você, o que houve, se você confirma o que está escrito sobre você, vai falando à vontade.

MARCELO Confirmo.

M.A. Confirma tudo?

MARCELO Não, eu indo morar com meu pai, em Magalhães... aqui no subúrbio do Rio, sempre tinha... neste tempo eu tinha 10 anos de idade, aí eu fugi de casa, né, da casa do meu pai. Aí fiquei andando pelas ruas [...] fiquei andando pelas ruas, aí transava com muitas pessoas lá fora, pra ganhar dinheiro, né.

M.A. E que tipo de pessoas você transava?

MARCELO Homens que gostavam de garoto novo, bonito, né. Aí eles me davam dinheiro aí eu transava com eles. Aí fiquei assim dos 10 aos 20 anos.

I. CASOY Dormiam na rua?

MARCELO Não, pagava hotel.

M.A. E como era...?

MARCELO Eu fui acostumado, acabei me acostumando.

M.A. Você gostava, era bom, não era...?

MARCELO Não, gostava mais de ganhar o dinheiro, né. Fazia mesmo por dinheiro. Aí... no rosto, assim, nas pernas, nas... né, quando eu transava com eles. [...] do dinheiro. Aí foi quando eu parei, fui pra casa da minha mãe, ela tava morando em Manilha, Itaboraí, ela tava trabalhando, aí fui morar com ela lá, com uns 20 anos. Aí ela me botou pra trabalhar.

I. Como é que você encontrou ela de novo?

MARCELO Fui procurar ela de novo.

I. Foi procurar ela onde ela estava?

MARCELO É. Aí ela me botou pra trabalhar. Aí eu fui trabalhar em Copacabana.

A. DE PÁDUA SERAFIM – Você estudou até que série, Marcelo?

MARCELO Até a quarta série. Mas aí, no começo, quando eu fugi de casa, fiquei fora de casa, o meu pai me procurava ainda, e a minha mãe, né. Mas depois eles viram que não adiantava mais, descansaram. Mas de vez em quando assim eu ia visitar eles. Eles já sabiam que (eu) estava andando pelas ruas mesmo, né, não queria ficar em casa mesmo, mas eles não sabiam que eu me prostituía na rua, né.

M.A. E por que eles te procuravam?

MARCELO ...

M.A. Como eles eram? Como era seu pai?

MARCELO Meu pai era... Chama M.G.N.

M.A. E como ele era, como pessoa?

MARCELO Ele trabalhava como garçom.

M.A. E como ele te tratava?

MARCELO Ele tratava bem, né.

M.A. O que ele fazia?

MARCELO Me botava na escola pra estudar. Aí, quando ele viu que não adiantava mais me procurar, que eu queria ficar na rua mesmo [...] [Eu tinha me] acostumado a ficar na rua, aí ele deixou eu continuar na rua mesmo.

I. E a sua madrasta, também era boa com você? Ou ele [pai] ainda estava com a sua mãe?

MARCELO Não, ele tava com minha madrasta. Ele separou da minha mãe quando eu tinha 5 anos de idade, né.

I. E como chamava a madrasta?

MARCELO Vilma. Mas ela não era ruim não. Ela era boa. Mas só que ela não queria que eu ficasse lá morando com ela...

I. Por quê?

MARCELO Ela diz que num... queria ficar só que os filhos dela ficasse só com ela lá.

M.A. Mas ela falava pra quem que ela não queria que você ficasse lá?

MARCELO Ela falava pro meu pai.

M.A. E teu pai, fazia o quê?

MARCELO Meu pai ficava quieto, né, calado, né. Meu pai... Mas aí a minha madrasta, Vilma, teve um casal de filhos com ele. Já tão adultos, já. Aí, quando eu andava pelas ruas assim, cheguei até a viajar assim pro Nordeste. Fui lá pra Fortaleza, né, na casa do meu pai, perto lá de Sobral. Aí fui pra Montevidéu também.

I. Montevidéu?

MARCELO É, Montevidéu. Eu tava com dinheiro, né? Aí quando eu cheguei lá em Montevidéu, né, eu tava até... O dinheiro já tinha acabado, né, e eu fui pra lá fazendo baldeação, que eu não tinha idade suficiente pra viajar sozinho.

M.A. Quantos anos você tinha nessa época?

MARCELO Ah, uns 15 anos.

M.A. Você era corajoso, né, Marcelo? Sozinho?

MARCELO É, viajava sozinho.

I. Você tinha medo?

MARCELO Não, não tinha não. Aí eu viajava sozinho, aí chegava em Montevidéu e tinha vontade de ir pra Buenos Aires, mas eu não tinha mais dinheiro. Aí no outro dia veio um pessoal lá, aí eu achei o consulado daqui do Brasil, aí ele me deu uma passagem de volta pra cá, eu não tinha mais dinheiro pra passagem. Aí o consulado me deu o dinheiro da passagem pra cá, pro Rio de Janeiro de novo.

M.A. Você precisava de dinheiro, aí você resolveu voltar pro Rio. Você veio de baldeação?

MARCELO Não, ele me pagou a passagem direto.

I. O Consulado Brasileiro?

MARCELO É, ele me pagou uma passagem direto. Mas aí eu tenho um tio meu, ele é bem próspero na vida, ele tem um bar aqui no centro do Rio, no centro da cidade e outro lá em São Conrado. Ganha bem, ele.

M.A. Por parte de mãe ou por parte de pai?

MARCELO De pai. Ele não vem me visitar não, que ele diz que tem pavor de presídio e tudo. Meu pai também só veio quatro vezes só também. Tem pavor de presídio também. Lá fora também eu via muito com negócio de macumba, feitiçaria. Que tem muitas pessoas lá que vai lá e se consultam com os espíritos, pede pra matar um inimigo que está perturbando, aí a pessoa faz obrigação com os espíritos, né. Aí os espíritos vai lá e mata a pessoa. Muitas pessoas vai lá só por causa disso. Também pra ganhar muito dinheiro, né.

I. Pra fazer pedido?

MARCELO É. Para com os espíritos, né, que tá dentro da pessoa.

M.A. Como eles explicavam esses despachos?

MARCELO Era pra conseguir alguma coisa. Para os espíritos para conseguir alguma coisa.

I. Mas que tipo de coisa? Qualquer coisa?

MARCELO É, qualquer coisa. Aí os espíritos fazia. Por exemplo, nos classificados do jornal *O Dia*, jornal *O Globo*, tem aquela página assim que as pessoas que trabalham com os espíritos colocam assim nos classificados oferecendo solução para os problemas né, aí eu tive também duas passagens pela

Fenabem, aqui no Rio. Mas eu não gostei de lá não porque dava muito pivete perigoso lá, né, pivete que usava maconha lá e tudo.

M.A. Você chegou a usar alguma droga?

MARCELO Não, drogas nunca usei não. Aí tinha muitos pivetes perigoso lá, Comando Vermelho, pessoas do comando, aí eu não gostava de ficar lá não. Aí eu fugi duas vezes de lá.

I. Como é que você fez para fugir?

MARCELO Por trás.

I. Por trás, pelo portão?

MARCELO Não, por trás da Funabem.

M.A. Tem muro ali?

MARCELO Não me lembro bem não. Na Febem do Ceará que eu gostei mais de ficar lá. Fiquei lá três meses, aí me deram uma passagem de avião pra cá pro Rio.

M.A. Por que você ficou lá?

MARCELO Passei três meses lá procurando que eles me dessem passagem pra cá pro Rio.

I. Você chegou lá de carona?

MARCELO Não, eu tava assim viajando. Aí eu não tinha dinheiro pra voltar pra casa, aí eu resolvi ficar lá uns três meses pra eles pagarem a passagem pra cá.

I. Quantos anos você tinha?

MARCELO 16 anos.

I. Como é que você foi até lá? Você foi de ônibus? Pagou passagem?

MARCELO Fui fazendo baldeação, porque eu não tinha idade suficiente.

I. Como é que é baldeação?

MARCELO É pegando um ônibus daqui pra Campos, assim...

M.A. Você é bem esperto! Sabia onde podia ir pra conseguir voltar quando estava sem dinheiro, olha só!

MARCELO É.

M.A. Você ia direitinho nos lugares pra eles poderem te ajudar, né? Como que você explicava pra eles quando chegava lá? Você falava o que para eles?

MARCELO Eu falava que eu sou daqui do Rio de Janeiro e queria voltar pra cá, pro Rio de Janeiro. Aí eles me davam a passagem pra voltar pra cá.

I. Mas eles te achavam na rua ou você que procurava eles?

MARCELO Eu que procurava eles.

I. Você perguntava onde era a Febem?

MARCELO Não, perguntava onde era o Juizado de Menores, aí... Uma vez eu fugi daqui também...

I. É? E como é que você fez pra fugir daqui?

MARCELO Pelo campo, aí. Tem um campo de futebol aqui. Tinha um portão lá atrás e aí tava aberto e eu fui embora.

M.A. E por que deu essa vontade de fugir, de ir embora?

MARCELO Tava vendo que tava muito encrencado, muito cheio de problemas, cheio de paciente, aí eu pensei que era melhor eu fugir mesmo, aí eu fui embora.

I. Pra onde você foi?

MARCELO Fui pro Ceará. Eu tava com dinheiro porque eu ajuntei um dinheiro aí, fui emprestando aí pro pessoal aí que usa droga e tudo, eles pagavam com juros, aí fui ajuntando dinheiro... Porque eles pega drogas aqui do presídio, com linha, né. Aí eu juntei um dinheiro e fui pra lá.

SÉRGIO PAULO RIGONATTI – Por que pra lá?

MARCELO Meu pai mora lá. Ele tem um pequeno bar lá, no Ceará.

I. Teu pai ainda mora lá?

MARCELO Não, ele veio pra cá pro Rio agora. Ele tá trabalhando no bar do meu tio.

M.A. Me fala, aí você chegou lá no Ceará, foi visitar seu pai, você conseguiu achá-lo?

MARCELO Consegui. E a minha tia também mora lá também. Tem umas três meninas jovens, né. Mais um menino de 13 anos.

M.A. E quando você chegou lá nessa segunda vez, que você fugiu daqui e foi pra lá, seu pai já sabia que você estava preso, estava aqui no hospital?

MARCELO Sabia.

M.A. E como que ele te recebeu lá? O que ele achou que aconteceu?

MARCELO Ele pensou que eu tinha ido embora numa boa, né.

M.A. Aí você falou que tinha fugido?

MARCELO Falei.

M.A. Aí ele ficou...

MARCELO É, ele não ficou satisfeito não.

M.A. Mas ele brigou com você?

MARCELO Não, ele não ficou satisfeito não. Eu também não ia fazer mais nada de errado, né. Ia andar direito e arranjar um trabalho.

M.A. E ele te ajudou a arranjar trabalho?

MARCELO Não, não ajudou não. Não tinha condições de me ajudar.

M.A. Quanto tempo você ficou lá? Você ficou chateado de ele não te ajudar?

MARCELO Não, ele me deu dinheiro. O bar era dele mesmo, e aí ele me deu dinheiro.

A. Você ficou com ele na casa, foi pra algum lugar, ou voltou pra cá?

MARCELO Fiquei andando pela rua mesmo. Era perigoso ficar com ele lá porque eu tinha fugido, né.

I. E como te encontraram?

MARCELO É que tinha uma moça lá que me conhecia desde pequeno e ela me reconheceu e me denunciou pra polícia de lá.

M.A. E aí você foi preso?

MARCELO Aí eu fui preso e vim pra cá de novo. De onde eu tinha fugido.

I. Sua mãe estava onde?

MARCELO Aqui no Rio.

I. Ela casou também?

MARCELO Ela tem um outro esposo agora.

I. Ele é legal?

MARCELO É, é legal. Tem comércio também. Tipo bar.

I. Ele te tratava bem?

MARCELO É, trata bem.

I. Ele também vem te visitar?

MARCELO Já veio algumas vezes.

M.A. Teu pai também vem?

MARCELO Vem. Meu pai não, né, ele só me visitou quatro vezes [Marcelo está preso há doze anos].

M.A. Quanto tempo faz que ele não vem te visitar?

MARCELO Já tem um ano já.

M.A. Tua mãe, a última vez que veio foi quando?

MARCELO Já tem uns quinze dias que ela veio aqui. Ela que mais me visita. Tem quinze dias que eu não vejo ela.

M.A. Você tem outros irmãos por parte de mãe?

MARCELO Tenho, dois. Um morreu atropelado. Eu sou o primogênito, né. E dois é um casal, eles são adolescentes ainda.

M.A. E é desse segundo casamento dela?

MARCELO É. O segundo mais velho morreu atropelado.

I. O que nasceu depois de você?

MARCELO É.

I. E o casal é filho do padrasto ou do seu pai?

MARCELO Esse mais velho era do meu pai, o que morreu. O casal é do padrasto. Não dá pra você me arrumar um dinheiro pra mim, não? Ou umas roupas?

I. Dinheiro, não. As roupas, vamos falar com o doutor Anaton [diretor], ok?

S. Eu gostaria de perguntar pra você se já teve vontade de sair andando por aí?

MARCELO Lá fora?

S. É, como um andarilho.

MARCELO Eu tava pensando que se eu conseguir ser livre de novo...

S. Quando você estava lá fora você gostaria de sair andando sem destino?

MARCELO Quando eu tava lá fora eu gostava. De ter dinheiro, legal.

M.A. Que lugares que você queria conhecer? Você queria conhecer Buenos Aires e não deu porque acabou o dinheiro, né? Mas que outros lugares você queria conhecer, gostaria de viajar?

MARCELO Eu gostaria assim de aprender um idioma, assim de francês, ir pra França, conhecer Paris. É ruim de viajar assim pra fora sem conhecer o idioma. Aprender o idioma francês, inglês também. Viajar pra Londres, assim, Nova York, Los Angeles.

M.A. O que você queria fazer nesses lugares?

MARCELO Conhecer. Tem muitas coisas lá.

I. O que é que tem de bom lá?

MARCELO Disneylândia, por exemplo. Paris, que é muito falado. Londres também, né. Eu pensava assim em acertar na Sena e ganhar uns milhões assim...

S. Você joga?

MARCELO Eu jogava assim. Mas não dá não.

A. Teu prazer é viajar, né, Marcelo?

MARCELO É, eu gostava de viajar.

I. Esse que é seu sonho, Marcelo? Qual que é o seu sonho? Quando você sair daqui, o que você vai fazer?

MARCELO Eu penso... usar a inteligência e ver se consigo pelo menos uns três milhões, uns cinco milhões pra ver se resolve, aí não precisa trabalhar.

I. Aí o que é que você vai fazer?

MARCELO Aí vou viver como aposentado.

A. Como você pensa em ganhar de três a cinco milhões? O que você faria pra ganhar esse dinheiro?

M.A. Você se acha doente?

MARCELO Doente mental? Me acho.

M.A. Por quê?

MARCELO Porque com as pessoas, quando eu tava lá fora, onde eu cresci também já aprendi de gostar de transar assim com meninos... e de mulheres também. Vivendo por si só, né?

M.A. Você transava com mulheres também?

MARCELO É.

M.A. Entre meninos, mulheres, homens, qual que você preferia? Qual dava mais prazer em se relacionar? Tinha preferência?

MARCELO Não, não tinha preferência não.

M.A. Agora, sabe qual é a sensação que eu tenho, Marcelo, você falando sua história aí? De você ser muito sozinho. Você tinha amigos?

MARCELO Lá fora? Tinha assim com quem eu transava.

M.A. Só com quem você transava? Só enquanto você transava com ele?

MARCELO É.

M.A. Depois você não encontrava mais?

MARCELO É. Não encontrava mais.

M.A. E se encontrava também não era mais seu amigo?

MARCELO Não.

I. Amigo assim de só conversar, só passear com você, você não teve?

MARCELO Tive um moço, um senhor de idade.

I. Você morou com ele?

MARCELO Morei com ele uns dois anos. Aqui embaixo, dizia que eu era menino novo, tinha as pernas bonitas e tudo, lisinha e tudo, tinha o rosto bonito também... Fiquei morando com ele dois anos.

I. Depois ele foi embora?

MARCELO É, ele era da Bahia, Salvador, Bahia. Voltou pra lá.

M.A. E ele não quis te levar?

MARCELO Não. Eu também não quis ir não.

M.A. Mas ele quis te levar?

MARCELO Ele não falou nada não de me levar não, mas eu também não queria que me levasse.

A. Foi por isso também que você acabou gostando de ter esses contatos sexuais. E hoje, o que você pensa?

MARCELO ...

I. E onde você está agora, você tem amigos?

MARCELO Tenho.

I. Como é que é a vida lá?

MARCELO Os presos sai para tomar banho de sol às 8h30, aí volta 10h30 pra dentro dos corredores onde ficam as celas, aí 11h almoço, aí às 13h eles tomam café com pão e 17h janta de novo. Aí quando é 19h eles dão remédio, que é para cabeça, para dormir, e 21h eles trancam todas as celas, e soltam 6h da manhã seguinte.

I. E de manhã, quando você toma sol, o que você fica fazendo? Joga bola? Conversa?

MARCELO Sentado, tomando sol.

A. Como é o nome do lugar que você está agora?

MARCELO Henrique Roxo. É em Niterói.

I. E na parte da tarde, depois que você come o pão até o jantar, o que você fica fazendo?

MARCELO Eu fico lá deitado lá.

M.A. Aí você fica só dentro da cela?

MARCELO É. E pelo corredor também. Circulando pelo corredor. Tem o 1º andar e o 2º andar. Tem alguns presos que a gente começa a conversar, mas tem lugares que são muito perigosos, prefiro ser amigo deles, mas não dou muito papo pra eles não.

M.A. Você bateu a cabeça alguma vez?

MARCELO Não.

M.A. Você nunca levou pancada na cabeça?

MARCELO Teve um preso aí que queria matar eu.

M.A. É? E como que ele fez?

MARCELO Não, eu tava distraído, né.

M.A. Você sempre foi assim calmo, tranquilo... Em algum momento você sentia que alguma coisa não estava bem dentro de você? Ficava mais agitado, assim?

MARCELO Lembro uma vez quando eu tinha seis anos de idade, eu tava dormindo na rede lá no Ceará, em Sobral, Guaraciaba do Norte, né, aí apareceu um fantasma assim todo de branco assim, de noite assim... aí eu tava com meus avós lá. Eu tava deitado na rede, tinha seis anos de idade.

M.A. Seus avós estavam junto com você?

MARCELO Tavam, mas tavam dormindo, tavam no outro quarto dormindo. Eu tava num quarto dormindo sozinho, aí apareceu um fantasma, branco assim, ele atravessou a parede e tudo. Ele me jogou alguma coisa na rede assim...

M.A. Jogou alguma coisa em você?

MARCELO Tava sentado e caiu uma coisa em cima de mim.

M.A. Ele falava alguma coisa pra você?

MARCELO Não. Aí depois a minha avó acendeu a luz, eu pedi pra ela acender a lamparina...

M.A. Você gritou, fez alguma coisa?

MARCELO Não, pedi a minha avó pra acender a lamparina e aí desapareceu de repente, né. Aí quando minha avó levou a lamparina ele apareceu de novo, atravessando a porta.

I. Quando tinha luz não aparecia?

MARCELO Não.

M.A. Como a sua avó foi no quarto se ela tava dormindo no outro quarto?

MARCELO Não, eu pedi a ela pra ir no quarto pra acender a lamparina. Aí ela acendeu. Aí quando ela apagou ele apareceu de novo. Eu tô achando que como eu sou evangélico, né, já deduzi já, que é assim o espírito do demônio, né, que aparecia pra mim, né...

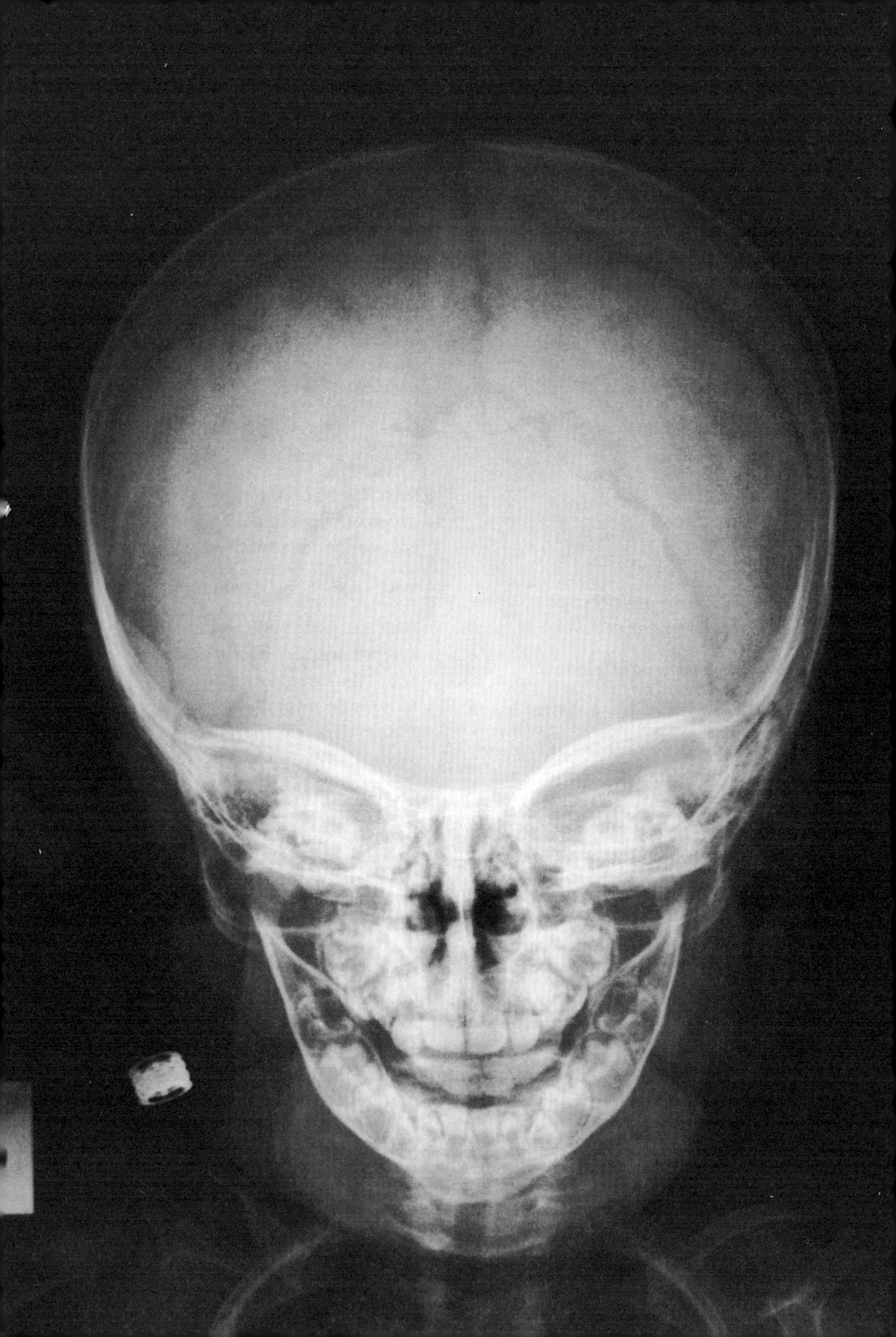

M.A. Como que ele vinha pra você? Por que você achava que era do demônio?

MARCELO Porque fantasma assim não é de Deus, né. Aí ele jogava assim uma coisa assim "ni" mim, né... Algum mau desígnio, para fazer alguma coisa errada acontecer.

M.A. Mas naquela época, com 6 anos de idade, você já achava isso ou foi entender depois?

MARCELO É. Desse aí que eu vi nunca contei nada a ninguém não.

M.A. Você acha que depois disso mudou alguma coisa em você? Você passou a ser um pouquinho diferente? Alguma coisa mudou em você?

MARCELO Eu acho que sim, né.

M.A. Em quê?

MARCELO Não conseguia dominar meus pensamentos... por exemplo, né.

I. Que pensamentos?

MARCELO Assim, pensamentos impuros, né? Na escola...

I. Era difícil?

MARCELO Era, porque eu fiz só até a 4ª série.

I. Você repetiu de ano?

MARCELO É.

I. Quantas vezes?

MARCELO Repeti, não lembro não.

M.A. Você acha que você viu um fantasma, aí tudo mudou na sua vida, você não conseguia controlar direito seu comportamento, por causa disso você nem aprendeu direito na escola, tudo ficou meio atrapalhado... E aí, o que aconteceu depois?

MARCELO Aí eu fui vivendo...

M.A. Você não falava isso pra ninguém?

MARCELO Não me passava na cabeça de contar pra eles.

M.A. Você é uma pessoa muito solitária... Você não podia contar com ninguém... Não podia pedir ajuda pra ninguém. Nem pro teu irmão você contava? Se você contasse o que ia acontecer?

MARCELO Acho que ele não ia acreditar, né?

[...]

M.A. Você acha que começou aí. Alguém na época fez alguma coisa errada com você?

MARCELO Não.

M.A. Em casa faziam alguma coisa errada com você?

MARCELO Não. Só quando eu saí de casa.

M.A. Quando você foi viver na rua?

MARCELO É.

M.A. Aí você teve experiências que foram erradas... O que tinha em casa que você não queria ficar em casa?

MARCELO Eu preferia ficar na rua porque na rua eu ganhava um dinheiro e tudo.

I. Você não era feliz na sua casa?

MARCELO Eu não me sentia bem não.

I. Por quê?

MARCELO Não achava um ambiente bom pra mim.

S. Teu pai não te expulsou de casa? Você que quis sair?

MARCELO Não, não, não.

M.A. Mas você achava que o ambiente não era bom pra você?

MARCELO Eu sei que uma vez, quando eu tava na rua, eu sempre sentia falta dos meus amigos da escola. Eu tinha uns amigos na escola, na época de adolescente, eles tão adultos também já. Sentia falta deles assim, da amizade deles.

[...]

MARCELO Pode perguntar mais!

S. Você toma que remédio?

MARCELO Tregetol [Tegretol] e um pra dormir.

S. O pra dormir você lembra o nome?

MARCELO É que eu tomava Haldol também, o Haldol.

I. Aqui ou lá [no Henrique Roxo]?

MARCELO Lá não... Hein, dona Elaine [Ilana], mas... Eu não sou um rapaz ruim não. Cheguei a trabalhar de porteiro de restaurante, lá na Barra da Tijuca, onde meu pai trabalha de garçom e tudo, várias semanas, aí o patrão lá até que me dava um dinheiro quando eu trabalhava lá sábado e domingo. E o meu desejo mesmo era eu entrar na Marinha. Me profissionalizar na Marinha.

I. Ah! Você queria ser marinheiro!

MARCELO É. Ganhar um bom dinheiro, né?

M.A. E por que não aconteceu isso, Marcelo?

MARCELO É porque... Minha vida... Abandonei os estudos, né... Porque entrar na Marinha exige um bom estudo, né? Fazer uma boa prova oral... e como não tinha terminado os estudos não deu pra me inscrever lá não.

M.A. Mas você acha que a gente pensa que você é um rapaz ruim? Porque você falou assim: “Mas eu sou um bom rapaz”, “sou um rapaz bom”, falou assim, né?

MARCELO É.

M.A. Você acha que a gente pensa o contrário?

MARCELO É. Por causa desse negócio, né... dos meus crimes...

I. Mas você não fez só coisa errada. Fez coisa boa também?

MARCELO Fiz coisa boa também.

I. Que coisa boa você fez? Como é que é?

MARCELO Eu falo assim de evangelizar os descrentes, tá com Deus, trabalhar em Deus, né. Pra que as pessoas conseguisse a sua salvação eterna, né, e tudo. Louvar a Deus, né, em santidade. Que na igreja, na Igreja Universal do Reino de Deus, onde eu entrei, tinha um grupo de jovens que saía para ir evangelizando as pessoas na rua, né.

I. Você saía junto com o grupo? Quantos tinham? Muitos?

MARCELO Uns quinze assim. À tarde, de noite, reunião da igreja, e aí dava pra evangelizar as pessoas na rua.

M.A. E nessa época você tinha quantos anos?

MARCELO Uns 20 anos. Vinte anos parece. Vinte e um.

M.A. Vinte anos, já?

MARCELO Vinte e um anos. Porque eu conheci a Igreja Universal do Reino de Deus eu tinha 16 anos, eu vi na televisão. Aí tinha o bispo Brown, bispo Rodrigues, que apareciam na televisão, aí eles quebravam até os santos feitos de ilusão, ver que não tinha valor nenhum. Que as pessoas tinha que buscar era Deus mesmo. Aí eu vi aparecer aquilo na televisão aí gostei da igreja e aí eu fui lá.

I. Foi sozinho?

MARCELO Fui sozinho... Mas eu sempre gostei de andar com pessoas boas, né. Bom coração, né. Eu graças a Deus...

S. Você valoriza muito a beleza interior da pessoa.

MARCELO É, é.

S. E a beleza física? Os traços amistosos?

MARCELO Também. Hein, dona Ilana... Eu graças a Deus nunca tomei drogas nem tô usando. Já me deram conselho né, mas estas coisas não tô usando não.

M.A. E beber?

MARCELO Beber também não bebo, não. Bebida alcoólica nenhuma. Nem vinho nem...

M.A. Por que você acha que virou? Você assim tão bom, só fazendo coisa boa, e aí essas coisas que você está falando que só eram coisas erradas?

MARCELO Problema na cabeça, né. Naquele tempo eu não tava raciocinando bem. Eu não estava raciocinando bem...

M.A. Nós vamos deixar você descansar...

MARCELO Pode voltar na segunda também.

I. Amanhã a gente volta. Aí vamos ver...

[...]

MARCELO Às vezes lá em Sangradouro, tinha uma escola lá que ensinava as crianças.

M.A. Por que numa dessas coisas que a gente leu dizia que você não aprendia, não conseguia aprender na escola? Te chamavam de burro, alguma coisa assim?

MARCELO Eu não tinha interesse pelas aulas.

M.A. Vamos lembrar você, dentro da sala de aula, vamos fazer essa viagem... Você tava lá, aí você, quando a professora ensinava as coisinhas pra vocês, você entendia o que o professor falava?

MARCELO Algumas coisas entendia.

M.A. Aí, na hora de escrever aquilo, como é que era? Você conseguia copiar toda a lição da lousa junto com os coleguinhas?

MARCELO Conseguia.

M.A. Você aprendeu a ler?

MARCELO Aprendi a ler e a escrever.

I. Você se preocupava por não estar aprendendo rápido?

MARCELO Não, o que eu achava mais difícil era o português.

I. Aí chegava na matemática descontava tudo?

MARCELO É, matemática eu era bom. Mas o meu professor ensinou pra mim que qualquer dúvida que eu tivesse assim, nas aulas, era só perguntar pra ele que ele esclarecia tudo.

M.A. E vamos pensar uma coisa, você vai falar de aula ainda, tá? Você na sala de aula ainda, como que era? Você era muito sapeca, conversador? Ou você ficava quietinho? Você ficava na turma do barulho? Como que era essa história, conta pra mim.

MARCELO Ficava mais lendo assim um gibi. Eu não gostava muito da turma do barulho.

M.A. Você ficava quietinho, tal... Por exemplo, um coleguinha vinha e falava que você era burro. Como que você reagia?

MARCELO Deixava para lá. Eu não escutava.

M.A. Você não saía dali chateado?

MARCELO Ficava triste, né.

M.A. Aí não tinha como fazer amigo, né? Aí você era mais quietinho, não ficava perto do pessoal, né? Aí a professora disse que você podia chegar perto e perguntar tudo. Você fazia isso?

MARCELO Aí eu perguntava e ela me repetia tudo. Mas o mais difícil mesmo era o português.

M.A. No primeiro ano da escola, você passou? Você fez o primeiro ano e já passou pro segundo ou você ficou de novo no primeiro ano?

MARCELO O primeiro ano eu passei.

M.A. E você entrou na escola no primeiro ano ou você entrou antes?

MARCELO No primeiro ano.

M.A. Você tinha quantos anos mais ou menos?

MARCELO Uns 8 anos de idade. Aprendi as primeiras letras do alfabeto. Ela me ensinou as primeiras letras do alfabeto.

M.A. E como que ela ensinava?

MARCELO De cartilha.

M.A. Me fala uma coisa, Marcelo, sua avó era brava?

MARCELO Ela era calma.

M.A. Quando você não ia bem na escola, o que ela fazia com você?

MARCELO Alguma vez quando eu fazia coisa errada, ela batia.

M.A. Que tipo de coisa errada podia ser? Quem era mais brava, ela ou teu avô?

MARCELO Ela, né.

M.A. E como era? Surra ou era tapinha? Era forte? Doía muito?

MARCELO Ela batia com uma correia que ela tinha lá. Mas ela era legal. Ela criava até um tanto de galinhas no quintal e tudo.

I. Você gostava bastante dela?

MARCELO É. Tinha uma plantação de melancia, milho e tudo... De vez em quando ela fazia uma pamonha de milho e tal.

S. Quando você foi para o Ceará com sua avó, que você chorou... você queria ficar no Rio ou queria ficar com o seu pai?

MARCELO Queria ficar na minha casa, com meu pai.

S. Ah, com seu pai...

MARCELO Aí nesse tempo eu tinha 5 anos de idade nesse tempo.

M.A. Não deve ter sido fácil essa época pra você, né, Marcelo?

MARCELO Mas não foi muito ruim não. Com o passar dos dias lá é que eu fui gostando de lá. Lá era um lugar muito bom lá.

[...]

M.A. Que fato importante você se lembra que te deixou muito feliz naquela época?

MARCELO [Não responde.]

[...]

MARCELO Com 10 anos eu vim embora pro Rio.

M.A. Isso é uma lembrança triste para você. Aí você chorou porque não queria vir embora...

MARCELO Eu até quis vir.

I. Você chorou para ir embora de lá?

MARCELO Não.

I. Não? Despediu da avó, despediu do avô...

MARCELO Meus avós até choraram quando eu fui embora. Mas depois... Eu tava mesmo com vontade de vir aqui pro Rio e tudo mais.

I. Você queria voltar?

MARCELO É. Aí depois que eu fiquei uns tempos aqui é que eu senti saudades de lá.

M.A. Mas não era algum feito seu que te chamavam de Barão? Chamavam outros meninos de Barão?

MARCELO Era brincadeira. Só chamavam eu. Os amigos tinham mania de brincar com os outros, né.

M.A. Mas você acha que era por alguma...

MARCELO Era brincadeira mesmo.

M.A. Mas Barão é chique, né?

MARCELO Mas eu, graças a Deus, não tenho apelido não. Não gosto de apelido não.

M.A. Nos papéis que a gente leu tem alguns outros apelidos. Barão era um. O outro é Jack.

MARCELO Minhas quatro sentenças já...

M.A. É, a gente leu algumas coisas.

MARCELO É tudo pra tratamento?

M.A. É tudo pra tratamento.

MARCELO As quatro sentenças?

M.A. É. Se estiver errado você me corrige, tá, Marcelo? Quando a sua mãe foi te pegar lá, você veio para o Rio...

MARCELO Neste tempo eu tinha 10 anos de idade.

M.A. Isso, você tinha 10 anos de idade. Aí você passou a ficar andando pela rua. Você achava que não era um bom lugar ficar na sua casa? É isso? Na casa da tua mãe?

MARCELO Aí quando eu vim pra cá pro Rio, com 10 anos, eu vi que tinha que morar com a minha mãe e o meu padrasto. Ele era até macumbeiro.

M.A. Que tipo de macumba ele fazia? Você chegou a ver alguma? Matava galinha?

MARCELO Não, não. Eu vi que ele recebia negócio de santo lá.

I. Ele era médium, é isso?

MARCELO É.

I. Ele mesmo recebia dentro do corpo dele?

MARCELO É.

I. Aí ele ficava bem diferente?

M.A. E o que você achava disso?

MARCELO Achava estranho, né?

M.A. Você tinha medo? Achava que ele ficava poderoso?

MARCELO Não. Eu sei que ele brigava com a minha mãe, discutia com a minha mãe...

M.A. Mas ele batia ou era de boca a boca?

MARCELO Não batia, era só de boca a boca. Aí minha mãe resolveu ir embora de lá, arranjar emprego e ir embora de lá... Aí eu tinha que sair de lá também. Não podia ficar morando.

I. Eles ficavam brigando assim, sai e volta, é isso?

MARCELO É.

I. Cada vez que a mãe brigava, você tinha que fazer a mala para ir com ela?

MARCELO É.

I. Aí ela voltava e você tinha que voltar também?

MARCELO É.

M.A. E aí você viveu com a sua mãe e o seu padrasto quanto tempo?

MARCELO Uns três meses mais ou menos. Aí de lá eu fui morar com meu pai e a minha madrasta.

M.A. E com o seu pai e a sua madrasta era a mesma coisa? Eles brigavam também?

MARCELO De vez em quando eles discutiam também, né.

I. Aí quando você foi para o colégio interno você já tinha feito sexo?

MARCELO Não.

I. E como é que era lá?

M.A. No colégio aconteceu?

MARCELO Não. Lá era só casa de meninos, mantido pelo padre da Igreja católica.

I. E os padres eram legais?

MARCELO É. Os padres ficavam na coordenação lá.

I. E com os outros meninos? Tinha brincadeiras?

MARCELO Tinha muito assim jogar bola, jogar bola de gude...

I. Era a parte que você gostava, né?

MARCELO Tinha passeios também...

I. Ah, é? Passeios para onde?

MARCELO Assim pra Quinta da Boa Vista, conhecia museus, né.

I. Você gostava de lá?

MARCELO Era bom, né? Tinha festa de Natal lá. As pessoas ia lá e tudo, fazia uma festa animada lá.

M.A. Você já tinha tido alguma festa de Natal antes?

MARCELO Quando eu tava lá tinha festa de Natal, comemoração de Ano-Novo...

I. E nas férias, ia pra casa ou ficava lá?

MARCELO Sábado e domingo os pais ia buscar os filhos lá.

I. Teu pai ia te buscar?

MARCELO Ia.

I. Você passava o fim de semana com seu pai? E aí voltava no domingo?

MARCELO É.

I. E nas férias?

MARCELO As férias ficava lá mesmo. Aí gostava de gibis lá, ver televisão, desenho...

I. Lá que você começou a ver os desenhos?

MARCELO É. Via Pernalonga também. Eu gostava também de uns filmes também que tinha na televisão e eram muito bons... o Chips...

I. Chips, eu lembro deste filme. Ele era guarda, não era? Andava de moto?

MARCELO É.

M.A. Parece que foi um tempo bom...

MARCELO É, foi bom.

M.A. Por que você saiu de lá?

MARCELO Porque lá só podia ficar dos 6 anos aos 13 anos. Aí completou 13 anos não podia ficar mais lá, não. Aí quando eu completei 13 anos eu fui morar com o meu pai, né. Aí foi nesse período que eu resolvi sair de casa.

I. Quanto tempo você ficou morando com teu pai antes de sair de casa?

MARCELO Uns dois meses.

I. Você também viu no olhar deles que não era bom?

MARCELO Não, meu pai até que... me dava todo apoio de eu ficar lá, né. Pedia dinheiro a ele...

I. Ele dava?

MARCELO Ele dava. Mas a minha madrasta que eu vi que não tava gostando de mim lá. Tava me maltratando e tudo. E nesse tempo ela já tinha um casal de filhos já. Já são adultos agora...

I. E como é que ela te maltratava?

M.A. O que ela fazia?

MARCELO Ela num... não me tratava bem, não falava comigo direito...

I. Não falava direito com você? Mas batia em você?

MARCELO Não. Não batia não.

M.A. Quantas surras você tomou, Marcelo?

MARCELO Não tomei, não.

M.A. Algumas vezes sua avó batia?

MARCELO Não. Não tinha raiva não.

I. Mas naquela época você tinha? Essa raiva, decepção, tristeza, o que você tinha?

MARCELO Depois que eu saí de casa não guardava mágoa deles não. Tanto fazia.

[...]

S. Você gosta de cantarolar?

MARCELO Não, não sei cantar, não sei cantar não. Eu gosto só de cantar uns hinos evangélicos, louvar a Deus assim, agradecendo a Deus, pedir a Deus, né... eu gosto de cantar assim.

M.A. Quem te levou para a Igreja?

MARCELO Foi quando eu conheci a Igreja Universal do Reino de Deus pela pregação na televisão. Aí eu gostei da Igreja Universal do Reino de Deus, eu resolvi ir lá.

M.A. Você foi sozinho lá?

MARCELO É, eu fui lá. Aí tinha pessoas lá que ficava endemoniado, né. Aí a pessoa quando ficava endemoniado, a pessoa já não tava mais no corpo, né. Já tava o demônio no corpo da pessoa manifestado, né. Aí o pastor ia lá e expulsava os demônios, aí a pessoa voltava a si.

M.A. Que jeito que ele expulsava?

MARCELO Oração dele, né. Em nome de Jesus para sair aquele mal daquela pessoa.

M.A. Era igual quando o seu padrasto ficava tomado?

MARCELO Não, mas ele ficava tomado, mas ele não queria seguir por esse caminho. Ninguém expulsava nada dele não.

M.A. Ele queria seguir pelo caminho do demônio?

MARCELO Pelo caminho do espiritismo.

M.A. Pelo caminho do espiritismo, não do demônio?

MARCELO O espiritismo é de onde eles saíam.

I. Mas era diferente da pessoa que ia na igreja e ficava tomada?

MARCELO As pessoas que ia na igreja já tinha se libertado de todo mal e só conheciam a palavra de Deus.

I. E o seu padrasto não queria. Mas era igual? Parecia igual? Era o mesmo demônio que trabalhava com o seu padrasto e que as pessoas queriam se libertar? Ele acendia vela, também, essas coisas? Seu padrasto?

MARCELO Não via não, mas acendia vela.

M.A. Acho que entendi. Então no espiritismo... São os anjos decaídos mesmo, não é tipo espiritismo, eles querem viver a vida do demônio, a lei do demônio. Quem vai para a Universal de Deus quer se libertar disso para poder louvar a Deus.

MARCELO É, e alcançar a salvação eterna.

M.A. Como o padrasto não queria ir para a Igreja Universal do Reino de Deus, ele queria continuar com o demônio.

M.A. Seu pai ficava muito nervoso quando bebia?

MARCELO Não, não. Ficava calmo.

M.A. Porque a gente leu também que quando o teu pai bebia ele ficava muito nervoso...

MARCELO Não. Só quando mexia com ele assim, quando entrava no caminho dele assim, aí ele ficava nervoso. Mas não matava ninguém não. Ficava nervoso, né, brigava, mas não...

M.A. Mas falando ou ele chegava a bater, a quebrar mesa...

MARCELO É. Podia precisar também quebrar... Mas ele não é de matar ninguém, roubar ninguém não.

M.A. Mas quando ele bebia você ficava assustado com o jeito dele, assim?

MARCELO Não, ficava tranquilo. Ele até ficava mais alegre.

M.A. Quem é que fazia mais carinho em você? Sua mãe, seu pai, sua avó?

MARCELO Não, carinho mesmo não fazia em mim não.

M.A. Nenhum deles?

MARCELO Não.

M.A. Pegar, fazer cafuné, botar no colo...

MARCELO Não. Só se for quando eu era neném, né. Não lembro.

M.A. A partir do momento que você consegue lembrar, você não lembra de ninguém abraçando você, beijando você?

MARCELO Não.

I. Nem a avó, quando você morava no açude?

MARCELO Não, ela não fazia carinho em mim não.

M.A. Mas ela fazia na filha dela? Na Rita?

MARCELO Não fazia também não. Às vezes conversava comigo, tal.

M.A. Pai e mãe não eram de botar no colo, abraçar e beijar não, né?

MARCELO Não.

[...]

I. Na casa da sua avó tinha bichos?

MARCELO Não, tinha uns gatos... com os meus avós lá no Ceará, aí tinha.

I. Quantos gatos?

MARCELO Uns sete gatinhos.

M.A. Você tinha 5 anos de idade. Foi logo quando você chegou lá?

MARCELO É.

M.A. Aí você tinha que sair pra algum lugar, né.

I. Como é que você matou esses gatinhos? Você jogou eles para cima, é isso?

MARCELO É, joguei eles pra cima, aí acabaram que eles "morreu". Eles morreram...

I. Quantas vezes você tinha que jogar cada um para cima para morrer?

MARCELO Eu joguei várias vezes.

M.A. Mas só pra cima ou contra uma parede, ou alguma coisa assim?

MARCELO Não, jogava
assim pra o alto...

I. Tua avó ficou muito brava?

MARCELO Não, até que ela não me falou... Não me chamou a atenção não. Mas mandou eu enterrar os gatinhos.

M.A. Me conta, os gatinhos eram filhotinhos?

MARCELO Eram... Filhotinhos.

M.A. Ah, tá... A gata teve filhotinhos e aí você... E quantos você matou?

MARCELO Acho que foi uns sete.

I. E você teve que enterrar?

MARCELO Não, joguei no mato mesmo.

I. Jogou no mato. E ela não ficou brava?

MARCELO A gata não ligou não.

S. Você é uma pessoa de poucos amigos?

MARCELO É, poucos amigos.

S. Poucos.

MARCELO Eu não... Eu não gostava de andar com más companhias.

[...]

MARCELO Não, é... Pra seguir a palavra d'Ele tem que ser santo, né. Pra salvação eterna. Porque na palavra dele diz que as pessoas vão direto pro inferno, né. Que aonde as pessoas vivem atormentadas.

I. Como é que é o inferno? Como é que é?

MARCELO Pessoas atormentadas. Assim pra... Pessoas atormentadas... Não consegue ficar sentada, deitada.

I. Fica agitada, assim...

MARCELO É, não consigo ficar deitado. Nem por um segundo também não consigo ficar deitado, nem sentado. Aí fica suando muito, aí fica andando pra lá e pra cá.

I. Isso é tormento?

MARCELO É. Porque a pessoa está atormentada. Aí a pessoa fica assim 24 horas. E se for de noite, a pessoa fica acordada a noite toda. Não consegue dormir. É por isso que a pessoa está... Os médicos falam pras pessoas tomar "Fenergan" pra não ficar assim agitado.

I. Entendi...

MARCELO Aí isso quer dizer um exemplo do que é ficar atormentado.

I. Você era um mau menino antes de pegar os meninos? Ou você se sentia bom?

MARCELO O que acontece é que uma vez, quando eu tinha uns 24 anos, chegou um menino travesti de 13, 14 anos, ali na Lapa, depósito de construção. Sabe, era de noite né, daí eu vi que ele tinha um rosto bonito né, tinha umas pernas bonitas, gozei dentro das nádegas dele e aí depois ele fez eu gozar nele também, aí também gozei de novo, aí beijei na boca dele e tudo. Aí levei ele pra o hotel pra fazer sexo de novo.

M.A. O demônio?

MARCELO Não um moço. Tinha chegado aí e parou o carro perto dele e levou pra o...

I. Para o mesmo hotel?

MARCELO Não, outro hotel. Aí levou ele pra o motel. Eu tava tomando refrigerante, que eu tinha... Já tinha me "satisfeito" meu desejo.

I. Esse foi o primeiro menino que você se relacionou, é isso?

MARCELO É.

M.A. Mas já tinham se relacionado com você, não é?

MARCELO Já.

M.A. Já tinham ido...

MARCELO Eu tava com 24 anos, já.

I. Mas nunca você tinha antes feito sexo com menino? Só com adulto?

MARCELO Só com adulto só.

S. Quando criança você transou com homens mais velhos?

M.A. Foi depois desses 13 anos que você saiu da casa do teu pai? Me conta uma coisa, nessas experiências que você teve, alguém te chamou?

MARCELO Não, eu estava na Cinelândia e tal e aí tinha muitas pessoas lá que gostavam de... me pagavam mais ou menos cinquenta reais, aí eu aceitei.

M.A. E doeu muito, não doeu, como é que foi?

MARCELO Doeu não.

M.A. Mas você sentiu prazer também?

MARCELO Não, foi mais pra ganhar dinheiro mesmo.

M.A. Ah, você chegou a gostar?

MARCELO Mais tarde só.

M.A. Só com esse menino?

MARCELO Não, com outras pessoas também, mais tarde.

I. Mais ainda quando foi com o menino? Você gostou do menino ou não? Como é que foi?

MARCELO Mais com o menino.

I. Mais com o menino. Esse menino usava saia, você falou?

MARCELO É.

I. Você achou que ele era menina e depois descobriu que ele era menino ou você logo viu que era menino.

MARCELO Não, eu vi logo que era menino.

I. Viu logo. Ele parecia assim de saia, quando ele punha a saia, ele parecia com aquela menina da canoa ou não?

MARCELO Parecia com uma menina mesmo.

I. Quando ele saiu com o outro freguês que parou o carro, como é que você se sentiu?

MARCELO Ah, eu vi que eles também gostam, né.

I. Ah, você viu que não era só você que gostava de menino, é isso?

MARCELO É.

M.A. Aí ficou aliviado.

I. É, ficou aliviado. "Não sou só eu", é isso?

MARCELO É.

M.A. Bom, agora a gente vai começar a falar daquelas coisas lá que você falou que você fazia mal e a gente vai relembrar um pouquinho, tá bom?

MARCELO Dá para ir no banheiro primeiro?

M.A. Dá, claro.

[...]

MARCELO É, Ilana, eu até já deduzi já... Por exemplo, as coisas erradas que eu fiz assim, pra aparecer outra pessoa assim igual eu, só daqui a vinte anos, trinta anos.

I. Você acha que não tem ninguém parecido com você?

MARCELO Não, por exemplo, vamos supor. Em relação em série assim.

I. Só você que tem isso?

MARCELO É.

I. Você acha que mais ninguém tem nada de errado?

M.A. Então, pra nós está sendo uma grande oportunidade de tá conversando com você, né?

MARCELO Não, porque eu... O diabo e o demônio, por exemplo, ele solicita na pessoa, ensina as pessoas a roubar e a matar os outros, né. Pessoas adultas, né. Mas com o tempo também, eles ensinavam a pessoa também a matar criança, adolescente, né.

M.A. Tá. E o que tem a ver com o dia de hoje?

MARCELO Hã?

M.A. O que tem a ver com hoje?

I. Que só vai aparecer o...

M.A. Então o demônio só vai aparecer daqui a vinte, trinta anos e...

MARCELO Não vai fazer... Levantar pessoa assim... Matar assim... Fazer essas coisas erradas assim em série, daqui a vinte ou trinta anos.

M.A. Ah, tá. É raro? É isso?

I. Por que você acha que ele escolheu você?

MARCELO Não sei.

I. A cada tanto tempo ele escolhe um só pra fazer essas coisas erradas. Como você acha que é essa escolha? Por que foi você?

MARCELO É porque... que Deus mentiu, né.

M.A. Ah... certo. Tá. Então eu vou voltar e vamos entrar nisso daí, tá bom? Nesse período aí, por exemplo, com o travesti lá, que você gozou, tudo... E daí você saciou o seu desejo sexual? Esse desejo sexual era muito grande?

MARCELO Era sim.

M.A. Porque nessa idade aí, nesse período aí, era muito forte em você. Isso vinha na tua cabeça e ficava grudado assim na sua cabeça?

MARCELO É.

M.A. Ah, não senti firmeza. É ou não?

MARCELO Eu gostava muito de sexo.

M.A. Você gostava muito.

MARCELO Com os meninos...

M.A. Tá. Tá bom... Alguma vez que você teve relação sexual com homens mais velhos, você ficou com raiva do homem?

MARCELO Não, não. Só quando me dava calote e não pagava.

M.A. Ah...

M.A. Quando você teve as primeiras vezes... As primeiras, vamos lembrar lá, 13, 14 anos... Quando o cara te convidava, você ficava quietinho, você às vezes tentava escapar dele? Como é que era?

MARCELO Não, até achava bom, né, que eu tava vendo que ia ganhar um dinheiro né.

M.A. Ah, tá. Dinheiro é uma coisa importante pra você.

MARCELO Mas tinha vez que não pagavam.

M.A. E o que você fazia?

MARCELO Aí eu ficava triste né. Chateado. Mas tinha uns que pagava direito, né.

[...]

M.A. Você foi vítima de um espírito mau? Maligno?

MARCELO Aquilo foi um demônio que fazia essas coisas erradas, né.

M.A. Você foi vítima dele, né.

MARCELO É. Eu também não vou em baile funk não, não gosto de funk. Vai muito drogado lá, viciado. Traficante de drogas armados e tudo mais que os outros, né. E alguns bailes funk faz muita apologia ao crime organizado, né. Por exemplo, o Tim Lopes foi morto lá...

I. Nos bailes funk?

MARCELO Ele foi lá e tinha mulheres lá, fazendo strip-tease... Os traficantes mataram ele e carbonizaram o corpo dele. Eu não gosto de baile funk não. Não me agrada não.

M.A. Porque é o mal pelo mal, só, né? Porque ele estava fazendo coisas erradas, mas você tava fazendo um bem, aquela criança ia para o céu.

MARCELO Quando eu tava em liberdade eu gostava de ir a um cinema, né.

I. Que filme você mais gostou?

MARCELO Os que eu mais me lembro é aquele, *O brinquedo assassino*.

I. Que mais?

MARCELO 007...

I. Mas no do brinquedo assassino o cara era bem mau também.

MARCELO Mas era o brinquedo, né?

I. Ah, era o brinquedo, não era o cara. O brinquedo que era mau, não era uma pessoa, né?

MARCELO É.

M.A. E você também não era mau? O demônio que era mau?

MARCELO É...

I. Depois que você matava os meninos, que você acabava com eles, veio algum arrependimento ou só depois que você foi preso?

MARCELO Não, eu procurava ficar tranquilo, né?

I. Mas você ficava tranquilo? Você só se arrependeu quando foi preso ou se arrependia depois que matava?

MARCELO Não, não tive arrependimento não.

I. Você ficava tranquilo até vir a vontade de novo?

MARCELO É.

I. Você só foi entender que ficou arrependido depois que você veio pra cá, é isso?

MARCELO Com o passar dos anos.

I. O que você acha que te ajudou a chegar nessa conclusão?

MARCELO A Bíblia Sagrada, a palavra de Deus, né. Eu não li a Bíblia Sagrada lá fora, tinha só a Bíblia guardada pra mim.

I. Sem ler?

MARCELO Sem ler.

M.A. Você tinha já a Bíblia antes?

MARCELO Tinha, tinha.

M.A. Se você tivesse lido, teria sido diferente?

MARCELO Não teria feito não.

M.A. E agora, tem visita, tudo, você chegou a conhecer alguma moça, tem alguma moça que se interessa por você? Que está apaixonada por você?

MARCELO Não, de jeito nenhum.

M.A. Mas vão moças visitar os seus colegas?

MARCELO Vão.

S. Você sabe o que é provérbio?

MARCELO Sei.

S. Por exemplo, "mais vale um pássaro na mão que dois voando"... Quer dizer que é melhor ter uma coisa segura que duas coisas hipotéticas, não é isso?

MARCELO É.

S. E se eu digo pra você assim: "Água mole em pedra dura tanto bate até que fura". O que quer dizer?

MARCELO Que a água vai amolecendo a pedra, né, com o passar dos séculos, né?

S. Tem mais alguma ideia?

MARCELO Não.

S. E se eu dissesse para você: "Devagar a galinha enche o papo". O que quer dizer?

M.A. "De grão em grão a galinha enche o papo"... O que isso pode significar?

MARCELO Não sei.

S. Você não quer pensar ou você não sabe mesmo?

MARCELO Não.

S. "Quem tem telhado de vidro não joga pedra no vizinho"...

MARCELO Pra não jogar no vizinho pro vizinho não descontar.

S. É verdade...

M.A. E essa outra: "Cão que late não morde"?

[Marcelo quer ir ao banheiro.]

[...]

S. O que você gosta de ler?

MARCELO A Bíblia.

S. Não, fora a Bíblia. A Bíblia todo mundo gosta de ler...

MARCELO Uma revista, por exemplo, *Manchete*, *Veja*...

S. *Playboy* não?

MARCELO Não, *Playboy* não. Eu gostava de ler revista de mulher, de homem...

S. Isso é interessante.

I. Você guardava essas revistas? Fazia coleção?

MARCELO Algumas eu guardava.

M.A. Bom, vamos continuar? Tudo bem? Descansou? A bermuda das crianças você guardava onde?

MARCELO Eu guardava numa caixa de isopor que eu tinha lá, junto com essas revistas que eu guardava lá.

M.A. Essas revistas, que vocês estavam conversando?

MARCELO É, revista *Manchete*, *Veja*, *IstoÉ*...

M.A. De sexo também?

MARCELO De sexo também. De homem fazendo sexo com mulher e tudo.

M.A. Ali era onde você guardava suas coisas assim para os olhos. Ninguém podia mexer?

MARCELO Não. Ninguém mexia não. Ela ficava no alto assim, aí botava as bermudas debaixo pra ninguém ver e tudo.

I. Por baixo das revistas?

MARCELO É, por baixo das revistas. Aí tinha vezes também que quando eu olhava pra revistas assim de sexo, de homem fazendo sexo com mulher, aí não tinha ninguém em casa, aí eu me masturbava olhando pra revista, de homem fazendo sexo com mulher.

I. Aí você usava a bermuda ou não?

MARCELO Não.

I. Pra se masturbar não? As bermudas ficavam só guardadas com as revistas? Você não pegava mais as bermudas?

MARCELO Pegava pra olhar.

M.A. Pegava só para olhar?

MARCELO É.

I. Aí vinha desejo, vinha lembrança, como era?

MARCELO Vinha desejo e lembrança. Aí eu tirava a bermuda e tudo, né.

I. Todas elas?

MARCELO É.

I. Quantas bermudas você chegou a juntar?

MARCELO Umas treze.

[...]

MARCELO O que é que ela faz mesmo? [Referindo-se a mim.]

M.A. Ela é pesquisadora.

I. Vou escrever a história do que você me contou, só a verdade. Por isso é importante que você fale sempre a verdade. Eu escrevo pra gente que quer saber a verdade, que nem você está fazendo, contando, pra entender a cabeça de pessoas como você. Pra poder ajudar essas pessoas a se curarem.

MARCELO É pra vender o livro depois?

I. É pra vender. Mas vende pra pessoas que se interessam em saber como é a cabeça de alguém que cometeu um crime assim, para poder ir buscar um tratamento que ajude essas pessoas a se curarem. Quem se interessa por essas histórias que eu escrevo é pra estudar esse assunto.

MARCELO E eles compram?

I. Eles compram. Alguns compram, outros não, porque não se interessam. Quem estuda esse assunto então compra.

M.A. Por que você está tão preocupado? Por que você tá falando tanto se compra, se compra?

MARCELO Não, é pra saber.

[...]

MARCELO Hein, dona Ilana, quando eu viajava assim por São Paulo, assim, Belo Horizonte, quando eu trabalhava bastante e tava com dinheiro, aí eu via os garotos bonitos desses lugares. Mas não dava pra pegar porque...

M.A. Você estava com o seu patrão?

MARCELO Não, não dava pra pegar pra transar com eles porque eu não conhecia nenhum lugar deserto por lá por perto.

I. Não conhecia o lugar, olha... Não dava tempo de procurar um lugar?

MARCELO Não.

I. Por que demorava pra achar o lugar?

MARCELO Só ficava dois ou três dias nesses lugares...

I. Você saiu no jornal uma vez, numa matéria antiga, que você tinha matado um menino em Minas...

MARCELO Não, mas não matei não.

I. Você não matou, só teve a vontade?

MARCELO É.

S. Eu queria fazer umas perguntas pra ele... De quem você gosta hoje? Que familiar? Que pessoa você gosta hoje? De quem você gosta, você tem amizade, quem você acha que gosta de você atualmente?

MARCELO Os meus parentes, né.

S. Quem são os seus parentes?

MARCELO Meus amigos.

M.A. Quem são seus parentes?

MARCELO Meu pai, minha mãe.

S. Você sente que eles gostam?

MARCELO É.

I. Hoje você vê no rosto deles uma coisa diferente do que você via antes?

MARCELO Eu vi que eles me perdoaram, mesmo assim eles gostam de mim.

S. A sua avó ainda é viva?

MARCELO Viva.

S. Ela vem te visitar. Você sente que ela gosta de você ou não?

MARCELO Gosta.

I. Teu avô já morreu?

MARCELO Meus avós por parte de...

I. Pai, aqueles que moravam lá em Sobral.

MARCELO Já faleceu.

S. Outra coisa...

M.A. Escuta, quando a sua avó, esta que morava no Ceará, morreu?

I. O avô. A avó está viva.

MARCELO Morreu por parte de mãe.

I. Não, a avó lá do Ceará, que morou com você?

MARCELO Ah, eles já morreram.

I. Os dois já morreram? Quando que ela morreu?

MARCELO Não me lembro não.

M.A. Quantos anos você tinha mais ou menos?

MARCELO Não me lembro não.

S. Lembra que você falou que uma vez viu um vulto branco e tal? Foi a única vez que você viu esse vulto branco ou de vez em quando aparecem vultos pra você?

MARCELO Não, nunca vejo não.

S. Aqui dentro, ou mais velho, não apareceram vultos?

MARCELO Não.

S. E gente morta para você? Nenhuma dessas almas penadas?

I. Você sonha com esses meninos?

MARCELO Não. Eu pensava que se eu morasse sozinho, né, de ter a carne deles, também, né.

I. Você teve esta vontade?

MARCELO É.

I. Você chegou a experimentar?

MARCELO Não, não.

M.A. Mas você tinha vontade?

MARCELO Mas aí não podia levar que eu morava com a minha mãe.

I. Você queria levar pra cozinhar em casa?

MARCELO É.

I. Aí a mãe ia descobrir...

MARCELO É, comer assim a carne assim das nádegas, das pernas...

I. Como é que você ia fazer?

MARCELO Cortava com facão.

I. Cortava e ia fazer o quê, ia comer?

MARCELO Cortava e botava na geladeira pra comer depois.

S. Carne crua?

MARCELO Não.

S. Cozida?

MARCELO É.

S. Agora, você nunca ouviu uma voz que falava "Vá e mate, faça isso, faça aquilo", um pensamento?

MARCELO Só um pensamento só.

S. Mas como que veio?

MARCELO De fazer essas coisas, né.

S. Mas era uma ordem? Ou era uma vontade?

MARCELO Conforme meus pensamentos era vontade de fazer sexo...

S. Era vontade? Agora, o que torna uma pessoa bonita? O que é uma pessoa bonita?

MARCELO É quando ela aparece de rosto, de corpo todo, né?

S. E como eu faria para ficar bonito? O que faz uma pessoa para se tornar bonita?

MARCELO Aí não sei dizer não. Dá pra tirar uma foto minha?

[...]

I. Teve algum menino que você sentiu mais pena dele do que dos outros? Você não sentia pena de nenhum? Como é que era?

MARCELO Não, eu sentia mais era desejo de fazer sexo com eles.

M.A. Mas teve algum que o desejo foi mais forte do que dos outros?

MARCELO Não, teve não.

S. É porque sadismo é incontrolável. Você reza antes de dormir?

MARCELO Eu peço a Deus.

S. E no levantar?

MARCELO Eu agradeço a Deus.

S. E quantas vezes por semana tem culto?

MARCELO Só domingo.

S. E você vai ou não vai, fica dormindo?

MARCELO Se eu puder, eu vou.

S. Quando é que você não pode ir?

MARCELO [Não responde.]

S. E quem frequenta lá? Você vai em todos ou só no evangélico, missa?

MARCELO No evangélico segundo Allan Kardec. De espiritismo.

I. Mas é outro espiritismo ou é o mesmo?

MARCELO Tem de espiritismo, mas é diferente do Evangelho Segundo Allan Kardec.

I. Mas é diferente ou tem também pomba-gira etc.?

MARCELO É outro espiritismo.

I. Como é que é esse espiritismo?

MARCELO É mais assim dos espíritos psicografando... É do Chico Xavier.

I. Ah, do Chico Xavier, já sei. E você também vai lá ouvir essas mensagens?

MARCELO É eu vou lá de vez em quando.

S. É uma tendência religiosa...

[...]

M.A. Nós vamos pedir pra você desenhar qualquer coisa que você quiser.

I. Pode ficar à vontade. Tem lápis pra você escolher...

[Marcelo desenha.]

I. Depois até você pode ficar, se você quiser, com os lápis.

S. Você é bom de matemática?

MARCELO Sou.

S. Então três vezes quatro?

MARCELO 12 [Responde em quatro segundos.]

S. E doze dividido por dois?

MARCELO É dez.

S. Dez vezes dois?

MARCELO Vinte [Em dois segundos.]

S. Vinte menos quatro?

MARCELO Dezesseis [Em três segundos.]

[Parada para água.]

M.A. E aí depois dessa conversa toda nossa, como é que você está?

MARCELO Tô bem.

S. Você sentiu um certo contentamento em contar as coisas, não sentiu?

MARCELO É bom lembrar, né?

S. É bom lembrar o passado. Faz um desenho aí pra nós, o que você achar bom.

M.A. Você escolhe, com o que você quer desenhar? [Mostra os lápis de cor.]

MARCELO Vocês vão vir de novo?

S. Vamos.

MARCELO Aí vocês vêm da próxima vez, aí vocês manda me chamar...

I. Ah, eu não esqueci, você gosta mais daqui, pra gente conversar mais à vontade, com mais liberdade.

MARCELO Lá é muito... vigiado. Não tem liberdade pra conversar direito. Aí ele tem um intercâmbio com o diretor de lá, doutor Pasquoto, aí ele me traz de lá pra cá.

I. Tá bom.

M.A. E lá é assim hospital também?

MARCELO Lá é manicômio também. Manicômio Henrique Roxo. [Acomoda-se e começa a desenhar.]

MARCELO Tá aqui, ó.

S. Olha só...

[Mostra o desenho.]

M.A. Marcelo, me conta aqui, quantos anos tinha mais ou menos essa casa?

MARCELO Não, eu só desenhei.

M.A. Eu sei, mas vamos imaginar. Imaginando aqui, quantos anos mais ou menos você daria pra essa casa?

MARCELO Uns dez anos.

M.A. Diga pra mim, quem mora nessa casa? Usa a tua imaginação, tá?

MARCELO Eu.

M.A. Com quem, sozinho?

MARCELO Com a minha namorada.

M.A. Essa casa é forte, é de tijolo, é uma casa de madeira, de palha?

MARCELO Tijolo.

M.A. Ela é bem forte?

MARCELO É.

M.A. Tá bom, tá ótimo.

I. Deixa ele assinar o nome dele?

M.A. Assina aqui, Marcelo.

[Marcelo prefere assinar atrás do desenho.]

ENTREVISTA
O RELATO DOS CRIMES [1]

1º MENINO
ANDRÉ

M.A. Bom, aí com 24 anos é como se o demônio tivesse te escolhido para você fazer as coisas que você fez. Certo? Então vamos lembrar a primeira criança... O primeiro menino. Foram todos meninos, né?

MARCELO É, eram todos meninos.

M.A. Tá. Aí vamos pensar no primeiro menino. Quem foi o primeiro menino? Qual era o nome dele?

MARCELO O nome dele era André.

M.A. Tá bom. Quando você viu... Porque você já tinha transado lá com aquele menino mais novo... travesti... e não veio esse impulso mais forte assim. Transou normal?

MARCELO É.

M.A. Aí com esse menino, o que veio na hora? O que aconteceu na hora?

MARCELO Não, é que eu vi que não era de prostituição. Se eu chamasse ele pra fazer essas coisas ele não ia querer, né... Aí ele que era todo bonito, né. Aí veio aquela ânsia forte de fazer sexo, né. Aí eu ofereci dinheiro pra ele pra acender uma velas pra São Jorge, né. Ia dar um dinheiro pra ele me ajudar a acender vela pra São Jorge. Aí ele aceitou, né. Aí eu fui lá para um lugar deserto lá com ele, aí era noite, né? Aí foi que eu vi que ele não tinha ninguém, daí eu agarrei ele à força e fiz sexo com ele à força.

M.A. Tá. Isso você fazia. Tanto que aí não tinha nada de diferente, concorda? A não ser que ele não era do ramo... né? Agora, como é que veio esse outro lado que fez com que você chegasse a matá-lo?

MARCELO É que eu tava com um sadismo muito forte na cabeça...

M.A. Estava com um sadismo muito forte na cabeça. Então na hora que você estava fazendo... Você fez sexo antes ou depois que ele morreu?

MARCELO Alguns foi depois e alguns antes.

I. Com o André, com o André... Alguns foram depois e outros antes. Mas e com o André?

M.A. Nós estamos falando só do André.

MARCELO Com o André foi antes.

M.A. Antes. E daí depois. Você fez sexo, o que aconteceu?

MARCELO Aí...

M.A. Veio o sadismo...

MARCELO Aí eu matei ele enforcado com a própria camisa dele.

M.A. Mas vinha aquela vontade de matar mesmo? É isso?

MARCELO É.

1 Os nomes de todos os meninos foram trocados.

M.A. Veio a vontade de matar?

MARCELO É. Fui possuído pelo sadismo, né.

M.A. Pelo sadismo.

MARCELO É.

M.A. E aí era uma coisa muito forte?

MARCELO É.

M.A. Na hora só veio o desejo e pronto?

MARCELO É.

M.A. E aí? Ele tentou se defender, né?

MARCELO É.

M.A. E o que você fez? Isso te deixava com mais sadismo ainda?

MARCELO É.

M.A. Então, Marcelo, ele começou a se defender. E aí?

MARCELO Aí foi quando eu tampei a boca dele.

M.A. Mas ele não morreu. Ou ele morreu?

MARCELO Não, demorou mais um pouco ainda. Depois ele morreu, né?

M.A. E o que você fez?

MARCELO Aí eu me sentia bem sexualmente, né... Aí eu deixei ele pra lá porque ele tava morto e aí eu fui embora.

M.A. Naquela hora, tinha um vazio que você falou. Mas tinha algum outro pensamento, de que você precisava fazer aquilo? Tinha alguma ordem pra você fazer aquilo?

MARCELO Eu sentia assim um... um prazer sexual, né? Em tá fazendo aquilo. E de matar também.

I. Você pegou ele e ofereceu pra ir acender vela, é isso? Aí vocês foram num lugar mais sozinhos. E aí como você fez? Você agarrou, você falou, como você fez?

MARCELO Aí eu agarrei ele à força.

I. Ele gritou?

MARCELO Perguntou o que é que eu ia fazer com ele, né.

I. E aí o que é que você falou?

MARCELO Aí eu não falei nada!

I. Só continuou o que você tinha que fazer? Você segurou ele? Como é que ele ficou parado? Ele não tentou correr, não tentou fugir?

MARCELO Não, eu segurei ele pelo braço. Tirei a bermuda dele e aí fiz sexo com ele.

I. E aí, o que aconteceu? Ele chorava? Ele gritava? Ele estava desacordado? Como é que era?

MARCELO No começo eu botei a mão no pescoço dele pra enforcar ele, né. Aí ele ficou meio desacordado e eu fiz sexo com ele à força.

I. Era como se ele estivesse dormindo?

MARCELO É. Meio desacordado. Aí ele nem sentiu dor.

I. Ele não sentiu dor?

MARCELO Aí depois que eu me satisfiz sexualmente com ele, independentemente de tudo, aí eu tava com um sadismo muito forte na cabeça, aí eu senti mais prazer sexual em matar ele.

I. Ah, não tinha acabado... Você achou que matando ele ia ter mais prazer e fez, é isso?

I. É aí que você enforcou ele com a camisa?

MARCELO É. Com a camisa dele mesmo.

I. E aí ele morreu ou não?

MARCELO Demorou um pouco e aí morreu.

I. Foi nele que você usou a pedra?

MARCELO Não, ele não. Eu também não tava me importando que ele tinha morrido... eu não tava bem da cabeça mesmo... Eu pensava que ele morrendo assim, por ser menino ainda, ele ia pro céu. Por ser menino ele ia para o céu.

I. Mas você pensou nisso antes de matar ele ou depois?

MARCELO Antes, antes!

I. Ah, antes você já estava com esse pensamento?

MARCELO Se eu não tivesse pensado isso antes... aí eu não tinha matado ele não.

I. Nem ia fazer sexo?

M.A. Só ia fazer sexo com ele.

I. Aí ia largar lá e ir embora.

MARCELO É.

M.A. Aí veio este pensamento que ele precisava morrer pra ir para o céu?

MARCELO Não, se eu fizesse esse sadismo forte com ele, sentir prazer sexual com ele, a ponto até de matar ele, ele ia... Eu tinha prazer na união porque eu tava vendo que ele ia pro céu... Eu pensava assim. Não ia pro inferno, né, eu pensava assim.

M.A. Ele ia para o céu, e você? Você também se tornava bom? Como é que era?

MARCELO Eu me satisfazia sexualmente e ia embora.

M.A. Você não tinha nada a ver, se ia ficar bom ou não?

MARCELO Não.

M.A. Era só ele? Você estava fazendo alguma coisa boa para ele porque ele ia para o céu?

MARCELO É.

I. Você tinha prazer, é isso?

MARCELO É.

S. Tinha alguma voz mandando você fazer?

MARCELO Não. Eu sabia que eu tava fazendo a coisa errada, né. Na hora eu tava sentindo um sadismo muito forte... de fazer sexo com ele.

M.A. Onde você aprendeu que uma criança morrendo iria para o céu?

MARCELO Porque o pastor falou, né? Ele falou que... só as crianças inocentes mesmo.

I. Mas quando você ouviu o pastor já veio a ideia de matar as crianças para elas irem para o céu?

MARCELO Não. Passou um tempo. Na hora eu nem pensava.

M.A. Por que a vontade de matar era só na hora que vinha o desejo forte de fazer a relação?

MARCELO Aí mais tarde que veio essa ideia aí, de fazer essas coisas aí.

M.A. Bom, esse foi o André. Eu sei que você não gosta muito de falar...

MARCELO Bom, passou uns dois meses aí eu fui visitar ele e ele tava morto lá ainda lá.

M.A. E...? O que você fez?

MARCELO Aí não tinha tirado o corpo ainda, tava o corpo dele lá ainda, aí peguei até a bermuda dele né, levei pra mim... e os dentes dele, da boca dele, saiu fácil, fácil, né...

M.A. Você tirou os dentes?

MARCELO É.

M.A. Pra...?

MARCELO Pra levar comigo pra guardar.

M.A. A bermuda era pra você. Os dentes era pra guardar?

MARCELO É. Guardar os dois.

M.A. Os dois você ia guardar?

MARCELO Eu ainda estive lá umas duas vezes e ele tava morto ainda. Aí na terceira vez que eu fui lá ele não tava mais lá não.

M.A. E quando você viu que estava, você fazia alguma coisa, algum tipo de relação?

MARCELO Não, eu ficava só olhando. Num túnel subterrâneo escuro, né, onde passava os carros por cima, por cima da estrada, né. O túnel era por baixo da estrada na BR-101. Mas na terceira vez que eu fui lá ele não tava mais lá não.

M.A. E você só olhava? Só ficava olhando? Não pensava nada? Não sentia nada?

MARCELO Ficava só olhando.

M.A. Mas tinha algum tipo de pensamento na sua cabeça na hora que você via ele lá?

MARCELO Pensava em arranjar outro garoto.

M.A. Foi aí que foi surgindo a vontade de um segundo garoto?

MARCELO É.

M.A. E quem foi o segundo garoto?

MARCELO Esse primeiro foi lá em Niterói.

M.A. Foi o André em Niterói.

2º MENINO
PEDRO

MARCELO Aí veio outro que eu não sei o nome dele, né?

M.A. Você não sabe o nome?

MARCELO Eu me esqueci. Mas eu só pegava menino de 6 a 13 anos. Eu tinha medo de fazer com menino de 13 anos acima, deles morrerem assassinados e não irem para o céu. Já tavam pecando, né. Eu pensava assim.

M.A. Ah! Porque com 13 anos não era mais inocente?

MARCELO Não. Só fazia com menino de 6 a 13 anos.

M.A. Foi quando começou tudo. Ele saiu do colégio, foi morar com o pai, logo depois foi pra rua e aí ele já tava na vida. Aí ele já não era mais puro. Aí nessa época foi quando começou ter essas experiências sexuais. Você acha que ficou na sua cabeça que você não era mais puro? Você não era mais uma criança inocente?

I. Com 13 anos você já tinha perdido a inocência, né? Com 12 não?

MARCELO Não. Apesar que de 13 anos pra cima aí já era opção, né? Já era predador, né. Aí de vez em quando eu pegava meninos de 13 anos pra cima.

M.A. Bom, o segundo você não lembra o nome. Quantos anos ele tinha?

MARCELO Tinha uns 12 anos. Esse primeiro tinha 11 anos. Ele tinha 12 anos.

M.A. Ah, acho que é o Paulo. É o Paulo?

MARCELO Não, não é não. Esse primeiro que eu conheci vendia até biscoito né, assim. Andando, né. Pras pessoas na rua.

M.A. Era como você fazia quando tinha mais ou menos essa idade. Morava na rua, né?

MARCELO Não, mas ele vendia biscoito assim pras pessoas.

M.A. Daí veio a segunda pessoa, o segundo moleque. Você não lembra o nome dele mas ele tinha por volta de 12 anos.

MARCELO Aí eu vi que ele era bonito, né, muito bonito, ele tava até de bermuda bonita, aí tinha até rosto bonito e tudo, né.

M.A. As pernas lisinhas também?

MARCELO As pernas bonitas e tal. Aí vi que ele tinha umas nádegas bonitas também, né. As pessoas tinham falado pra mim que tem menino e menina com uma cara mais nova, macia e bonita, né. Dá mais desejo sexual, né.

M.A. Marcelo, aí veio o segundo menino, que tinha todas essas características, era muito bonito, também tinha a perna lisinha, tinha até umas nádegas muito bonitas, né?

MARCELO Eu escolhia os mais bonitos, né. Aí eu sou um cara triste porque não encontrava quando eu tava procurando lá fora, um menino bonito pra fazer isso, não encontrava, né. Aí aparecia menino de 6, 5 anos e dava vontade de se fazer, né, igual menino de 12, 13 anos. Aí quando eu não encontrava menino de 12, 13 anos eu pegava esses aí de 5 anos. Eu ficava triste.

M.A. Por que daí não era tão bonito?

MARCELO Porque não tinha corpo tão desenvolvido, igual aos de 11, 12, 13 anos.

M.A. Aí esse segundo você não lembra do nome?

MARCELO Não.

M.A. E como que foi feito? Você pegou ele onde?

MARCELO Era de noite. Tava no ponto de ônibus, aí eu vim pela mesma estrada, né. Mostrei onde é pra ele pra acender uma vela pra São Jorge, né. Aí até ele acreditou na minha história, né.

S. São Jorge é quem?

MARCELO Era um guerreiro. Aí levei ele pro primeiro local, né, do primeiro, aí eu agarrei ele à força, né... levei ele pra dentro do túnel escuro... aí eu meti à força nas nádegas dele né, tirei a bermuda dele e tudo. Penetrei nele várias vezes, gozei dentro dele, né... Aí eu beijei na boca dele e tudo, né... Aí depois eu matei ele enforcado.

I. Ele estava acordado quando você beijou ele?

MARCELO Tava, tava.

I. Estava acordado. E ele ficou bonzinho?

MARCELO Aí eu beijei as pernas dele tudo, aí eu... tentei enforcar ele com a mão, mas não consegui, consegui só com a camisa, a camisa dele mesmo. Aí quando vi que ele tava morto, aí eu levei a bermuda dele e deixei ele lá.

M.A. Levou a bermuda dele e deixou ele lá. Você levou também pra guardar?

MARCELO É.

M.A. E ele, você também voltou pra ver?

MARCELO Eu voltei pra ver ele de novo, mas aí tava lá morto, ainda lá.

M.A. E aí você tirou os dentes também?

MARCELO Não. Só passei a mão assim na cabeça dele e o cabelo dele tava saindo à toa, né. Aí eu deixei ele lá e fui embora. Quando eu voltei a segunda vez não tava mais lá, não.

I. Você levou o cabelo dele, um pouco do cabelo dele?

MARCELO Não.

I. Nem o dente?

MARCELO Não.

M.A. Esse daí você bateu com a cabeça, não, esse daí você só enforcou?

MARCELO Só no cimento, bati a cabeça no cimento do túnel.

I. Sangrou?

MARCELO Não vi não. Tava escuro lá embaixo. Eu chegava até todo sujo em casa, a roupa suja.

I. Suja de sangue ou suja de terra?

MARCELO De terra.

I. De sangue não?

MARCELO Não.

M.A. E nessa época você morava com quem?

MARCELO Morava com a minha mãe. Lá em Manilha. Mas ela

não tava sabendo de nada. Ninguém dos meus parentes não tava sabendo de nada não.

M.A. Ela não estranhava você chegar sujo assim?

MARCELO Eu falava que tinha caído, levado um tombo, já que ela não tava, né. Ela acreditava. Eu não falava nada pra ninguém que eu tava fazendo estas coisas não.

M.A. Aí nesse segundo [menino], você voltou quanto tempo depois pra ver se ele estava lá ainda?

MARCELO Foi a primeira vez depois.

M.A. Então, ele morreu, você deixou ele lá. No segundo, nós estamos falando do segundo, tá? Quanto tempo passou até você voltar lá para ver ele?

MARCELO Uns quinze dias.

M.A. Aí você não levou mais nada dele? Você já tinha levado a bermuda?

I. A bermuda você levou no dia em que você matou ou no dia em que você voltou pra ver ele?

MARCELO No primeiro dia.

I. Quando você voltou, você não levou nada dele?

MARCELO Nada não.

I. Você levou alguma coisa pra ele?

MARCELO Não.

3º MENINO
TIAGO

M.A. Aí passou mais tempo. Aí veio o terceiro menino. Quem foi?

MARCELO Esse foi um menino de 7 anos, lá de Niterói também. Ele tava vendendo... alguma coisa que eu não me lembro. Aí tava sozinho, aí não tinha ninguém, aí eu... ofereci um dinheiro a ele pra me acompanhar.

M.A. Você lembra o nome dele?

MARCELO Não lembro não.

M.A. Será que é o Tiago?

MARCELO Acho que é Tiago. Que tinha 7 anos, né?

M.A. É. Foi a mesma coisa? Acender a vela pra São Jorge? Que você ia dar dinheiro pra ele fazer isso... Daí você levou também lá, naquele mesmo lugar?

I. No mesmo túnel?

MARCELO Não, esse não. Esse foi mais adiante um pouco. Andando pela BR-101 eu passei mais adiante. Era de noite, escuro, né.

M.A. E ele não ia perguntando nada pra você? Você estava levando ele pela mão?

MARCELO Não, não. Ele aceitou que ia comigo, né? Normalmente. Aí tinha um CIEP [Centro Integrado de Educação Pública] lá por perto, desativado, que não acabaram de construir ele ainda, né... aí mais adiante tinha um carro, um esqueleto de fusca abandonado lá, né... aí eu levei ele lá pra dentro. Foi lá pro canto dele, que era no fundo, mais fácil de sair dele, né... Aí tentei namorar com ele lá.

M.A. Você entrou dentro do esqueleto do fusca?

MARCELO É. Aí lá eu passei a mão nas pernas dele, beijei na boca dele e tudo...

M.A. E ele, como reagiu?

MARCELO No começo ele não ia querer não, né. Mas aí ele... eu bati nele um pouco e ele aceitou, né. Aí beijei na boca dele e tudo, né... no rosto dele e tudo... Aí ele falou que tava com sono e foi dormir, né. Deixei ele dormir, né. Lá no mato não tinha ninguém, aí tinha uma pedra grande lá, aí deixei cair em cima da cabeça dele.

M.A. Da cabeça? Não foi do peito?

MARCELO Não, da cabeça dele. Aí ficou sangrando muito, a cabeça dele, né... aí eu tinha uma vasilha que eu levava comida.

M.A. Você levava essa vasilha sempre?

MARCELO É. Pra almoçar no meu trabalho, né. Aí a pedra grande caiu na cabeça dele, sangrou muito a cabeça dele, aí eu deixei o sangue escorrer dentro da vasilha e aí bebi o sangue dele todo.

M.A. Pra quê?

MARCELO Achava bom, eu pensava que era sangue de menino novo e bonito, né. Aí eu achava bom beber.

M.A. Por quê? O que podia acontecer com você bebendo o sangue dele?

MARCELO Achava bem sexualmente, né.

M.A. Ah, te dava prazer?

MARCELO Isso.

M.A. Foi a primeira vez?

MARCELO É. Aí eu vi que... aí eu não sentia nojo não, que era menino novo, bonito, né.

M.A. Mas esse desejo de beber o sangue foi crescendo?

I. Nos primeiros dois você não teve esse desejo?

MARCELO Não deu pra fazer isso.

I. Você já tinha o desejo? Já tinha essa vontade?

MARCELO Não.

I. Só quando você viu o sangue do terceiro menino, é isso?

MARCELO É.

I. Aí que veio a vontade?

MARCELO Aí que despertou em mim.

I. E quando você bebeu, o que você sentiu?

MARCELO Aí eu senti prazer sexual fazendo isso. Aí eu enchi a vasilha de sangue, aí eu bebi e tudo... Aí eu já vi que ele tinha morrido com a pedra que tinha caído em cima da cabeça dele, né... porque afundou a cabeça dele, né. Aí meu pênis estava duro... eu tentei penetrar na nádega dele, né. Aí gozei ele já morto. Aí eu deitei meu pênis dentro da nádega dele, né... ele já morto... até eu gozar dentro dele. Mas é... aí eu fazia isso, eu não me importava de matar ele, fazer com esse sadismo todo, né, esse prazer sexual todo, porque eu vi que ele tinha 7 anos e ia para o céu, né, não ia para o inferno não.

S. E onde você acha que é o céu?

MARCELO Só Deus sabe, né.

I. Então você bebeu o sangue da tigela, aí ficou excitado de novo? Você transou com ele, é isso?

MARCELO É.

I. Para se satisfazer de novo?

MARCELO É. Aí eu deixei ele lá e levei a bermuda dele lá também. Aí a outra vez que eu passei por lá, eu vi que não tinham levado ele ainda, não tinham descobrido o corpo dele ainda. Já tava até exalando mau cheiro dele, mas ninguém desconfiou de nada... [pensaram que era] algum animal morto, né... Mas depois de algum tempo eu vi que... passei por lá, mais ou menos uns quatro meses... não tava mais lá não.

M.A. E você chegou a fazer algum carinho nele depois desse dia aí?

MARCELO Não. Só olhado só.

M.A. Você não pegou nada dele? Dente?

MARCELO Não.

M.A. Só do primeiro que você pegou?

MARCELO Só peguei a bermuda, só.

I. A bermuda você levou no dia em que você matou?

MARCELO É.

I. Mas o tamanho da bermuda, dava pra você usar?

MARCELO Eu só guardava de recordação.

I. Você não usou nenhuma bermuda?

MARCELO Não.

M.A. Bom, esse foi o terceiro. E o quarto?

4º MENINO
JOÃO

MARCELO O quarto foi em Japeri.

M.A. E quantos anos tinha a criança?

MARCELO Tinha 13 anos.

M.A. Você lembra o nome?

MARCELO Não, do nome não me lembro não.

M.A. E como que foi?

MARCELO Ele tava vendendo picolé aí eu convidei ele pra acender vela.

M.A. Para São Jorge?

MARCELO Para o meu anjo da guarda, falei pra ele.

I. Aí mudou? Não era mais São Jorge. São Jorge é Oxóssi ou Xangô na umbanda?

MARCELO Não sei.

M.A. Era o anjo da guarda de quem?

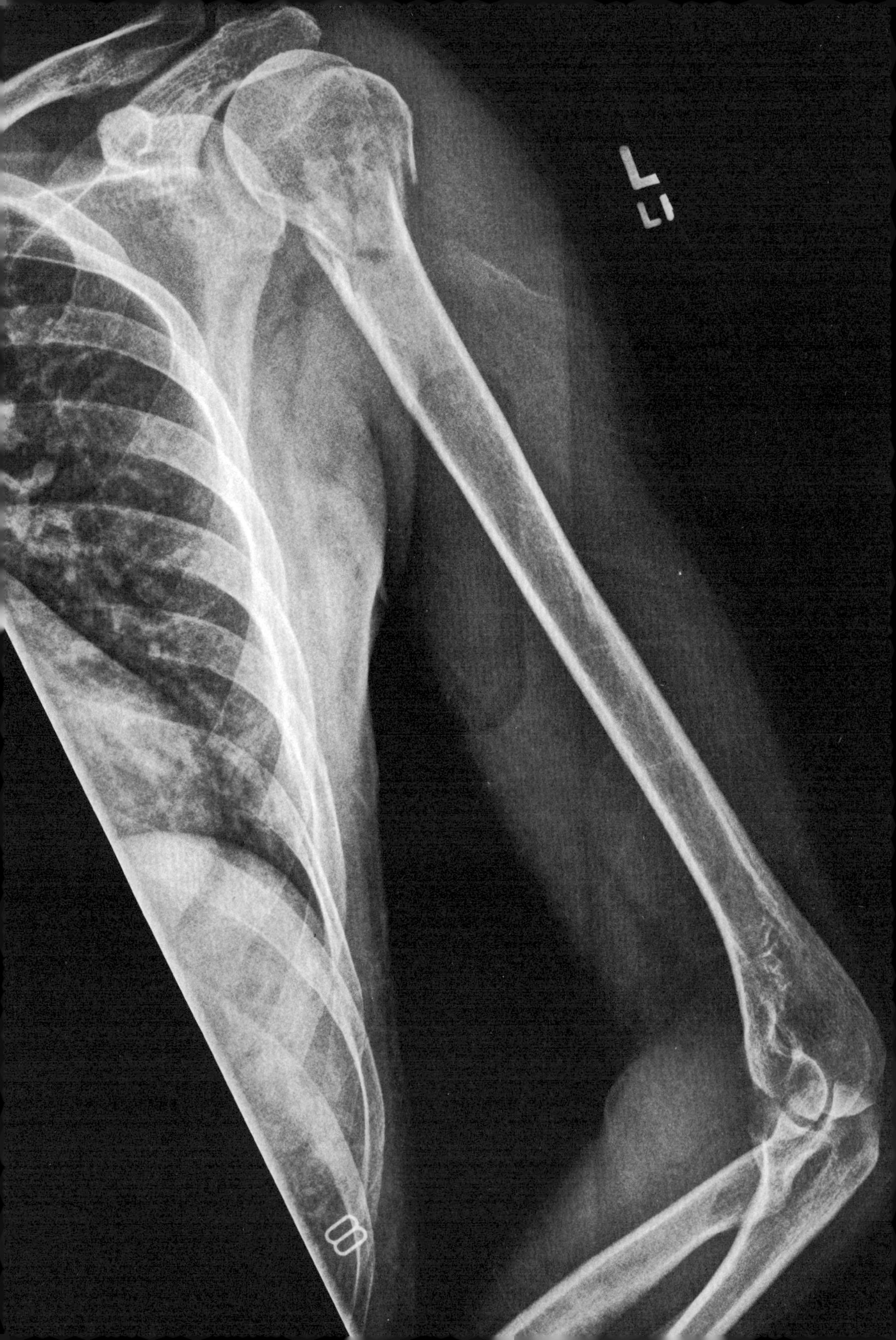
L

MARCELO Na macumba tem muitas pessoas que se dá bem, trabalhando na macumba. Ganha dinheiro.

I. E você não pensou de ganhar dinheiro assim?

MARCELO Não pensei não. Eu tava trabalhando com meu patrão, Davi, lá em Copacabana. Ele comprava ouro e tudo, e prata também. Ele não tava desconfiando nada de mim também não. Tinha uma vez até que eu apareci sujo de sangue lá... Ele perguntou por que eu estava sujo de sangue e eu falei que eu tinha matado um porco lá. Ele acreditou.

M.A. Bom, você falou que você falou pra ele [João] pra ele te ajudar que você ia pagar para ele pra acender vela para o anjo da guarda... seu ou dele?

MARCELO Meu.

M.A. E aí? Aí você foi aonde?

MARCELO Aí eu fui pro lado da estação, né. Aí chegou pro final da estação não tinha ninguém, né.

I. Era um trilho?

MARCELO Era um trilho. Aí eu desci com ele no trilho, né... aí eu fui lá mais pra frente.

I. Andando pelo mato?

MARCELO Andando pelo trilho. Aí tinha um morro deserto lá. Aí eu agarrei ele à força, né... Aí eu queria ver a bunda dele e tudo, mas antes de me agarrar nas nádegas dele, aí como já tava sentindo um sadismo muito forte já, aí bati várias vezes com a mão no rosto dele, né... Aí ficou todo deformado, né. Aí depois quando eu penetrei meu pênis na bunda dele, desse garoto de 13 anos, aí gozei dentro dele...

I. Ele estava acordado ou desacordado?

MARCELO Acordado.

M.A. Pode ir falando...

MARCELO Aí eu passei a noite toda lá com ele, né... fazendo sexo, depois de já ter gozado a primeira vez...

I. Quantas vezes você fez sexo com ele nessa noite?

MARCELO Duas vezes. Aí quando eu vi que o dia tava quase amanhecendo, aí eu bati com uma pedra na cabeça dele, né. Aí eu deixei o sangue dele escorrer na vasilha aí eu bebi o sangue dele todo. Aí eu matei ele enforcado depois e deixei ele pra lá.

I. Ah, ele não tava morto ainda com a pedra?

MARCELO Não, ainda não.

I. Não foi igual aquele que você jogou a pedra e ele já morreu?

MARCELO Não... mas ele tava desacordado já. Aí pra matar ele eu enforquei com a camisa dele e aí deixei ele lá.

I. Como que você viu que ele ainda estava vivo?

MARCELO Porque ele tava desacordado ainda.

I. Mas como que é a diferença, como você percebeu que ele não tinha morrido ainda?

MARCELO É que o coração dele ainda tava batendo.

I. Ah, você ouviu. Você pôs o ouvido no peito dele?

MARCELO É. Não, botei a mão! O coração dele ainda tava batendo um bocadinho, aí eu enforquei ele com a mão... com a camisa dele. Aí deixei ele lá, vi que tava amanhecendo o dia, aí tinha que ir para o trabalho.

M.A. Porque você passou a noite lá com ele?

MARCELO É.

I. Espera um pouco, deixa eu te perguntar uma coisa: você pôs a tigela, aí você bebeu o sangue. Não deu o desejo de novo?

MARCELO De fazer sexo?

I. É.

MARCELO Não, eu já tinha gozado nele duas vezes, né.

I. Aí não deu desejo, nem mais sadismo?

MARCELO É.

I. Deu ou não deu sadismo? Você bebeu o sangue e o que aconteceu?

MARCELO Aí depois só de matar ele e deixar ele lá.

I. Você se sentia melhor bebendo o sangue? No que fazia diferença?

MARCELO Não, sentia prazer sexual.

I. Mas com ele você não sentiu prazer sexual de beber o sangue?

MARCELO Também.

I. Também sentiu prazer sexual?

MARCELO É.

I. Aí você gozou de novo ou não?

MARCELO Duas vezes.

M.A. Penetrando nele? Penetrando nele vivo, na nádega dele, é isso?

MARCELO É.

I. Mas bebendo o sangue não?

MARCELO Bebendo o sangue também depois.

I. Então foi uma terceira vez?

MARCELO É, a terceira vez foi...

M.A. Não, espera, ele se confundiu. Vamos voltar. Esse menino, você gozou as duas vezes, aí saiu muito sangue, você botou na vasilha...

MARCELO Não. Depois que eu gozei duas vezes dentro nele, num intervalo assim de três horas, aí deixei uma pedra grande cair em cima da cabeça dele e botei a vasilha pra beber o sangue dele. Pois eu vi que ele tinha as pernas bonitas, e as nádegas bonitas, aí não senti nojo nenhum. Aí tava até sentindo prazer sexual.

M.A. Aí você penetrou de novo?

MARCELO Aí eu bebi o sangue dele e senti prazer sexual.

I. Só de beber o sangue você já gozou, é isso?

MARCELO Não.

S. É prazer sexual em beber o sangue.

MARCELO Mas tem... ejacular sem esperma nenhum. Aí quando eu vi que já tava amanhecendo, aí eu enforquei ele com a camisa dele e deixei ele lá. Aí peguei o trem e fui pro meu trabalho.

I. Quando ele estava dormindo você fazia carinho nele?

MARCELO Ficava do lado dele, né?

M.A. Este foi o quarto, né? E o quinto?

MARCELO Deixa eu terminar. Aí, da outra vez que eu fui lá visitar ele, passou mais ou menos uns dois meses, aí eu vi que não tinham descobrido o corpo dele ainda. Porque só tava os ossos dele que os urubus já tinha comido o corpo dele todo. Aí eu fui embora...

I. Você não levou nada?

MARCELO Não.

I. Não pegou o dente, nem o cabelo?

MARCELO Não. Os urubus tinham comido toda a carne dele junto e o sol quente que bateu lá secou os ossos dele tudo.

I. Você chegou a pegar nos ossos?

MARCELO Cheguei a pegar sim.

I. Chegou a mexer?

M.A. Você botou a mão?

MARCELO É, botei a mão nos ossos.

I. E teve prazer de pôr a mão nos ossos?

MARCELO É, tive também.

I. Prazer sexual?

MARCELO É.

I. Você chegou a ejacular?

MARCELO Não.

I. Não? Só prazer?

MARCELO É.

I. Você levou algum osso dele embora?

MARCELO Não.

I. E a bermuda dele, você também tinha levado?

MARCELO É, no começo já.

M.A. Podemos continuar?

MARCELO Quero um copo d'água aqui...

M.A. Claro... Você contando essas coisas pra nós você sente que vem de novo o desejo?

MARCELO Não, é só lembrança. Isto aconteceu no passado.

M.A. Mas não sente nenhum prazer de estar lembrando?

MARCELO Não, não, tô arrependido, né?

S. Como é que é esse arrependimento?

MARCELO Devia ter pensado melhor e... arranjado uma namorada pra mim namorar. Pra tirar esses maus pensamentos da cabeça, né?

M.A. Mas o teu arrependimento é porque você podia ter tido outra saída, né? Arrumado uma namorada, tal... E com relação às crianças? E com relação aos garotos?

MARCELO Foi só fazer sexo com elas mesmo.

M.A. Não. Teu arrependimento hoje?

MARCELO De não ter feito nada por elas. Fosse hoje...

M.A. Você falou que hoje você está arrependido. Que você podia ter arrumado uma namorada e que aí você ia combater esses maus pensamentos. Mas dentro desse arrependimento você tem arrependimento também de ter matado as crianças?

MARCELO Tenho.

M.A. Por quê?

MARCELO Porque é errado, né, fazer isso. Porque se eu tivesse desejo por meninos conforme eu tive, eu ia ser um cara inteligente e conquistar eles com uma boa conversa, né, com uma boa lábia, com um carisma, ia dar um dinheiro a eles pra fazer sexo comigo, numa boa, no hotel.

I. Ah, que nem foi com aquele primeiro, né?

MARCELO É. No final se eu não encontrasse nenhum que quisesse fazer sexo comigo, nenhum menino que quisesse transar comigo, eu esperasse e tivesse paciência até encontrar um que fizesse.

M.A. Hoje, se você saísse daqui, vamos imaginar, se você saísse daqui hoje você ia para a rua, você acha que você conseguiria controlar, ter paciência e esperar encontrar um menino bonito que quisesse transar com você?

MARCELO Não, se eu conseguisse a minha liberdade, eu ia procurar fazer uma cirurgia plástica facial bem-sucedida, né, pra ninguém me reconhecer na rua, pra andar tranquilo. Porque se eu andar na rua e as pessoas me conhecer vão me matar na rua, né? Na rua tem muito matador, né? Tem gente ruim, né? Aí se eu conseguisse fazer uma cirurgia plástica bem-sucedida e ninguém me reconhecesse na rua, aí eu podia andar tranquilo, sem ninguém me...

S. Ficar com nova cara...

M.A. Ficar de cara nova e aí o que você ia fazer da sua vida?

MARCELO Com outra cara eu ia conseguir um bom trabalho pra mim, né? Ganhar um bom dinheiro e uma namorada, e tentar pelo menos conseguir usar uma boa inteligência, né, ganhar assim uns seis milhões, uns cinco milhões, pra viver só de renda e tudo. Aí não ia precisar trabalhar, só viver como um aposentado.

M.A. E você acha que não ia haver um desejo mais, que não ia haver mais essa força de você ver um menino de pernas bonitas, lisinhas, rosto bonito...

MARCELO Se eu tivesse uma mulher bonita, pra fazer sexo à noite, aí eu podia ir pra onde eu fosse, que eu visse uma menina bonita ou menino bonito não ia haver desejo mais.

M.A. Você acha que não?

MARCELO Não.

5º MENINO
MATEUS

M.A. Bom, vamos para o quinto menino? O quinto garoto? Quem foi o quinto garoto?

MARCELO Esse foi lá de São João do Meriti.

M.A. E quantos anos ele tinha?

MARCELO Tinha mais ou menos uns 10 ou 11 anos.

M.A. Você lembra o nome dele?

MARCELO O nome dele eu não sei não.

M.A. E me conta uma coisa, você ia conversando com eles pelo caminho?

MARCELO Eu ia oferecendo um dinheiro pra acender umas velas, pro anjo da guarda, né? Aí ele aceitou, né, o dinheiro. Ele tava até indo pra casa dele, com um quilo de açúcar e tudo. Aí eu vi que ele era todo bonito... Aí eu fiz esse convite a ele e ele aceitou, né.

M.A. E de onde você pegou ele? Até onde você chegou com ele e o que vocês iam conversando?

MARCELO Ia conversando sobre... como era o nome dele, quantos anos ele tinha, eu falava pra ele que ele era um garoto bem bonito, né, lindo garoto, parecia até uma menina, né, bonita também. Aí foi pelo trilho do trem, né, até chegar lá numa estação bem longe, onde é que ele tava, São João do Meriti, em Triagem, né. Aí lá tem um viaduto, e tem um muro, dentro do muro é tudo abandonado, deserto, né? E tem um buraco assim pra adentrar dentro daquele lugar deserto, né. Embaixo do viaduto, onde passa o metrô, né.

M.A. Você conhecia bem o local, então?

MARCELO É. Aí levei ele lá pra dentro, né, aí já era bem à noite, não tinha ninguém, aí já tava cheio de desejo sexual por ele, né, tudo... Aí eu vi que ele era todo bonito mesmo, tinha 10 ou 11 anos, mais ou menos, aí chegou na hora, eu tava até com uma chave de fenda...

I. Chave de quê?

M.A. Chave de fenda. Por que você estava com uma chave de fenda?

MARCELO (muito confuso) Sentia prazer sexual de enfiar no...

M.A. Você acordava no dia com vontade disso?

MARCELO Não. Quando eu saía do trabalho eu encontrava.

M.A. Quando você acordava, você acordava normal?

MARCELO É, pra ir pro trabalho, né.

M.A. Você não tava com desejo disso?

MARCELO Não, eu já tava com desejo, mas tinha que ir trabalhar.

M.A. Nas outras crianças que a gente já viu também, você já acordava com o desejo?

MARCELO É, já.

M.A. Aí você ia trabalhar mas sabia que à noite você ia conseguir alguém, é isso?

MARCELO É.

M.A. O nome você não lembra?

MARCELO Não, não me lembro não.

M.A. E aí, você chegou lá, você já estava com a chave de fenda, e aí? O que aconteceu?

MARCELO Aí eu senti prazer sexual, né, entrei na barriga dele, com a chave de fenda, aí quando eu ia enfiar de novo a chave de fenda na barriga dele de novo... Aí quando eu fui fazer isso ele queria ir pro hospital, né... Aí não fiz mais, né. Aí eu tirei a bermuda dele, né, aí beijei ele nas pernas dele, lambi as pernas dele tudo, as nádega dele, primeiramente... Aí beijei na boca dele também, várias vezes, chupando a língua dele e tudo, e aí penetrei meu pênis dentro das nádegas dele, né, aí depois de algum tempo eu gozei dentro dele... Aí eu me satisfiz sexualmente nele e aí eu peguei uma pedra, né, um concreto assim que tava lá aí deixei cair em cima da cabeça dele. Aí tava sangrando muito, aí deixei o sangue cair dentro da vasilha, né, aí eu bebi o sangue todo. Senti com isso muito prazer sexual. Aí eu dei com um pedaço de concreto assim várias vezes em cima do peito dele, né, onde bate o coração, pra ele morrer, né. Até que ele morreu. Aí ficou ele morto, né. Aí eu fui embora.

M.A. Depois que ele morreu você não fez mais?

MARCELO Aí acabei de matar ele aí deixei ele lá morto, lá que ele morreu e fui embora.

M.A. Você levou a bermuda?

MARCELO É, só a bermuda.

I. Esse você voltou [no local]?

MARCELO Não, não voltei lá não que eu fiquei com medo de voltar

lá. Medo de ter algum policial lá, esperando.

M.A. Nos outros você não teve medo, né?

MARCELO Nesse eu fiquei com medo de ir lá. Mas eu passava de trem e olhava lá, da janela do trem.

I. E dava pra ver?

MARCELO Dava não. Tinha o muro, não dava pra ver não.

I. Naquela época já tinha notícia no jornal?

MARCELO Não, não chegou a passar no jornal não.

M.A. Mas começou a surgir o medo? Você não tinha antes...

MARCELO Nesse aí eu fiquei com medo de ir lá.

6º MENINO
BARTOLOMEU

M.A. E o sexto menino?

MARCELO O sexto eu conheci

dentro do trem.

I. Nas viagens que você fazia pra ver o quinto?

MARCELO Não, quando eu saí do trabalho mesmo. Tava procurando algum menino, tão bonito e tudo. Aí eu tava dentro do trem, aí tinha um menino lá, passando lá, todo bonito, né. Aí ele tava até de bermuda e tudo... Vi que ele era todo bonito e tudo... Ele tava até comendo doce. Aí eu contei a mesma história pra ele, né. Acender vela pra São Jorge, né. Que eu ia dar um dinheiro pra ele, e ele aceitou. Aí saltamos do trem na estação, fomos pro final da estação...

M.A. No mesmo lugar do outro?

MARCELO Não, foi outra estação. Era Comendador Soares essa outra estação. Aí eu fui lá num lugar deserto com ele, né, aí chegou lá eu comecei a beijar na boca dele e tudo, né. Acariciar as pernas dele e tudo. Aí tirei a bermuda dele...

M.A. E ele, falava o quê?

MARCELO Ele aceitou, porque ele ficou com medo de mim, né. Aí eu penetrei dentro da bunda dele, né, meu pênis, aí gozei dentro dele, aí passou duas horas fiz a mesma coisa, né. Ah, com esse aí eu passei a noite toda com ele lá.

M.A. Ele vivo?

MARCELO É, ele vivo.

I. Ele estava machucado ou não? Você tinha machucado ele?

MARCELO Não.

I. Nem bateu no rosto dele?

MARCELO Bati assim pra ele aceitar, né, ficar com medo.

I. E o rosto dele ficou deformado ou não?

MARCELO Esse não ficou, não. Inclusive tava amanhecendo o dia, né. Aí eu enforquei ele com a camiseta dele mesmo. Esse eu não bebi o sangue não, não tinha nada por perto pra fazer eu sangrar ele, né.

M.A. Mas você sentiu desejo?

MARCELO É. Aí deixei ele lá morto lá, com a camisa dele mesmo morto, aí fui embora.

M.A. Levou a bermuda?

MARCELO Ah, levei a bermuda dele também.

I. Esse você voltou pra ver?

MARCELO Não, voltei não que esse aí eu fiquei com medo de voltar lá pra ver.

M.A. Esse daí tinha quantos anos mais ou menos?

MARCELO Uns 10 anos de idade.

[Marcelo pede para descansar um pouco.]

7º MENINO

FILIPE

M.A. Bom, vamos lá? O sétimo menino?

MARCELO O sétimo foi lá em São Pedro da Aldeia. Eu tinha passado lá o dia de sábado, né. Eu fui de noite lá pra Cabo Frio, né. Pra chegar lá de noite que é cheio de gente, né. Era noite já, né. Aí eu dormi até na rua. Tinha hotel lá. Aí, quando foi de manhã, eu acordei pra ir pra casa, que eu morava lá em Manilha, em Itaboraí. Aí eu passei por São Pedro da Aldeia e aí tinha um menino lá na rua, né, esse já era menino de rua, os outros eram de família.

M.A. Mas que viviam vendendo coisas na rua, né?

MARCELO É. Aí tava vendendo lá, aí eu convidei ele pra tomar um café com leite, né, e comer pão com manteiga. Aí ele aceitou. Esse parece que tinha uns 9 anos. Eu chamei ele porque vi que ele era todo bonito, né.

I. Beleza era importante?

MARCELO É.

I. Menino feio você nunca pegou?

MARCELO Não. Teve um que me apareceu que era feio e aí eu não quis não.

I. Ele quis ficar com você?

MARCELO Não, não quis não.

M.A. Aí você ofereceu o café da manhã...

MARCELO Eu dei café com leite pra ele e pão com manteiga. Aí depois que ele tirou o jejum da manhã, aí eu levei lá pro mato lá.

M.A. Também pra acender vela?

MARCELO É, pra acender vela pra São Jorge. Aí chegou lá eu tirei a bermuda dele, aí penetrei meu pênis na bunda dele. Ele até gritou no começo. Saiu até um pouco de sangue e tudo, no começo, né...

I. Você bateu nele?

MARCELO Não, não cheguei não. Aí depois ele deixou eu gozar dentro dele e tudo. Aí depois eu botei a bermuda dele de novo.

M.A. Ah, com esse você fez diferente?

MARCELO Depois eu vi ele deitado de bermuda, bonito também, aí eu comecei a beijar na boca dele e tudo. Passar a mão nas pernas dele e tudo. Beijar a boca dele e tudo. Cheirar o cabelo dele e tudo também. Aí depois de duas horas eu meti na bunda dele, pra gozar de novo. Aí depois de alguns minutos eu gozei dentro dele de novo. Aí me satisfiz, aí eu tirei a camisa dele e enforquei com a camisa dele, e esse morreu logo, né? Não demorou muito não.

I. Como você matou ele?

MARCELO Enforcando com a camiseta.

I. Deixou a camiseta lá?

MARCELO Deixei.

I. Você dava um nó, como você fazia?

MARCELO Dava um nó e daí fechava.

I. Com todos foi igual?

MARCELO É. Esse morreu logo.

I. E a camisa dele ficou lá, com o nó...

MARCELO Não, tirei o nó depois e deixei a camisa nele.

I. Você vestiu ele?

MARCELO Ha, ha.

I. Só esse que você vestiu?

MARCELO Não. Os outros eu vesti a camisa também.

I. Sempre você vestia a camisa?

MARCELO É. Aí esse eu deixei com a bermuda, porque a bermuda dele eu deixei cobrindo ele.

M.A. Esse você também não bebeu o sangue?

MARCELO Não, não tinha nada pra fazer sangrar.

I. E por que você não levou a bermuda dele?

MARCELO Esse eu não quis levar, não.

I. Mas por quê? Tinha algum motivo?

MARCELO Não, dessa vez eu não queria levar mesmo.

I. Você não levou nada dele?

MARCELO Não. Só fiz sexo com ele, amor, só e pronto.

M.A. Você voltou pra ver ele?

MARCELO Não, que era longe, São Pedro da Aldeia. É quase 80 quilômetros.

M.A. Este foi o primeiro que você fez de manhã, né? Os outros eram todos de noite?

MARCELO É, eram todos de noite. Aí eu comprei um peixe lá, peixe tirado do mar, aí comprei e fui pra minha casa, de ônibus. E não falei nada pra ninguém não.

8º MENINO
TOMÉ

S. Você acha que tem que continuar? Bom, vamos ver o oitavo menino?

M.A. O nome?

I. É, depois de São Pedro da Aldeia...

MARCELO Aí foi um menino da Central do Brasil.

M.A. Como é que é o nome do menino?

MARCELO O nome dele não sei não.

M.A. Quantos anos tinha?

MARCELO Ele tinha uns 11 anos de idade.

M.A. E aí, como é que foi?

MARCELO Ele tava sozinho, né, aí eu ofereci dinheiro pra ele pra... uns trinta reais pra ele. Ele tava até de chinelo e tudo, e de bermuda, aí eu ofereci um dinheiro a ele pra acender velas para o meu anjo da guarda.

M.A. Sei.

MARCELO Aí ele aceitou. Aí da Central do Brasil eu peguei o ônibus pra praça XV. Aí da praça XV eu peguei as balsas pra atravessar pra Niterói, né. Aí de Niterói fui com ele andando pela BR-101 até chegar no... Sabe aquela escola que tem no centro de Niterói, que é deserto lá? Até chegar no CIEP abandonado, que é onde se constrói salas de aula assim pras crianças. Onde as crianças passam o dia todo, né.

I. Deixa eu te perguntar uma coisa. Quando você pegou o menino na Central do Brasil, você já tinha na cabeça o lugar que você ia levar? Já tinha um plano?

MARCELO Nasceu na hora o plano.

I. Que horas?

MARCELO Na hora que eu conheci ele.

I. Na hora que você conheceu você já pensou no CIEP, é isso?

MARCELO É.

M.A. E com as outras crianças também, que você já falou.

I. Desde que você conhecia já vinha o lugar que você ia levar?

MARCELO Um lugar deserto, né?

I. Já vinha na cabeça que lugar que era?

MARCELO É.

I. E no tempo depois de matar, quando você andava do trabalho pra casa e tal, você prestava atenção, que lugar podia ser esse? Como você escolhia esse lugar?

MARCELO Lugar que eu via que era deserto, aí quando aparecia um garoto bonito assim, que desse pra atravessar com ele, aí já levava ele pra lá.

I. Você procurava, no meio dos [assassinatos dos] meninos você ficava procurando um lugar que podia ser deserto? Como você sabia que tinha um CIEP abandonado?

MARCELO Eu já passei, já tinha visto já.

I. Mas de propósito? Você ia lá pra ver isso?

MARCELO É.

I. Você ia antes e olhava o lugar que era deserto?

MARCELO É.

I. Aí você já ficava com ele na cabeça?

MARCELO É.

I. E aí?

MARCELO Aí levei ele pra lá.

I. Você já conhecia... está certo o que eu estou falando?

MARCELO Tá.

I. Ele fazia essa escolha primeiro. Pra quando ele conhecesse o menino já ter onde... é isso?

MARCELO É.

M.A. Bom, então aí você foi pra BR-101, foi indo e depois?

MARCELO Aí eu levei lá pro CIEP abandonado, né. Aí era de noite lá e tudo, aí já tava cheio de decepção com eles, né. Pois eles queriam era todos morrerem, né? As pernas bonitas, lisinhas e tudo, de bermuda e tudo, rosto bonito, né? Aí assim que chegou lá aí eu fui com ele pro segundo andar do CIEP, aí eu agarrei ele à força pelo pescoço, né. Aí abaixei a cabeça dele no concreto, do assoalho do CIEP. Aí já começou a sangrar muito a cabeça dele. Aí botei a vasilha pra escorrer o sangue dentro da vasilha e aí bebi o sangue dele.

M.A. Antes de gozar a primeira vez?

MARCELO É. Aí eu apertei meu pênis na...

M.A. Ele já tava morto?

MARCELO Não. Já tava fraco já. Eu peguei no sono, já tinha até bebido o sangue dele todo, né. Aí eu penetrei meu pênis dentro das nádegas dele, né. Aí depois de algum tempo eu gozei dentro dele, nas nádegas dele, né. Aí ele nem gritou, que ele já tava fraco já, né? Aí tava tudo cheio de sangue que eu tinha batido a cabeça dele não sei quantas vezes no cimento do CIEP, né. Aí resolvi, matei ele enforcado, né. Com a camisa dele mesmo. Ele morreu, aí quando ele tava morto já, aí passou mais uma hora e meia, tava tudo escuro lá...

M.A. Você ficou do lado dele?

MARCELO Aí eu penetrei meu pênis dentro das nádegas dele, de novo, né, ele já morto já. Aí gozei de novo, dentro das nádegas dele.

I. Nessa uma hora e meia que você ficou lá, que ele já estava morto, o que você ficou fazendo nesse tempo?

MARCELO Fiquei lá do lado dele lá.

M.A. Sentado, deitado?

MARCELO Fiquei beijando a boca dele assim...

M.A. Deitado?

MARCELO É.

I. Do lado?

MARCELO É.

I. Beijando a boca dele e que mais?

MARCELO Passando a mão na bunda dele e tudo, nas nádegas dele e tudo. Ele já morto já, né? Aí depois de uma hora e meia que me deu...

M.A. Deu vontade de novo?

MARCELO É. Penetrei dentro da bunda dele, ele já morto, de novo, aí depois de algum tempo eu gozei de novo, né. Dentro dele, né. Ele já morto já. Aí, eu gozei já pela segunda vez, dentro dele, aí eu deixei ele lá e fui embora.

I. Levou a bermuda ou não?

MARCELO Aí eu levei a bermuda dele.

I. A camisa você deixou?

MARCELO É. Aí eu fui embora, né. Deixei ele lá, né. Aí quando foi no outro dia seguinte, não, passou dois dias, alguém descobriu o corpo dele e saiu no jornal, esse aí que saiu no jornal.

I. Esse foi o primeiro que você viu que saiu no jornal?

MARCELO É. Eles descobriram o corpo dele lá no CIEP.

I. Conta uma coisa pra mim, por

que você acha que você vestia a camisa neles de volta? Por que vinha essa vontade de vestir de novo?

MARCELO Era mais prazer sexual mesmo.

I. Você tinha prazer de vestir de novo, é isso?

MARCELO É.

I. Você ficava excitado?

MARCELO É.

I. O pênis ficava duro, aí você gozava de novo? Você se masturbava? como era?

MARCELO Não, é que eu já tinha gozado neles duas vezes, eles vivos e depois de morto, aí eu ainda sentia prazer sexual, sadismo, de vestir a camisa neles e ir embora.

I. Só pra ir embora? Não se masturbava nem nada?

MARCELO Não. Não tinha mais vontade.

I. Mas tinha o prazer?

MARCELO É, o prazer sexual. Mas não dava mais pra gozar mais porque já tinha gozado duas vezes dentro dele, né. Aí levava só a bermuda dele e pronto... Às vezes, também, mas é raras vezes, né, às vezes vai pessoas pra ver, pra fazer, as pessoas que trabalha pra isso, pra fazer despacho assim de criança assim, de sangue de criança.

9º MENINO
PAULO

M.A. Bom, vamos para o nono menino?

MARCELO Vamos.

M.A. Como que foi o nono menino?

MARCELO Esse foi onde eu moro lá mesmo, Manilha. Tinha um menino lá que eu cheguei do trabalho, era de noite, aí eu fui chegar perto da minha casa, lá em Manilha, né? Aí tinha um menino lá pedindo dinheiro na rua, né... lá no posto de gasolina. Aí quando eu vi que ele era todo bonito, né...

M.A. Mas você não conheceu esse aí?

MARCELO Não, nunca tinha visto ele não. Aí eu ofereci a ele um lanche, né, na padaria, né. Paguei pra ele um refrigerante e um misto quente pra ele, né. Aí depois eu falei pra ele que eu ia levar ele pra casa da minha tia, né, mas era um lugar deserto. Eu falei pra ele que eu ia levar ele pra casa da minha tia pra dar umas coisas pra ele, uma alimentação pra ele, uma boa alimentação de arroz, feijão pra ele, né. Pra levar pra família dele. Aí era um lugar deserto, né...

[Grande silêncio.]

M.A. Pode falar.

MARCELO Aí eu agarrei ele à força, né.

M.A. Quantos anos tinha esse menino?

MARCELO Tinha 12 anos. Aí eu

agarrei ele à força, né, aí ele ficou até desesperado, né, de momento, né. Aí bati nele e tudo, né, aí ele deixou eu beijar na boca dele e tudo, né. No corpo dele e tudo, né. E acariciei as pernas dele e tudo. Depois penetrei meu pênis na bunda dele, né, aí depois de algum tempo eu gozei dentro da bunda dele. Aí fiquei junto dele umas duas horas, aí me deu vontade de novo, aí eu penetrei meu pênis na bunda do garoto, né, que ele era bonito, né. Aí coloquei dentro da bunda dele de novo... aí depois eu matei ele enforcado de novo.

M.A. Com...?

MARCELO Com a camisa dele. Aí foi que ele morreu enforcado, né? Aí, já morto já, como ele era bonito ainda, como ele era um garoto bonito, né, não tive nojo de beijar ele na boca e tudo.

I. Ah, se ele fosse feio você ia ter nojo, né?

MARCELO Não, se ele fosse assim mais velho.

I. Ah, não é feio ou bonito, é velho ou moço!

MARCELO Aí ele já morto, beijei na boca dele de novo, ainda passei a mão nas pernas dele e tudo, ele já morto, e a língua também passei na bunda dele, nas pernas dele já morto. Aí levei a bermuda dele e deixei ele lá. Aí depois foi tanto, é, que era perto da minha casa, aí eu peguei um facão que tinha lá né, aí eu cortei o pescoço dele com o facão.

I. Por quê? Desse te deu vontade de tirar a cabeça dele?

MARCELO Hã?

I. Por que te deu vontade de tirar a cabeça desse menino?

MARCELO Pra mim eu tava sem prazer sexual, pra me certificar que ele tava morto mesmo.

I. Essa ideia veio por isso?

MARCELO É. Era pra me certificar que ele tava morto mesmo. Aí eu fui lá, peguei o facão e aí cortei o pescoço dele.

M.A. A cabeça ficou separada do corpo?

MARCELO Só um pouco só.

M.A. Mas ele deve ter sangrado, não é?

MARCELO Sangrou.

M.A. Você bebeu?

MARCELO Não, esse não bebi não porque eu tava sem vasilha...

M.A. E esse foi de dia ou de noite?

MARCELO De noite. Era no campo assim deserto.

I. Você chegou a ajeitar a cabeça dele ou deixou lá?

MARCELO Não, eu deixei lá perto mesmo.

I. E ele, já estava de camisa? Você já tinha vestido a camisa nele?

MARCELO Já.

I. Você vestiu depois que

cortou a cabeça?

MARCELO Não, já cortei com a camisa já vestida já. Aí eu fui embora e deixei ele lá. Aí dois dias depois saiu no jornal.

S. E isso tinha importância, ter saído no jornal?

MARCELO Não. Eu procurava não falar nada pra ninguém, né?

M.A. Mas quando você viu que tava saindo no jornal... você ficou preocupado ou não?

MARCELO Fiquei preocupado de descobrirem, né? Eu pensava que se eles descobrirem eu tava...

M.A. E as pessoas começaram a falar disso à sua volta, assim? Começaram a comentar?

MARCELO Minha mãe comentou que mataram um menino ali perto ali. Que tinha cortado a cabeça, o pescoço dele, né? Mas eu fiquei quieto, não falei nada não.

M.A. Mas ela falou de que jeito? Só contou ou ela... ela falou alguma coisa? Se era uma pessoa ruim ou não?

MARCELO Não, ela falou só que tinha...

M.A. Matado?

MARCELO É.

10º MENINO
JUDAS

M.A. Bom, a décima criança?

MARCELO Deixa eu ver se eu me lembro... [Silêncio muito prolongado.] Ah, esse foi um que eu conheci lá em Caxias.

M.A. Quantos anos tinha a criança?

MARCELO Tinha 5 anos de idade.

M.A. O que estava com o irmão?

MARCELO Não, tava sozinho. Aí eu tava em Caxias, né, tinha 5 anos de idade, né. Aí como não dava pra eu pegar mais nenhum menino de 10 a 13 anos...

I. Por que não dava pra pegar menino mais velho?

MARCELO Porque eu não tava encontrando. Aí eu chamei ele, pra me acompanhar que eu ia pagar um lanche pra ele. Aí ele aceitou. Não, esse não ofereci, não, falei que eu ia levar ele pra minha casa, pra conhecer a minha casa. Ele aceitou, né? Aí de Caxias peguei o ônibus pra saltar na Central do Brasil...

I. Você voltou pra Central do Brasil com ele?

MARCELO É. De ônibus, aí de lá peguei o ônibus pra praça XV, né. Aí peguei a balsa pra Niterói e de Niterói peguei o ônibus pra Manilha, né. Aí chegou lá num lugar deserto, né, aí eu deixei numa pedra grande cair em cima da cabeça dele... aí eu deixei o sangue dele cair dentro da vasilha, que eu levava comigo pro trabalho, né, aí eu bebi o sangue dele todo. Aí, como tinha um rio lá por perto, aí eu matei ele afogado.

I. Ele estava sozinho?

MARCELO Tava.

I. Foi de dia ou foi de noite?

MARCELO De noite.

I. Foi perto do lugar onde você pôs o irmão do Lucas?

MARCELO Não, bem longe.

M.A. Tá. O outro, o décimo primeiro menino?

I. Deixa eu só perguntar uma coisa, você matou ele afogado e deixou no rio?

MARCELO Não, tirei ele do rio depois que ele morreu afogado e deixei assim ele na beira do rio.

I. Ele já estava de camisa?

MARCELO Já.

I. E a bermuda, você levou?

MARCELO Não, deixei ele vestido mesmo.

I. Esse você não levou a roupa dele?

MARCELO Não era preto, era da cor preta, né?

I. Você não gosta, né, de preto?

MARCELO Não, não tenho preconceito de cor não.

M.A. Ele era um menino preto, é isso?

MARCELO É, ele era preto.

11º MENINO
MATIAS

M.A. Bom e o outro, o décimo primeiro?

MARCELO (pensa um pouco) Esse foi que eu conheci na Central do Brasil, né.

M.A. Quantos anos?

MARCELO Tinha mais ou menos uns 6 anos.

M.A. Estava sozinho também?

MARCELO Tava, tava na Central do Brasil, aí como eu não consegui encontrar nenhum garoto maior que ele, né, aí eu paguei um refresco pra ele na Central do Brasil, e um pastel, né. Aí esse não fez esforço nenhum. Aí eu falei pra ele que eu ia levar ele pra minha casa, e tudo, aí ele aceitou...

I. Ele era de rua?

MARCELO Não, é que a família dele tava lá embaixo... A família dele não viu eu levar ele, eu levei ele lá pra ficar vendo o tempo, né. Matias, na estação do trem. Na Central do Brasil. Aí de lá eu... não deu pra penetrar meu pênis nele, que ele era muito novo, né? Aí penetrei nas coxas dele, né. Aí gozei nas coxas dele. Aí tinha um riacho, uma lagoa pequena ali, né, que enche de água de chuva, né. Aí matei ele afogado lá, aí deixei lá ele morto lá.

I. Afogado no riacho?

MARCELO É.

I. Você também tirou ele do rio?

MARCELO Tirei do rio também.

I. Ele já estava vestido, você levou a bermuda ou não?

MARCELO Não, levei quando eu deixei ele.

I. Você voltou pra ver ele?

MARCELO Não, não voltei não.

I. Nenhum dos outros?

MARCELO Não, aí era, eu pulei o muro, pulei o muro com ele, né, e ali era propriedade do Exército, né. Aí não voltei mais lá não.

M.A. Era propriedade do Exército?

I. O outro menino do rio você não voltou pra ver? Nenhum menino mais você voltou pra ver?

MARCELO Não.

M.A. Depois que você passou a sentir medo você não voltou mais?

MARCELO Não.

I. Você tinha medo que te pegassem?

MARCELO É.

12º e 13º MENINOS
NATANAEL E SIMÃO

S. Vamos em frente?

MARCELO Acho que já acabou o décimo segundo...

I. Não, falamos do décimo primeiro, que é o Matias, que era o menino pequeno, pequeno demais pra você conseguir, e que era uma propriedade do Exército.

MARCELO (pensa um pouco) Depois eu não tô lembrado, não.

I. Pensa, pensa com calma. O décimo terceiro você lembra?

MARCELO Lembro.

I. O décimo terceiro você lembra, o décimo segundo que está difícil?

MARCELO É.

I. Então vamos falar do décimo terceiro, depois a gente volta.

S. A hora que você lembrar, volta.

I. Fala do décimo terceiro então.

MARCELO Esse foi de Niterói, né.

I. Qual de Niterói?

MARCELO É do Lucas. Ele tinha na época mais ou menos uns 10 ou 11 anos, não me lembro a idade dele não. Aí eu vi que ele era um garoto bonito, né, e tava acompanhado de um menino pequenininho, aí eu ofereci pra ele pra acender vela pra São Jorge. Aí ele aceitou. Aí ele veio comigo e com o irmão dele pequeno.

I. Ele não tinha um defeito no olho, o Lucas?

MARCELO Tinha.

I. Isso não te incomodava?

MARCELO Não.

I. Ele era bonito mesmo com o defeito?

MARCELO Era. Aí fui levar eles

pra um lugar deserto, né.

I. Onde que era o lugar?

MARCELO Lá perto do CIEP. Aí tinha uma galeria assim por baixo... do lado da pista, né. Aí desci com ele lá, já era noite, né. Aí pra o irmão dele pequeno não fugir, né, aí matei o irmão dele pequeno enforcando lá, né, aí ficou morto lá e tudo. Aí comecei a fazer sexo com o Lucas. Beijei na boca dele e tudo, né.

I. Espera aí, vamos voltar só um pouquinho. Paciência comigo... pra eu entender e escrever direito. Você chegou lá na galeria. E até aí o Lucas achava que ia acender vela?

MARCELO É.

I. Quem estava segurando o Simão no colo? O Lucas ou você?

MARCELO Eu tava segurando os dois.

I. Você estava com os dois no colo?

MARCELO Não, na mão.

I. Você não carregou o Simão no colo, ele não ficou cansado de andar até lá na galeria?

MARCELO É, carreguei ele no colo, o Simão.

I. No colo assim? Assim? [Mostrei vários jeitos possíveis.]

MARCELO Na "carcunda".

I. Aí vocês chegaram lá. Aí como é que foi a conversa? Você tava com dois e sempre você tinha pegado um só. Aí tinha dois, você não ficou com medo de o Lucas fugir enquanto você pegava o Simão? Como é que você fez?

MARCELO Não, eu segurei o Lucas pela mão à força, aí antes de entrar na galeria eu bati com a cabeça dele na pedra, né.

I. Pra ele ficar assustado?

M.A. Era pra matar ele?

I. Não, ele bateu a cabeça do grande na pedra.

MARCELO Pra ele ficar mais calmo. Aí eles dois foram comigo lá...

I. Aí entrou na galeria. E o Simão, chorou quando você bateu a cabeça do Lucas na pedra?

MARCELO Não.

I. Ele estava no seu colo quando você bateu a cabeça do Lucas?

MARCELO É.

I. Aí você entrou com os dois na galeria? Você falou o que pra o Lucas? Falou "fica quieto"? Ele já ficou quieto?

MARCELO Ele já ficou quieto.

I. Na galeria, o Lucas ficou onde?

MARCELO Ficou ali sentado ali.

I. Num canto?

MARCELO É. Aí, pra o pequeno não fugir, eu matei o pequeno enforcado... eu queria só com o Lucas, que era mais grande, né.

I. O menino pequeno, antes de você enforcar, você fez carinho nele?

MARCELO Não, não cheguei a fazer não.

I. Nada?

MARCELO Não.

I. Não deu desejo?

MARCELO Não. Eu tava querendo mais o Lucas que era maior já. Pra fazer sexo.

I. E aí, o Lucas tava lá no canto?

MARCELO É.

I. Como é que você matou o Simão mesmo?

MARCELO Com a mão enforcado.

I. Aí ele ficou quieto. Você viu se ele tava morto pondo a mão no peito dele?

MARCELO É.

I. E ele tava? O coração tava batendo?

MARCELO É.

I. Aí o que você falou para o Lucas?

MARCELO Aí eu comecei a fazer sexo com o Lucas e tudo, olhar as pernas dele bonita, as pernas dele bonita e tudo. A beijar na boca dele e tudo.

I. Ele não reclamou?

MARCELO Não.

I. Não chorou?

MARCELO Não. Aí depois eu saí com ele de lá, da galeria, mas não cheguei a penetrar nele não, né. Aí fui lá pro posto de gasolina...

I. Você não penetrou no Lucas?

MARCELO Não.

I. Só acariciou ele?

MARCELO É.

I. Mas você ficou satisfeito?

MARCELO Não. Deixa eu terminar... Aí deixei o pequeno lá morto lá e fui com o Lucas pro posto de gasolina, né. Aí bebemos águas, aí fomos pra outro lugar deserto, né. Aí quando eu vi que tava quase amanhecendo o dia, aí eu tornei a namorar com ele de novo, né, aí eu toquei uma punheta, né, olhando pro rosto dele, aí gozei. Aí eu ejaculei esperma no rosto dele todo, né.

I. Ele fez sexo oral?

MARCELO Fez. Aí chupou meu pênis tudo, né. Aí depois que eu gozei assim olhando pro rosto dele, né...

I. Foi a primeira vez que você gozou naquele dia?

MARCELO É. Aí já tava bastante tempo, aí quase que eu mato ele... com uma pedra grande que tinha lá, né. Aí eu resolvi que não, né.

I. Por que você resolveu que não?

MARCELO Não sei. Aí eu ia levar ele pro meu trabalho.

I. No que ele era diferente dos outros, que você deixou ele vivo?

MARCELO Eu resolvi não matar ele não.

I. Você estava num dia bom?

MARCELO Eu pensei que... eu ia guardar ele pra gente fazer de noite, matar ele de noite.

I. Ah, você ia guardar ele um dia!

S. Pra matar outra vez...

I. Pra matar de noite, pra ter ele o dia inteiro pra transar com ele. Você ainda não tinha transado?

MARCELO Eu ainda não tinha penetrado nele.

I. Você ia guardar para de noite? Você dividiu em duas partes?

MARCELO É.

I. E você não voltou pra ver o Simão?

MARCELO Não. Aí eu fui embora...

I. Só largou ele lá e foi embora?

MARCELO É. Inclusive também ele não reclamou do irmão dele, que tava morto lá também. Ele não falou nada.

I. Aí de lá você já foi embora?

MARCELO Aí eu fui lá pro meu trabalho... Acabou que de lá do meu trabalho ele fugiu.

I. Como que ele fugiu? Você estava de mão dada com ele?

MARCELO Tava, mas lá no trabalho eu tive que largar ele, que eu tinha que trabalhar, né. Aí eu falei pra ele ficar ali esperando, né. Pra ir pra minha casa que eu ia levar ele.

I. Que horas que você viu que ele tinha fugido?

MARCELO Depois que eu tava trabalhando. Dando papel pras pessoas que passam na rua.

I. Daí uma hora você olhou e ele não tava lá?

MARCELO É. Acabou que ele levou a polícia lá onde que eu tava trabalhando.

I. No mesmo dia?

MARCELO Não, levou uma semana mais ou menos.

I. Que dia você foi preso, você lembra?

MARCELO Não me lembro não.

I. Como é que a polícia chegou lá no teu trabalho, chegou lá falando o quê? Onde você estava?

MARCELO Tava lá no meu trabalho.

I. Mas fazendo o que na hora que a polícia chegou?

MARCELO Tava lá sentado lá no escritório do meu patrão.

I. A polícia já tinha avisado o seu patrão?

MARCELO Não, não tinha não. Eu pensei que ele não ia aceitar levar a polícia lá, né?

I. Você ficou nervoso nesse dia que ele sumiu? Você ficou com medo?

MARCELO Fiquei perturbado, né, que ele podia levar a polícia lá, né. Mais aí passou uns dias lá e ele não levou a polícia lá, aí eu pensei que ele não ia saber mais onde era o local, né. Aí continuei trabalhando. Aí ele levou a polícia lá e me prendeu.

I. Aí a polícia chegou e fez como? O que você estava fazendo sentado no escritório do seu patrão?

MARCELO Aí deu voz de prisão, era dois policial. Ele me deu voz de prisão aí...

I. Algemou?

MARCELO É.

I. E levou pra delegacia?

MARCELO É.

M.A. E o seu patrão, o que fez na hora?

MARCELO Ele ficou triste, né, de saber que eu fui preso e tudo.

I. Você viu no rosto dele?

MARCELO É.

S. Nesse período, de o menino fugir até a sua prisão, você matou mais algum?

MARCELO Foi esse que eu matei afogado lá no rio.

M.A. Qual? Nas duas semanas...

I. Do dia que o Lucas fugiu, até o dia que a polícia chegou, passou uma semana mais ou menos, você falou. Nessa semana, você matou alguém? Algum menino?

MARCELO Foi esse, do... o décimo segundo foi esse. Do rio, que eu matei afogado.

S. O décimo segundo então foi nessa semana?

MARCELO Nessa semana, antes de eu ser preso.

I. Foi depois do Simão?

MARCELO É.

I. Ou foi antes do Simão?

MARCELO Foi depois do Simão.

M.A. Ah, o décimo segundo foi depois do Simão?

MARCELO Não, o décimo terceiro foi depois do Simão que o Simão foi o décimo segundo.

I. Ah, o Simão foi o décimo segundo? Agora está certo.

MARCELO O décimo terceiro foi esse que eu matei no rio, lá em Manilha, lá, afogado, o garoto negro, de 5 anos.

I. O garoto negro você tinha falado que era lá do outro lado.

MARCELO No terminal de Caxias, foi lá.

I. O de Caxias?

MARCELO É, que eu levei lá pra Manilha.

I. Você tinha falado que ele era o quê? Tava em outra ordem aqui.

M.A. Estava em outra ordem. Acho que a gente tá te deixando cansado, né?

S. Está embaralhado...

I. Então espera aí, vamos repassar essa parte?

MARCELO Agora o décimo terceiro não tô bem lembrado não.

I. Quantos foram, Marcelo?

MARCELO Treze.

I. Vamos falar tudo outra vez: primeiro foi o Pedro, na BR-101, no túnel. O dois... não marquei...

S. O dois. Mais ou menos 12 anos, não se lembra o nome, tem rosto bonito...

I. O três você achou

que era o Tiago.

S. Sete anos, Tiago.

I. Era o do esqueleto no fusca. O quarto foi em Japeri. O quinto São João de Meriti. Está certo?

MARCELO [Faz que sim com a cabeça.]

S. O sexto no trilho do trem.

I. O sexto você conheceu no trem em Comendador Soares, você levou ele. O sétimo foi em São Pedro da Aldeia. O oitavo você conheceu na Central do Brasil e foi lá no CIEP de Niterói. O nono foi em Manilha. Aí você falou que era o menino negro... Ah não, mentira, você levou ele perto de onde você morava...

MARCELO Ah, esse aí que eu cortei a cabeça eu tô me lembrando o nome dele, é Paulo.

I. O da cabeça é o Paulo... O nono é esse, então, o Paulo, é isso?

MARCELO É.

I./S. O décimo... É em Caxias, você falou que o décimo era em Caxias.

MARCELO Então deve ter sido.

I. Ele não é o décimo, é o décimo terceiro?

MARCELO É, depois que o Lucas fugiu eu fiquei uma semana até ser preso, aí eu peguei ele, matei ele.

I. O décimo ficou qual, o Matias?

M.A. O pequenino de 6 anos?

MARCELO Hã?

M.A. O décimo foi o de 6 anos?

I. É aquele que você não conseguiu penetrar, o décimo?

MARCELO É. Eu sei que ao todo foram treze meninos.

S. Você matou mais?

MARCELO Não. Deixa eu ver se eu me lembro o último.

I. O último?

MARCELO É, deixa eu ver se eu me lembro o último.

I. Você não lembra, mas o menino de Caxias foi depois do Lucas? Foram dois depois do Lucas?

MARCELO Não, só um só. Deixa eu ver se eu me lembro o último aqui.

I. Tá. Deixa ele pensar...

[Marcelo faz as contas.]

MARCELO São Pedro da Aldeia eu falei, né?

I. Falou.

[Vários minutos se passaram em absoluto silêncio.]

I. Aí seu patrão voltou, você chegou atrasado... deixa eu ver se eu entendi. Ele pediu pra você ir comprar um material de construção "Ô, Marcelo, vai lá, perto do presídio, no endereço tal" , é isso?

MARCELO É, fui comprar uma caixa de material de construção no presídio.

I. Aí você foi lá e ele foi conferir, é isso, o cara ligou pra ele? Ele falou como que ele chegou tão tarde, que era pra você chegar lá às nove horas, é isso? Você chegou que horas lá?

MARCELO Nove horas, era pra chegar sete horas. Eu dormi muito, descansando muito, aí cheguei nove horas lá. Aí meu patrão não gostou e falou pra eu não ir trabalhar nesse dia não.

I. Falou no telefone com você?

MARCELO É.

I. Quando você tava lá na loja?

MARCELO É. Pra eu não comparecer, não ir trabalhar hoje não que ele ficou chateado, que eu cheguei atrasado. Mas aí eu resolvi não ir pra casa, eu resolvi ir pra Copacabana, assim mesmo, né. Aí ele falou "Não falei pra você voltar pra sua casa? Que você chegou atrasado?".

I. Te deu uma bronca?

MARCELO É. Aí tinha que voltar no mesmo instante, né? Aí eu fiquei olhando pela Copacabana ali, aí eu vi um garoto lá, deitado lá do meu lado, né. Ali na calçada. Menino de rua, né? Aí perguntei primeiramente a idade dele. Ele tinha 12 anos de idade, aí eu paguei um lanche pra ele.

I. Você sempre perguntava a idade?

MARCELO Sempre perguntava a idade.

I. Era a primeira coisa que você fazia? Perguntar "quantos anos você tem"?

MARCELO É.

I. Pra saber se era maior ou menor de 13 anos?

MARCELO É. Paguei um lanche pra ele, na padaria, né. Um queijo pra ele, né, e um refrigerante pra ele... aí chamei ele pra minha casa, né? Ele tava na rua... Aí como eu vi que ele era todo bonito, né, aí pegamos o ônibus, saltamos na praça XV, aí chegou na praça XV eu peguei o ônibus direto, via ponte, né.

I. Ah, você foi via ponte, não foi mais pela barca?

MARCELO Não, fui pela ponte. Pra Manilha, lá pra Itaboraí. Aí, chegou lá saltei do ônibus por trás, né, não pagamos a passagem, né.

I. Ah, você saiu sem pagar a passagem?

MARCELO É. Aí levei ele por baixo de uma ponte que tinha lá, de um viaduto...

M.A. Isso era de dia também?

MARCELO Era de dia. Aí comecei a fazer sexo com ele, né. Ele aceitou, não precisou nem eu forçar ele, né. Aí eu comecei a beijar na boca dele e tudo, né, a passar a mão nas pernas dele, nas nádegas dele e tudo, né. Aí depois eu quis penetrar nele à força, né, nas nádegas dele, né? Aí eu até bati nele e tudo pra ele deixar, né. Aí ele ficou com medo e deixou, né. Aí eu gozei dentro das nádegas dele, né, a primeira vez e a segunda vez dentro de três horas, né.

I. O que você ficou fazendo nessas três horas?

MARCELO Fiquei namorando com ele, né? Aí depois tinha um lago pequeno lá, né, debaixo da ponte, aí eu matei ele afogado lá, no lago. Aí matei ele afogado lá no lago, né...

I. Como é que é matar afogado?

MARCELO É deixar a cabeça dele toda debaixo d'água.

I. Segurando a cabeça dele?

MARCELO É.

I. Mas ele estava acordado quando você começou a afogar ele ou ele já estava desacordado?

MARCELO Tava acordado.

I. Estava acordado... e ele lutou com você, pra respirar?

MARCELO É. Aí eu deixei ele lá morrendo lá debaixo d'água, acabou que ele morreu afogado debaixo d'água.

I. Parou de brigar?

MARCELO É. Aí quando eu vi que ele tinha morrido afogado, aí tirei ele da água, né, aí deixei ele lá, na beira da água.

I. Ele já estava vestido?

MARCELO Tava vestido, eu vesti ele.

I. Levou a bermuda dele ou não?

MARCELO Não. Aí eu tava com vontade de no outro dia achar ele lá pra fazer sexo com ele já morto ainda. Mas aí não deu porque já tinha descobrido o corpo dele já.

M.A. Aí você ficou com esse desejo?

MARCELO É, desejo de ir lá de novo fazer sexo com ele. Penetrar nas nádegas dele pra gozar de novo, mesmo ele morto. Mas aí vi que não dava mais, já tinha destruído o corpo dele.

I. Eles descobriram logo?

MARCELO É. Esse é o último.

M.A. Agora, Marcelo, tem papéis que a gente leu que dizem que você matou um senhor de 95 anos.

MARCELO Hã?

M.A. Tem uns papéis que a gente leu que você teria matado um senhor de 95 anos.

MARCELO De 95 anos? Não.

M.A. Você matou alguém de 95 anos? Velhinho?

MARCELO Não. Mentira.

I. Não teve?

MARCELO Não. Mas não é processo não, é?

I. De onde veio essa...

MARCELO História? Não sei também não.

I. Você nunca falou nada? Nunca matou ninguém...

MARCELO Velho assim? Não.

I. Mas você não pegou e falou isso em alguma entrevista?

M.A. O delegado deu pra você assinar alguma coisa desse tipo?

MARCELO Não, não.

I. Não teve processo desse caso?

M.A. Processo mesmo não teve.

Despedida. Marcelo beija a minha mão e diz: "Vão com Deus..."

PITAL
ENRIQUE ROXO

A

ATUALIZAÇÃO – MARCELO COSTA DE ANDRADE

A atualização do capítulo sobre Marcelo Costa de Andrade foi a de mais difícil execução que já enfrentei.

No mês de abril de 2005, comecei a pedir uma nova autorização para a Vara de Execuções Penais do Rio de Janeiro para filmar uma entrevista com o Marcelo, com o objetivo de ter o material documentado em película para o banco de dados. O juiz Carlos Eduardo Carvalho de Figueiredo permitiu o trabalho em junho do mesmo ano, mas o envio da autorização seguiu para o endereço do Hospital das Clínicas, instituição paulista composta de doze mil funcionários, e ali ficou extraviada até que a localizássemos seis meses depois. Como já era final de ano, liguei para o Manicômio Henrique Roxo explicando a situação e combinando verbalmente com um dos diretores, à época, que faria aquele trabalho, objeto da autorização, no ano seguinte. Notem que a autorização não tinha prazo de validade; era para realização de específico trabalho de filmagem de entrevista com o paciente Marcelo Costa de Andrade.

Após inúmeros acertos e procedimentos burocráticos, a entrevista ficou agendada para o dia 10 de junho de 2006.

Naquela manhã, bem cedinho, uma sexta-feira, a equipe saiu do hotel. Van, caminhão, equipamento, umas dez pessoas entre os que efetivamente trabalhariam lá dentro e o pessoal de apoio. Rumamos para Niterói. Já na porta, mostrei a autorização, mas só permitiram que entrassem duas pessoas, eu e o produtor.

O Henrique Roxo é uma casa antiga, construída numa esquina, maltratada pelo tempo, mas até que bastante simpática. Não parece um manicômio judiciário, pelo menos não como aqueles dos filmes e livros de ficção. Entramos, conduzidos por um agente de segurança, que nos levou até uma antessala onde três mulheres conversavam bem à vontade. Assim que entrei no recinto, dando bom-dia e me identificando, uma delas levantou-se rapidamente, entrou na sala contígua e bateu a porta. Uma das que ficaram, que parecia ser uma secretária, nos pediu para aguardar.

Algum de vocês já ficou na antessala de um hospício? É realmente o que nossa vã imaginação nos leva a crer: enquanto eu ouvia aquela mulher que levantou e bateu a porta aos berros com alguém no telefone, gritando que eu não entraria de jeito nenhum, um interno pedia, pela janela, um cigarro. Implorava por um "traguinho", que nenhum de nós se atreveu a dar. Um olhava para o outro, estávamos em um filme de segunda categoria? Será? Por que a mulher gritava tanto? Quem estava do outro lado da linha e não se importava em nada com o ataque histérico? Por que essa voracidade em não nos deixar entrar? Qual era o problema? Não tivemos a resposta, mas o desenrolar da história foi bem rápido. A mulher saiu da sala como um torpedo e falou de forma ríspida:

– Sua autorização está vencida, façam o favor de se retirar já!

Perplexa, respondi com calma:

– Calma, doutora, que até ontem ela valia. O que foi que aconteceu?

Gritando, ela respondeu, não para mim, mas acreditem, urrava pelos seguranças e aos brados proclamava:

– Tirem esta mulher daqui! Retirem-se imediatamente! Seguranças, seguranças, retirem essas pessoas daqui!

Nunca me senti tão humilhada. Era como se eu tivesse pulado o muro e fosse pega em flagrante. Como assim? Afinal, eu estava com uma autorização judicial onde não constava prazo de validade, tinha falado com o diretor durante todos aqueles meses, mandei cópias de todos os documentos requisitados aos integrantes da equipe, marquei hora e local... Parecia um pesadelo, daqueles que a gente acorda suando, sem fala, com medo de descer da cama. Em menos de dois minutos estávamos na rua, um olhando para a cara do outro, tentando explicar tudo o que havia acontecido lá dentro para o resto do grupo. Não sabíamos nem para onde ir, nem o que fazer. Ficamos ali, parados numa certa rua em Niterói, assistindo a todo o trabalho e investimento desaparecerem.

Apesar de nossos protestos e argumentos junto à Secretaria de Administração Penitenciária e de Segurança Pública, nada foi resolvido. O trabalho não foi executado, não consegui nem ao menos conversar com a equipe que estava atendendo o Marcelo e ficamos intrigados e cheios de suspeitas sobre o que poderia ter acontecido para nossa autorização ter sido "cassada" sem aviso prévio.

Em novembro de 2006, encaminhei novo pedido de autorização para o mesmo juiz da Vara de Execuções Penais, doutor Carlos Eduardo Carvalho de Figueiredo, explicando o que acontecera e pedindo revalidação do alvará concedido. O Ministério Público se manifestou favoravelmente e outra vez o juiz me autorizou. Dessa vez, tudo correu de forma muito diferente da anterior.

Com a colaboração de todos os envolvidos, Secretaria da Saúde, da Comunicação Social e da Administração Penitenciária, através do doutor Eduardo Gamelero, marquei uma visita ao Hospital de Custódia e Tratamento Psiquiátrico Henrique Roxo. Ali, fui recebida em janeiro de 2007 pelo diretor da instituição, o psiquiatra doutor Antonio Carlos Pascotto, e pela subdiretora, doutora Áurea Cristina Dias. Com transparência absoluta e competência inquestionável, me mostraram toda a unidade, seu funcionamento, seus projetos, seus pacientes. Na ocasião também conversei com Marcelo Costa de Andrade e me surpreendi com a melhora de seu estado de saúde físico e mental.

Marcelo estava já há algum tempo sem medicação. Parecia agora alguém normal, sem estar impregnado com os medicamentos, se movimentando agilmente e com o raciocínio mais lúcido. Fiz uma entrevista rápida com ele, acompanhada de Maria Adelaide de Freitas Caires, e constatamos como sua qualidade de vida havia melhorado. A instituição também nos impressionou, a motivação dos funcionários, tanto da área de saúde como de segurança, conversamos com as equipes multidisciplinares de tratamento, enfim, nenhuma pergunta ficou sem resposta.

A atitude das Secretarias e da Instituição nos motivou a produzir um documentário mais amplo, sobre a questão manicomial no Rio de Janeiro, que parece ser diferenciada, e não mais nos concentrarmos apenas no caso de um único paciente. Voltamos para São Paulo, idealizamos esse novo projeto, nos organizamos para essa empreitada e, na última semana de novembro de 2007, realizamos as entrevistas e filmagens para fazer o retrato do que observamos ali. O documentário está em produção final e pretende mostrar as pessoas que habitam esses lugares, suas histórias de vida e as daqueles que se dedicam a cuidar destes que preferimos esquecer. Alguns nunca deveriam ter sido internados ali, outros talvez nunca devam sair de lá.

Conhecemos também o Hospital de Custódia e Tratamento Psiquiátrico Heitor Carrilho, pedra fundamental deste tipo de instituição no Brasil, que também nos abriu as portas para pesquisa. Ali, o diretor que estava na função havia apenas sete meses, doutor Marcos Argôlo, caminhou conosco por todos os setores, psiquiátrico, administrativo e operacional, mostrando os problemas que enfrenta todos os dias, as soluções que estavam sendo aplicadas, os projetos em andamento, os pacientes. Sua transparência também foi emocionante.

É uma situação difícil, que passo a contar por meio da própria entrevista com Marcelo Costa de Andrade e dos depoimentos dos responsáveis pelas instituições manicomiais judiciárias naquele estado. Nelas, moram pessoas que recebem um castigo infinitamente maior do que o crime que cometeram e outras em que a pena jamais alcançará a barbaridade do crime cometido.

ENTREVISTA COM MARCELO COSTA DE ANDRADE [26.11.2007]

Nosso set de filmagem foi montado em uma das celas do hospital Henrique Roxo, lugar pintado de um verde vivo, onde dormem seis pacientes.

Fiquei impressionada com a melhora de saúde que apresentava Marcelo. Estava coerente, entendia rapidamente nossas perguntas e as respondia com calma. Conseguia se localizar no tempo, no espaço e na sua própria história. Penteou-se antes de começarmos, vaidoso que é, e iniciamos uma conversa bem inócua sobre assuntos gerais que pertencem ao seu pensamento fantasioso.

Marcelo adora falar sobre outros países, em especial os Estados Unidos e a Rússia. A entrevista decorreu em duas mãos: a cada pergunta dele respondida por mim eu podia fazer um questionamento, mas não demorou muito para que ele introduzisse assuntos de ordem sexual na nossa conversa. Dessa vez, queria nos explicar como os internos do hospital fazem sexo entre si, mas que ele não faz porque não gosta de fazer sexo com "já homens".

Voltamos a conversar sobre generalidades e aqui preciso esclarecer como também tive medo de ouvir mais uma vez sobre seus crimes. Adiei esse momento da entrevista o máximo que pude. Sabia que seria perturbador, já havia passado por aquilo antes.

Marcelo me perguntou muito sobre pena de morte, prisão perpétua, como funciona em outros países e nos países vizinhos ao Brasil. Falou, com convicção, que a perpétua deve existir para quem "erra de novo", queria saber que povo tem a maior maldade, americanos ou russos, e é plenamente consciente de que aqui no Brasil a prisão perpétua "é proibida".

O assunto passou de prisão para religião. Disse que se acha perverso em seus atos, que a "força do mal" o fez fugir de casa e que não mata por vingança ou ódio, mas para a criança "ir para o céu". Quando perguntei se a mãe dele alguma vez desconfiou de seus crimes ele a defendeu, dizendo que ela jamais imaginou que ele era capaz de fazer o que fez e que ficou muito abatida quando descobriu.

Explicou-nos que quem está preso está amaldiçoado, mas que ele ainda pode até ser santo, porque Deus é santo e seus filhos também podem ser. Acha que a pessoa tem que se esforçar para escapar do inferno, ou vai ficar atormentadoapor toda a eternidade. Se sente melhor, agora que é evangélico. Comenta os brutais crimes acontecidos nos Estados Unidos (assassinatos em massa) e nos explica que, na sua visão, esse tipo de crime acontece lá porque é um país de ateus, alvo fácil para o diabo.

E, falando no diabo, Marcelo começou a falar sobre os seus crimes. Não vou transcrever literalmente seus dizeres, porque isso dificulta a leitura. Ao ouvi-lo, toda a equipe presente à entrevista passou mal de alguma maneira, uns chorando, outros em profunda angústia, outros se retiraram antes de se descontrolar de raiva. A doutora Maria Adelaide "colou" os pedaços de todos nós nos dias subsequentes, para que pudéssemos seguir em frente, fazendo um trabalho psicoterápico de emergência nos integrantes do projeto.

Marcelo entrou num modo estranho foi como se atingíssemos seu núcleo de perversidade. Falava olhando de forma fixa nos meus olhos e meu sofrimento lhe dava extremo prazer. Lutei contra as lágrimas para não estimulá-lo, mas elas escorriam por minhas faces sem controle, à revelia. E, quanto mais eu chorava, mais Marcelo falava. Não aguentamos por muito tempo. Para esse indivíduo, no seu entendimento confuso e sem sentimentos, falar sobre seus atos mais chocantes "agrada mais" o interlocutor; afinal, desde que foi preso, é isso que se espera dele. Esse discurso não faz bem a ninguém, nem a quem o entrevista, nem ao doente ali internado.

Assim, deixamos que ele falasse "num fio só" e encerramos nossos trabalhos. Esta será a última atualização de entrevista com Marcelo Costa de Andrade. Acredito que nada do que ele possa nos dizer além do que já disse oferece alguma contribuição à ciência.

Nesta entrevista percebi que as bermudas que suas vítimas vestiam não eram um fetiche para ele; apenas lhe permitiam ver as pernas dos meninos, isso sim objeto de seleção. Ele tem uma fala repetitiva sobre seu ritual:

> *"Eram garotos bonitos, de pernas bonitas, de rosto bonito, beijava na boca deles, alisava as pernas deles, bonitas, lisinhas, as nádegas deles também bonitinhas, lisinhas e tudo, metia meu pênis dentro das nádegas deles e como eles eram garotos virgens e bonitos gozava dentro deles, das nádegas deles. Aí, depois, eles chupavam também meu pênis, os garotos, até eu gozar o meu esperma dentro da boca deles. Aí eu sentia prazer sexual também de matar eles, beber o sangue deles todo também."*

Marcelo detalhou seus atos, passo a passo: via as pernas de algum garoto, se excitava, perguntava a ele qual idade tinha (não podia ser maior de 12 anos), fazia uma promessa de dinheiro ou comida, levava-o para local deserto previamente escolhido, batia na criança para obter sexo oral, sodomizava o menino e passava horas acariciando as pernas dele, beijando sua boca e rosto, nas suas palavras, "fazendo carinho". Quase de manhã tirava sua vida, em geral "enforcado", quebrava sua cabeça com uma pedra, virava-o de ponta-cabeça para que o sangue escorresse em sua vasilha, bebia o equivalente a três ou quatro copos de sangue e abandonava o corpo. Nos próximos dias voltava ao local, se masturbava "olhando para o rosto dele" e ia embora. Nunca pensou em canibalismo e afirma categoricamente:

"Vampiros não existem não!"

ENTREVISTA – DR. JOSÉ CARLOS PASCOTTO

DIRETOR DO HOSPITAL DE CUSTÓDIA E TRATAMENTO PSIQUIÁTRICO HENRIQUE ROXO

O doutor Pascotto fala de cada paciente do hospital que dirige como se fosse um filho, assumindo total e plena responsabilidade sobre eles. Trabalha ali há mais de trinta anos; seu primeiro cargo foi de estagiário da instituição. Conhece cada história e histórico, lembra-se de cada entrada de paciente ali, da causa, do comportamento, do tratamento dado e dos resultados atualizados.

Levantou problemas relacionados a pacientes que, apesar de mentalmente já terem condições de saírem desacompanhados, ficaram idosos ao longo de sua internação e, ao saírem, se machucam e sofrem quedas, necessitando acompanhamento de técnicos para exercer a liberdade a que têm direito.

Outro problema interessante que nos relata é referente aos casos em que a institucionalização já faz parte da história daquele indivíduo. Pelos delitos e pela doença mental de que é portador, talvez nem devesse estar ali, mas só aprendeu a viver no "sistema", onde muitas vezes é "rei", ou seja, construiu uma identidade criminosa positiva e reincide para voltar, pois ficar nas ruas é viver o abandono e o anonimato. Esses indivíduos têm uma enorme necessidade de "vender" a imagem de grande bandido, mas na realidade não é tanto assim: fazem isso para chocar, impressionar, construir uma lenda.

Foi muito esclarecedor o que o doutor Pascotto nos explicou sobre Marcelo Costa de Andrade. Disse que esse paciente tem transtorno de personalidade antissocial, inteligência baixa e traços psicóticos em certos períodos, com delírios de fundo persecutório não muito claro.

Para o psiquiatra, o lugar de Marcelo não seria um hospital psiquiátrico e sim uma prisão especialmente construída para portadores de transtorno de personalidade, onde ficariam separados da população portadora de doença mental. São pacientes que causam muitos problemas, tanto nos presídios comuns quanto nos hospitais, porque não obedecem a limites. Quando cedem, seu objetivo é ter um ganho.

Marcelo contou para Pascotto que a juíza que lhe aplicou medida de segurança disse que ele jamais sairia, mas que ele alega agora ser evangélico e que não cometeria mais crimes. O psiquiatra observou, ao longo de todos esses anos, que Marcelo parece adivinhar quando seu laudo está expirando e nova avaliação precisa ser feita, porque nessa época passa a se comportar muito bem, ser extremamente solícito e colaborativo, cuidando dos pacientes mais necessitados das enfermarias. Um "anjo de candura", nas suas palavras. Mas não há condição, ainda, de liberá-lo, em hipótese alguma. Seu transtorno é tão grave que, mesmo idoso, pode continuar a cometer delitos. O diretor do hospital sofre extrema angústia com pacientes desse tipo e, nos feriados prolongados, liga de sua casa para a instituição com a finalidade de verificar onde estão, se a sociedade pode dormir tranquila.

Dentro da Casa de Custódia e Tratamento, Marcelo já conhece bem os limites, até mesmo em relação aos outros pacientes, mas não foi fácil ensiná-lo a conviver ali sem problemas. Houve tempo em que os incidentes eram muitos, ele tirava a calça de alguém na sua frente, na fila do refeitório, batia em outros, empurrava quem não o deixava passar e muitos outros internos tentavam, então, agredi-lo. Era um criador de conflitos e confusões. Foi mandado para outra instituição psiquiátrica, mais fechada e rígida na disciplina, ficou muito isolado e, com o tempo, passou a valorizar a internação numa instituição onde tem mais liberdade e hoje segue as normas. Marcelo está sem remédio, integrado e, como todo portador de transtorno de personalidade, não requer tratamento e sim disciplina e limite.

O paradoxo está em que, quando o paciente está bem controlado assim, sem medicamento e convivendo bem, está na hora de progredir de regime, mas segundo outro psiquiatra do Hospital Henrique Roxo, dr. Luiz Antônio de Andrade Raposo, alguns se estabilizam exatamente porque estão internados e têm supervisão 24 horas por dia. Ao saírem, muitas vezes por falta de mínimas condições sociais, familiares ou estrutura que permita o acompanhamento competente do paciente pelo Estado, desequilibram-se e voltam a cometer crimes. A saída terapêutica, método em que o Rio de Janeiro é pioneiro, é uma forma de "testar" o paciente e prepará-lo para a saída, observar seu comportamento.

Pascotto nos explicou que "a saída terapêutica é um exercício de liberdade", porque, quando cometeu o delito, o fez em função da doença mental, "a voz ordenou, ele matou". Segundo ele, os crimes mais bárbaros são cometidos por aqueles que sofrem de epilepsia temporal. Uma vez tratados, não cometem mais delitos e as saídas ajudam a equipe, agora multidisciplinar e não só psiquiátrica, a emitir novo laudo mais preciso sobre as condições do paciente e sua cessação de periculosidade. A família do paciente também é ouvida e trabalhada pelos profissionais das várias áreas que formam a equipe responsável por aquele paciente, compartilhando assim da decisão e da responsabilidade final.

No caso de Marcelo, a mãe também tem problemas mentais, o que tornaria ainda mais complexa sua progressão de regime. Mas, em geral, todas as mães de portadores de transtorno de personalidade são difíceis porque não enxergam problemas em seus filhos, que para elas foram "injustiçados". Segundo Pascotto, vai ser difícil encontrar um profissional, em sã consciência, que dê um laudo favorável à saída de Marcelo Costa de Andrade.

> *"O projeto terapêutico iniciado pelo Hospital Henrique Roxo, anterior à Reforma Psiquiátrica, sem dúvida também muito colaborou com ela e pretende humanizar o tratamento psiquiátrico. Atualmente o governo já pensa em implantar este projeto* [Casa de Transição] *em outras instituições para a humanização dos manicômios judiciários, pois ainda alguns deles são verdadeiras masmorras!* [...] *Neste processo de humanização da psiquiatria as pessoas têm de entender que a doença mental é crônica e deve ser tratada como outras doenças crônicas: diabetes, hipertensão, por exemplo. Eles* [os doentes mentais] *podem ser tratados para que convivam melhor com essa doença. O transtorno de personalidade já é o terror de todo psiquiatra; o medo de um filho ser portador, é o medo de todos nós que lidamos com isso".*

Como conclusão, entendemos a lição: o delito é transitório, mas a doença mental não. O paciente não pode ser abandonado pelo Estado ao término de sua medida de segurança. Devem ser dadas todas as garantias para que ele tenha as melhores condições de conviver com a doença sem correr o risco de cometer novos delitos por falta de tratamento e acompanhamento.

ENTREVISTA – DR. MARCOS ARGÔLO

DIRETOR DO HOSPITAL DE CUSTÓDIA E TRATAMENTO PSIQUIÁTRICO HEITOR CARRILHO

Quando visitamos o Hospital de Custódia e Tratamento Psiquiátrico Heitor Carrilho, o fizemos apenas por causa da abertura e transparência do doutor Marcos Argôlo, psiquiatra que estava na função de diretor havia sete meses. Em tão pouco tempo, não fora possível sanar muitos dos problemas que encontrara. Quando o questionamos sobre o porquê dessas instituições serem de tão difícil acesso para trabalhos como o nosso, ele nos explicou que a preocupação era garantir a identidade da pessoa que está internada ali, já estigmatizada, na condição de ter praticado um delito. São pessoas excluídas da sociedade e preservar sua identidade é muito importante.

Segundo Argôlo, por outro lado, o trabalho de inclusão social abrange trazer vida para dentro de uma instituição como aquela por intermédio de pessoas como nós, que não são da área médica ou de saúde, mas que se interessam pelos pacientes e conversam com eles, lhes dão atenção. A receptividade dos internos é grande, eles chegam perto, pedem para dar seus depoimentos, que não são tão inocentes assim, pois eles realmente têm algo a dizer, têm conteúdo. Quando a instituição segrega, fecha, pode gerar o mito e excluir ainda mais, criando fantasias de que os pacientes são perigosos, que não podem conviver em sociedade, que ninguém pode entrar ali. Na verdade não é assim e isso foi comprovado por nós, que conversamos com os quase 230 pacientes dali, sem que nenhum incidente, por pequeno que fosse, tenha acontecido. Circulamos na mais perfeita paz e questionamos o psiquiatra sobre a grande maioria, que observamos já ter condições de serem desinternados.

O projeto do Hospital Heitor Carrilho para que a meta de diminuição de sua população seja alcançada é em parceria com a Secretaria de Administração Penitenciária e Secretaria da Saúde, num novo protocolo onde o paciente não perca o contato com a equipe que o atendia antes do momento da sua prisão, nos Centros de Atenção Psicossocial (CAPs) ou ambulatórios. Essa equipe deve assistir seus pacientes também enquanto eles cumprem medida de segurança, acompanhando seu processo e mantendo o vínculo entre paciente/família e dispositivos de assistência. Cada município ou região tem de acompanhar aquela pessoa internada para lhe dar suporte quando sair em liberdade, na cessação de sua periculosidade. A precariedade do suporte sociofamiliar é a grande causa da não desinternação e consequente institucionalização; a perda do vínculo tem consequências gravíssimas, principalmente nos casos de homicídio, quando a internação é mais longa. O indivíduo acaba "institucionalizado", perpetuando sua condição, se este acompanhamento não for iniciado na chegada do paciente ali. Não se pode pensar nisso apenas quando a data da saída for estabelecida.

No Brasil, de forma geral, os manicômios judiciários, hoje hospitais de custódia e tratamento psiquiátrico, trabalham sozinhos, sem participar de uma rede de saúde mental, dificultando o retorno do paciente para a sociedade, a alta médica, a inserção, nos explica o médico. No Rio de Janeiro, todos os coordenadores de saúde mental do estado se reúnem mensalmente em uma das instituições e o trabalho para vencer o preconceito, mesmo entre profissionais, não foi fácil. Na primeira reunião feita ali, no Hospital Heitor Carrilho, a frequência foi bem abaixo da média, por ser dentro de um hospital-presídio. Mas os que marcaram presença tiveram suas ideias preconcebidas desmitificadas.

Também dentro desse novo protocolo, segundo Argôlo, são formadas equipes multidisciplinares e interdisciplinares, que se reúnem, discutem, debatem e montam um projeto terapêutico para cada paciente, individualmente, dependendo de seu perfil, do diagnóstico e da condição social.

O caso mais impactante encontrado pelo diretor dentro da instituição foi o do senhor Nelson. Ele foi preso dentro da casa de um vizinho "furtando" comida, mas ao ser diagnosticado oligofrênico foi internado naquela instituição. A falta de suporte familiar, com a morte dos pais e o desaparecimento do irmão, impediu a sua alta médica. Ele acabou sem nenhum vínculo com lugar ou pessoa e, esquecido ali e também sem suporte adequado do Estado, ficou por 53 anos. Ao descobrir este caso, logo que assumiu a diretoria, Marcos Argôlo pesquisou e encontrou uma vaga para o senhor Nelson numa residência terapêutica na cidade de Seropédica, no Rio de Janeiro. Trata-se de uma casa onde pacientes egressos do sistema de saúde mental que não têm outro suporte são enviados para viver em sociedade, auxiliados por cuidadores contratados pelo município para que sejam reinseridos e acompanhados.

O psiquiatra enfrentaria dois problemas. Primeiro, esse tipo de residência nunca havia recebido antes um paciente saído de instituição mental-judiciária e era preciso trabalhar o grande preconceito. Era preciso desenvolver, no município, um trabalho de convencimento, junto ao prefeito e à Secretaria de Saúde, de que esses pacientes podem ser recebidos sem risco.

Superado esse obstáculo, foi preciso convencer o próprio paciente, que acreditava que o hospital era sua casa. Ele dizia: "Eu sou daqui, eu vou, mas eu volto, vou deixar minhas coisas aqui". O processo foi lento, mas não tanto quanto deveria ser, porque não se podia correr o risco de perder a vaga, e prova de que é possível utilizar dispositivos de saúde extra-hospitalares para este fim.

Entrevistamos o senhor Nelson para nosso documentário. Ele está velhinho, parece a figura de um preto velho da umbanda. Negro, de cabelos completamente brancos, não entende muito bem o que aconteceu. Ao visitar São Cristóvão, seu antigo bairro, não reconheceu parte alguma e hoje, apesar de ser indivíduo livre, ainda não sai pelo portão. Sente-se preso, mesmo sem as grades. Mas é inegável que a qualidade de vida que hoje exerce é de padrão muito mais alto.

Ao caminhar com Argôlo pelos corredores do hospital-prisão, ficamos da mesma forma impressionados com seu conhecimento sobre a vida dos pacientes, o acesso que todos têm a ele e a harmonia entre as áreas de segurança e saúde. Ele nos esclareceu que nos dias de hoje, nas reuniões de técnicos, o pessoal da segurança participa plenamente. A psiquiatria explica ao agente qual e como é a doença de cada um, quem está em surto, quem vai dar trabalho e como lidar com situações de emergência – uma preparação para as reações que a doença pode causar.

Também participam dessas reuniões 25 estagiários, porque eles ainda ficam indignados com as coisas a que os outros profissionais já se acostumaram e aceitaram. Assim, sangue novo corre pelas veias da antiga instituição, trazendo vida. Esses estudantes, por convênio com instituições de ensino, têm oportunidade de fazer mestrado e doutorado, enriquecendo o conhecimento sobre doença mental e crime.

Outros parceiros importantes nos dias de hoje é o Ministério Público, a defensoria, a magistratura e a rede de saúde mental do estado e dos municípios. Diferentes atores articulados para adequar a assistência ao louco infrator a Lei Federal nº 10.216 de 10 de abril de 2001.

Saímos dessa entrevista convencidos de que os manicômios judiciais, que estão sendo fechados em todo o país, devem ser inseridos no universo da saúde mental de fato, e não só de direito. Só dessa forma eles serão minimizados para casos onde realmente são indispensáveis e, como deve ser, por tempo determinado, sempre que possível, curto, guardadas raras exceções que comprovam a regra.

ENTREVISTA – DRA. ÁUREA CRISTINA DIAS

SUBDIRETORA DO HOSPITAL DE CUSTÓDIA E TRATAMENTO PSIQUIÁTRICO HENRIQUE ROXO

Aurea Cristina Dias foi a grande responsável pela realização deste trabalho. Funcionária do sistema penitenciário há quase trinta anos, com vasta experiência geral, trabalhava em estabelecimento psiquiátrico-judiciário, na época da entrevista, havia apenas dois anos. E estava impressionadíssima com o que encontrou. Segundo ela, as pessoas precisam saber o que é o sistema na realidade do dia a dia, principalmente as unidades psiquiátricas, que vivem um momento de reforma importante no país.

Áurea tem formação jurídica. Já trabalhou em várias unidades, tanto de penas privativas de liberdade quanto hospitalares. Sempre se perguntou como seria trabalhar com um indivíduo que é doente mas cometeu um delito. Surpreendeu-se no Hospital Henrique Roxo, que já lidava muito bem com a questão mas não tinha nenhuma visibilidade. Existia um projeto de Casa de Transição desde 1995; o Judiciário já discutia as residências terapêuticas e como inserir o paciente nos Centros de Atenção Psicossocial.

Em um trabalho de união entre equipes técnicas e de segurança, começou a participar de várias discussões com o Ministério Público para repensar a medida de segurança, pouco falada e conversada. Segundo a subdiretora, a medida é aplicada, mas todos os poderes têm uma fração de omissão quanto a ela. O Executivo peca na sua aplicação. O Judiciário não vai ao hospital para ver o que acontece ao paciente, permitindo assim que erros ocorram quando fundamenta sua decisão apenas no laudo de um perito. O juiz de execução deveria contar com o promotor não só como fiscalizador da lei, como também uma presença dentro das unidades psiquiátricas. Todos deveriam perceber que um processo não é apenas um processo, é uma pessoa. Quem o assina está traçando a vida e o destino dessa pessoa e as de seu convívio.

Áurea faz um cálculo simples sobre o poder do Estado na vida dessas pessoas. Se em 2007 havia cerca de 20 mil presos no Rio de Janeiro, cada um com quatro visitantes cadastrados, ao aplicar-se uma pena estamos mexendo com a vida de mais de 100 mil pessoas, no mínimo. Diz a lei que a pena não se estende a terceiros, mas ninguém sabe o que aquela família passa ao ficar dez anos enfrentando fila em uma unidade para visitar aquele paciente ou preso, passar pelo constrangimento com a segurança, com seus vizinhos, com seus parentes, consigo mesmo, se perguntando onde errou. Quando falamos de paciente psiquiátrico os problemas aumentam; muitas vezes a família não quer ficar com ele porque não vê futuro e o abandona ali, por comodidade.

O Legislativo acaba criando leis na emoção do momento, sem trilhar um caminho de responsabilidade a longo prazo, apenas atendendo à opinião pública. É por esse motivo que a política criminal adotada pelo doutor Astério Pereira dos Santos, antigo Secretário Estadual de Assuntos Penitenciários, foi tão valorizada pelas instituições, quando se percebeu que, independentemente de pena ou medida de segurança, o condenado deveria receber educação e trabalho. Para Áurea, esse foi um marco divisório entre o passado e o futuro do sistema penitenciário no Brasil. Foi criada a primeira turma de gestores penitenciários em tratamento, representantes técnicos de tratamento, alocados em cada unidade para negociar a junção entre tratamento e segurança, cargo que ela foi a primeira a ocupar para testar o projeto. Os resultados logo vieram. O Hospital de Custódia e Tratamento Psiquiátrico Henrique Roxo hoje é ganhador de vários prêmios e é considerado referência nacional, além de o projeto ter tido prosseguimento pelas mãos do atual secretário da Administração Penitenciária, coronel César Rubens Monteiro de Carvalho. As penas são discutidas, os projetos são enviados ao Depen (Departamento Penitenciário Nacional) e aprovados depois de analisados.

Áurea levanta a grande questão que assombra a todos:

"É fácil para um político dizer que se deve acabar com os manicômios judiciários, mas onde serão colocados os pacientes graves? Onde será colocado o Marcelo Costa de Andrade? Ora, vamos colocar numa residência terapêutica! Aí fica uma pergunta fácil de responder – eu vou criar uma residência terapêutica numa comunidade, em contrapartida vou dar um ambulatório para atendê-los. Agora, você que é mãe de um menino de 8 anos, vai ficar tranquila que ao seu lado está morando o Marcelo? Vai sair para trabalhar todo dia, você vai? Então é muita hipocrisia, nós estamos tratando de uma vida, de uma pessoa e da vida da comunidade. É dificílimo, para mim e para todo mundo!"

Áurea esclarece que as pessoas devem entender que esses paradigmas, como Marcelo Costa de Andrade, são um caso à parte. Existem tantos outros que são abandonados ali pela família e não deveriam estar internados. São pacientes capazes de reconstruir sua vida, um lar, ter namorada, casar, ter filhos, literalmente abandonados por conveniência, mesmo por famílias de alto poder aquisitivo.

O Hospital de Custódia e Tratamento Psiquiátrico Henrique Roxo está aberto ao público. Eles querem mostrar para o Brasil que é possível fazer um trabalho digno, não só para o paciente, mas também para o servidor que ali trabalha, porque ele dá ao paciente aquilo que recebe. E convida:

"Fique em plantões de 24 horas, em manicômio judiciário, durante 25 anos. Vamos sentir o que é isso! As autoridades têm que repensar, tomar atitudes conversando com quem está lá dentro!"

Como resultado deste trabalho de vanguarda, a instituição hoje, segundo a ouvidoria da Secretaria de Administração Penitenciária do Rio de Janeiro, tem "fila" para entrar. Recebeu, em 2007, o I Prêmio de Visibilidade das Políticas Sociais e do Serviço Social, que agracia equipes de serviços sociais e profissionais cujas experiências de trabalho ou ação específica contribuíram para uma visibilidade adequada da profissão. Também obteve prêmio pelo desenvolvimento de Cartilha de Orientações aos Usuários – 2007, que contém informações relevantes para famílias e usuários do hospital: funcionamento dos vários setores da unidade, tratamentos terapêuticos oferecidos ali, explicações sobre medida de segurança, horários de visita e telefones úteis, entre outros. Trabalhos assim fortalecem os vínculos sociais e reconhecem a cidadania dos portadores de sofrimento mental.

O Hospital de Custódia e Tratamento Psiquiátrico Henrique Roxo, ainda em 2007, também recebeu menção honrosa da Assembleia Legislativa do Rio de Janeiro (Alerj).

Para Áurea, nesses novos moldes de gestão, o primeiro critério de seleção das pessoas que ocuparão cargos de direção nesse tipo de unidade deveria ser o "coração".

"Precisa ser pessoa humana e boa, para depois pensar em fazer um trabalho bom. Ainda temos algumas pessoas no sistema penitenciário que não têm nada para dar a alguém,

não têm nada para dar a si mesmos. O que você não tem, não pode dar aos outros [...] *Não pode ser só seleção* [de funcionários] *no papel. É preciso ter bom coração, pensar no outro e usar a empatia, se colocar no lugar do outro. Antes de dizer NÃO é preciso se colocar no lugar do outro, tenho que sentir o que o outro sente, o que a mãe do paciente sente* [...] *Qualquer paciente, por pior que seja, lá no fundo ele tem alguma coisa de bom."*

CONCLUSÃO

A última cena que gravamos para o documentário foi realizada no alto da favela da Rocinha, em cima da laje de um dos moradores locais, de onde a vista é mais do que privilegiada. Ali, no meio daquela imensidão densamente habitada, ao lado de uma patética piscina azul da cor do céu, falei oficialmente pela última vez sobre Marcelo Costa de Andrade. Quando acabei, todos choraram, numa mescla de alívio, dor, impotência e consciência do quanto ainda falta para entendermos melhor a loucura e o crime. Transcrevo aqui meu discurso, eivado de emoção, ao final de uma semana das mais difíceis que já enfrentei em minha pesquisa. Talvez não o fizesse de cabeça fria, mas no contato direto com a situação não pude me conter – nem deveria.

> *"O Marcelo Costa de Andrade é o extremo do nosso documentário. Ele é o caso que deveria estar onde está e nunca deve sair. Nós discutimos muito a medida de segurança como perpétua, mas quando a gente entrevista um indivíduo como o Marcelo, a gente para para pensar: que bom que existe prisão perpétua de alguma forma* [no Brasil]. *Ele é o indivíduo para receber esta pena, não só pelo que ele já fez, mas também pelo que poderia ainda fazer no caso de sair para a rua. O Marcelo não só matou cruelmente todas as suas vítimas, mas as últimas horas dessas vítimas foram impensáveis, foram trágicas, foram de enorme sofrimento, e ele relata com tanta perversidade esses crimes que quanto mais quem o está entrevistando sofre, maior prazer ele tem em contar todos os detalhes do mal que praticou. Nós descobrimos, na entrevista, o núcleo de perversidade dele. Todos os entrevistados nos mostraram alguma coisa boa, algum lado bom, onde a gente se apoia e pode acreditar que a cura (ou o controle) pode acontecer. No caso do Marcelo, nós todos da equipe sofremos muito, porque a gente não encontra ali nada onde a gente possa apoiar essa fé de cura. Hoje ainda não temos um tratamento que possa reinserir o Marcelo em qualquer lugar que não seja uma instituição onde a sociedade tenha a segurança de que ele não vai sair. A prisão perpétua é uma medida extrema, mas Marcelo Costa de Andrade também é um assassino extremo."*

Penso que falei por muitos de nós.

Coloco a seguir a reprodução na íntegra de uma carta endereçada a um membro da área médica que Marcelo Costa de Andrade escreveu em 19 de agosto de 2003.

DONA ████ eu Marcelo Costa de Andrade de 36 anos de idade, eu digo pra Senhora eu Mesmo, Já estou acostumado A TOMAR Remédio, Pois no Manicômio HEITOR CARRILHO fiquei 10 anos e meio, tomando Remédio. D. ████ eu GRaças A Deus, nunca Fumei Cigarros e nunca usei DROGAS (MACONHA e COCAÍNA) e nem Bebida ALCÓOLICA Nenhuma, COMO CHAMPANHE e VINHO, EXEMPLO, e nunca vou usar essas Coisas Ruins e Prejudiciais A SAÚDE; minha ████ Já me deram Conselhos pra usar essas Coisas Ruins, mas não aceitei o Conselho dessas Pessoas e me Afastei dessas Pessoas e Fiz Bem. minha Querida amiga ████, Como eu Gosto da Senhora, vou lhe dizer o que Aconteceu Comigo, Quando eu tinha 10 anos de idade; Nesse Periodo eu COM 10 ANOS DE IDADE, FUGI DO APARTAMENTO DO MEU PAI, EM MAGALHÃES BASTOS, POIS ELE, MORAVA COM A MINHA MADRASTA VILMA; E NA RUA eu VIVIA me PROSTITUINDO com as Pessoas para Ganhar dinheiro, e Fiquei assim até os 18 Anos de idade, e eu Ficava Cheio de CHUPÕES NO ROSTO, PERNAS e NÁDEGAS e Adoravam me Beijar NA BOCA e ATÉ introduziam a LÍNGUA Dentro do meu Ânus, por eu ser Garoto Novo e Bonito, mas é CLARO minha ████ esse tipo de SEXO é ABobinável A Deus e dá Condenação Perpétua; é Verdade eu Ganhava muito dinheiro de PROSTITUIÇÃO, mas é errado diante de Deus; e eles Falavam pra mim minha Querida ████, Que Garoto NOVO tem AS Pernas LIZINHA e BONITA e também as Nádegas, Como mulher Bonita tem, e também o Rosto; mas D. ████ se tem meninos mais Bonitos Que meninas e Vice Versa, devemos Respeitá-LOS e AMÁ-LOS, Ainda Que Garoto NOVO e Garota Nova tenha a carne mais macia e NOVA e Bonita, mas Foi Deus Quem os Fez Bonitos e é nosso dever educá-LOS NA PALAVRA DE Deus. E eles SÓ me PAGAVAM QUANDO ejaculava o ESPERMA Dentro das minhas Nádegas, mas Graças A Deus eu não Peguei Doença Braba; D. ████, e a AIDIS não tem Cura é mortal. minha Querida ████ Hoje em dia eu Sou evangélico e não me prostituo Com mais NINGUÉM

VIRE

Carta de Marcelo Costa de Andrade[1]
19/08/2003

D. xxxx eu Marcelo Costa de Andrade de 36 anos de idade, eu digo pra senhora eu mesmo, já estou acostumado a tomar remédio, pois no manicômio Heitor Carrilho fiquei 10 anos e meio, tomando remédio. D. xxxx eu graças a Deus, nunca fumei cigarros e nunca usei drogas (maconha e cocaína) e nem bebida alcoólica nenhuma, como champanhe e vinho, exemplo, e nunca vou usar essas coisas ruins e prejudiciais a saúde, minha xxxx já me deram conselhos pra usar essas coisas ruins, mas não aceito o conselho dessas pessoas e me afastei dessas pessoas e fiz bem. Minha querida amiga xxxx, como eu gosto da senhora, vou lhe dizer o que aconteceu comigo, quando eu tinha 10 anos de idade; nesse período eu com 10 anos de idade, fugi do apartamento do meu pai, em Magalhães Bastos, pois ele, morava com minha madrasta Vilma; e na rua eu vivia prostituindo com as pessoas para ganhar dinheiro, e fiquei assim até os 18 anos de idade, e eu ficava cheio de chupões no rosto, pernas e nádegas e adoravam me beijar na boca e até introduziam a língua dentro do meu ânus, por eu ser garoto novo e bonito, mas é claro minha xxxx, esse tipo de sexo é abominável a Deus e dá condenação perpétua; é verdade eu ganhava muito dinheiro de prostituição, mas é errado diante de Deus; e eles falavam pra mim minha querida xxxx, que garoto novo tem as pernas lizinha e bonita e também as nádegas, como mulher bonita tem, e também o rosto; mas d. xxxx se tem meninos mais bonitos que meninas e vice versa, devemos respeitá-los e amá-los, ainda que garoto novo e garota nova tenha carne mais macia e nova e bonita, mas foi Deus quem os fez bonitos e é nosso dever educá-los na palavra de Deus. E eles só me pagavam quando ejaculava o esperma dentro das minhas nádegas, mas graças a Deus eu não peguei doença braba; d. xxxx, e a aidis não tem cura é mortal. Minha querida xxxx hoje em dia eu sou evangélico e não me prostituo com mais ninguém.

1 Esta transcrição manteve a grafia e a pontuação da carta original.

19/08/03

D. [redacted] minha Querida Amiga, eu que leio muito AS ESCRITURAS SaGRada, A Palavra de Deus, Fala muito sobre os Homens maus, Cruéis, Assassinos, arroGantes e Caluniadores, Como esses que tão PResos em DeleGaCias e Penitenciárias e tá Lotado, e Quando tem Rebelião de PResos seja em DeleGACIA ou PResídio, os PResos matam os outros PResos, Com ódio mortal, e Ainda Põe FoGo no Corpo das Pessoas que mataram a Facadas; o que é ABOBInável A Deus. E tem muita Gente Ruim Como os PRESOS e tão na LiBerdade, mas cabe A NÓS Cristãos orar a Deus, para não sermos Vitimas Fatais desse tipo de Gente. E eu D. [redacted] que tou PReso, eu sei que muitos Presos se masturbam olhando para as Revistas, que CONTÉM CENAS DE HOMENS FAZENDO SEXO COM MULHERES, JÁ que não podem ter mulheres JUNTO A SI para Fazer as DelíCias do amor. mas isso o que Fazem é errado diante de Deus. eu JÁ Vi até PReso metendo o Pênis na BUNDA DE outro PReso, porque não tinha mulher. minha [redacted] Compre uma BÍBLIA SaGRada, e leia toda, para Conhecer A PALAVRA DE Deus, e que A Senhora Consiga A SUA SALVAÇÃO ETERNA. D. [redacted] LÁ NO manicômio Heitor Carrilho NO ESTÁCIO, tem um PReso APelidado Capetinha, que sempre Vive NO SeGuro De Vida, porque matou Vários PResos A Canivetadas A TOA, POR Bobagens, e os PResos querem matá-lo e tirar A Cabeça dele Fora; e eu soube LÁ, que ele AmeaÇou DE MORTE um Rapaz de 20 anos de idade e tá-va PReso LÁ, SÓ Porque o Rapaz tinha ESTUPRADO uma menina Bonita de 13 anos de idade e um Garoto Bonito de 11 anos de idade, No menino ele Gozou dentro DA BUNDA DO MENINO e da menina ele Gozou na VaGina da GAROTA mas eu evangelizei ele [crossed out] e ele se Arrependeu e vai OBEDeCer A PALAVRA DE Deus e não VAI errar mais. E O menino e a menina, Como éram inocentes e inGênuos, ACreditaram NA CONVERSA DELE e FORAM PARA LUGAR DESERTO, E ISSO ACONTECEU EM UM MÊS, QUE ELE FALOU. Bom D. [redacted] MINHA QUERIDA AMIGA FICA COM DEUS e o ALTÍSSIMO é MARAVILHOSO.

D. xxxx minha querida amiga, eu que leio muito as Escrituras Sagrada, a palavra de Deus, fala muito sobre os homens maus, cruéis, assassinos, arrogantes e caluniadores, como esses que tão presos em delegacias e penitenciárias e tá lotado, e quando tem rebelião de presos seja em delegacia ou presídio, os presos matam os outros presos, com ódio mortal, e ainda põe fogo no corpo da pessoa que mataram a facadas; o que é abominável a Deus. E tem muita gente ruim como os presos e tão na liberdade, mas cabe a nós cristãos orar a Deus, para não sermos vítimas fatais desse tipo de gente. E eu D. xxxx que tou preso, eu sei que muitos presos se masturbam olhando para as revistas, que contém cena de sexo de homens fazendo sexo com mulheres, já que não podem ter mulheres junto a si para fazer as delícias do amor. Mas isso o que fazem é errado diante de Deus. Eu já vi até preso metendo o pênis na bunda de outro preso, porque não tinha mulher. Minha xxxx compre uma Bíblia Sagrada, e leia toda, para conhecer a palavra de Deus, e que a senhora consiga a sua salvação eterna. D. xxxx lá no manicômio Heitor Carrilho no Estácio, tem um preso apelidado Capetinha, que sempre vive no seguro de vida, porque matou vários presos a canivetadas a toa, por bobagens, e os presos querem matá-lo e tirar a cabeça dele fora; e eu soube lá, que ele ameaçou de morte um rapaz de 20 anos de idade e tava preso lá, só porque o rapaz tinha estuprado uma menina bonita de 13 anos de idade e um garoto bonito de 11 anos de idade, no menino ele gozou dentro da bunda do menino, e da menina ele gozou na vagina da garota mas eu evangelizei ele e ele se arrependeu e vai obedecer a palavra de Deus e não vai errar mais. E o menino e a menina, como eram inocentes e ingênuos, acreditaram na conversa dele e foram para lugar deserto, e isso aconteceu em um mês, que ele falou. Bom D. xxxx minha querida amiga fica com Deus e o altíssimo é maravilhoso.

REFERÊNCIA

OLIVEIRA, Anaton Albernaz de. *Medida de segurança:* o inimputável, sua inclusão, tratamento e alta. Rio de Janeiro: [s/n], 2001.

OUTRAS FONTES

Laudo de exame de sanidade mental no 21.469. Dr. Miguel Chalub e dr. Carlos Leal Vieira. 26 abril 1993.

Laudo de exame de sanidade mental no 21.481. Dr. Miguel Chalub e dr. Carlos Leal Vieira. 3 maio 1993.

Laudo de exame de sanidade mental no 22.581. Dr. José Renato Avzaradel e dr. Nilson Amaral Sant'anna Filho. 31 maio 1995.

Laudo de exame de sanidade mental no 23.531. Dr. Paulo Glaucio Lacerda de Cerqueira e dra. Denise Coelho da Rocha. 31 out. 1996.

Laudo de exame de sanidade mental no 24.368. Dr. Paulo Glaucio Lacerda de Cerqueira e dra. Denise Coelho da Rocha. 24 nov. 1997.

Laudo de exame de sanidade mental no 24.747. Dr. Miguel Chalub e dra. Katia Mecler. 8 jun. 1998.

Laudo de exame de sanidade mental no 24.867. Dr. Miguel Chalub e dra. Katia Mecler. 29 jul. 1998.

Laudo de exame de sanidade mental no 26.549. Dr. Miguel Chalub e dr. Nilson Amaral Sant'anna Filho. 13 set. 2000.

Laudo de exame de sanidade mental no 27.954. Dr. José Renato Avzaradel e dr. Alexandre Martins Valença. 27 mar. 2002

Laudo de exame de sanidade mental no 28.842. Dr. Miguel Chalub e dr. Alvaro Lucio Cabral Lito Figueiredo. 10 mar. 2003.

Parecer para saída terapêutica ou definitiva. Marcelo Costa de Andrade – Hospital de Custódia e Tratamento Psiquiátrico Heitor Carrilho. 22 jul. 1996.

Parecer para saída terapêutica ou definitiva. Marcelo Costa de Andrade – Hospital de Custódia e Tratamento Psiquiátrico Heitor Carrilho. 22 jul. 1996.

Parecer para saída terapêutica ou definitiva. Marcelo Costa de Andrade – Hospital de Custódia e Tratamento Psiquiátrico Heitor Carrilho. 3 set. 1997.

Parecer psicológico. Marcelo Costa de Andrade – Hospital de Custódia e Tratamento Psiquiátrico Heitor Carrilho.

Parecer social. Marcelo Costa de Andrade – Hospital de Custódia e Tratamento Psiquiátrico Heitor Carrilho.

Processo no 3.809. Marcelo Costa de Andrade – Sentença. 5 fev. 2001.

Processo no 4.804. Marcelo Costa de Andrade – Sentença. 22 jun. 1993.

Processo no 7.212. Marcelo Costa de Andrade – Sentença. 29 mar. 1993.

TODO O MATERIAL PARA A PESQUISA DESTE CASO FOI OBTIDO COM A COLABORAÇÃO DOS AMIGOS: César Felipe Cury; José Marcelo de Paula Loureiro; Marcele Moreira Tavares; Gilma Paim Gama; dr. Talvane M. de Moraes (médico psiquiatra); dr. Anaton Albernaz de Oliveira (médico psiquiatra).

AGRADECIMENTOS PARA A ATUALIZAÇÃO: Ao inestimável apoio de todo o pessoal do Hospital de Custódia e Tratamento Psiquiátrico Heitor Carrilho e do Hospital de Custódia e Tratamento Psiquiátrico Henrique Roxo. Aos diretores das instituições, dr. Marcos Argôlo e dr. José Carlos Pascotto, e à subdiretora, dra. Áurea Cristina Dias. O meu muito obrigado aos membros da Residência Terapêutica de Seropédica: Deise Lucia de Araujo Rocha, Sérgio Alarcon, Fabíola Espolador Ramalho, Sueli Rizzo, Jamilla de Paula Barbosa Barros, Maria da Conceição Silva Gonçalves, Jupiara dos Santos, Marli de Souza Faria.

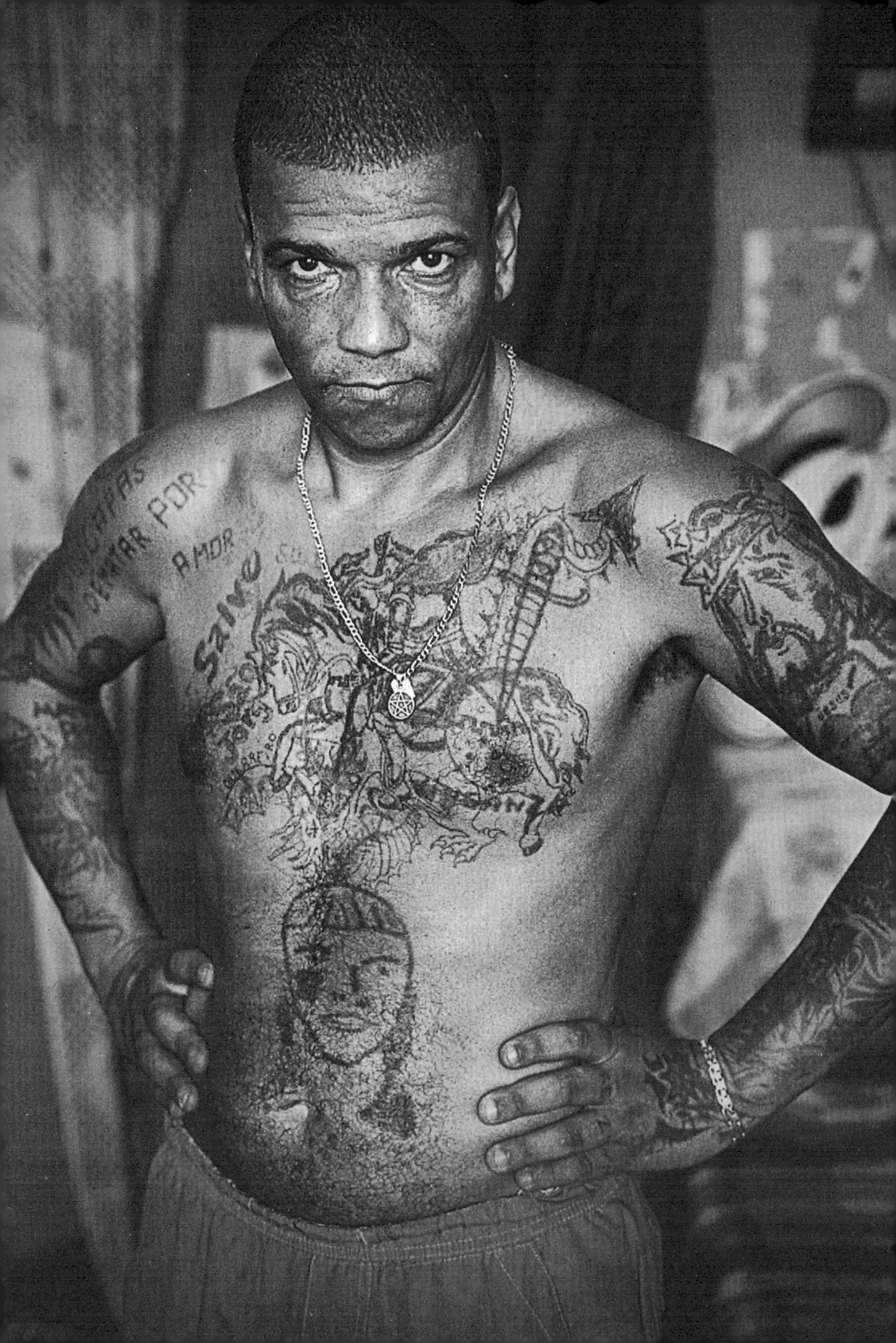
POR
AMOR

7.

PEDRO RODRIGUES FILHO

"PEDRINHO MATADOR"

"Desafio qualquer ser humano da face da terra que queira apontar os meus defeitos, sem ter que dar margem para apontar os seus erros." – **Pedro Rodrigues Filho**

A TRAJETÓRIA DA FORMAÇÃO DE UMA IDENTIDADE CRIMINOSA POSITIVA[1]

Ao conhecer a favela da Rocinha, no Rio de Janeiro, constatamos uma realidade diversa e totalmente paralela à da nossa sociedade. Na base geográfica do que é hoje considerado um bairro do Rio de Janeiro, vemos a normalidade de todos os bairros, de todas as cidades. São supermercados, casas de shows, eventos, pizzarias, botequins, estúdio musical, restaurantes, bancos, serviços especializados, locadoras, academias e similares que compõem a comunidade onde vivem pessoas comuns.[2] Na medida em que se "sobe o

1 Este capítulo é fruto de um artigo científico escrito pela autora para o curso de pós-graduação em Criminologia no Instituto Brasileiro de Ciências Criminais (IBCCRIM), sob a orientação do professor Sérgio Salomão Shecaira, adaptado para este livro.

2 ARAÚJO, Landa. *Rocinha:* bairro ou favela? Disponível em: <http://novo.vivafavela.com.br/publique/cgi/cgilua.exe/sys/start.htm?from_info_index=246&infoid=45142&sid=87>. Acesso em 3 jun. 2014.

morro", percebe-se a clandestinidade e o isolamento aflorando, numa perfeita geografia propícia ao estabelecimento e defesa dos negócios criminosos. Nada mais de comércio local; já não se pode passar sem "permissão". O mesmo se dá no Complexo de Favelas de Paraisópolis, em São Paulo, ressaltando-se aqui que, pela diferença da geografia natural do local, a dificuldade de acesso se dá conforme adentramos, ou seja, as atividades ilícitas organizadas se estabelecem ao fundo do bairro. É como se tomássemos contato com outro mundo, outras regras, outros valores, outra moral. Lá o Estado não está presente ou seu papel é representado por facções criminosas, cada qual em seu território. Não é por outro motivo que um político "liberal", segundo relato de Luiz Eduardo Soares,[3] propôs erguer-se um muro em volta da Rocinha, para legitimar e concretizar uma separação que já existe de fato, numa ignóbil tentativa de "afastar-se do lado mau da cidade, mantendo consigo o cartão-postal" e assim valorizando os terrenos do bairro onde está inserida.

Quando pensamos na ausência de Estado, na "guetificação", esquecemos de detalhes da vida cotidiana imprescindíveis para uma razoável qualidade de vida: nos altos da sociedade paralela que se estabelece nas favelas cariocas ou ao fundo das paulistanas não existe correio, lixeiro, saneamento básico, postos de saúde, luz, telefone. Milhares de pessoas que lá habitam ficam desassistidas e não têm a quem reclamar. Aquela comunidade depende, em parte, do dinheiro e dos recursos gerados pela atividade criminosa e reconhece e respeita aqueles que são responsáveis pelo gerenciamento e ordem do local. Por sua vez, os responsáveis pela atividade criminosa acreditam que usam apenas a violência necessária para proteção de seus negócios. Ainda segundo Soares:

> A substituição na prestação dos serviços do Estado não decorre apenas da ausência dos equipamentos públicos e da precariedade do atendimento, mas também do veto ditado pelos criminosos que controlam a demanda dos moradores. Muitas vezes, em razão deste veto, os rapazes do tráfico assumem o papel de agentes provedores ou mediadores na provisão de vários serviços.[4]

O funcionamento é isolado, com seus próprios recursos, gerados pelo tráfico de drogas que ali impera como atividade econômica. Nem o Estado se interessa em estar ali, nem os traficantes desejam que ele esteja, pois assim o crime seria reprimido. Sair desse tipo de isolamento e do estado de anomia que ele provoca – aquele no qual, segundo Émile Durkheim, prevalece a ausência de leis e normas de conduta – seria diminuir a rentabilidade dos negócios ilícitos da sociedade paralela, como processamento e tráfico de drogas, venda de armas, desmanches de veículos roubados e furtados, venda de

3 ATHAYDE, Celso; BILL, MV; SOARES, Luiz Eduardo. *Cabeça de porco*. Rio de Janeiro: Objetiva, 2005. p. 86.
4 Ibid. p. 261.

sinal "pirata" de transmissão de televisão a cabo, venda de segurança, exploração de serviços como venda de gás e construção civil.[5]

Não podemos esquecer que nas sociedades paralelas onde o grau do estado de anomia é bastante observado a comunidade desenvolve laços fortes e códigos morais também paralelos, que objetivam uma qualidade de vida melhor só entendida por aqueles que ali habitam. Os "transgressores" são aceitos como "mal necessário". Mães utilizam-se dos rendimentos de seus filhos, "guerreiros do tráfico", ignorando, *pro forma*, a origem do dinheiro que lhes provê o sustento de forma mais digna. Adolescentes finalmente encontram sua identidade máscula e guerreira ao pertencer ao "comando" local, obtendo, ao andarem armados e com atitude criminosa, o respeito, reconhecimento e status social antes almejado mas jamais alcançado pelo jovem "careta". Sua recém-adquirida virilidade ainda lhe traz, de brinde, sucesso no universo feminino, facilidade de sedução e identidade destacada na história de sua própria comunidade. A mãe chora no enterro do filho, mas seu nome fica nas ruas como imagem do herói que morreu em batalha, do amigo fiel e leal, que deu a própria vida pelo bem da sociedade local.

Atualmente, os "soldados do tráfico" são o modelo de sucesso nessas sociedades, mas nem sempre foi assim. Na década de 1980, esse espaço de identidade heroica era ocupado pelos justiceiros, que chegavam a ter seus advogados pagos pelos comerciantes locais para que a segurança de seus estabelecimentos fosse mantida. Policiais e criminosos disputavam a captura de outros criminosos, numa época em que as estratégias das forças de segurança se baseavam em atos violentos. Não faltaram grandes nomes nas sociedades paralelas, identidades aclamadas e admiradas pela população local: Adalton do Capão Redondo, Zoreia de Osasco, Esquerdinha de São Bernardo do Campo, Chico Pé-de-Pato do Jardim das Oliveiras, Rivinha do Parque Novo Mundo, Vitão de Diadema.[6]

E Pedrinho Matador, conhecido assassino de São Paulo, justiceiro que se autodenomina vingador.

É por meio de entrevista com Pedro Rodrigues Filho,[7] o Pedrinho Matador, que se pretende observar os fatores que levaram à construção de sua identidade desta maneira particular, da imagem positiva dessa identidade na sociedade paralela e para ele próprio, em contraposição ao concreto teor negativo e criminoso dela, que lhe custou mais de trinta e três anos de prisão.

5 RIZZO, Bruno Engert. *Riscos e consequências na verticalização de favelas*. Disponível em: <http://ofca.com.br/artigos/2009/01/25/250109-riscos-e-consequencias-na-verticalizacao-de-favelas/>. Acesso em: 10 fev. 2009. [fora do ar]

6 MANSO, Bruno Paes. *Sobrevivemos*. Disponível em: <http://www.estadao.com.br/megacidades/SP_seguranca.shtm>. [fora do ar]

7 Em entrevista concedida nos dias 14-15/7/2005, na Penitenciária II – Nilton Silva. Pedro Rodrigues Filho, vulgo "Pedrinho Matador".

Quanto a referência social e cultural do indivíduo influencia na formação da sua identidade criminosa? A identidade criminosa entendida como negativa, enquanto critério da sociedade ampla, dentro de um sistema social anômico, pode ter significado positivo, ou seja, nas sociedades paralelas ser "do crime" pode ser reconhecido como valor positivo? A proposta aqui é discutir o fato de que nas sociedades paralelas existe como que um determinismo existencial, onde nada distingue ou singulariza o indivíduo. O modelo de sucesso para esses indivíduos passa a ser o poderoso criminoso, que atende a comunidade em que vive nas questões que deveriam ser responsabilidade do Estado e, por isso, goza de reconhecimento e identidade mitificada. Afinal, por que isso acontece?

A televisão trouxe um novo modelo de linguagem, imagem e ação. E, se a "comunicação de massas tem importante função na formação dos valores da sociedade" e "influencia na conformação das atitudes humanas e em suas formas de conduta",[8] fica clara a confusão do jovem que pertence a essas comunidades paralelas na construção de seus valores. Afinal, quem da comunidade é o indivíduo mais respeitado, temido? Aquele que tem mulheres que desejam estar ao seu lado a qualquer preço, carro, exército de homens ao seu serviço, poder de decisão, reconhecimento como benfeitor. Como convencer esses jovens em formação que o "crime é ruim, que o criminoso é mau, que essa vida não compensa"? Como explicar a eles que é melhor viver a vida como um "joão-ninguém", pagando as prestações da geladeira finalmente adquirida, como Antônio, personagem do conto "O Falcão", em vez do glamour da identidade através do crime que obtêm as pessoas envolvidas com a criminalidade? No conto de Luis Fernando Verissimo,[9] Antônio é confundido com um glamoroso bandido de alcunha "Falcão", respeitado e invejado por todos de sua comunidade. Depois de exaustivamente tentar desfazer o engano, percebe que finalmente está sendo chamado de "senhor" e ocupa uma posição de reconhecimento singular no mundo. Prefere morrer na glória do engano, como "Falcão", do que voltar ao anonimato de sua vida medíocre.

Antigamente, a mídia era responsável pelo estereótipo negativo do criminoso: "O criminoso vem descrito, desde tempos imemoriais, como um delinquente injusto, antipático, aético e egoísta".[10] Atualmente, a ficção não é tão maniqueís-

8 SHECAIRA, Sérgio Salomão (Org.). *Mídia e crime:* estudos criminais em homenagem a Evandro Lins e Silva. São Paulo: Editora Método, 2001. p. 353-367.

9 VERISSIMO, Luis Fernando. *Novas comédias da vida privada.* São Paulo: L&PM, 1996.

10 SHECAIRA, Sérgio Salomão (Org.). *Mídia e crime:* Estudos criminais em homenagem a Evandro Lins e Silva. cit.

ta e até mesmo as novelas e filmes, entretenimento que atinge as grandes massas populares, misturam o bom e o mau em seus heróis, criando novos estereótipos, como o personagem Juvenal, interpretado por Antônio Fagundes na novela *Duas Caras*, exibida pela Rede Globo: chefe do morro e do crime organizado local era modelo de sucesso e referência em sua comunidade como responsável pelo bem-estar daquela sociedade. O mesmo se dá no filme *Tropa de elite*, dirigido por José Padilha, que tem como personagem central o capitão Nascimento, interpretado por Wagner Moura. *Cidade de Deus*, filme dirigido por Fernando Meirelles, também cria estereótipos de herói e anti-herói, com seus personagens Buscapé e Zé Pequeno, interpretados respectivamente por Alexandre Rodrigues e Leandro Firmino. Segundo descrição de MV Bill e Celso Athayde, até o dialeto falado nas favelas do Rio de Janeiro foi divulgado e massificado para todo o Brasil e em suas entrevistas, em território nacional, espantados, depararam-se com aquilo que chamaram *franchises* dos comandos do Rio de Janeiro, nacionalizando a criminalidade em nome da liberdade de imprensa.

Hoje, como bem observado pela antropóloga Alba Zaluar (1999a, p. 91-100), não se pode responsabilizar apenas a condição de pobreza e os baixos valores do salário mínimo como fatores de aumento de criminalidade. Há que se considerar os valores globais de virilidade e poder arraigados em nossos jovens favelados, que se sentem poderosos ao andarem armados:

> [...] com uma AR-15 ou metralhadora *Uzi* na mão, as quais consideram como símbolos de sua virilidade e fonte de grande poder local, com um boné inspirado no movimento negro da América do Norte, ouvindo música *funk*, cheirando cocaína produzida na Colômbia, ansiando por um tênis Nike do último tipo e um carro do ano.[11]

Ou podemos descrever o líder reconhecido devido à sua imagem em entrevista feita por MV Bill em Curitiba:

> [...] um maluco branco, alto, meio banhoso, com cara de 18 anos no máximo. Ele tinha em uma das mãos um baseado da grossura de um dedo e do tamanho de uma caneta. Tinha cabelo rasteiro e usava costeleta. Bermuda da Cyclone, meias pretas, tênis Adidas Cooper, camisa cinza com estampa da foto do Myke Tyson. Levava na cintura uma espada dentro de uma bainha muito bonita com umas pedras brilhantes.[12]

Ali onde esse jovem vive, a fronteira entre atividade legal e ilegal é tênue, o tráfico de drogas é uma alternativa de vida, além do sentimento de pertencimento que gera o fato de viver "em quadrilha" e do reconhecimento conquistado entre os seus pela coragem de fazer alguma coisa, de manifestar sua

11 ZALUAR, Alba Maria. A globalização do crime e os limites da explicação local. In: SANTOS, José Vicente Tavares dos (Org.). *Violências no tempo da globalização*. São Paulo: Editora Hucitec, 1999. p. 91-100.

12 ATHAYDE, Celso; BILL, MV. *Falcão:* meninos do tráfico. Rio de Janeiro: Objetiva, 2006. p. 84.

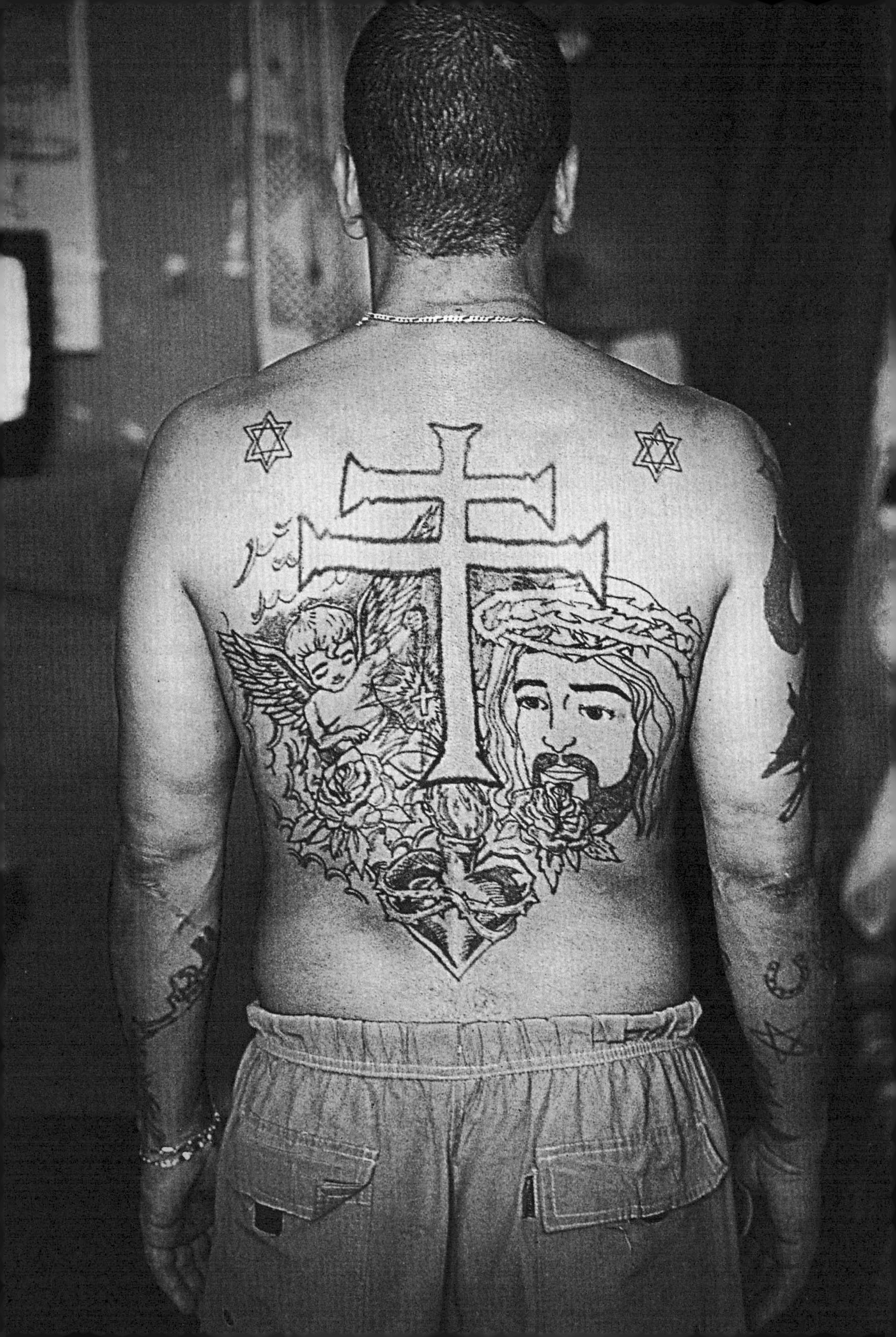

revolta com a falta de identidade. Os adolescentes da favela, "em plena fase de fortalecimento da identidade masculina", são aliciados pelos "comandos" que dominam esta sociedade paralela, têm acesso rápido e fácil às armas por eles contrabandeadas e armazenadas, se regozijam com o jogo de vida e morte no qual se engajam, adquirindo a imagem valorizada ali, gastando a adrenalina própria da idade, fascinados pela liderança reconhecida por todos que ali habitam, ajudando a construir mitos como "Marcolas" e "Beira-Mares", e almejando seus lugares na hierarquia reinante. A polícia, em parte corrupta, que age nessas comunidades destrói a pretensão de uma imagem maniqueísta do bem contra o crime, uma vez que a diferença entre bandido e mocinho se dá apenas pelo uso da farda e não mais por valores éticos e morais.

Violência, do latim *violentia*, nos remete a *vis* (força, vigor). É a percepção da violência que define seu limite e isto vai variar em cada cultura ou história. É uma definição relativizada. Rifiotis e Diógenes defendem abertamente a ideia de que a violência não deve ser vista pelo seu lado negativo ou como a porta dos fundos das teorias sociais, visto que ela teria, no caso da violência entre os jovens, uma positividade. (ZALUAR apud *Diógenes*, 1996, p. 85)

O que Alba Zaluar chama de "condomínio do diabo" é a nova cultura da honra, assim denominada por Alvito (ZALUAR apud Alvito,1999, p. 91), que se estabelece como valor moral maior nas sociedades paralelas: em busca de sua virilidade e orgulho masculino os meninos-homens defendem seu território, anteriormente delimitados por suas lideranças, com a própria vida, pois dessa defesa depende a sua imagem e o seu pertencimento, sob as mais graves penas em caso de fracasso, inclusive a pena de morte. Incorporados a grupos criminosos, são proibidos de traição e evasão de recursos e, acuados pela extorsão e pela necessidade que traz seu próprio vício como usuários de drogas, são achacados tanto pelo "comando" quanto pelos policiais corruptos, levados assim a "escalar" na condição de violência, formando quadrilhas para manter seu *status quo*. São, ao mesmo tempo, autores e vítimas. Dessa forma, "a violência, como qualquer outro instrumento, pode, portanto, ser empregada racional ou irracionalmente, pode ser considerada boa ou má, justificada ou abominada".[13] Os justiceiros, aqueles que matam indivíduos por "relevante valor social", foram, por exemplo, dificílimos de condenar nos júris populares da década de 1980, tendo sua violência aceita por aqueles que se beneficiavam dela. Foram, contra todas as expectativas legais, aclamados e legalizados em suas ações assassinas.

Temos que considerar a ideia de Erving Goffman[14] sobre símbolo de status e prestígio: o adolescente da favela demonstra muito "serviço" antes de estar apto a portar uma arma, o que significa, além de sua aceitação no grupo, sua

13 ZALUAR, Alba Maria. "Violência e crime". In: MICELI, Sérgio (org.). *O que ler na ciência social brasileira (1970-1995)*. São Paulo/Brasília/Sumaré: Editora Capes, 1999, p. 44.

14 GOFFMAN, Erving. *Estigma*. 4. ed. Rio de Janeiro: LTC, 1988.

ascensão na hierarquia do "comando". É início do que representa, para ele, o reconhecimento de seu valor, o começo de uma carreira de futuro que, mesmo que seja de curta duração, será de eterna memória. Aqui entram também as alcunhas, que individualizam os Joões e Josés, lhes dão uma identidade social e, como nos explica Goffman, "entre seus iguais, o indivíduo estigmatizado pode utilizar sua desvantagem como uma base para organizar sua vida". Assim, alcunhas que aparentemente são pejorativas, naquela comunidade serão lembradas positivamente, trazendo fama e muitas vezes transformando em lenda o seu usuário. São os ganhos secundários do estigma. A prisão também se transforma num rito de passagem: aquele que já foi preso pertence ao grupo de forma mais forte, já está iniciado. Na sociedade paralela, o passado criminal é status de poder e não é encoberto, não existe vida dupla. E mesmo aqueles moradores da comunidade que não pertencem ao "mundo do crime" acobertam essas identidades, numa mescla de medo e respeito. Afinal, não há, na sociedade paralela, alguém que não tenha familiar, amigo ou conhecido preso, egresso ou foragido. Aqui fora, na "nossa sociedade", uma vez bandido, sempre bandido. Não há diferença entre essas categorias. Elas são despersonalizadas, não têm nome nem sobrenome, passam a ser apenas sua alcunha de guerra e, mesmo com a pena cumprida, esses indivíduos sempre serão considerados criminosos. O que fica não é a sua história de vida e sim a história de seus crimes e, apesar da enorme vontade de que as pessoas conheçam o ser humano que são, não deixam de se vangloriar pelo nome como são conhecidos, para não cair no esquecimento, na invisibilidade da massa.

Importantes e relevantes as considerações que Antônio da Costa Ciampa faz sobre a formação da identidade em seu livro *A estória do Severino e a história da Severina.*[15] Ali, ressalta que a questão da identidade deve ser vista, sobretudo, como uma questão social e política, na medida em que "cada indivíduo encarna as relações sociais, configurando uma identidade pessoal" e que o conjunto de identidades constitui a sociedade, "ao mesmo tempo que são constituídas, cada uma por ela". Formamos nossa identidade também a partir do que os outros veem em nós e é através dela que ocuparemos posições e manteremos nossas relações sociais. No caso dos famosos criminosos, sua alcunha é mais que um rótulo ou etiqueta – é o que torna legítima a sua identidade, é o seu símbolo. E, na medida em que avança em sua carreira criminosa, cada vez está mais identificado com o mito criado, de forma que a mera sugestão de que se desvencilhe dele lhe causa vazio e confusão. Quem então ele seria?

Essa espécie de prisão que a identidade criminosa positiva traz ao indivíduo que a porta, segundo Luiz Eduardo Soares, é "um caso típico de profecia que se

15 CIAMPA, Antonio da Costa. *A estória do Severino e a história da Severina – um ensaio de psicologia social.* São Paulo: Brasiliense, 1987.

autocumpre".[16] O estigma, agora legitimado, substitui a pessoa por seu retrato estereotipado. A identidade de um criminoso se forma através de seus atos criminosos e, para o jovem, o bom e o mau se confundem na formação de quem ele é ou gostaria de ser. Na medida em que é reconhecido ele forma, através do olhar do outro, o que pensa de si mesmo. É por este, entre tantos motivos, que não podemos focalizar a formação da identidade sem refletir sobre a invisibilidade a que muitos jovens das sociedades paralelas estão condenados, pela falta de alternativas de caminhos de reconhecimento dentro de sua própria comunidade. De acordo com o autor, desde cedo a criança infratora é invisível, na família, na escola, na comunidade em que vive. Nada do que faz parece ser valorizado, nada a motiva ou seduz, vive sem perspectiva alguma de ser vista. A invisibilidade anda de mãos dadas com a rejeição e pertencer a um grupo se torna essencial para aquele que se sente desta maneira. Nem que, para isso, tenha que portar uma arma, o "passaporte para a visibilidade". De alguma forma, mesmo que negativa, ele "aparece" para sua comunidade e, ao longo do caminho, acaba sendo reconhecido por seus crimes e pertencendo de forma leal e fiel ao grupo de seus semelhantes, que lhe propicia o que imagina ser o caminho do sucesso. Torna-se autodestrutivo em suas escolhas. Soares avalia que a autoestima desse jovem é baixa, percebe como é visto pela sociedade ampla, é tratado como lixo e só encontra motivação entre aqueles que espelham seu próprio eu e o aceitam e aclamam. Finalmente é acolhido, recebe afeto e apoio. Temos que entender que para esses grupos nem sempre o que consideramos crime assim é visto; o significado de crime ou transgressão legal não é universal. Ele é modificado conforme a cultura do povo que estabelece as regras de conduta legal daquela sociedade. Aos 18 anos, esse jovem que "frequentou" o crime durante a sua juventude terá uma segunda chance de escolher sua identidade; a partir daí será imputável perante a lei. O jovem que opta por seguir com essa identidade criminosa positiva adquirida em seu curto passado criminoso torna o seu modelo distorcido em objetivo e projeto de vida, mesmo tendo consciência de que a morte prematura ronda o seu trajeto.

Essa escolha nos parece quase um suicídio premeditado, quando estudamos a definição de Émile Durkheim para o suicídio anômico,

> [...] que provem do fato de a atividade dos homens estar desregrada e do fato de eles sofrerem com isso. Por sua origem, daremos a esse ultimo tipo o nome de suicídio anômico. [...] A anomia faz surgir um estado de desespero e de cansaço exasperado que pode, em certas circunstâncias virar-se contra o próprio indivíduo ou contra outrem; no primeiro caso haverá suicídio; no segundo, homicídio.[17]

Suicídio e homicídio seriam faces da mesma moeda, formas semelhantes de

16 ATHAYDE, Celso; BILL, MV; SOARES, Luiz Eduardo. *Cabeça de porco*, cit., p. 86.
17 DURKHEIM, Émile. *O suicídio*. São Paulo: Martin Claret, 2002. p. 393.

violência, e os jovens que escolhem a vida criminosa escolhem, a curto prazo, matar alguém em vez de matar-se a si próprio, mas sua própria morte é consequência inevitável a longo prazo e tanto ele quanto a família têm absoluta consciência disso. MV Bill e Celso Athayde nos mostram esse nível de entendimento sobre o futuro em várias entrevistas de seu livro *Falcão: meninos do tráfico*. Ali, referem como questão central da falência da influência da mãe na escolha do filho pela vida criminosa "o fato de que os próprios Falcões não precisavam de conselhos, já que eles mesmos tinham plena consciência dos erros que cometiam e do pouco tempo de vida a que estavam condenados".[18] Dos dezessete jovens selecionados para o projeto do livro/documentário, apenas um sobreviveu até o final dos trabalhos: o jovem Força. Todos os outros perderam suas vidas no caminho.

Estudar e refletir sobre a formação da identidade criminosa dos jovens que habitam o que chamamos de sociedade paralela é essencial para que possamos intervir com eficiência na questão da criminalidade. A reflexão sobre a trajetória desses indivíduos só pode ser feita a distância, seja por pesquisadores da sociedade formal, seja por eles mesmos depois de passar toda uma vida presos, como no caso de Pedro Rodrigues Filho, que ao término da entrevista solicitou que seu relato fosse reconhecido como o de Pedrinho Matador, pois de outra forma ninguém saberia que se tratava dele.

"Os mitos servem como referência para o bem e para o mal. Nesse caso, a referência do crime."[19]

A importância das entrevistas com criminosos é inegável. Conhecer suas histórias, o contexto de sua criação, sua crença, seus pensamentos. Tentar desvendar o caminho que a violência faz dentro do ser humano.

Depois de realizar entrevistas com dez assassinos em série, esta pesquisadora percebe que, muitas vezes, é difícil extrair informações deles; é preciso que se construa o perfil psicológico daquele que será entrevistado e assim se estabeleça uma estratégia para fazê-lo de forma eficiente.

As entrevistas têm, em média, duração de quarenta horas e sempre são realizadas com a supervisão de um psicólogo forense.

Pedro Rodrigues Filho, após lançamento da primeira edição do livro *Serial Killers: Made in Brasil* (São Paulo: Arx, 2004), escrito por esta pesquisadora, entrou em contato com ela através de carcereiro do sistema penitenciário,

18 ATHAYDE, Celso; BILL, MV. *Falcão:* meninos do tráfico, cit. p. 57.
19 Ibid., p. 118.

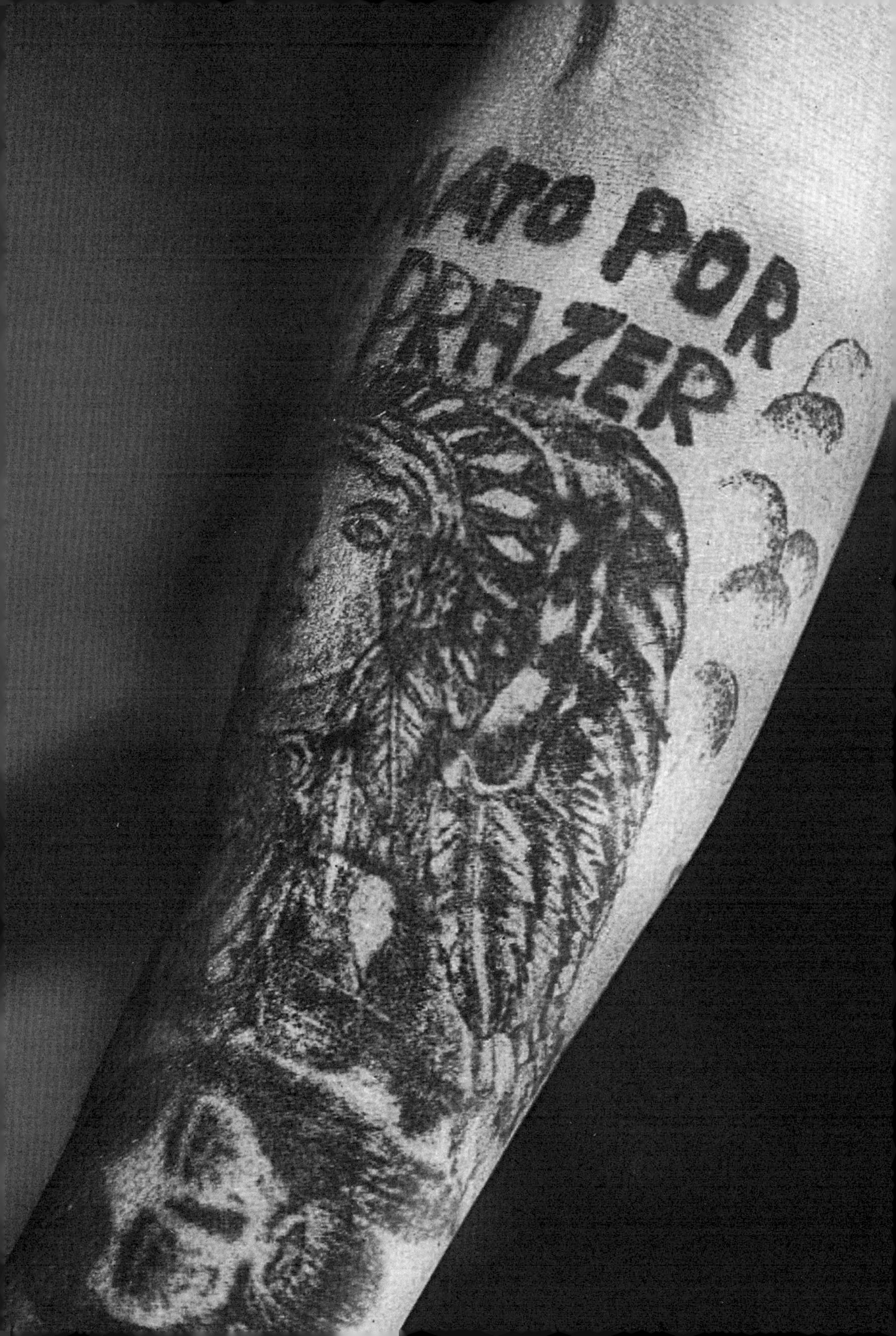
ATO POR
RAZER

taxista nas horas de folga. Questionava o fato de sua história não constar entre aquelas selecionadas para a obra. Depois de primeiro contato estabelecido, foi feita pesquisa em seu prontuário na Penitenciária II – Nilton Silva. Lá estava o histórico de alguém que já excedia o tempo permitido por lei de cumprimento de pena em regime fechado: estava preso há trinta e três anos. Constava que Pedro havia assassinado "oficialmente" setenta e uma pessoas, quarenta delas dentro do sistema penitenciário.

Para estabelecer uma estratégia de ação, consideramos que esse indivíduo, que cumpria sua pena desde os 18 anos de idade e agora tinha 51 anos, estabeleceu boa parte de sua identidade criminosa já dentro da cadeia, mas começou a construí-la ainda bem jovem, ao cometer seu primeiro homicídio aos 14 anos. Diz que foi motivado por vingança: assassinou o prefeito da cidade, que ordenou a demissão de seu pai da escola onde trabalhava como vigia por furto de merenda escolar, e também o outro vigia, que julgava ser o autor do furto, salvando assim sua honra. Ao se tornar foragido em sociedade paralela, conheceu a viúva de um líder do tráfico, uma moça conhecida como "Botinha", assumindo a chefia dos negócios do local. Morou ali até a morte da companheira, assassinada pela polícia, quando se mudou, arregimentou soldados do tráfico e montou seu próprio negócio.

Conhecido por eliminar de seu caminho qualquer um que o desagradasse dentro de seu próprio código moral e ético, ganhou fama entre os seus e orgulha-se da própria posição que ocupa dentro da história do crime no Brasil. Como Pedro já havia sido entrevistado por diversos órgãos de imprensa escrita e falada, optamos por entrevista aberta e não direcionada, dando-lhe espaço para nos contar aquilo que lhe parecesse importante.

Apesar da presença de dois pesquisadores, optou-se por apenas um conduzir a entrevista, porque a dificuldade desse tipo de criminoso formar algum vínculo é muito grande. Assim, iniciou-se o trabalho apenas com uma mulher entrevistando Pedro, pois não há registros de que ele tenha assassinado alguém do sexo feminino. Nosso estudo preliminar nos levou a concluir que, como o entrevistado vive exclusivamente em universo masculino, mais tempo do que viveu na sociedade em liberdade, sua curiosidade em se relacionar e mostrar toda sua vaidade a alguém do sexo oposto facilitaria nosso trabalho. O entrevistador do sexo masculino apenas formulou perguntas no terceiro dia de entrevista, quando Pedro já estava absolutamente integrado ao grupo e relaxado no papel de expor sua vida.

Dessa forma, o entrevistado foi conduzido a nos relatar, em entrevista narrativa, a sua história como pessoa e não aquela de seus crimes, já tão explorada pela mídia. Para Pedro foi a chance de se tornar conhecido como um todo, sem nos deixar esquecer que preferia ser lembrado como o grande matador que era.

A entrevista foi baseada em consentimento livre e esclarecido do entrevistado e há um termo assinado por ele, tanto para publicação da entrevista quanto para utilização das imagens em documentário sobre seu caso.

A grande dificuldade de entrevistar e analisar um criminoso como Pedrinho Matador é o fato de que seus crimes causam mínima repulsa, por se tratar de justiceiro dentro e fora do sistema penitenciário. Ele é carismático. Homem forte, com o corpo totalmente tatuado, Pedrinho exala poder. Todos que por ele passam abaixam a cabeça e o olhar, temendo desagradá-lo de alguma forma. Por que ele matava? Mais uma vez a possibilidade da resposta ser mais simples do que aparenta: matar, para esse homem, faz parte de sua história familiar. Avós e pais mataram, sentindo-se plenamente justificados em seus atos. Ele sabe que é errado, mas não sente remorso. Comenta que já foi castigado, já cumpriu sua pena e agora tem direito à liberdade.

Entrevistar Pedro foi uma experiência única. Ele tem um jeito onomatopeico de contar seus crimes. Faz a trilha sonora de todas as suas ações e temos a exata impressão de "assistir" aos acontecimentos. A riqueza de detalhes anatômicos que apresenta faz jus a qualquer legista. A falta de sentimento que demonstra dá arrepios. É como uma criança contando suas travessuras, não fosse o teor das histórias. Adora os mistérios de Sidney Sheldon, conta vantagens de sua forma física, mostra com deleite cada tatuagem desenhada em seu corpo. Autodenomina-se um vingador que jamais matou o que ele mesmo chama de pai de família. Roubou de traficantes para vender a traficantes e só matou quem não prestava. Se sente o próprio Robin Hood.

Revela com a mesma calma a receita da vitamina que toma pela manhã e o segredo de como temperar sangue, sua bebida energética favorita. Explica, com a lucidez de quem viveu preso a vida inteira, que seus últimos crimes foram cometidos em massa, para que caísse na "liquidação" do artigo 71 do Código Penal,[20] o crime continuado. Em sua matemática simples, aquele é o lugar onde dois mais dois pode ser um e meio.

Pousa para fotos como ator de cinema, sua identidade firmemente alicerçada em sua alcunha. No final da última entrevista, disse: "Doutora, agora posso morrer em paz. A senhora vai contar ao mundo a minha história!"

Para quem o está entrevistando, a linha entre o conhecimento e a admiração fica tênue; afinal, ele realiza o que muitos de nós temos como fantasia: eliminar do mundo os maus e irrecuperáveis. Ao mesmo tempo, é difícil não demonstrar nenhum julgamento quando Pedro relata suas técnicas de assassinar pessoas, formas cruéis e sádicas que podem fazer passar mal qualquer pesquisador.

20 "Art. 71. Quando o agente, mediante mais de uma ação ou omissão, pratica dois ou mais crimes da mesma espécie e, pelas condições de tempo, lugar, maneira de execução e outras semelhantes, devem os subsequentes ser havidos como continuação do primeiro, aplica-se-lhe a pena de um só dos crimes, se idênticas, ou a mais grave, se diversas, aumentada, em qualquer caso, de um sexto a dois terços."

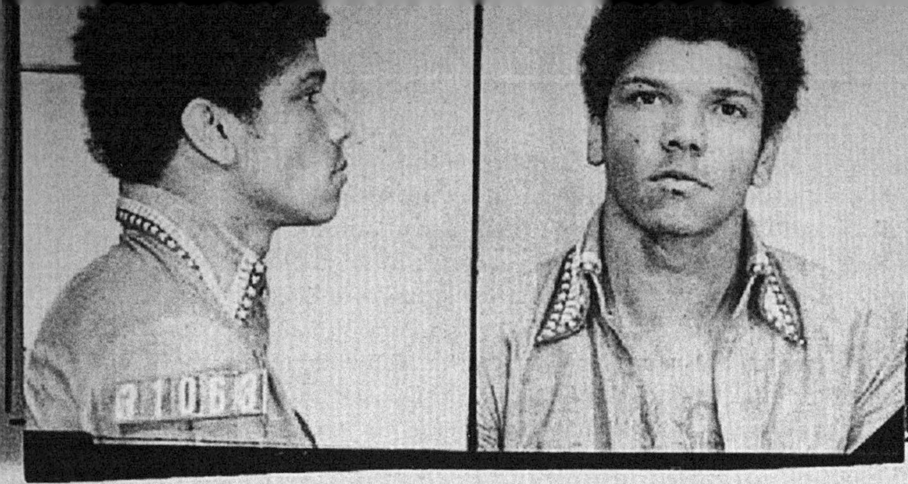

FOTOGRAF
CIVIL

FOTOGRAFI
UNIFORM

FICHA DATILOSCÓPICA

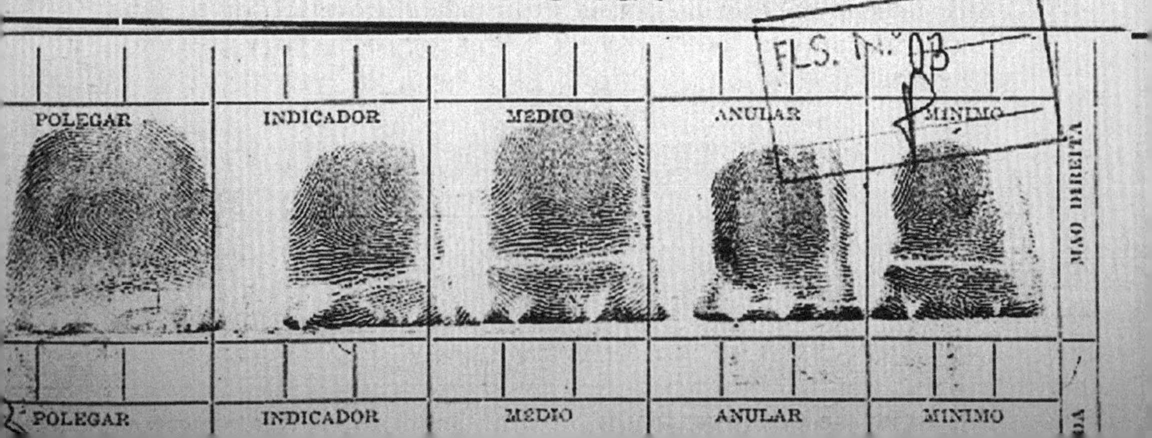

RESULTADOS

Podemos dividir a vida de Pedro em quatro etapas distintas:

1ª ETAPA	2ª ETAPA	3ª ETAPA	4ª ETAPA
do seu nascimento até o primeiro homicídio, cometido com a idade de 14 anos;	seu envolvimento com o tráfico de drogas chefiando grupo criminoso, sob a alcunha de Pedrinho da Cartucheira;	seus primeiros anos de prisão, quando ainda não estava estigmatizado dentro do sistema penitenciário;	já conhecido como Pedrinho Matador. Em cada etapa encontrou-se resultados relacionados com a formação de sua identidade criminosa que ele se orgulha e percebe como positiva.

1ª ETAPA – PEDRINHO ATÉ OS 14 ANOS

Filho mais velho de prole de oito crianças, Pedro foi criado por pai e mãe, avô e avó, cada um com seu papel e lugar bem definidos. O casal Pedro (pai) e Manuela brigava constante e fisicamente, situação de violência doméstica a que submeteram todos os que viviam na casa. Segundo Pedro (em entrevista concedida nos dias 14-15/7/2005, na Penitenciária II – Nilton Silva), sua mãe levou uma surra ainda grávida, causando fratura no crânio do feto que carregava em sua barriga:

> [...] Minha mãe brigou com meu pai, eu já tava pra nascer, meu pai deu uma 'pesada' [pontapé] na barriga da minha mãe e aí eu nasci com a cabeça quebrada, tem a cicatriz até agora, pode ver.

A casa de Pedro tinha muitas regras criadas por sua mãe, que era bastante religiosa e não permitia que os filhos vissem televisão. A avó era umbandista e levou o neto para o terreiro de trabalhos, que era na sua própria casa. Pedro foi batizado na umbanda aos 14 anos. Como médium, recebia várias entidades de muito poder. A mãe se revoltou com o filho por exercer outra religião, ameaçando matá-lo. Ele também era exposto às brigas do casal cotidianamente, sempre motivadas por ciúme. Controlou a violência do pai antes de ser preso, na medida em que crescia, mas quando ele não estava mais presente Manuela foi assassinada pelo marido:

[...] Pai sempre teve ciúmes da mãe e brigava com ela, já saquei o revólver pra ele. [...] Pai tem muitos, mãe não, esperou eu ir pra cadeia pra matar ela 'dormindo'. Quando eu tava na rua ele não punha a mão na minha mãe, nada.

Apanhou mais da mãe do que do pai, que usava mais os castigos:

[...] Todo mundo apanhava. Meu pai batia pouco, dava castigo, me fazia ajoelhar no milho tanto tempo que quando eu levantava o milho tinha entrado na perna, nem dava pra ver... [Risos.] [...] Minha mãe já era ruim! Esquentava vara na espiriteira, no lampião. A vara de marmelo assoviava (zum, zum, zum).

Sofreu também grande influência dos avós, pois muitas vezes fugia para a casa dos pais quando a violência piorava. O forte vínculo de Pedro com armas e com o hábito de beber sangue vem daí; culturalmente, acredita que é certo, uma vez que aprendeu esse costume no seio familiar, e fala de forma bastante natural sobre o assunto. Foi o avô quem lhe ensinou a usar armas com maestria. Ao encargo da avó ficou como temperar sangue para agradar o paladar e mascar fumo de corda, vício que permanece até os dias de hoje.

ENTREVISTADOR: Desde que idade você tomava sangue?
PEDRO RODRIGUES FILHO: Ah, desde menino! 10, 12 anos... Tomava depois de boi, [porque] de vaca não é bom. É bom pra saúde! [...] Meu avô morreu com 98 anos, fortão ainda.

Sua turma de amigos, no início da adolescência, é descrita por ele mesmo:

[...] Tudo ruim que nem eu. Só pra pegar, tacar fogo! O tempo foi passando, uns foi morrendo, outros a polícia matou, outro pegou a caminhada dele. Sempre fui sozinho, tanto na rua quanto na cadeia. Sempre fui solitário. Vivi muito isolado [...] fui me acostumando...

Pedro relata que, desde bem pequeno, sentia uma revolta intensa dentro de si. Odiava "os ricos" e ateava fogo em seus carros e casas sempre que tinha uma oportunidade. Nunca frequentou a escola nem nenhum posto de saúde; o primeiro médico que o examinou era funcionário do sistema penitenciário.

O primeiro episódio de isolamento de Pedro se deu quando seu pai foi mandado embora do grupo escolar em que trabalhava por justa causa, acusado de furtar merenda. Esse fato causou uma crise intensa na família Rodrigues, que passou fome e vergonha. Pedro se retirou para o "mato" durante mais de trinta dias, onde ficou caçando macacos e vendendo a pele para ajudar no sustento da família. Quando saiu, estava pronto para a segunda etapa de sua vida, agora como homicida:

[...] Caçava para alimentar a casa, aí uma hora eu falei para minha mãe, olha mãe, não tá certo não. Meu pai nunca roubou nada, foi mandado embora, sem direito a nada. Eu tinha 14 para 15 anos. Isso aí não tá legal não... Pede ajuda pra vó, pra minha madrinha em Minas... Vamo todo mundo pra lá. Vamo sumi todo mundo. [...] Aí fui para o rancho do meu avô... Eu sabia onde ele guardava as armas, facão... Já sabia atirar bem que meu avô tinha ensinado eu a atirar no meio do mato.

2ª ETAPA – PRIMEIRO HOMICÍDIO E O ENVOLVIMENTO COM O TRÁFICO DE DROGAS

Pedro responsabilizou o substituto do prefeito que demitiu seu pai e o vigia (que acreditava ser o verdadeiro ladrão) que trabalhava durante o dia no mesmo grupo escolar por toda a crise familiar e pessoal que enfrentava. Decidiu eliminá-los depois de seu isolamento:

> [...] Aí, roubei a 32 dele [do avô] antiga, não existe mais hoje, e uma espingarda 28, bastante cartucho... Levei um coturno do meu avô, levei embora também, e aí esperei, saí devagarinho, sossegado, aí fiquei esperando...

Matou primeiro o subprefeito e depois seguiu para a escola, onde inicia um ritual de matar que o acompanhará por toda a vida: sempre que tem oportunidade, explica para a vítima por que ela está morrendo, quando o motivo é vingança.

> – Você viu o que você fez? Acabou com a minha família, cara! Meus irmãos tão passando fome por sua causa. Isso aí é justo que você fez?

Depois de assassinar o vigia, sentiu sua missão cumprida, mas agora era um foragido da polícia. Foi para Minas Gerais, para a casa da madrinha, onde conheceu Maria Aparecida Rolim, chamada de Botinha na comunidade em que vivia. Ela acabara de ficar viúva do chefe do local, traficante de drogas, e agora era responsável pelo negócio. Aliciava menores que ali viviam, entre eles Pedro, seduzido por sua beleza e poder. Rapidamente ele galgou a hierarquia da organização, ajudado por seu envolvimento com Botinha:

> [...] Era traficante. Fazia uns dois meses que a polícia tinha matado o marido dela. E ela trabalhava com uma pá de menores, todo mundo vendendo droga pra ela. [...] Na época não tinha cocaína, crack... Era pervitin, haxixe e a verdadeira maconha... 'cabeça de nego' aquela maconha da boa! [...] Acabei ficando com ela. Foi a primeira mulher da minha vida, foi ela... [Ri.] Tenho vergonha de falar.

Permaneceu nessa posição durante algum tempo, mas logo outros traficantes se revoltaram com a relação dos dois e a rápida ascensão do rapaz, que ainda era menor de idade:

> [...] Fiquei com ela um bom tempo, aí as pessoas que trabalhavam com ela se sentiu revoltada, ele aí chegando agora... [...] Aí os caras armaram uma emboscada pra me

matar. Os cara era matador. Aí uma das namoradas ouviu os caras, que era empregada da traficante, da Botinha, 'bateu' pra mim: cuidado! Os caras vão te matar, não sei quando, não sei a hora... Eu já desconfiava... Um dos cara era de menor e dois era de maior. Na época eu carregava duas 765, uma de doze tiros, uma de nove. [...] Fui chamado para trazer um carregamento com os quatro rapazes, esperei eles cochicharem e matei todos. Dois morreu na hora e os outros dois no caminho do hospital. Baleei os quatro. [...] Aí a polícia ficou me procurando... Não sabia quem eu era... Sabia que era um magrinho!

Quando Botinha foi assassinada pela polícia, Pedro fugiu novamente e seguiu a vida criminosa, como chefe de seu próprio grupo.

> [...] A polícia queria ela, ela tava 'pedida'. Eu to na casa [dela]. Antigamente quando a polícia chegava, não é que nem hoje, hoje tá tudo moderno... Tudo moderno... Agora preciso tomar cuidado na rua, se eu [sair]... né? É muito esquisito. Antigamente era pouca polícia e ela avisava: 'Sai com a mão pra cima, larga as armas! Aqui é o delegado fulano de tal!' [...] Ela morreu nos meus braço...

Diz que só vendia drogas para traficantes, em grandes quantidades. Tinha um código de moral e ética particular, no qual está incluído só matar por vingança (se possível) e não levar nada roubado para casa ou para a mãe.

> [...] Só levava presente [para a mãe]. Não levava nada roubada pra casa. Nada de droga, nada. Antigamente – 50/100 kg de droga e já vendia para outro [traficante]. Vendi muito assim. Eu tinha muito inimigo, muito inimigo mais esquadrão da morte na minha cola, vi um monte de gente querendo me matar. [...] Só tem dois animal que eu não mato: carneiro e macaco. O carneiro chora que nem gente. Eu mato um ser humano, mas não mato um carneiro. Dá dó de ver ele chorando. Chora que nem criança. Faz com a cabeça assim, cutuca você. Já matei muito carneiro, não mato mais. [...] Eu não mato passarinho, eu não mato macaco, eu não mato carneiro. Já matei cavalo pra experimentar a arma.

Pedro vestia vermelho para cometer o homicídio e preto para ir ao velório ou enterro da vítima. Sobre seus motivos, naquela época e nas posteriores, respondeu assim:

> **ENTREVISTADOR:** Você matou muito por vingança, né?
> **PEDRO RODRIGUES FILHO:** Mais por vingança. Matei bastante.
> **E.:** Sempre por vingança?
> **P. R. F.:** Quase sempre matei por vingança.
> **E.:** Quando não foi por vingança foi por quê?
> **P. R. F.:** Aí... Por exemplo, por exemplo... A gente já tá, tanto ir, tanto faz. Tá craqueado até o pescoço. Perdi irmã. Não tem interesse em ir embora mais... Eu via o cara, aquele cara não tá com nada! Cê tá louco pra matar, aquela sede de matar! Quer sair da cadeia, quer ir pra outro lugar, entendeu? [...] não é nada, só porque ele fez alguma coisa para outra pessoa eu já ia lá e matava.

E.: É como uma missão, você escolhe aquele que não prestava para estar aqui?

PEDRO RODRIGUES FILHO: No nosso meio do crime não é permitido, né? Eu ia lá e eliminava [estupradores, matadores de crianças].

3ª ETAPA – OS PRIMEIROS ANOS DE CADEIA

Ao chegar à Casa de Detenção, mesmo acostumado com todo tipo de violência e já tendo matado, segundo sua memória, mais de trinta pessoas, Pedro ficou bastante assustado:

> [...] Minha amiga, na hora que eu chego na Detenção... amanheceu o dia... UUhhhhh... Fui pro inferno! Aaahhhh... Todo mundo com aquela japona preta, sapato preto... Você vê que os cara tá armado mesmo, tocando batuque... Meu Deus do céu! [...] Me assustei, eu mesmo falo, sangue na parede, tem muita morte então tem sangue arrepiado na parede, [gente] sambando, os caras lutando capoeira, fumando, bebendo... Gente armada, pra lá e pra cá, nossa, ali era o inferno, cara, ali era o inferno ali, ó, inferno, inferno, inferno, inferno. Depois... Isolado, no chiqueirinho, sem água... [...] No pavilhão 5, no quinto andar, tudo sujo, barbado, morria por ali mesmo. Ficava doente, ninguém se importava... Morria tudo assim, ó. Era um inferno aquilo, um inferno. Nem pra usar o banheiro, que aqui a gente chama de boi, eu ia sem a minha faca.

Ficou na inclusão pelo período determinado e assim que foi encaminhado ao convívio ouviu:

> – Carne nova pra mim hoje... [Ri.]

Tratava-se de um temido criminoso que cumpria sua pena e que abusava sexualmente de todos os rapazes recém-chegados à Casa de Detenção. Pedro foi designado para viver na cela desse bandido, odiado por muitos e temido por todos. Logo na primeira noite, para escapar do abuso, esperou que ele dormisse e esmagou sua cabeça com uma espécie de paralelepípedo que encontrou no banheiro. Relatou o fato para o carcereiro, avisou que tiraria a vida de quem mexesse com ele. Ganhou imediatamente o respeito de todos.

Pouco tempo depois, estava envolvido com um travesti que trabalhava na cantina. Por ela, assassinou mais duas vítimas:

> [...] Tive que matar dois caras, por causa da minha moral, por causa da bicha, que eu gostava dela, parecia uma mulher mesmo. Não que eu tinha caso com ela, não tinha... Ela trabalhava na cantina, vendia coca-cola, frango, esses barato todo. Muitas pessoas pensava que era caso meu, mas não, se fosse eu falava. [...] A 'moça' arrumou confusão. Ela estava errada, mas o bandido falou que não importava se ela era mulher de grande bandido e criminoso e mandou os dois para aquele lugar. Fui tirar satisfações com ele. O cara estava parado lá em cima, com a faca na mão:

> – Aí, malandro. Errou!
> – Errou? – eu falei. – Mas e a minha moral? Você trouxe pro meu conhecimento? Não é assim que funciona, cara. Agora você vê o que você faz...
> Subi com tudo! [...] Já era. [...] É assim que funcionava, errou, morreu!

Depois desses crimes, Pedro Rodrigues Filho foi "batizado", por um promotor, com seu primeiro apelido dentro do sistema penitenciário: Vampiro do Carandiru.

4ª ETAPA – PEDRINHO MATADOR

A mídia e a Justiça começaram a chamar Pedro Rodrigues Filho de *Pedrinho Matador*, um dos maiores assassinos dentro do Sistema Penitenciário de São Paulo. Ele próprio calcula ter assassinado mais de cem vítimas, incluindo-se aqui aquelas em meio a rebeliões das quais participou e que constam como "autoria desconhecida" ou foram assumidas por criminosos "menores".

Pedro desenvolveu inúmeras formas de matar: faca, caneta, óleo quente, arsênico, estrangulamento. Viveu dezesseis anos no "castigo", isolado do convívio na Casa de Custódia de Taubaté:

> [...] Ah, o castigo nesses outros [lugares] aí é ruim, mas lá onde eu fiquei, é, fiquei dezesseis anos ali, lá não tem música, não tem rádio, não tem televisão. Sol por quarenta e cinco minutos e no fim de semana e olha lá. Minha vida era ficar naquela cela, num quadradinho. Ficava na cama lá, fazia quatro horas de ginástica todo dia e na parte da tarde eu tirava duas horas pra dar soco na parede pum, pum, pum. O médico falava: "Para de dar soco na parede rapaz! Vai dar encrenca". Tinha época que eu não tinha força pra pegar coisa assim pra comer, minha mão vivia fechada. Eu punha um meião de futebol e punha assim dando soco – pum, pum, pum. Na parte da manhã eu fazia aquilo e na parte da tarde eu ficava dando soco na parede. Eu abria o ralo assim, na parede era tudo rachado assim e minha parede era concreto. A parede ficou tudo rachada e cheia de sangue. Pode ver, minha mão é defeituosa. Aí eu parei. E fiz num saco de areia. Tem um sacão grande lá de areia e eu bato lá agora.

É temido e respeitado por todos, detentos e funcionários. Muitas vezes foi "usado" para acalmar certa ala da prisão, pois ninguém quer "arrumar confusão" com ele. Relata que passou anos desesperançado, matando ao seu bel-prazer e sem perspectiva nenhuma de futuro. Depois de ser transferido de Taubaté, passou a ser atendido pelo serviço social da nova unidade e se envolveu com uma funcionária, com quem mantém um estável relacionamento até hoje. Segundo Pedro, ela o fez acreditar na vida novamente. Continua vaidoso de sua fama, sem nenhum pudor, como quando nos pediu para verificar se sua fotografia ainda estava exposta no "Museu do Ipiranga", na verdade se referindo ao

Museu do Crime. Fala de seus antigos companheiros de cela, famosos como ele, perguntando se eu conheci Sete Dedos, Bonequinha e Cara-de-Cavalo. Nunca tentou suicídio.

> [...] Mas se morrer quero morrer matando. Eu tirar a minha vida? Nunca [...] Acho até mais corajoso uma pessoa tirar a própria vida do que matar o outro, porque tirar a própria vida... pqp!

Pergunta como vai se intitular este trabalho e sugere que seja "Pedrinho Matador" mesmo, pois de outra forma não saberão que estamos falando dele. Diz que hoje em dia as coisas estão muito mudadas, que não mata mais nem revida provocação, pois agora as desavenças são mediadas pelo "partido", que define o castigo de quem não tem razão.

> [...] Hoje, hoje mudei completamente, minha mãe até hoje sofreu pra caramba, pra fazer alguma coisa pra mim agora, só se bater na minha cara, uma coisa grave, né? Muito difícil. Não dá mais, não dá. O crime mudou muito. Ninguém entende mais nada, ninguém entende mais nada, tá tudo de cabeça pra baixo. Pouca gente que a gente confia. Cadeia agora é um outro mundo. [...] Não é legal. Tem muito curioso. Penitenciária tá braba.

Durante a entrevista, fez questão de escrever numa lousa da sala de aula onde estávamos a frase que mais gosta, além de gravá-la para o documentário:

> Desafio qualquer ser humano da face da terra que queira apontar os meus defeitos, sem ter que dar margem para apontar os seus erros.

Quem está envolvido no sistema das sociedades paralelas não consegue se perceber sugado pela máquina de moer carne jovem que se estabeleceu nessas comunidades.

Desde criança, muitas vezes, já são estigmatizados como "difíceis" ou "hiperativos" pela própria escola muitos filhos de mães solteiras,[21] sem a figura paterna como modelo. Quando não, os próprios pais mortos eram "do crime" e têm suas histórias perpetuadas como herança. A dificuldade financeira se estabelece como motivo lógico, racional, para a entrada na criminalidade, que na verdade tem raízes na busca do próprio jovem pela sua identidade, individualidade, masculinidade e reconhecimento por parte daqueles com os quais con-

21 Segundo a pesquisa "Paternidade e Deserção, Crianças sem Reconhecimento e Maternidades Penalizadas pelo Sexismo", realizada pela socióloga Ana Liési Thurler, cerca de 30% das crianças brasileiras não têm o nome do pai em seus registros.

vive. Privado dos benefícios mais elementares da cidadania, alimenta o ódio e a revolta dentro de si pela humilhação diária a que é submetido. Sua chance de ter orgulho de si mesmo, espelhado pela comunidade em que vive, vem dos "comandos", grupos de crime organizado com estrutura quase militar, onde se pode fazer carreira e ganhar dinheiro, além do "respeito da plateia".

Ao ser preso, as chances de reabilitação do jovem são diminutas. A prisão passa a ser escola do crime; ele é rotulado dentro e fora do "comando", estigmatizado, e assim condenado a um futuro "intramuros". Depois disso, fica para o indivíduo viver na prisão de sua própria imagem, construída através da identidade criminosa. Ele não consegue mais se desvencilhar do estigma. O egresso do sistema penitenciário, quando ganha a liberdade, mesmo convicto de não cometer transgressão de nenhuma espécie, experimenta viver no estranho lugar entre os dois mundos: na comunidade, não tem mais lugar; na sociedade ampla, sempre será bandido.

A mudança desse sistema não é de fato desejada; existe como que um "conluio da coletividade"[22] entre instituições e comunidade, que desejam, mas – por serem exatamente o que são – não obtêm sucesso em sua busca.

Se fosse alcançado o ideal do mundo sem crime, quem abasteceria o sistema judiciário, penitenciário, midiático e o próprio mercado acionado pela insegurança e pelo medo? E em quem projetaríamos o mal, para podermos ocupar o lugar do bem? Quem seriam os culpados que aliviariam nossa própria culpa e propiciam a expiação dos nossos pecados? Há que se levar em conta também o fato de que os jovens da sociedade paralela quase nunca ou nunca saem "para a pista", "para o asfalto".[23] Vivem fechados em suas comunidades, absorvendo desde a mais tenra idade conceitos morais e éticos diversos da sociedade ampla e em contato extremo e direto com a morte e o morto, a polícia, os tiros, os órfãos e viúvas. A violência é cenário cotidiano e, ao longo dos anos, se banaliza completamente. E, ao estigmatizar esse jovem, dissolvemos sua identidade (tanto no sentido de ser único, original, quanto naquele que assemelha e aproxima duas pessoas) e a substituímos pelo retrato estereotipado.

Pedrinho Matador é o exemplo de pessoa que sempre viveu em sociedade paralela à formal. Na infância, por consequência da pobreza, não frequentou escola, não sabia o que era um médico, não teve absolutamente nenhum contato com o Estado. Aprendeu ali, entre os seus, os códigos de moral e ética que regeram sua vida. Todos em sua família mataram ou quase o fizeram. A violência física era vivida ou assistida todos os dias. A revolta sempre foi presente em suas emoções. Menino hiperativo, instável, solitário e a esmo. Seus heróis e heroínas da primeira infância eram capazes de atos cruéis sem

22 ATHAYDE, Celso; BILL, MV; SOARES, Luiz Eduardo. *Cabeça de porco*. cit., p. 102.

23 Designa "ruas fora da favela". ATHAYDE, Celso; BILL, MV. *Falcão – Meninos do tráfico*. cit.

nenhum remorso, com a certeza interna de que estavam fazendo "a coisa certa". E, nesse caso, nem podemos culpar a influência da mídia, pois Pedro era proibido de assistir televisão.

A história de vida de Pedrinho reafirma muitas das teses criminológicas de Hassemer e Muñoz Conde, principalmente a que diz: "A criminalidade e a conduta desviada são manifestações do comportamento humano que somente podem ser compreendidas, valoradas e explicadas em relação com um determinado sistema social de convivência". [24]

Pedro Rodrigues Filho leva a vida do crime e a vida do crime leva Pedrinho Matador. Sua primeira chance de recuperação se deu, de fato, quando já estava há mais de vinte e cinco anos preso em regime fechado, graças ao suporte de assistência social e psicológica que recebeu depois de tantos anos tratado como um animal porque se comportava como um. Depois de viver seus primeiros anos de vida apartado de qualquer benefício que o Estado pudesse lhe oferecer, viveu os trinta e cinco anos seguintes em outra sociedade paralela: o sistema carcerário. Ali, seus heróis eram os grandes criminosos, aqueles que, ao serem detidos, faziam as pernas de todos os outros tremerem. Aqueles que tinham "histórias sensacionais" na vida do crime, que todos os indivíduos de seu universo reverenciavam. Mas não era só entre seus iguais que Pedro buscava ser reconhecido. Ao buscar esta pesquisadora, de dentro da sociedade paralela em que vivia, através de intermediário com a sociedade ampla, deixa claro o seu desejo de ser reconhecido também fora de seu grupo.

É possível discutir se Pedro matava por prazer, sobrevivência, para "ganhar moral", por necessidade, vingança ou justiça. É possível discutir se ele é um assassino em série "diferente", uma vez que a maioria dos criminosos deste tipo tem o desejo de matar sem motivo aparente e, a partir de certo momento da vida, passam da fantasia para a execução. Pedro, de forma diferenciada, comete o primeiro homicídio alicerçado num código particular de honra e justiça; só então se insere em grupo criminoso onde percebe que tem prazer nesse tipo de ação. Essa descoberta é posterior, mas tão profunda que sua principal tatuagem, no antebraço direito, ostenta a frase *"Mato por prazer"*.

Reflexão que não pode deixar de ser feita é como não perder a vida de um adolescente para o crime. Como propõe Luiz Eduardo Soares:

> [...] Investiremos na competição com o tráfico, disputando menino a menino, menina a menina. Para nos credenciarmos a competir com chances de êxito, teremos de criar um polo alternativo, uma fonte gravitacional alternativa, apta a oferecer pelo menos os mesmos benefícios que o tráfico proporciona [...].[25]

24 CONDE, Francisco Muñoz; HASSEMER, Winfried. Introducción a La Criminologia yal Deretcho Penal. Tradução livre da autora.

25 ATHAYDE, Celso; BILL, MV; SOARES, Luiz Eduardo. *Cabeça de porco*. cit., p. 285.

Sociedades onde são confinadas certas minorias por imposições econômicas, como a favela da Rocinha e a de Paraisópolis, são atualmente denominadas bairro – ou estão em vias disso: recebem atenção e investimento do governo estadual e federal.

A Paraisópolis onde habitam aproximadamente 80 mil pessoas em espaço de 800 mil metros quadrados está em processo de urbanização do que era antes uma área particular. Tal processo colocará o Complexo Paraisópolis na malha da cidade, retirando-o da clandestinidade. Assim, a tendência é ser reconhecida não mais como favela e sim como pertencente ao bairro do Morumbi, em São Paulo. Um projeto de urbanização, que conta com prefeitura, estado e União, investiu verba de trezentos milhões de reais até o final de 2009. Ali estão presentes mais de sessenta organizações não governamentais, como o Hospital Albert Einstein e seu "Programa Einstein na Comunidade", que oferece atendimento médico às crianças do bairro. A prefeitura e o governo mantêm oito escolas públicas no complexo, número ainda insuficiente para atender um universo de vinte e duas mil crianças com idades entre zero e dez anos. Paraisópolis conta com cinco mil estabelecimentos comerciais, que empregam 20% de moradores locais.

A Rocinha, favela denominada bairro pela Lei nº 1.995 da prefeitura do Rio de Janeiro, recebeu investimento do Programa de Aceleração do Crescimento (PAC) no montante de 910 milhões de reais, dividido também com a favela de Manguinhos e o Complexo do Alemão. Nessas três comunidades vivem cerca de 245 mil pessoas. O projeto inclui centro cultural esportivo, área de lazer, creches, escolas técnicas, postos de saúde, hospital, bibliotecas e sistema de abastecimento de água, esgoto e iluminação pública. Na Rocinha, a prioridade das obras foi a construção de novas unidades habitacionais, com quinhentas famílias realocadas em novos prédios construídos na parte alta da favela. Vale ressaltar que o número de favelados representa quase 20% da população total do município do Rio de Janeiro. Segundo a pesquisa de Soares,

> [...] as comunidades sonham com o dia em que se verão livres do tráfico e da violência, das drogas e das armas, do recrutamento de crianças e adolescentes para a vida do crime. Sonham com a plena integração à cidadania, com educação e respeito, emprego decente e uma chance razoável para viver com dignidade.[26]

Examinando os projetos acima descritos, existe atualmente a chance concreta deste sonho se tornar realidade, mesmo que a longo prazo. Abre-se então a oportunidade de pesquisa nos índices de criminalidade dessas regiões, antes e depois de inserir tais sociedades paralelas na sociedade ampla.

26 ATHAYDE, Celso; BILL, MV; SOARES, Luiz Eduardo. *Cabeça de porco*. cit.

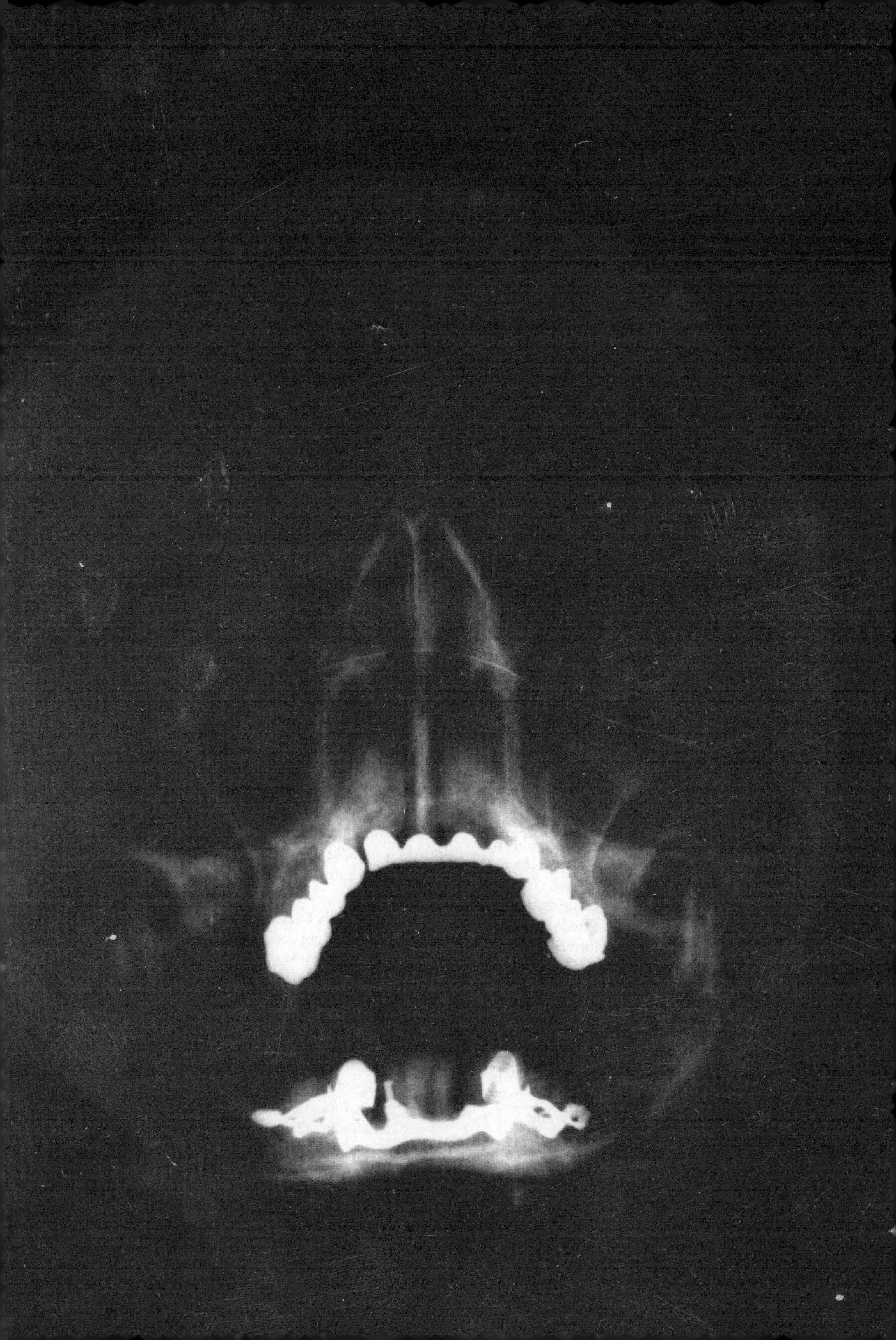

REFERÊNCIAS

ADORNO, Sérgio; SALLA, Fernando. Criminalidade organizada nas prisões e os ataques do PCC. *Estudos Avançados,* São Paulo, v. 21, n. 61, p. 7-29, 2007. Disponível em: <http://www.scielo.br/scielo.php?pid=S0103-40142007000300002&script=sci_arttext>. Acesso em: 6 fev. 2009.

APPOA – *Revista da Associação Psicanalítica de Porto Alegre.* Psicanálise em tempos de violência. Porto Alegre: Artes e Ofícios, ano VI, n. 12.

ARAÚJO, Landa. Bairro ou favela? *Viva Favela,* Rio de Janeiro, 4 jul. 2007. Disponível em: <http://novo.vivafavela.com.br/publique/cgi/cgilua.exe/sys/start.htm?from_info_index=246&infoid=45142&sid=87>. Acesso em: 6 fev. 2009.

ATHAYDE, Celso; BILL, MV. *Falcão:* meninos do tráfico. Rio de Janeiro: Objetiva, 2006.

ATHAYDE, Celso; BILL, MV; SOARES, Luiz Eduardo. *Cabeça de porco.* Rio de Janeiro: Objetiva, 2005.

CIAMPA, Antônio da Costa. *A estória do Severino e a história da Severina:* um ensaio de psicologia social. São Paulo: Brasiliense, 1987.

CONDE, Francisco Munhoz; HASSEMER; Winfried. *Introducción a la criminología y al derecho penal.* Disponível em: <http://www.Introduccion_a_la_Criminologia_y_al_Derecho_Penal_-_Winfried_Hassemer_Francisco_Munoz_Conde.html;jsessionid=51A6FF7AE0668828B6DAF217F115F3A7.dc61>. Acesso em: 11 nov. 2009.

HASSEMER, Winfred; MUÑOZ CONDE, Francisco. *Introducción a la criminología y al derecho penal.* Valencia: Tirant lo Blanch, 1989.

CONESA, Thaís. 'Paternidade ainda é tabu no Brasil', diz socióloga. *Carta Maior,* São Paulo, 10 fev. 2005. Disponível em: <http://www.cartamaior.com.br/templates/materiaMostrar.cfm?materia_id=3118>. Acesso em: 2 fev. 2009.

DEAN, Carolyn J. *The self and its pleasures:* Bataille, Lacan, and the history of decentered subject. Nova York: Cornell University Press, 1992.

DURKHEIM, Émile. *O suicídio.* São Paulo: Martin Claret, 2002.

FERNANDES, Newton. *Teoria geral do crime:* por que o crime acontece? São Paulo: RG Editores, 2000.

FOUCAULT, Michel. *Vigiar e punir:* história da violência nas prisões. 23. ed. Petrópolis: Vozes, 2000.

GOFFMAN, Erving. *Estigma.* 4. ed. Rio de Janeiro: LTC, 1988.

_______. *Manicômios, prisões e conventos.* São Paulo: Perspectiva, 2001.

LEITE, Carla Carvalho. *Caminho de morte:* um estudo sobre o ingresso de adolescentes no tráfico de drogas no Rio de Janeiro. Disponível em: <http://www.abmp.org.br/congresso2008/experiencias/224942-caminhodeMorte_estudo-sobreingressodeadolescentesnotraficodedrogas-noRiodeJaneiro.doc+lealdade+ao+tr%C3%A1fico,+idade&hl=pt-BR&ct=clnk&cd=5&gl=br>. Acesso em: 9 fev. 2009.

LEITE, Carla Carvalho. Caminho de morte: um estudo sobre o ingresso de adolescentes no tráfico de drogas no Rio de Janeiro. *Revista Juizado da Infância e da Juventude,* Porto Alegre, ano 4, n. 9, p. 31-60, 2006.

LOPES, José Reinaldo de Lima. Justiça, identidade e liberdade. Uma perspectiva jurídico-democrática. *Revista da Procuradoria-Geral do Estado de São Paulo,* São Paulo, n. 42, p. 183-225, dez. 1994.

MANSO, Bruno Paes. Sobrevivemos: como a violência foi reduzida na periferia, no relato de vítimas, testemunhas e ex-bandidos. *O Estado de S.Paulo*, Megacidades, São Paulo, 3. ago 2008. Disponível em: <http://www.estadao.com.br/megacidades/sp_seguranca.shtm>.

MAZZEI, Maria. *Brasil é líder no tráfico de armas na América*. Disponível em: <http://www.jornalsemanaol.com/imprimir_noticia.php?act=12032>. Acesso em: 6 fev. 2009.

MAZZEI, Maria. Brasil é líder no tráfico de armas na América. *O Dia*, 29 jul. 2007. Disponível em: <http://www.mvb.org.br/noticias/index.php?action=showClip&clip12_cod=1072>.

MENDES, José Manuel de Oliveira. O desafio das identidades. In: SANTOS, Boaventura de Sousa (Org.). *Globalização:* fatalidade ou utopia. Porto Alegre: Afrontamento, 2001.

RIGONATTI, Sérgio Paulo et al. *Temas em psiquiatria forense e psicologia jurídica*. São Paulo: Vetor Editora, 2003.

______. *Temas em psiquiatria forense e psicologia jurídica II*. São Paulo: Vetor Editora, 2006.

RIZZO, Bruno Engert. *Riscos e consequências na verticalização de favelas*. Disponível em: <http://ofca.com.br/artigos/2009/01/25/250109-riscos-e-cosequencias-da-verticalizacao-de-favelas/>. Acesso em: 10 fev. 2009.

SACKS, Sheila. Questão urbana: PAC aciona engenharia cidadã. *Último Segundo*, São Paulo, fev. 2009. Disponível em: <http://observatorio.ultimosegundo.ig.com.br/artigos.asp?cod=467CID003 - 73k -. Acesso em: 5 fev. 2009.

SHECAIRA, Sérgio Salomão. *Criminologia*. 2. ed. rev. e amp. São Paulo: Editora Revista dos Tribunais, 2008.

______. (Org.). *Mídia e crime*: estudos criminais em homenagem a Evandro Lins e Silva. São Paulo: Editora Método, 2001.

SILVA, Rejane Valvano Corrêa da; COUCEIRO, Luiz Alberto. 'Pega o bandido corno!' Práticas e representações de crime e violência num bairro da Zona Sul do Rio de Janeiro. *Discursos sediciosos. Crime, direito e sociedade*, Rio de Janeiro, f. 15-16, 2007.

SILVA, Roberto da. *Os filhos do governo:* a formação da identidade criminosa em crianças órfãs e abandonadas. 2. ed. São Paulo: Editora Ática, 1998.

SUSINI, Marie-Laurie. *O autor do crime perverso*. São Paulo: Companhia de Freud, 2007.

VERISSIMO, Luis Fernando. *Novas comédias da vida privada*. São Paulo: L&PM, 1996.

ZALUAR, Alba Maria. *A máquina e a revolta*. São Paulo: Brasiliense, 1985.

______. A aventura etnográfica: atravessando barreiras, driblando mentiras. In: ADORNO, Sérgio (Org.). *A sociedade entre a modernidade e a contemporaneidade*. Porto Alegre: Editora da Universidade, 1995.

______. A globalização do crime e os limites da explicação local. In: SANTOS, José Vicente Tavares dos (Org.). *Violências no tempo da globalização*. São Paulo: Editora Hucitec, 1999.

______. Violência e crime. In: MICELI, Sérgio (Org.). *O que ler na ciência social brasileira (1970-1995)*. São Paulo; Brasília; Sumaré: Editora Capes, 1999.

ANEXOS TÉCNICOS

SERIAL KILLERS

Name: D.R.#

DOB: / / Received: / / Age:

County: Date of Offense: /

Age at time of offense: Race: Height:

ANEXO 01 – ASSASSINATOS EM SÉRIE E PSICOPATIA

Por Antonio de Pádua Serafim[I]

Dentre os crimes contra a pessoa, o homicídio, sem sombra de dúvidas, apresenta-se como o de maior gravidade e impacto perante a opinião pública. Diariamente, na imprensa, é notificada a ocorrência da prática de homicídios em diferentes contextos. Em alguns casos, questionamentos quanto ao que leva uma pessoa a praticar tamanha crueldade se apresentam em meio à indignação, à revolta e ao sofrimento. A tentativa de compreender o que leva uma pessoa a agredir outra mortalmente com sinais de brutalidade, crueldade e frieza mobiliza não só a população em geral, mas também especialistas das áreas da medicina, da psicologia e do direito.

Quando nos reportamos aos chamados assassinatos em série, isto é, àqueles crimes praticados em geral por uma única pessoa, que segue um padrão de ação ou de comportamento para executar suas vítimas, como os casos publicamente conhecidos de Francisco de Assis Pereira (o "Maníaco do Parque"), de Francisco Costa Rocha ("Chico Picadinho") ou de Marcelo Costa de Andrade (o "Vampiro de Niterói"), essa modalidade de homicídio apresenta-se ainda mais geradora de reações impactantes na população de modo geral.

O comportamento criminoso tipificado por esse padrão de homicídio apresenta-se, no entanto, como um complexo fenômeno envolvendo múltiplas causas:

[A] BIOLÓGICAS: como fatores genéticos e hereditários, lesões no sistema nervoso central (principalmente os traumatismos no cérebro).
[B] PSICOLÓGICAS: as doenças mentais que interferem na capacidade de julgamento do indivíduo, como nos casos em que a pessoa apresenta quadro de delírio de perseguição, isto é, acredita que a vítima o está perseguindo e que precisa eliminá-la, ou um delírio de que é um enviado de Deus e que precisa eliminar grupos de pessoas que praticam o pecado, como prostitutas ou homossexuais; privações de vivência de amor e maus-tratos ao longo da infância, entre outros.
[C] SOCIAIS: desigualdade, preconceito, racismo, violência doméstica, abuso sexual etc.

I Psicólogo clínico e forense; doutor pela Faculdade de Medicina da Universidade de São Paulo (FMUSP); perito e pesquisador do Núcleo de Estudos e Pesquisas em Psiquiatria Forense e Psicologia Jurídica do Instituto de Psiquiatria do Hospital das Clínicas e Faculdade de Medicina da Universidade de São Paulo (Nufor-Ipq-HC-FMUSP); professor de psicologia da Universidade Camilo Castelo Branco (Unicastelo) e da Universidade de Santo Amaro (Unisa).

Todavia, o que se tem de concreto é que a doença mental como agente causador de um assassinato em série não se apresenta como a principal causa. É certo que alguns doentes mentais apresentam maior possibilidade de manifestar uma conduta agressiva do que uma pessoa mentalmente saudável, porém é baixa sua correlação com crimes em série. Os doentes mentais geralmente expressam a agressividade do tipo explosiva. O que tem de ficar claro é que, para um mesmo comportamento, como no caso do homicídio em série, pode haver várias causas.

No entanto, entre os criminosos condenados por homicídios que não apresentam um diagnóstico de doença mental, é possível identificar que a ausência de sentimentos éticos e altruístas, unidos à falta de sentimentos morais, impulsiona esses indivíduos a cometerem crimes com requintes extremados de brutalidade e crueldade (publicamente chamados de "monstros"). Esse padrão de comportamento caracteriza-se por uma impulsividade, um baixo limiar de tolerância às frustrações, desencadeando uma desproporção entre os estímulos e as respostas, ou seja, respondendo de forma exagerada diante de estímulos mínimos e triviais. Por outro lado, os desvios de caráter costumam fazer com que esses indivíduos demonstrem uma absoluta falta de reação diante de estímulos importantes.

Os estados afetivos (isto é, a expressão de amor, ódio ou raiva) apresentam-se sem reciprocidade e sem um verdadeiro interesse pelo outro. Aqui é possível observar em vários criminosos uma acentuada insensibilidade. A culpa não é expressa e quase sempre não é sentida de maneira consciente. Nos episódios com agravos de que participam, colocam a responsabilidade ou culpa no outro e nas circunstâncias. Eles não negam a prática do crime, porém atribuem à vítima a responsabilidade de sua própria morte.

Esse complexo e inadequado funcionamento emocional é descrito em larga escala, visto que alguns indivíduos que praticam crimes hediondos contra a pessoa expressam total ausência de remorso, egocentrismo, incapacidade para estabelecer laços de amor, bem como uma pobreza geral nas reações afetivas com ênfase na incapacidade de respostas empáticas.

Indivíduos com essas características tendem ainda a expressar baixas respostas de ansiedade em situações geradoras de estresse, associadas a uma disparidade entre a linguagem e seu conjunto emocional. Eles conhecem as palavras e seu respectivo conteúdo emocional, porém não sentem e não expressam esse conteúdo. Eles pronunciam a palavra amor, mas, em seu funcionamento, não sentem o real significado desta palavra.

Esses indivíduos comumente apresentam a agressividade do tipo proativa (ou depredadora), que se caracteriza por uma conduta agressiva e violenta dirigida para uma meta determinada. As pessoas que apresentam esse padrão de comportamento agressivo são em geral perigosas aos demais e com elevada probabilidade de ter e de adotar uma conduta criminosa.

Do ponto de vista psiquiátrico e psicológico, esses indivíduos não se enquadrariam como doentes mentais, como é um caso de uma pessoa portadora de uma esquizofrenia, porém apresentam um mau funcionamento da sua personalidade no tocante ao caráter que envolve os traços moldados ao longo do desenvolvimento, resultantes das experiências de aprendizagem propiciadas por diferentes influências ambientais. Para esses casos, ainda não se tem uma causa específica nem um tratamento adequado. Estão classificados como portadores de transtorno de personalidade antissocial ou psicopatas.

Os indivíduos classificados como psicopatas expressam, em suas relações com os outros, encanto superficial; inteligência sem alterações; ausência de delírios e outros sinais de pensamento irracional; ausência de nervosismo ou manifestações neuróticas; irresponsabilidade; mentira e falta de sinceridade; falta de remorso ou vergonha; comportamento antissocial sem constrangimento aparente; senso crítico falho e deficiência na capacidade de aprender pela experiência; egocentrismo patológico e incapacidade de amar; pobreza geral de reações afetivas; indiferença em relações interpessoais gerais; dificuldade em seguir qualquer plano de vida.

Alguns indivíduos são caracterizados também pelo desprezo às obrigações sociais e por falta de consideração para com os sentimentos dos outros. Exibem um egocentrismo patológico, emoções superficiais, falta de autopercepção, pobre controle da impulsividade (incluindo baixa tolerância para frustração e limiar baixo para descarga de agressão), irresponsabilidade, falta de empatia com outros seres humanos, ausência de remorso, ansiedade e sentimento de culpa em relação ao seu comportamento antissocial. São geralmente cínicos, manipuladores, incapazes de manter uma relação e de amar, e sua anormalidade consiste especificamente em anomalias do temperamento e do caráter, resultando em uma conduta anormal configurada por menos-valia social.

É enorme o sofrimento social, econômico e pessoal causado por algumas pessoas cujas atitudes e cujo comportamento resultam menos das forças sociais do que de um senso inerente de autoridade e uma incapacidade para a conexão emocional em relação ao resto da humanidade. Para esses indivíduos (psicopatas), as regras sociais não são uma força limitante e a ideia de um bem comum é meramente uma abstração confusa e inconveniente. São considerados "predadores intraespécies", que usam charme, manipulação, intimidação e violência para controlar os outros e para satisfazer suas próprias necessidades. Em sua falta de confiança e de sentimento pelos outros, eles tomam friamente aquilo que querem, violando as normas sociais sem o menor senso de culpa ou arrependimento.

O quadro a seguir expressa as principais características para avaliar e classificar um indivíduo que praticou um crime como psicopata:

CRITÉRIOS DE CLASSIFICAÇÃO DE PSICOPATIA:
SEGUNDO A ESCALA PARA VERIFICAÇÃO DE PSICOPATIA DE ROBERT HARE, 1991. PCL-R

1.	CHARME SUPERFICIAL/LOQUACIDADE
2.	SUPERESTIMA
3.	NECESSIDADE DE ESTIMULAÇÃO/TENDÊNCIA AO TÉDIO
4.	MENTIRA PATOLÓGICA
5.	VIGARICE/MANIPULAÇÃO
6.	AUSÊNCIA DE REMORSO OU CULPA
7.	INSENSIBILIDADE AFETIVO-EMOCIONAL
8.	INDIFERENÇA/FALTA DE EMPATIA
9.	ESTILO DE VIDA PARASITÁRIO
10.	DESCONTROLES COMPORTAMENTAIS
11.	PROMISCUIDADE SEXUAL
12.	DISTÚRBIOS DE CONDUTA NA INFÂNCIA
13.	AUSÊNCIA DE METAS REALISTAS EM LONGO PRAZO
14.	IMPULSIVIDADE
15.	IRRESPONSABILIDADE
16.	FRACASSO EM ACEITAR RESPONSABILIDADE PELAS PRÓPRIAS AÇÕES
17.	MUITAS RELAÇÕES MARITAIS DE CURTA DURAÇÃO
18.	DELINQUÊNCIA JUVENIL
19.	REVOGAÇÃO DA LIBERDADE CRIMINAL
20.	VERSATILIDADE CRIMINAL

COMPLEMENTAÇÃO DA ANAMNESE

Sobre os antecedentes familiares de Febrônio, o dr. Heitor Pereira Carrilho ouviu do paciente que seu pai chamava-se Theodoro Indio do Brasil, um açougueiro, e que a família residia em São Miguel de Jequitinhonha, Minas Gerais. O último contato de Febrônio com ele tinha sido aos 12 anos.

Theodorão, como era chamado o pai de Febrônio, era alcoólatra, genioso e irascível. Tinha temperamento violento, brigava frequentemente com a esposa e batia nos filhos.

A mãe de Febrônio, segundo ele mesmo, chamava-se Estrella do Oriente Indio do Brasil. Na data do exame, Febrônio já não tinha notícias dela havia sete anos, mas sabia que estava viva. Segundo Febrônio, foi mãe de 25 filhos – ele era o terceiro. O mais velho fugiu de casa, o segundo morreu doente.

Algum tempo depois, quando o interno recebeu a visita de um irmão – Agenor Ferreira de Mattos –, que saiu de Jequié, na Bahia, para espanto do médico, os antecedentes familiares de Febrônio foram elucidados. Agenor tinha 2 anos quando Febrônio saiu daquela cidade. Segundo os esclarecimentos desse irmão, o pai se chamava Theodoro Simões de Oliveira e faleceu de doença pulmonar. Era lavrador, mas por algum tempo foi açougueiro. Realmente brigava com a esposa e uma vez tentou matá-la com "arma em punho".

Sua mãe ainda era viva e chamava-se Reginalda Ferreira de Mattos. Morava em Jequié havia um ano e meio. Tinha saído de São Miguel de Jequitinhonha para morar com um filho. Reginalda não era pessoa nervosa. Teve catorze filhos, mas naquela data estavam vivos apenas doze: seis homens e seis mulheres. Febrônio, na verdade, seria o segundo filho do casal. O primogênito, João, era vivo, arreeiro[I] e residia em Jequié.

O terceiro filho chamava-se Deraldo e tinha sido assassinado havia pouco tempo, depois que as notícias dos crimes de Febrônio chegaram ao lugar em que ele morava. A população, achando que poderia ser igual ao irmão, tinha medo dele. Acreditava-se que fora assassinado sob esse pretexto. Segundo Agenor, Deraldo era bom homem, apesar de beber muito e ser genioso, mas nada que justificasse seu assassinato.

O quarto filho – Antonio – fugira de casa ainda rapazinho. O quinto – Arthur – também era arreeiro e o sexto – Agenor –, trabalhador rural. Quanto às irmãs, algumas eram casadas e tinham filhos.

I Condutor de bestas de carga ou de cavalgaduras, ou aquele que as aluga.

Segundo dizia o irmão de Febrônio, ele fugiu de casa aos 12 anos, acompanhado de um caixeiro-viajante. Sua mãe contava que era menino trabalhador e inteligente. Muitos anos depois escreveu para a mãe dizendo que era "médico e doutor". Mandou-lhe então 50$000 (cinquenta mil réis) e, mais tarde, 200$000 (duzentos mil réis).

Febrônio também contou que fugiu aos 12 anos e andou pelas cidades vizinhas de São Miguel de Jequitinhonha até chegar a Diamantina, onde aprendeu a ler. Lá foi copeiro e empregado de um engenheiro, que lhe ensinou coisas de eletricidade. Depois foi para Belo Horizonte, onde se empregou como engraxate. Mais tarde, trabalhou em casas de família. Em 16 de fevereiro de 1916, consta que foi identificado como Pedro de Souza, em Minas Gerais.

Aos 14 anos chegou ao Rio de Janeiro, onde começou a vida criminosa.

Sobre os antecedentes mentais do paciente, consta do laudo que em 8 de outubro de 1926 foi preso em atitude suspeita nas matas do alto do Pão de Açúcar. Segundo a polícia, "fingiu uma falsa loucura" e foi internado no Hospital Nacional de Psychopathas. Lá foi examinado pelo doutor Adauto Botelho, que concluiu que Febrônio sofria de "estado atípico de degeneração", tinha ideias extravagantes, era muito mentiroso e ladrão. Esta última observação se deveu ao fato de Febrônio ter cometido um furto dentro do pavilhão. Teve alta em 25 de outubro do mesmo ano.

Em 21 de fevereiro de 1927, depois de ser preso nas matas do Corcovado em atitude inusitada, foi internado para observação no mesmo hospital. Foi então avaliado pelo doutor Juliano Moreira, que concluiu que Febrônio se encontrava em estado atípico de degeneração, era mitômano,[2] tinha "delírio de imaginações", perversões sexuais, constituição perversa e ausência de alucinações. Atacou um doente interno e depois foi solto para viver em sociedade.

EXAME SOMÁTICO

TRANSCRIÇÃO DO LAUDO ORIGINAL

Febrônio é um indivíduo de estatura regular (1,70 metro), forte compleição, 74 kilos de massas musculares regularmente desenvolvidas, apresentando alguns estygmas somáticos de degeneração dentre os quaes destacaremos: considerável desenvolvimento das mamas (gynecomastia), bacia larga lembrando o typo feminino, tatuagens múltiplas que podem ser assim descriptas: na parte anterior do thorax a inscripção: EIS O FILHO DA LUZ.

2 Segundo Anderson Zenidarci ("Sintomas e sinais em psicopatologia", 1999), o indivíduo mitômano mente com frequência; é algo impulsivo, a pessoa mente sobre tudo. Negação da sua realidade, do seu mundo, do seu eu.

Rodeando todo abdômen, começando em cima em uma linha ao nível do bordo inferior do mamelão e terminando em baixo de uma outra, que passa imediatamente acima do umbigo as letras D C V X V I, cuja interpretação o paciente diz que é DEUS VIVO. Essas tatuagens acrescentam o observado, foram feitas na Colônia Correccional, há mais ou menos sete annos. O systema pilloso apresenta os seguintes caracteres: cabellos bastos, sobrancelhas fortes, approximando-se no nariz por uma delgada ponta de pellos. Bigode ralo; barba igualmente rala e mais desenvolvida no mento; ausência de pellos no tórax (parte anterior) e presença, com desenvolvimento normal, nas axilas. Regiões glúteas complementares glabras o que também fica nas coxas. Massas glúteas arredondadas. Esqueleto apresentando a columna vertebral um desvio na porção de concavidade voltada para a direita. Na cabeça, como caracteres morphologicos mais salientes, citaremos: craneo de configuração ovóide com as seguintes dimensões:

Curva Antero-posterior 0, 340
Curva bi-auricular 0, 334
Circumferencia horizontal 0, 563
Diâmetro Antero-posterior 0,185
Diâmetro transverso máximo 0,160
Índice cephalico (typo brachycephalo) 86

A fronte é ampla e fugidia. Pavilhões auricirculares relativamente pequenos, de lobos adherentes, mal orlados, apresentando os seguintes diâmetros que são os mesmo para ambos:

Altura 0,58
Largura 0,30
Índice auricular 51

Nariz grosso, de dorso retilíneo e base horizontal e base horizontal, achatado, com as seguintes dimensões:

Altura 0,47
Largura 0,43
Índice nasal 91

O paciente é, por conseguinte, platirrhino. A fórmula dentária apresenta alterações que podem ser nas suas linhas geraes, assim descriptas; arcada dentária inferior, o incisivo lateral direito tem má implantação, achando-se os demais dentes relativamente bem conservados. Arcada dentária superior: apresenta ausência do incisivo lateral direito. A face é em geral um tanto asymetrica, sendo o seu contorno mais ou menos pentagonal, os lábios são um tanto grossos. As medidas da face foram as seguintes:

Diâmetro bi-zygomatico.................................... 0, 140
Diâmetro naso-mentoneano 0, 128
Diâmetro bi-goneano 0, 112
Diâmetro naso-sub-nasal 0,70
Índice facial total 91

Exames do systema nervoso. Reflexos: a) Tendinasos: rotuleanos sem alteração, assim como os da munheca, do bicípite e do tricípite; acchileos vivos; b) – Superficiaes: plantares exagerados, notando-se a manifestação panti-crural; cremasteri normaes; abdominaes inferiores e médios sem alteração e superiores vivos. c) Pappilares: tanto à luz como a accomodação presentes e sem alteração; d) – Óculo-cardiaco: fracamente positivo, tendo havido durante a compressão, uma diminuição de duas pulsações, o que traduz reacção de typo sympathicotonico. Sensibilidade, em suas várias manifestações, se acha normal. Nada digno de registro nos vários apparelhos da vida vegetativa.

Exames de laboratório: Reacção de Wassermann no soro sanguineo negativa; reacção de Wasserman no líquido cephalo-rachiano, com 1c.c; negativa. Lymphocytose – havia sangue. Reacção de Nonne – fracamente positiva. Reacção de Lange negativa.

EXAME MENTAL

O paciente, via de regra, apresenta-se de humor calmo; contudo, em certas occasiões, manifestou no Manicômio Judiciário, exaltações emotivas momentâneas, as quaes sobretudo se manifestavam ao protestar contra a sua reclusão ou quando reivindicava direitos, que julgara postergados. O que impressiona, entretanto, desde logo, na psycologia de Febrônio é a sua grande insensibilidade moral. A longa permanência deste accusado no Manicômio Judiciário deixou bem à mostra esse facto. Febrônio é um indivíduo habitalmente expansivo; a sua physionomia, quase sempre, essa disposição de humor; as suas façanhas de fraudador são contadas por elle numa enorme demonstração de alegria, rindo-se das suas victimas, vaidoso, talvez, de suas artimanhas. Toda a sua vida tem sido, como se sabe, uma serie ininterrupta de reacções anti-sociaes. Elle roubou, seduziu, matou, lançando mão de todos os ardis; muda constantemente de nome; a cada momento falseia a verdade, sendo difícil saber quando elle é exacto. Está preso, responde a vários processos e, no entretanto, parece estar no melhor dos mundos; ri dos outros; ri dos seus companheiros de infortúnio, ridicularisa-os. Parece indiferente à sua situação legal; está perfeitamente adaptado à sua condição de detento, numa revelação evidente de indifferença ethica. As noções de honra, de dignidade, de altruísmo, de piedade, de gratidão, parecem lhe faltar completamente. A Eller se ajusta de Kraft-Ebing, a respeito dos poucos moraes, assim expresso na sua Medicina Legal do Alienados (traducção franceza, 1911):

"O facto mais saliente, aquelle que constitue o elemento característico do quadro clinico desses estados de degeneração é uma anesthesia ais ou menos completa, uma ausência dos julgamentos moraes e das concepções ethicas, substituídas por uma forma de julgamento, procedendo exclusivamente de processos lógicos e que não estabelece distincções senão entre o que é útil e o que é prejudicial. Estes degenerados podem aprender as leis da mora, sua memória pode reproduzi-las; mas, se ellas chegam a entrar na consciência, não são tidas em considerações pelos sentimentos ou pelas paixões e constituem, assim, massas de representações inertes, mortas; carga inútil para a consciência do degenerado que não pode e não sabe tirar dahi nenhum motivo pro ou contra o acto" (pag. 398).

Digno de registro, também, ao fazermos o estudo da psychologia de Febrônio Indio do Brasil é a série de concepções a um tempo mystico e supersticiosas, por elle reveladas. A alguns observadores, que a ellas se teem referido, sobretudo observadores não especialisados em questões de phychopathologia, taes ideas se teem afifurado o producto de uma simulação ou de insinceridade, exhibidas com a preocupação de impresionar aquelles que observem os actos ou procuram difinir-lhe a mentalidade. Numa palavra: a muitos, taes ideas trazem a revelação da "esperteza" de que lança mão o observado para se defender. Tal, entretanto, não nos parece. Febrônio é, de certo, um crente das suas extravagantes ideas mysticas. A verdade deste conceito transparece de alguns actos por elle realisados. Em primeiro logar, elle tem no corpo tatuagens relativas à essas idéias. A lettras D C V X V I que lhe cercam o thorax, cuja interpretação, no seu entender, o symbolo do seu mysticismo. E, ao mesmo tempo, a inscripção que está gravada em tatuagens na parte anterior do thorax – Eis o filho da Luz –, querendo significar que elle é um enviado, com a missão divina a cumprir, é mais uma demonstração da sinceridade de suas convicções mysticas. Outra coisa também não representa o seu livro Revelações do Principe do Fogo que encerra uma ccumulo de ideas extravagantes, tecidas do mais absurdo e detestável mysticismo supersticioso. Ouvi-lo fallar sobre tal assumpto é não ter duvidas sobre sua sinceridade de suas convicções neste sentido. Para nós, que com a maior preoccupação de bem penetrar na phsychologia de Febrônio, procuramos sondar os íntimos recantos da sua mentalidade, para de lá extrahirmos, num apuro de psychoscopia,os traços que a definem, as suas convicções e ideas mysticas mereceram um cuidado todo especial. E que a ellas poderiam estar, de certo modo, ligadas as suas crueldades homicidas, armando-lhe o braço assassino no estrangulamento de menores e crianças, numa possível intenção de holocausto ao seu estranho Deus. Sabe-se que Febrônio tem procurado tatuar menores, gravando-lhes no peito aquellas mesmas lettras acima referidas, que se encontram em torno de seu thorax e abdômen. Elle explica o facto dizendo que com isto visa simplesmente defender estes menores do Mal, conferindo-lhe o "Iman da Vida" que lhe será um talismãn. Por outro lado, é fora de duvida que suas surprestições, dahi oriundas, influíam decisivamente em muitas de suas acções. Basta aqui que se refiram os seguintes factos: ao furtar uma rede de pescaria que estava em um rancho da casa de uma certa D. Finota, no logar chamado "Praia da Cruz", próximo de Mangaratiba, onde passara dez dias em companhias de dois menores que para alli attrahira com os intuito de praticar actos de pederastia, Febrônio, segundo o depoimento de destes menores, feito na 3ª Delegacia Auxiliar "fez um buraco dentro do rancho de onde furtara a rede, collocando nesse buraco onze pedaços de canna, onze bananas e onze pedaços da camisa do declarante (o tal menor), dizendo que assim fazia para que qualquer pessoas que fosse a sua perseguição, ao pisar no buraco, esqueceria de persegui-lo, lembrando-se da família". Esse facto é, alliás, reproduzido nas declarações de um outro menor Jacob Edelmann, a quem Febrônio attrahira para Mangaratiba e dahi para lugares ermos, inclusive as praias das Flecheiras, que disse em seus depoimento de fls: "que depois do furto desta rede, Febrônio fez um buraco no rancho que collocou onze bananas e onze pedaços de canna, fechando em seguida com terra essa buraco no qual collocou uma pequena cruz de pão, tendo Febrônio explicado aos presentes que aquella cruz indicaria a passagem de gente por aquelle sítio; que ao cabo de cinco dias na casa de D. Finota, resolveu ir á Mangaratiba, levando um pedaço da camisa de Octavio, dizendo serem para amostras de outras camisas que pretendia comprar para ambos, mas que no entretanto amarrou esses pedaços de camisa a um caixo de banana e arremessou ao mar; que em Mangaratiba foi Febrônio preso pela polícia".

No seu livro Revelações do Príncipe do Fogo, há curiosos elementos de apreciação de suas ideas mysticas e supersticiosas e de toda a sua mentalidade. Feito de pequenos capítulos, que representam as revelações por elle recebidas, nos montes e nas ilhas desertas, graças á missão que se attribue, não é possível entende-lo, tal o repositório de ideas absurdas e disparatadas que elle é. Basta que se attente nas linhas que enfileirou como exórdio:

"Eis aqui, meu Santo
Tabernaculo-vivente
Hoje dedicados a vós
Os encantos que legaste
"Hontem a mim na Fortaleza
do meu Fiel Diadema Excelso".

Ou então, nestas outras que serviram de fecho ao referido livro:

"Vivente, quando desencarnardes, ide ao Throno da Vida e ali encontrareis dois mysterios: o Santo Tabernaculo – Vivente e o Fiel Diadema Excelso".

Abrindo a esmo, transcrevemos, também, para que se possa ter uma noção de extravagância de suas ideas, o seguinte trecho:

"Eis-me ó potente Leviathan do Santuário do Tabernaculo do testemunho que há no céo: já que, prodigiosamente emergido, o eminente antigo, precursor pertinaz do bem, encanto da justiça honrada; no caminho da Luz entre o canal das trevas, manejando espada valente, feliz vivenda edificou; um dos fiéis amigos surprehendente a guerra, o coração generoso, Carta Viva, a perola enterrada; debate a anciã esperando, o menino vivo ausente, nenhuma prenda d'antes, outro tanto adorou; representa um voto magestoso o testemunho do mar-de-vidro; deante do meu Sacro-Santo Throno-vivo, etc." (fls.28).

Assim por deante, vae a todo o momento se revelando a phantastica imaginação de Febrônio Indio do Brasil, producto em parte de antigas leituras bíblicas e de revelações que julga lhe foram trasidas, também, pelos seus sonhos cujo conteúdo é semelhante as ideas expendidas no livro. A phantastica imaginação do nosso examinado se manisfesta também nos seus desenhos. Sabe-se a importância que possuem os desenhos. Sabe-se a importância que possuem os desenhos, tal como os sonhos, na apreciação de possíveis conflictos psychologicos dos seus autores, por isso que, mesmo pretende os psychanalystas, esses documentos podem reflectir e mesmo representar reminiscências de traumas affectivos e sexuaes vividos na infância. Assim, pensa-se que elles constituem um caminho para a sondagem do inconsciente e valem por uma exteriorisação curiosa de ideas recalcadas e relegadas para as profundezas do inconsciente, respondáveis, não raro, pelas manifestações psychoneurosicas, senão, também, pelos desregramentos dos instintos. Muitas vezes, em Febrônio, os próprios desenhos, entretanto, soffrem a influencia da "censura" e não teem por isso o caracter de uma associação livre.

Isso deforma, apparentemente, o seu pensamento interior, embora essa opposição ou resistência por si mesma já possa [...] psychanalytico de importância. E, que Febrônio, pela ação legal, que elle comprehende, prevendo os seus possíveis [...], é antes de mais nada, um dissimulador que evita tudo, seu próprio julgamento, o possa comprometter. Assim, nele objectivar em desenhos as sua ideas psycho-sexuaes, gravar motivos mysticos, embora se saber as relações que ambos possam verificar. Febrônio contou-nos, certez vez, Lúcifer – o "gênio do mal" – lhe surge na imaginação. E era profundamente hedionda, conforme ele refere, tendo em tatuagem a representação de actos de pederastia com que elle querem fugir espavoridas. Convidamo-lo a representar graphicamente essa figura sinistra. Febrônio recusou: [...] publicar essa immundice?; receia a divulgação; não quer desenhar [...]" A resistência trahe, assim, a Idea obsessiva desistimos no convite. Febrônio accede e no dia immediato representa um desenho nitidamente opposto á Idea na véspera [...] Era a figura de um padre, protectoral e caricativa, a que guia a de um menino nu. Em quase todos os desenho que no céu, Febrônio, porém, representa sempre a figura sinistra do "gênio do mal", ora symbolisada em um dragão, ora no Lúcifer, obrigado de quase todos os seus desenho, que é sempre parte espécie de tentáculos ameaçadores ou de espadas. Como [...] seja, há nos seus desenhos e nas inscripções que os rodeiam sempre a figura sinistra de "alguém" que representa a violência de quem é necessário fugir ou libertar-se, procurando um ideal [...] Num destes desenhos, há a representação de um subterrâneo cuja entrada se depara a palavra – Fortaleza; dentro do mesmo acha o Lúcifer de sempre; cercado de uma rede de canaes por onde devem trafegar canoas. Mal se pode penetrar a phantastica ação de Febrônio Indio do Brasil através desses desenhos e os que acompanham. Em ultima analyse, deduz-se o seguinte: estes dragões (Lucifer) representam a maldição e a alma dos reis que se venderam ou que se recusaram a fazer o que "seus Paes fizeram"; e como Febrônio nas inscripções allusivas á sua pessoa, vê se que elles acha o homem que combate o "gênio do mal".

Escreveu: "Não posso luctar comtigo, a minha espécie... eis que vem em meu soccorro o exercito da Luz. Eu não te dou glória por sou alma de ladrão?" E, certa pergunta: "qual o maior poder? Elle Lúcifer ou a Luz? Devo ser verdadeiro, apezar de ser uma de suas inumeras"

Em última analyse, os desenhos de Febrônio e as inscrições que o acompanham, como o seu livro e os seus actos, reflectem a inconsciente dos instintos primitivos e de possíveis actos sexuas recalcados com as ideas libertadoras ou substituídas. "As ideas mysticas que nelle se revelam e as próprias [...] que é useiro, são satisfações substitutivas dessas... uma tentativa inconsciente de libertação. Neste [...] vale relembrar o conceito de Freud, na sua Introdution à analyse (traducção franceza) que acredita que a própria [...]

rigorosamente da tentativa de defesa contra impulsos sexuaes muito violentas" (pag 33). O seu livro é toda uma [...] nesse sentido. Nem mesmo faltou a figura symbolica que [...] texto, attestando na escolha que a presidiu, a formidável [...] ideas ao desregramento terrível dos instintos.

Nada mais nada menos, que a figura protectotal do anjo da guarda de azas abertas e mãos espalmadas, numa attitude de amparo a lindas criancinhas que colhem flores e perseguem borboletas. Em ultima analyse, transformação dos impulsos libertadores da idade primitiva ou pathologica.

Murillo Campos e Leonildo Ribeiro pretenderam em um estudo que publicam sobre o paciente que "Febrônio soffreu no ambiente familiar, durante a sua infância, influencias indeléveis. A exame, deixa perceber uma accentuada fixação materna, a par de um complexo paterno (Édipo completo)". Pareceu-nos, de facto, acceitavel essa sua interpretação psychanalytica. A figura violenta do pae – o Theodorão – alcoolista impulsivo que espancava a esposa e os filhos, alguns dos quaes fugiram do lar paterno e a figura soffredora de sua mãe, victima das violências maritaes, para o qual o paciente parece ter exaggeradas manifestações affectivas, ficaram gravadas no seu sub-consciente, mais tarde influindo nas manifestações neurosicas de sua psycho-degeneração, pela repulsa ao primeiro e fixação á segunda. Vê-se, assim, de um lado o "gênio do mal" – talvez a figura paterna a que há a allusões bem claras, como aquelle "recusaram-se a fazer o que os seus paes fizeram", que rodeia um dos seus desenhos e de outro lado alguém que se fixou no seu sub-consciente, numa manisfestação pathologica da sexualidade, – sua mãe – Reginalda Ferreira de Mattos, cujo nome há muito tempo elle mudou para "Estrella do Oriente Indio do Brasil". Sua orientação no meio e no tempo é perfeita; a associação de ideas extravagante como já vimos; memória por vezes deformada pelas pseudo-reminiscencias trazidas pela sua imaginação.

Relativamente aos crimes de que é accusado, o paciente systematicmente os nega, julgando que nunca os commetteu e que só os confessou "á custa de violências movidas pela Policia".

Confirma, entretanto, outros delictos contra a propriedade de que já esteve accusado, rindo-se de suas victimas e justificando a sua actuação anti-social neste particular pelas continuas perseguições da polícia. E vemos agora considerar as perversões instintivas de caracter sexual de que é portador o paciente. Neste particular, basta que se analyse os caracteres dos seus delictos. Elle é um pederasta activo, conforme ficou verificado durante a sua n a Casa de Detenção e suas manifestações de homossexualismo tornaram-se claras pela historia criminal acima referida, colhida nos autos. Era um seductor de menores, attrahindo-os para logares ermos afim de satisfazer as suas funestas impulsões sádicas. Antes de realisar esses actos, torturava-os com tatuagens dolorosas, gravando-lhes no peito as lettras symbolicas de suas superstições. De faca em punho, atemorisava-os, fazendo-os soffrer e, levado pela anomola intensidade dos seus desejos sexuaes, tyranisava-os até o estrangulamento. Ou que o assassinio das pobres victimas resultasse da lucta travada entre ambos, deante da resistência por ellas opposta as seus infames desejos, ou que esse mesmo assassínio fosse a conseqüência de uma crescente gradação de crueldade – o que é para se admitir deante de certos elementos colhidos nos autos –, de qualquer modo resalta evidente o caracter obsidente e impulsivo da perversão sexual, incrementado, ainda mais, pelo seu extranho delírio. Essa crueldade, precedida para os effeitos da seducção, de attitudes proctetoraes, não se tem limitado aos dois casos referidos nos autos – o dos menores Alamiro e João Ferreira; são estes, talvez, os últimos de uma serie que não se sabe ate onde vae, embora haja nos autos o resultado de um inquérito policial feito e de que resultou o conhecimento de vários outros que, entretanto, não culminara na morte dos menores aos quaes, apenas seduziu, attrahiu para logares ermos, a alguns marcou de tatuagens e infamou.

Mesmo fora deste terreno psycho-sexual, Febrônio, ao que parece, se comprazia com o soffremento phsico inflingido a terceiros. Fez-se dentista e fazia extraccções de vários dentes a um só tempo, na convicção de que os dentes doentes compromettiam a integridade dos visinhos, fez, segundo conta, outras pequenas operações, como extracções de cystos e incisões de adenites, referindo, ainda, – certamente com os exageros de sua fértil imaginação mórbida, mas de modo a revelar os seus pathologicos instintos – que, certa vez, sob as vistas de um medico, amputou a perna de um paciente, com "toda a technica, inclusive dissecando os nervos da pare que devia ser seccionada, enrolando-os como se tornava necessário". Foi surprehendido, também, certa vez, na casa onde havia installado o seu consultório de falso dentista, "cosinhando uma cabeça humana", cuja procedência não foi até hoje bem exclarecida, embora explique elle te-la adquirido em um cemitério, mediante pagamento, para "estudos de anatomia necessários á sua formação de dentista".

CONSIDERAÇÕES CLÍNICAS

Febrônio Indio do Brasil, em cuja constituição physica se verifica a presença de alguns signaes que induzem a inclui-lo no typo dysplasico de Kretchmer, é portador de um conjuncto de desvios psychicos da normalidade, principalmente revelados na esphera moral e sexual.

A observação que acima se lê os descreveo minuciosamente incapacidade de harmonisar a sua vida com as normas usuaes da honestidade – o que equivale a dizer – conducta anti-social; insensibilidade moral, fraca resistência ás solicitações crimanaes, por isso realisando com freqüência delictos contra a segurança das pessoas e da propriedade, distúrbios da affectividade, instabilidade, pervesões sexuaes, impulsões sádicas, mythomania.

Estas anormalidades mentaes coexistem com uma lucidez intellectual apparente que lhe permitte ser discutidor, convincente, fraudador com freqüente êxito, sabendo captivar e insinuar-se. Verifica-se, ainda, que, ao lado desta psychopathia constitucional, apresente elle ideas delirantes de caracter mystico, entretidos por uma imaginação mórbida e também, ao que parece, uma ou outra vez, por allucinações auditivas e visuaes.

Conforme as escolas ou os autores, fácil seria incluí-lo nos agrupamentos nosographicos da psychiatria, destinados a reunir taes anomalias, Breuler, de Zurick, em seu Tratado de Psychiatria reserva a taes indivíduos o capitulo relativo aos "desvios ethicos constiticionaes", onde elle inclue os "inimigos da sociedade, os anti-sociaes, os oligophrenicos moraes, os idiotas e imbecis moraes e a chamada "moral insanity" (loucura moral de Pritchard).

Kraepelin, em sua última classificação, incluio taes pertubações no IV e V grupos, collocando no IV, que comprehende os distúrbios mentaes constitucionaes, entre outros, as aberrações sexuaes, e no V, que é reservado aos estados mórbidos congênitos, além de "nervosidade" e das "oligophrenias", o que elle designou com o nome de psychopathia, onde se acham os "instáveis, os irritáveis, os instinctivos", os disputadores, os mentirosos e fraudadores, os anti-sociaes, os tocados, os exaltados e os fanáticos". Na classificação brasileira das doenças mentaes, feita pela "Sociedade Brasileira de Neurologia, Psychiatria e Medicina Legal", estes casos são incluídos nos "estados atypicos de degeneração".

Rogues de Fursac os descreveu com o nome de "psychopathia constitucional", ahi reunindo estados mórbidos que resultam, não de uma insufficiencia, mas de um desequilíbrio ou de uma perversão das faculdades intellectuaes, affectivas ou moraes. São o desequilíbrio metal, a perversão e a inversão sexual, os delírios episódicos e a loucura moral, antigamente descriptos no grupo das degenerações mentaes.

H. Colin e G. Demaye, escrevendo o capitulo sobre a alienação dos criminosos, na Psychiatria, do Tratado de Sergente, deram destes enfermos uma definição que bem se ajusta ao caso concreto; "Os anormaes perversos são caracterisados por uma parada do desenvolvimento da affectividade e do senso moral e pela perversão dos instintos, contrastano com a integridade relativa das faculdades intellectuaes e determinando reacções anti-sociaes permanentes". Os mesmos autores expõem a vasta synonimia com que teem sido descriptos estes enfermos:

"Loucos moraes (Pritchard); débeis moraes, inválidos moraes (Mairet e Euziere); cegos moraes (sohule); anesthesicos do senso moral (Gilbert Ballet) loucos lúcidos (Trelat); semi-loucos (Grasset); maníacos sem delírio (Pinel); anormaes constitucionaes; perversos instintivos; alienados difficeis (H.

Colin); alienados de seqüestrações múltiplas (Charpentier); desequilibrados insociáveis de internações descontinuas (Bonhorme)". Das manifestações mórbidas de sua mentalidade, três sobrelevam no quadro clinico e devem ser aqui destacadas pelas interpretações medico-legaes que comportam, constituindo os traços dominantes de suas personalidades:

1º amoralidade constitucional, revestindo a forma da "loucura moral" descripta por Pitchard e referida pelas varias escolas psychiatricas debaixo de vasta synonimia acima relatada, o que entretanto, não lhe tira a individualidade clinica;

2º perversoões instintivas sexuaes denunciadoras de infantilismo do fim sexual ou attestando uma parada na evolução da libido "força com a qual se manifesta o instincto sexual" ou a fixação da mesma a uma phase primitiva pregenital (Freud). Essas perversões sexuaes, que para alguns autores (Gregório Maranon, Linchternstern, Weil e Mieli, Jimenes de Asua) teriam a sua origem endógena em uma alteração da forma endocrinológica, culminaram no caso concreto no grande sadismo – extranha manifestação mórbida que caracterisa pela necessidade do sofrimento ou da crueldade exercida sobre a pessoa amada para satisfação do desejo sexual ou, para citar uma definição conhecida – a de Garnier –, "perversão sexual obsidente e impulsiva caracterisa por uma dependência estreita entre o soffrimento infringido ou mentalmente representado e o orgasmo genital, permanecendo a frigidez do ordinário absoluta sem essa condição ao mesmo tempo necessária e suffciente";

3º ideas delirantes de caracter mystico, constituindo, sobretudo, no culto a um extranho "Deus vivo" e representando, talvez, inconsciente dissimulação, senão derivação dos impulsos libertadores de sexualidade primitiva ou pathologica, ou então, satisfações substitutivas das perversões, ideas estas que elle propagou num livro incompreensível – revelações do Príncipe do fogo – no qual teria recolhido as inspirações que, em silencio, nos montes e nas ilhas semi-desertas, lhe eram transmittidas por mysteriosas divindades.

E, em resumo, um delírio predominante imaginativo, ao qual a sua incultura dá um feitio de extravagância característico. Com, via de regra, acontece, estamos deante de uma associação de syndromes degenerativas, o que confirma o que disseram De Sanctis e Ottolenghi, no seu Trattato pratico de psicopathologia forense, reflectindindo, alliás, o que está no consenso unânime dos psychiatras, que "os verdadeiro e puros amoraes são raros" e que "toda syndromes degenerativas mostram particular tendência se associar com a loucura moral". Esboçado, assim, nestas linhas, o problema clinico, passemos a estudar, agora, a questão médico-legal decorrente.

Como se salientam da sua historia criminal, agora, reacções anti-sociaes de caracter sexual, comecemos por estudar a medicina legal em taes caso.

CONSIDERAÇÕES MEDICO-LEGAES

A questão da capacidade de imputação dos anômalos sexuaes ou dos indivíduos portadores de perversões do instincto sexual, não é, como poderia parecer, a primeira vista, um problema simples ou resolvido em medicina legal. De vez que estamos aqui em cumprimento da funccção pericial, orientadora, portanto, da Justiça, deveríamos abrir um parenthesis nos presente laudo para considerar a questão do ponto de vista doutrinário. Tanzi, na sua Psichiatria Forense, ao tratar da questão das perversões sexuaes, faz comentários muito interesantes sobre o assumpto, affirmando que "os invertidos e pervertidos não podem, pois allegar a impunidade por qualquer delicto ou escândalo de que tornem réos, com a commoda excusa de uma pretensa modéstia ou anomalia mental que, de qualquer forma que se entenda, não prejudica a lucidez de sua consciência, nem o normal funccionamento de sua vontade. As resistências que estas devem oppor aos ímpetos brutaes do seu pseudo-instincto são as mesmas que a Lei pressupõe e pretendo no normal, em conflicto com o factor não menos vehemente do erotismo normal. Não há nenhum motivo sério para acreditar que, em matéria amorosa, os impulsos aberrantes sejam mais irresistíveis que os impulsos normaes, quase direi por definição".

Referindo-se a questão da capacidade da imputação dos anômalos sexuaes, Tanzi diz que a questão a resolver é a que é posta para qualquer delicto e que elle, assim, magistralmente formula: "Estava o accusado em grão de comprehender o que fazia? E se era capaz de entender, tinha conservado ou não o poder de frenar-se".

Por sua vez, Ottolenghi e De Sanctis, no seu Trattado pratico di psicopatologia forense, ao abordar a questão dos psychopathas sexuaes, dizem que "do ponto de vista médico-legal é necessário bem distinguir os actos sexuaes criminoso que offerecem unicamente o caracter de anomalia, daquelles que são symptomaticos de verdadeira forma psychopathica". E, nesta ordem de ideas, escrevera: "o sadista psychopatha sexual que chega ao ferimento e ao homicídio é a continuação progressiva do sadista degenerado simples que se limita a morder, mas elle ultrapassa os limites da anormalidade, passa á pathologia, á enfermidade mental. É o que é interessante é ver como em muitos desses vampiros fica apparentemente integra durante o crime a intelligencia ou, pelo menos, a consciência, de modo a poderem ser considerados, ao primeiro exame, como em estado não alienado, se não fora já a própria natureza do seu crime e a expressão da excusa da incapacidade de imputação". Resumindo as opiniões acima exaradas, podemos, agora, collocar a questão médico-legal de Febrônio nos seus justos termos; assim teremos que indagar:

1º Ao cometter os delictos de que acha acusado, Febrônio Indio do Brazil estava em condições de comprehender o que fazia?

2º Se estava capaz de entender, tinha conservado ou não o poder de frenar-se?

3º Provado que a tentação era irresistível, resultaria Ella:

[A] da ausência de contra-representações moraes, estheticas, jurídicas?

[B] da impossibilidade de faze-las vales em conseqüência de um estado passional ou angustioso?

[C] da intensidade anômala da tentação, acarretadando uma satisfação impulsiva?

Febrônio, para a execução dos seus crimes, realisava uma serie de actos psychicos coordenados. Elle attrahia os menores aos logares ermos, taes como ilhas semi-desertas, mattas, esconderijos, insinuando-se como porotector, promettendo-lhes empregos immediatos, captando-lhes a sympathia, fazendo-se acreditar junto ás suas famílias como individuo relacionado, influente, bondoso, paternal. E, como tinha jeito para convencer e seduzir, acabava vencendo as resistências paternas e levando consigo, como no caso do menor João Ferreira, as victimas incautas, para sítios desertos, sob pretexto de que iam tomar conta de empregos que elle arranjara. Assim procedendo, Febrônio deixa a impressão, pelos menos apparentemente, de que sabia o que fazia, de vê que os artifícios da seducção trahem os seus funestos propósitos. Era uma historia adrede preparada, para um fim pré-estabelecido. O paciente era, aliás, useiro e veseiro de taes expedientes, para satisfação de um plano ou de um desejo.

Na história criminal de Febrônio, tratada em logar competente deste laudo, transcrevemos trechos de denuncias offerecidas aos Juízes, e virtude dos seus crimes de roubo ou de estellionato, na execução dos quaes o paciente requintava sempre em illudir com falsas promessas ou phantasiando e existência de imaginarias sociedades para se locupletar do alheio, quando não realisava, mesmo, o typo de vigarista conhecido.

Mas, se o accusado dava mostras, pelo apparentemente, de que se sabias o que fazia, pode-se bem deduzir que, pela própria natureza do seu estado mórbido, elle não conservava o poder de frenar-se. Aqui deveriam ocorrer as três condições a que se refere Kraft-Ebing e ás quaes acima lludimos. Em primeiro logar, as suas anomalias moraes não lhe opõem resistências ás suas ambições e ás suas paixões. Os sentimentos ethicos annullados permittem o triumpho dos seus instictos desregrados e anômalos e elle realisa delictos pela ausência de "contra-representações moraes, estheticas e jurídicas", como lembra o grande mestre allemão. E não somente por isso, no caso concreto, poder-se-hia invocar, também, a intensidade anômala do instincto sexual pervertido até as manifestações do grande sadismo. Mas, certamente, os actos delictuosos por que responde Febrônio não podem ser encarados simplesmente pelas formulas geraes que definem ou que regem a medicina legal dos crimes sexuaes. O seu caso merece commentarios especiaes, apreciação particularisada, porque, neste delinqüente de raras instintiva sexual e que o déficit profundo das manifestações ethicas ou moraes de sua mentalidade: existe também, como ficou assignalado, um curioso delírio de caracter mystico que não pode deixar de ter nos seus actos uma influencia manifesta, principalmente naquelles actos delictuosos pelos quaes responde, sabido como é que elle era um tatuador de menores nos quaes gravava, no peito, as letras e dístico symbolicos de suas convicções mysticas. Se as suas impulsões sádicas por si sós conferem aos seus monstruosos actos delictuosos um sinte pathologico de tanto realce, capaz de revelar nelle toda a sua extranha psychologia mórbida, digno do maior interesse por parte do julgador, por isso que revelador daquele grande sadismo de que decorre a irresponsabilidade jurídica, se a sua ininterrupta conducta anti-social é de molde a colloca-lo no grupo daquelles indivíduos atacados de "loucura moral", aos quaes a consciência dos technicos e dos juízes não poderá logicamente attribuir o principio da responsabilidade expresso na fórmula de Von Listz – "capaz e responsável é todo individuo mentalmente desenvolvido e mentalmente são"; se essas duas manifestações pathologicas sadismo e amoralidade constitucional no alto grão em que se revelam no observado, poderiam, na melhor das hypotheses, deixar no espírito dos que apreciam a questão, senão a certeza, pelo menos a duvida, do compromettimento da vontade deste delinqüente, ao praticar os seus delictos, que dizer da terceira revelação mórbida de sua mentalidade – o delírio mystico – que o levava a fazer tatuagens nos infelizes menores, sempre o mesmo caracter e subordinado sempre ao mesmo them? Imaginando-se Filho da Luz e crente do poder sobrenatural do Deus Vivo, elle tem o campo da consciência invadido por essa Idea, sendo fácil de comprehender a influencia decisiva de tal phenomeno na mentalidade de um amoral e pervertido sexual. As suas declarações abaixo, contida nos autos do processo relativo ao estrangulamento do menos João Ferreira, conteem uma pharase impressionante neste sentido:

"Que o declarante foi levado a commeter esse crime por meio de revelações que tinha constantemente por meio de visões as quaes o convenciam que devia sacrificar victimas mas em beneficio de Deus vivo, symbolo de sua religião".

Quando estuda as applicações forenses que devem merecer os degenerados, o Professor Afrânio Peixoto, discutindo a responsabilidade dos actos destes indivíduos, escreve em sua psycopatologia forense: "o degenerado deve responder pelos seus, nos casos mitigados, em que suas malformações lhe permitteem uma noção clara dos seus direitos e deveres.

"O perito desempenhará a sua tarefa quando, num caso dado, provou a natureza orgânica da depravação que parecia ser puramente ethica, precisou sua extensão e mostrou a fatalidade que presidia os actos desses indivíduos, livres somente em apparecia". Se assim é, julgamos ter desempenhado a nossa missão, definindo os traços dominantes da personalidade de Febrônio, a psychopathia que ao assignala, as manifestações diversas desta sua morbidez, expressas nas anomalias moral e sexual e ainda no delírio mystico revelador de sua imaginação doentia, manifestações essas que pela sua extensão e intensidade, influem decisivamente nos seus actos e determinam as suas reacções anti-sociaes. Mas, se assim pensamos, não nos é licito, entretanto, - e antes julgamos a parte essencial desta perícia médico-legal - deixar de estudar a temibilidade de Febrônio e as suas relações capitães com a defesa social. Desnecessário seria, deante do que ficou dito, qualquer esforço de raciocínio para affirmar que Febrônio é o bem representante inconfundível do delinqüente portador do mais alto grão de temibilidade. Para affirmar a periculosidade de um individuo, temos que nos socrorrer de dados concretos, de elementos positivos, que decorrem do estudo do psychismo do paciente, de sua actuação social, anterior ao delicto e das circumstancias da própria infracção penal ou dos motivos da própria delinqüência. Ora, o que se vem dizendo e affirmando no presente estudo de psychophologia é que Febrônio é incapaz de harmoniar a sua vida com as normas usuaes da honestidade, que toda a sua existência tem sido uma serie interminável de reacções anti-sociaes, que nenhum sentimento elevado pode germinar em sua personalidade, que finalmente, elle revela nas sua delinqüência especifica de anômalo sexual, perversões instintivas tanto mais nocivas quanto se acham alliadas á grande atrophia dos sentimentos ethicos e a um extravagante delírio mystico. A psycho-degeneração que o assignala, é, pois, por si mesma, a mais cabal revelação de sua nocividade. Para os effeitos salutares da defesa social, elle estaria admiravelmente collocado no grupo dos delinqüentes irreformáveis, merecedores da repressão máxima de que nos falla Ingenieros, em sua criminologia, representando pelos delinqüentes natos ou loucos moraes e pelos delinqüentes habituais e incorrigíveis.

Sendo um criminoso de múltiplos aspectos ou de feitios vários, elle é, entretanto, pela sua condição de anômalo sexual, um criminoso específico. Os seus delictos por anomalias psycho-sexuaes são os mais freqüentes e impressionantes, reveladores de uma disposição ou de uma tendência que se não pode modificar, ou de uma capacidade criminal digna da maior attenção para os effeitos repressivos, no seu excellente trabalho inserto na Scuola Positiva (1920), intitulado La periculositá crimnale e Il valore sintomático Del reato, quando pretendia demonstrar que o primeiro elemento sobre o qual se baseia a apreciação da temibilidade é precisamente o delicto realisado, o qual, no seu entender, sendo um meio pra apreciação do psychismo do autor e tendo, portanto, alem de um valor casual, também um valor symptomatico, é o elemento do primaria e decisiva importância para o juízo da temibilidade.

Deve ficar segregado ad vitam, pela impossibilidade de adaptação social e pela incapacidade em que se acha de collaborar na harmonia e no bem estar colletivos.

CONCLUSÕES

1ª Febrônio Indio do Brasil é portador de uma psychopathia constitucional, caracterisada por desvios ethicos, revestindo a forma da "loucuras moral" e perversões instintivas, expressas no homossexualismo com impulsões sádicas – estado esse a que se juntam idéas delirantes da imaginação, de caracter mystico.

2ª As suas reacções anti-sociaes ou os actos delictuosos de que se acha acusado, resultam desta condição mórbida que lhe não permitte a normal utilisação de sua vontade.

3ª Em conseqüência, a sua capacidade de imputação se acha prejudicada ou dirimida.

4ª Deve-se em conta, porém, que as manifestações anormaes de sua mentalidade, são elementos que definem a sua inilludivel temibilidade e que, portanto, deve elle ficar segregado ad vitam para os effeitos salutares e elevados da defesa social, em estabelecimento apropriado a psychophatia delinqüentes.

RESPOSTA AOS QUESITOS

[A] DA DEFESA

1º "O INDIVIDUO FEBRÔNIO INDIO DO BRASIL REVELA AO EXAME EXTERNO QUALQUER LESÃO ORGÂNICA QUE POSSA SER CONSTATADA PELA INSPEÇÃO OCULAR?"

RESPOSTA – Não.

2º "O SUPRA-CITADO INDIVIDUO REVELA QUALQUER ESTYGMA DE DEGENERESCÊNCIA?"

RESPOSTA – Sim.

3º "O PACIENTE EM QUESTÃO SOFFRE QUALQUER LESÃO EM SUA GLÂNDULAS DE SECREÇÃO INTERNA?"

RESPOSTA – O accusado revela estygmas somáticos de degeneração ou alterações morphologicas que podem ser tidos como conseqüentes as disfuncções glandulares. Alem disto, resaltam dos seus antecedentes e dos delictos que realisou, que elle tem revelado perversões instintivas sexuaes (homossexualismo com impulsões sádicas), manifestações essas que são consideradas modernamente por alguns autores (Maranon, Lichtenstern, Weil y Meil, Kehner, Asua), como resultantes de alterações ou transtornos na "constituição do apparelho endócrino-cerebral".

4º "O INDIVIDUO SUPRA-CITADO, EXAMINANDO-SE A SUA VIDA, ANTERIOR A PRESENTE DATA E, LEVANDO-SE EM CONTA A INSPEÇÃO MEDICA, NESTE MOMENTO PEDIDA, SOFFRE ALGUMA MOLÉSTIA PSYCHICA QUE POSSA SER ENQUADRADA NA CONCEPÇÃO LEGAL DE "LOUCOS DE TODO O GÊNERO?"

RESPOSTA – Os peritos chegaram a conclusão de que o paciente é portador de uma psychopathia constitucional, caracterisada por desvios ethicos, revestindo a forma da "loucura moral" e perversões instintivas, expressas no homossexualismo com impulsões sádicas estado esse a que se juntam ideas delirantes de imaginação, de caracter mystico, pelo que se acha enquadrado na concepção legal a que se refere o presente quesito.

5º "PODERIA O PACIENTE, QUANDO SOB EFFEITO DA MANIFESTAÇÃO MÓRBIDA A QUE É SUJEITO, DOMINÁ-LA, OU, FORMULANDO ESSE QUESITO POR OUTRO MODO: SÃO OS SEUS ACTOS, SOB O REFERIDO IMPULSO, DECORRÊNCIAS FATAES DESSA ANOMALIA QUE O IMPELLE A ACTO CRIMINOSO E CONTRARIO Á NORMALIDADE ORGÂNICA DO INDIVIDUO SÃO?"

RESPOSTA – As manifestações diversas da sua psychopathia, pela sua extensão e intensidade, influem decisivamente nos seus actos determinando as suas reações anti-sociaes.

6º "NO CASO DE SER UM DOENTE O INDIVIDUO FEBRÔNIO, QUAL O SEU DIAGNOSTICO?"

RESPOSTA – Prejudicado, pela resposta dada ao quarto quesito.

7º "NO CASO DE TER FEBRÔNIO SIDO O AUTOR DE TODOS OS ACTOS CRIMINOSOS QUE LHE SÃO IMPUTADOS, COM TODOS OS REQUINTES DE MONSTRUOSIDADE, PODE DEIXAR DE SER CONSIDERADO UM ANORMAL, REVELADO PELA PRÓPRIA PRATICA DOS MESMOS CRIMES UMA TARA?"

RESPOSTA – Os actos delictuosos que se lhe atribuem são bem a expressão do estado psychophatico que o caraterisa. Na prática médico-legal, entretanto, deve-se ter em conta para concluir sobre a anormalidade mental de um accusado, não só os actos por elle, commetidos, mas também as indicações do exame individual respectivo. No caso concreto, um e outro se completam para a conclusão clinica e médico-legal a chegaram os peritos.

8º "DEPOIS DE EXAMINADO O PACIENTE, QUERIA V EXCIA, FORNECER ESCLARECIMENTOS SOBRE O QUADRO CLÍNICO, ADDUZINDO OBSERVAÇÕES E ESTUDOS A RESPEITO E SOBRE CASOS SIMILARES."

RESPOSTA – Os peritos acreditam ter satisfeito a exigência deste quesito no longo estudo de psychophologia que é o presente laudo e pensam haver fornecido, mesmo nas respostas dadas a esta serie de quesitos, esclarecimentos sobre o caso clínico de Febrônio, capazes de permitirem uma orientação jurídica em torno do mesmo – o que constitue a finalidade da missão pericial de que se acham incumbidos.

9º "NO ESTADO ACTUAL DA SCIENCIA SERÁ POSSÍVEL A CURA DE QUALQUER PESSOA EM IDÊNTICAS CONDIÇÕES?"

RESPOSTA – As manifestações mórbidas descriptas como características do caso clinico de Febrônio. Pela sua própria natureza, não são susceptíveis de cura.

10º "AO EXAME EXTERNO REFELA O PACIENTE QUALQUER SIGNAL DE SEVICCIAS, AONDE E QUAL O MEIO QUE PODERIA TER SIDO USADO NA PRATICA DESSAS SEVICIAS E QUEIMADURAS?"

RESPOSTA – Presentemente, não.

DO 7º PROMOTOR PUBLICO ADJUNTO INTERINO

1º "O RÉO PELOS SEUS GESTOS, PALAVRAS, ATTITUDES, EVIDENCIA UM CASO DE SIMULAÇÃO DE LOUCURA, OU SOFFRE, REALMENTE, DE ALGUMA ENFERMIDADE MENTAL?"

RESPOSTA – Os peritos chegaram á conclusão de que o accusado é portador de uma psychopathia constitucional, caracterisada por desvios ethicos revsestindo a forma da "loucura moral" e perversões instintivas, expressas no homossexualismo com impulsões sádicas, estado esse a que se juntam idéas delirantes de imaginação, caracter mystico.

2º "EM CASO AFIRMATIVO:

[A] QUAL ESPÉCIE NOSOLÓGICA?

RESPOSTA – Prejudicado.

[B] ESSA ENFERMIDADE É ANTERIOR, CONCOMITANTE OU POSTERIOR Á PRÁTICA DO DELICTO?

RESPOSTA – É anterior.

[C] TAL ENFERMIDADE É DE NATUREZA A IMPEDIR QUE SE RESPONSABILISE O RÉO PELO CRIME QUE PRATICOU, OU A SUA RESPONSABILIDADE CRIMINAL PERSISTE INTEGRAL?

RESPOSTA – Julgam os peritos que as suas desordens mentaes dirimem a sua capacidade de imputação ou a sua responsabilidade pelos crimes que praticou.

[D] PELO EXAME DOS AUTOS, PODEMOS SNRS. PERITOS AFFIRMAR QUE O CRIME TENHA SIDO COMMETIDO EM ESTADO DE COMPLETA PERTURBAÇÃO DOS SENTIDOS E DA INTELLIGENCIA?

RESPOSTA – O delicto pelo qual responde o paciente no presente processo decorreu das pertubações mentaes de que elle é portador.

[E] CONSTANDO QUE O RÉO É TÃO SOMENTE UM PERVERTIDO SEXUAL É DE SE PRESUMIR SER ELLE IRRESPONSÁVEL PELO CRIME DE MORTE QUE PRATICOU?

RESPOSTA – Prejudicado.

[F] TENDO EM VISTA OS DOIS CRIMES DE HOMICÍDIOS DE MENORES, PRATICADOS PELO RÉO, E, AINDA, OS SEUS ACTOS DE PEDERASTIA ACTIVA, COMPROVADOS NOS AUTOS PELAS CERTIDÕES DE FLS., OFFERECE ELLE, DE QUALQUER MANEIRA, PERIGO IMMEDIATO OU SIMPLESMENTE EVENTUAL, PARA A SEGURANÇA PÚBLICA?

RESPOSTA – Offerece perigo immediato.

[G] SE OS SNRS. PERITOS VERIFICARAM QUE AO LAUDO DE IRRESPONSABILIDADE DO RÉO, PERSISTE O SEU ALTO GRÃO DE PERICULOSIDADE, OPINAM SEJA ELLE INTERNADO, NUM MANICÔMIO, NA FORMA DO QUE PRECEITUA O ART. 1º DO DECRETO N. 5.148-A, DE 1927, QUE REORGANISOU A ASSISTÊNCIA A PSYCHOPATHAS NOS DISTRICTO FEDERAL?

RESPOSTA – O paciente é um individuo portador de alto grão de periculosidade e não deverá, caso seja absolvido, permanecer em liberdade e sim internado em estabelecimento apropriado a psychopathas delinqüentes."

Rio de Janeiro, 20 de fevereiro de 1929.

dr. Heitor Pereira Carrilho
dr. Manoel C.N. Barros

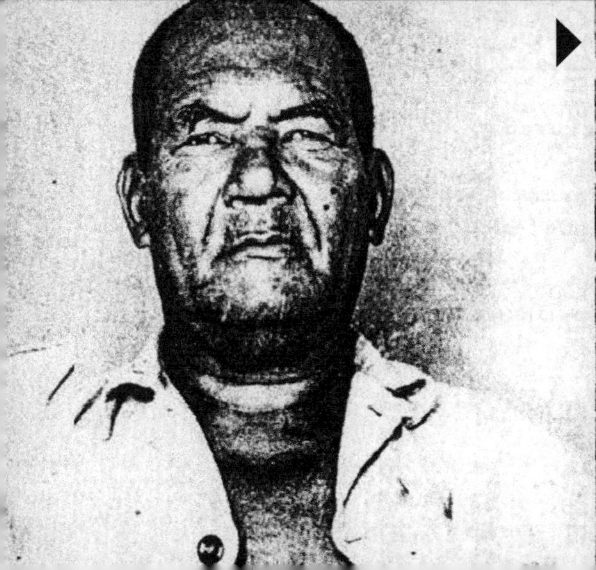

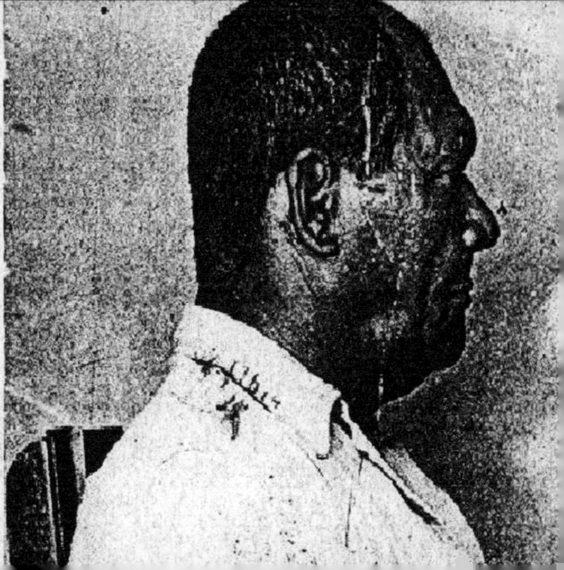

MATERIAL REFERENTE A FEBRÔNIO INDIO DO BRASIL GENTILMENTE CEDIDO PELO PSIQUIATRA FORENSE DR. TALVANE M. DE MORAES:

- Ficha nº 187 do paciente no Manicômio Judiciário do Rio de Janeiro;
- Certidão de óbito.
- Identificação do paciente no Manicômio Judiciário do Rio de Janeiro;
- Laudo do exame de sanidade mental;
- Peça da denúncia de Febrônio pela 7ª Promotoria Pública Adjunta do Rio de Janeiro.

MANICOMIO JUDICIARIO

FICHA N. 187

Nome FEBRÔNIO INDIO DO BRASIL

Filiação Th. Indio do B. e Estrela do O. Ind. Bras.

Côr parda — Sexo masculino

Idade 32 anos — Estado civil solteiro

Profissão dentista — Instrucção elementar

Nacionalidade Brasil — Naturalidade Est. de Minas

Numero do registro no Gabinete de Identificação

Situação legal:
- Motivo da prisão Homicidio duplo
- Accusado? Sim
- Condemnado?
- Absolvido? Sim (mandado internar)

Procedencia Casa de Detenção

Data da entrada em 28 de Dezembro de 1927

Autoridade que requereu o internamento Juiz da 7a. Prot. C.

Documentos apresentados Of. 1.780 da Casa de Detenção

Sua observação está no livro VII pag. 7

Diagnostico Degeneração mental. Loucura moral.

Sahida por:
- Alta em
- Evasão em 8 de Fevereiro de 1935
- Licença em
- Terminação do exame de sanidade mental em
- Transferencia para C. Detenção em 31-12-1928
- Fallecimento em

O DIRECTOR

JUSTIÇA DO ESTADO DO RIO DE JANEIRO

Dr. Antonio Vianna de Lima

Oficial do Registro Civil das Pessoas Naturais da Sétima Circunscrição e Tabelionato — Freguesia do Espírito Santo — Comarca do Rio de Janeiro

RUA JOAQUIM PALHARES, 267-B — Tel. 273-3595

WALDNER JORGE QUINTANILHA - Substituto

ÓBITO

CERTIFICO que às folhas 104 do livro n.º 277 de registro de Óbitos n.º 1101

foi lavrado hoje o assento de " FEBRONIO INDIO DO BRASIL "

falecid o aos 27 de agosto de 1984 às 10,30 horas na no Hospital Central Penitenciário - nesta

estado civil solteiro

Residente rua Frei Caneca, 463

Sexo masculino Idade 86 anos

Profissão x-x-x-x-x-x-x-x

Natural do Estado de Minas Gerais

Filh o de Theodoro Indio do Brasil

e de Estrela do Oriente Indio do Brasil

Foi declarante Ana Maria de Almeida Monteiro

sendo atestado de Óbito firmado pelo Dr. Maria Liano do O. Aded

que deu como causa da morte enfisema pulmonar.

O Sepultamento será no Cemitério de São Francisco Xavier

Observações: -x-x-x-x-x-x-x-x-x-x-x-x-x

O Referido é verdade e dou fé.

Rio de Janeiro, 04 de setembro de 19

CUSTAS
TAB. 4 ATOS

O Oficial

WALMYR POUBA

Auxiliar Judiciário Juramentado

Encarregado do Registro

Mod. 8

ANEXO 03 – LAUDO CLÍNICO DE BENEDITO MOREIRA DE CARVALHO

Os documentos de 6 de novembro de 1953, prontuário 4.818 de Benedito Moreira de Carvalho, foram analisados pela dra. Maria Adelaide de Freitas Caires, psicóloga clínica e forense.

1. ANTECEDENTES CLÍNICOS

- enurese (incontinência urinária) noturna até a adolescência;
- epistaxe (hemorragia nasal) até a adolescência e, daí em diante, tonturas;
- aos 11 anos caiu de um cavalo e desmaiou;
- duas quedas em que bateu a cabeça, mas não perdeu a consciência;
- pesadelos constantes;
- homem isolado, de pouco contato com outras pessoas. Solitário, sem amigos na infância ou na vida adulta;
- segundo os dados fornecidos pelo Instituto de Biotipologia Criminal, após a prática de seu terceiro delito, em sua estada na penitenciária, frequentou a escola com média 9,6;
- exame neurológico: assimetria dos reflexos rotulianos, mais fracos à esquerda;
- pneumoencefalograma em 26/6/1953: boa repleção dos sistemas ventricular e cortical. Ventrículos ligeiramente dilatados, simétricos sem alteração da forma. Observou-se alargamento dos sulcos intergirais em ambos os lados e de maneira simétrica. Conclusão: ligeira hidrocefalia interna, simétrica. Atrofias corticais parietoccipitais bilaterais e simétricas;
- pneumoencefalograma em 13/9/1953: mesmo quadro referido anterior, acrescido de atrofias corticais evidentes nas regiões frontais de ambos os lados. Conclusão: atrofias simétricas frontoparietoccipitais. Hidrocefalia interna de grau médio, sem desvios do sistema ventricular.

Estado mental: calmo e de poucos movimentos, vive habitualmente calado, sem deixar transparecer qualquer preocupação. Seu olhar, quase sempre vago, dá a impressão de apagada vida interior. Se interrogado, responde com certa lentidão e de modo lacônico, não raro com visível desinteresse e, às vezes, com grande má vontade.

Resolve de maneira satisfatória as questões simples que lhe são formuladas, mas não consegue fazer o mesmo quando o problema exige maior capacidade de concentração. Tendo consciência disso, recusa-se a fazer um relato escrito de sua vida, alegando incapacidade outrora inexistente.

Não apresenta, porém, distúrbio formal do pensamento, tampouco quanto ao seu conteúdo.

2. ANTECEDENTES FAMILIARES

- um irmão já falecido sofria de epilepsia e surdo-mudez;
- pais eram agricultores;
- pai morreu em 1947;
- passou a infância em Morro Selado, na linha mogiana, em São Paulo;
- pai era severo e costumava bater nos filhos, principalmente em Benedito, porque era um menino levado;
- as pancadas atingiam o corpo e a cabeça;
- tinha vertigens constantes por causa das surras e das pancadas na cabeça.

Quanto aos aspectos cognitivos e intelectuais, as funções perceptivas estavam preservadas, bem como as da linguagem e memória. Contudo, havia desordens de orientação temporal. A capacidade intelectual - pontuada na faixa limítrofe (QI entre 72 e 77) - exibia sinais de incapacidade de solução dos problemas que exigem elaboração intelectual mais fina. O raciocínio baseia-se quase que exclusivamente na solução prática, imediata e superficial das provas apresentadas (teste de Terman-Merril e matrizes progressivas de Raven).

Quanto aos aspectos da personalidade, nas provas realizadas, sua resposta, embora pobre, indicava inteligência precária e afetividade inadequada — egocêntrica e impulsiva - com sinais positivos de agressividade e psicose (Mira y Lopes e prova de Rorschach).

Segundo o laudo elaborado pelos doutores André Teixeira Lima e Maurício Levy Júnior, Benedito não pedia uma revista, um jornal ou uma ocupação qualquer para se distrair. Não procurava se comunicar com a família, da qual não recebia notícias. Também não sentia falta da família e dizia estar bem em Franco da Rocha.

Não manifestava sinal algum de arrependimento em relação aos atos antissociais que praticara nem se preocupava com sua situação.

Dizia ter pena da vítima, ainda mais das menores de idade e dos pais delas, julgando desumano o autor de tais crimes. Mas, paradoxalmente, declarou:

> O tempo passou e comecei a fazer tudo aquilo que eu próprio condenara. O uso de violência se tornou para mim condição de prazer, bastando muitas vezes para produção do orgasmo a luta travada com a vítima. E o que é mais, desapareceu tudo o que antes poderia servir de barreira à prática daqueles atos. Não mais me compadeço de quem quer que seja. Meu único interesse está apenas na satisfação dos desejos sexuais, que vêm se tornando cada vez mais frequentes e intensos. Quando tudo corre na medida de meus desejos, sinto-me como que aliviado e de novo capaz de voltar para o trabalho. Quando não, vou à procura de outra vítima, na esperança de lograr maior satisfação.

Segundo declarou aos psiquiatras, não matou propositalmente qualquer de suas vítimas, mas pouco importava que elas viessem a morrer em consequência dos atos contra elas praticados, nunca tendo sentido, quer antes, quer durante, quer após os crimes, qualquer conflito íntimo.

Os psiquiatras do Manicômio Judiciário de São Paulo realizaram extenso diagnóstico diferencial para Benedito Moreira de Carvalho, levantando todas as hipóteses que poderiam ser consideradas na época: processo degenerativo de diversas etiologias (distrofias e atrofias graves), quadro de esclerose difusa de natureza inflamatória ou não e traumatismo cranioencefálico, entre outros.

Para eles, a hipótese final mais provável era de que o paciente sofresse de Atrofia de Pick, uma condição degenerativa do cérebro que afeta particularmente os lobos frontais e temporais. Como em outras demências do lobo frontal, a doença de Pick caracteriza-se, de maneira clínica, por alterações da personalidade no início do curso, deterioração das habilidades sociais, embotamento emocional, desinibição comportamental e anormalidades proeminentes da linguagem.

Concluíram então que o seu caso se enquadrava perfeitamente no grupo dos doentes mentais propriamente ditos e, como tal, era incapaz de imputação, nos termos do art. 22 do Código Penal. Segundo os médicos, a lesão cerebral revelada pelo exame era de natureza irreversível e o prognóstico, desfavorável – tanto do ponto de vista clínico quanto do criminológico.

ANEXO 04 – ENTREVISTA COM O DR. JOSÉ FERNANDO ROCHA, ADVOGADO DE FRANCISCO COSTA DA ROCHA

QUAL É A SITUAÇÃO PROCESSUAL DO FRANCISCO?

Aguardando perícia médica que foi requisitada pelo r. Juízo da Família e das Sucessões da Comarca de Taubaté, a ser elaborada pelo Instituto de Medicina Social e Criminologia de São Paulo (IMESC). Tal perícia foi requerida em junho de 2007 e, inexplicavelmente, não foi realizada até o presente.

DESDE JUNHO DE 1998, FRANCISCO SOFRE INJUSTIFICÁVEL PROCESSO DE ILEGALIDADE QUE O MANTÉM ENCARCERADO. CUMPRIDAS INTEGRALMENTE TODAS AS PENAS, EXISTE ALGUMA OUTRA EXECUÇÃO CONTRA ELE?

Não existe qualquer execução penal contra ele. Sua dívida com a Justiça Penal foi quitada no dia 7 de junho de 1998, data do vencimento de sua pena. Portanto, o Francisco está há onze anos numa prisão sem pena a cumprir. Trata-se de erro judiciário.

O QUE O SENSIBILIZOU NO CASO DO FRANCISCO PARA QUE O SENHOR SE TORNASSE SEU ADVOGADO?

Cumpre ao advogado assistir tecnicamente ao réu e representá-lo no processo. Mas a advocacia não é um exercício tão só técnico. O trabalho do advogado vai além do tecnicismo, para alcançar o substrato humano. O advogado é, antes de tudo, um humanista. A mente vai longe, mas o coração segue adiante. Não podia ficar indiferente à situação do Francisco diante da gravosa injustiça que se lhe é cometida.

Trata-se de erro judiciário. É o único caso de prisão perpétua no país, proibida pela Constituição Federal.

O caso do Francisco me lembra o código nazista, de inspiração do mefistofélico Hitler, autor dos mais hediondos crimes de lesa-humanidade, não só contra o povo judeu, mas contra toda a humanidade, quando prescrevia: "A lei é o que Führer ordena". É bom lembrar que Hitler assassinou, também, milhares de homossexuais, lésbicas, débeis mentais, ciganos e negros, que ele considerava "infra-homens". Era o furor de eugenia nazista.

EM 25 DE MARÇO DE 2009, A MÃE DE FRANCISCO MORREU EM DECORRÊNCIA DE PNEUMONIA. COMO ELE REAGIU A ESSA PERDA?

O Francisco e sua mãe, sra. Nancy Nair de Oliveira, sempre estiveram ligados pelo coração. Durante o cumprimento da longa pena, sempre se correspondiam assiduamente. Faz poucos anos, ele a visitou no Rio de Janeiro. Dona Nancy era a inspiração em sol maior do Francisco. Certa vez telefonei para ela e notei que era pessoa lúcida e educada.

POR QUE O PEDIDO DE COMPARECIMENTO AO FUNERAL FOI INDEFERIDO PELO JUIZ, JÁ QUE O SENHOR SE PROPÔS A ACOMPANHÁ-LO, SUGERINDO INCLUSIVE ESCOLTA POLICIAL MILITAR?

Foram alegadas razões administrativas, falta de escolta etc. Cheguei a peticionar ao juiz, colocando-me à disposição para acompanhar Francisco até o Rio de Janeiro, sem escolta militar, responsabilizando-me em levá-lo e trazê-lo, sob a responsabilidade de meu múnus de advogado e de curador.

DE ACORDO COM O CÓDIGO DE PROCESSO PENAL, PARA QUE SEJA FEITA PERÍCIA PARA CESSAÇÃO DE PERICULOSIDADE É NECESSÁRIO O ACOMPANHAMENTO DE TRÊS PERITOS DO ESTADO: UM PSICÓLOGO, UM PSIQUIATRA E UM ASSISTENTE SOCIAL. POR QUE NO CASO DO FRANCISCO TODAS AS AVALIAÇÕES FORAM ASSINADAS APENAS POR UM PERITO TÉCNICO?

Neste caso, não poderia ser confrontado quanto à sua veracidade? A disciplina jurídica aplicada ao caso do Francisco advém do Código de Processo Civil e não do Código de Processo Penal. Trata-se de interdição civil e não de medida de segurança. A perícia médica que está *sub judice* é para a possibilidade da desinterdição do Francisco, à luz do artigo 1.186 do Código de Processo Civil.

Não se cuida de cessação de periculosidade, mesmo porque o Francisco jamais foi considerado pela Justiça dotado de periculosidade. Aliás, o Ministério Público chegou a requerer que se lhe aplicasse medida de segurança, o que lhe foi indeferido.

O SENHOR ACREDITA QUE ELE TENHA SE ARREPENDIDO DOS SEUS CRIMES? É POSSÍVEL AFIRMAR QUE SE COLOCADO EM LIBERDADE PODERÁ COMETER ALGUM OUTRO DELITO OU O TEMPO NA PRISÃO O MODIFICOU?

A resposta a esta pergunta pode vir de um trecho da correspondência que o Francisco me enviou, em 9 de agosto de 2005: "[...] Amigo, como é bom chamá-lo de amigo. 'Quem tem um amigo tem um tesouro', diz o livro sagrado dos cristãos. Mas quisera ser um amigo, verdadeiramente como jamais fui. Que os céus, a divindade misteriosa que rege o mundo, me conceda o dom de ser amigo como uma forma de perdão!"

Não acredito que o Francisco volte a delinquir, quando estiver em liberdade. A pintura e as leituras praticadas durante o seu caminho de Jó, na prisão, transformaram-no em outro homem. Basta se ater ao seu comportamento prisional, sem qualquer deslize, nesses 41 anos de encarceramento, talvez o mais longo da história do Brasil.

COMO SÃO SEUS ENCONTROS COM ELE?

São cordiais e respeitosos. Mas o diálogo mais constante que mantemos é feito por meio de cartas. Temos uma longa correspondência, desde 2000. Tenho enviado ao Francisco livros e material para a sua arte preferida que é a pintura. Entre as características de sua pintura ressalta-se o uso das cores, com intensidade e contrastes dignos de admiração.

COMO TEM SIDO SEUS DIAS NA CASA DE CUSTÓDIA? QUEM O VISITA NA INSTITUIÇÃO?

Disciplinado, vivendo em harmonia com a população carcerária e com o corpo de funcionários. Frequenta a oficina de laborterapia, pintando, esculpindo. Raramente recebe visitas

A CASA DE CUSTÓDIA DE TAUBATÉ É LOCAL APROPRIADO PARA QUE ELE CUMPRA ESSA INTERDIÇÃO, JÁ QUE A MEDIDA É DE NATUREZA CÍVEL E NÃO PENAL? FRANCISCO É SUBMETIDO A ALGUM TRATAMENTO?

A Casa de Custódia e Tratamento de Taubaté Dr. Arnaldo Amado Ferreira é um estabelecimento prisional de segurança máxima e é conhecida como "Piranhão". Não é possível que um interdito civil, como o Francisco, permaneça internado nesse presídio. O saudoso e eminente ministro Evandro Lins e Silva dizia sobre as prisões: "A prisão no Brasil é uma infâmia muito grande. Pela superpopulação, pela promiscuidade, pela desumanidade. [...] É uma morte lenta". Francisco nunca foi submetido a qualquer terapia, nem sequer tomou uma aspirina. É de boa lembrança a revolta prisional de 18 de fevereiro de 2001 nessa Casa de Custódia e as demais, ocorridas em 25 presídios, duas cadeias públicas e dois distritos policiais, organizadas pelo PCC. Na Casa de Custódia, cinco presos tiveram suas cabeças decepadas e exibidas como troféus. Muitas tribos antigas acreditavam em prestígio e força mágica ao possuir esses troféus. Os presidiários de hoje os exibem como troféus da violência carcerária.

EM SUA OPINIÃO, CASO ELE SEJA HOJE COLOCADO EM LIBERDADE, QUAL SERÁ O ENCAMINHAMENTO PARA QUE ELE POSSA SER INSERIDO NA SOCIEDADE?
Conseguimos junto a uma entidade benemerente no Rio de Janeiro, que se dedica a cuidar de menores desassistidos, uma ocupação para o Francisco, quando ele ganhar a liberdade. Essa entidade, inclusive, escreveu ao juízo da interdição dizendo dessa disposição em ocupar o Francisco. Mas acredito que a pintura pode ser a grande porta para que o Francisco volte ao convívio social.

POR QUE ATÉ HOJE NÃO FOI ELABORADO NENHUM OUTRO LAUDO TÉCNICO?
Pela morosidade do Judiciário.

A interdição civil imposta ao Francisco se deu em razão da presunção de que ele, em liberdade, pudesse voltar a delinquir. A presunção é inimiga da verdade. Quem presume, na verdade, está suspeitando, conjecturando, imaginando.

A presunção não é razão legal para que alguém continue na prisão. Os autores dessa interdição, na verdade uma encenação antijurídica, malferiram a Constituição da República. Não creio que exista no Brasil, em qualquer uma das unidades federativas, alguém encarcerado em prisão de segurança máxima em razão de interdição civil.

FRANCISCO TEVE UM FILHO DENTRO DO SISTEMA PENITENCIÁRIO, QUE INCLUSIVE CONVIVEU COM ELE NA CASA DE CUSTÓDIA DE TAUBATÉ. COMO É A CONVIVÊNCIA DOS DOIS? ELE PODE RECONHECER OFICIALMENTE O FILHO?
O filho de Francisco, Leonardo, nasceu no dia 13 de abril de 1977. Francisco devota ao Leonardo muita afeição, que lhe é correspondida. Trocam muitas cartas. É possível legalmente que o Francisco reconheça essa paternidade, por escritura pública, por meio do curador, com alvará judicial. Aliás, o Francisco já me pediu isso.

ANEXO 05 – LAUDO CLÍNICO DO "MONSTRO DO MORUMBI"

EXAME PSIQUIÁTRICO HOSPITAL JULIANO MOREIRA – BELÉM DO PARÁ[1]

Examinado reiteradas vezes em entrevistas do tipo ambulatorial, no Presídio São José. Apresenta-se em boas condições de aparência e higiene pessoais, de uma psicomotilidade algo exaltada, exagerando em mímica e gesticulações. A inspeção, de pronto, sobressai marcas de queimaduras recentes no antebraço esquerdo, agulhas por ele penetradas no tecido celular subcutâneo em ambos [os] membros superiores. A atenção é normal, dando-se conta dos acontecimentos ao seu redor. Capacidade de compreender íntegra. Bem-orientado auto e alopsiquicamente, demonstrando enfim um estado permanente de consciência. Memória para os fatos remotos e recentes bem conservada, sendo que pequenas falhas estão compatíveis com a normalidade e se subordinam às vezes a tentativas de simulação.

Nas sucessivas entrevistas, ainda se levando em consideração seu baixo grau de cultura, a inteligência se nos afigura como limítrofe.

O pensamento não exibe transtornos de ritmo ou de forma.

A conversação é fluente, predominando no conteúdo sua situação de prisioneiro e temas místicos e sexuais, apesar de que nega sempre a autoria dos delitos que lhe são imputados. Entretanto, ao dissertar sobre sexo, pouco a pouco veem-se contradições de tais negativas.

Expõe com desenvoltura que, de há muito, está habituado a relações sexuais com cadáveres de mulheres, razão pela qual profanou vários, em necrotérios para indigentes, tanto em São Paulo como no Rio e em Belém. Faz alusões afetivamente mórbidas à ação necrófila, por exemplo, em uma jovem virgem, retirada por ele de caixão mortuário, na capela da Santa Casa de Misericórdia do Rio de Janeiro.

Indagado sobre os elementos que poderiam impulsioná-lo progressivamente para tais práticas, afirma categoricamente: o silêncio do objeto do ato necrófilo, a frieza das partes genitais, o odor anterior à fase de putrefação e a imobilidade do seu objeto de libidinagem.

Mortos do sexo masculino, vistos durante suas andanças por aquelas localidades fúnebres, inspiravam-lhe repulsa e, principalmente, intenso temor.

1 Transcrito a partir do laudo realizado em 29 de novembro de 1973 pelos doutores Eliseu Souza Rodrigues, Joel Srur Messildo Morado Lutterbach.

Perguntado como conseguia ter ereção para pessoas vivas, responde que nunca foi total, e assim mesmo quando mantidos o silêncio e a imobilidade, requisitos básicos, que se não satisfeitos, davam-lhe ímpetos de estrangular a companheira, que o temendo se submetia a tais caprichos.

Não se surpreende alterações sensoperceptivas. Nexos afetivos frágeis, não se vinculando emocionalmente com a devida profundidade a acontecimentos ou pessoas.

Ausência absoluta de sentimento de culpa.

Humor era indiferente, ora é tímido. Os conteúdos ideativos se fazem acompanhar dos componentes afetivos adequados.

A capacidade volitiva em geral está algo prejudicada, com uma atividade pragmática razoável.

Apresenta ideias deliroides de fundo místico de características elementares, projetadas muitas vezes em desenhos e constantemente comunicados aos peritos.

CONSIDERAÇÕES DIAGNÓSTICAS

Anamnese, os antecedentes criminais, os achados oriundos do exame psiquiátrico e o resultado dos demais exames excluem de maneira categórica e indubitável qualquer possibilidade de ocorrência de doença mental caracterizada.

Não se encontrou qualquer indício clínico de psicose aguda ou crônica em atividade, nas formas prodrômicas, latentes ou defeituais.

Estudada a estrutura dinâmica da personalidade do examinado, levantada a curva vital em seu desenvolvimento, conclui-se que se trata de uma personalidade psicopática, portanto anormal e em consequência desta anormalidade sofre e faz sofrer a sociedade (Kurt Schneider). Sociopata, neurótico de caráter, segundo a conceituação de outras escolas psiquiátricas. Psicopata sexual de manifestações polimorfas e de alta periculosidade (Kraft-Ebing). No Novo Código Penal Brasileiro a entrar em vigor, fatalmente seria ajustado à categoria dos criminosos por tendência.

DIAGNÓSTICO

Personalidade Psicopática do tipo sexual
(Necrófilo, Sado-Masoquista-Fetichista).

RESPOSTAS AOS QUESITOS FORMULADOS

A – DA PROMOTORIA

1. **AO TEMPO DO EVENTO DELITUOSO SOFRIA O PACIENTE DE DOENÇA MENTAL?**
RESPOSTA: Não. O examinado não era nem é portador de doença mental caracterizada, sendo contudo uma personalidade anormal, antissocial, perigosa para a comunidade em virtude principalmente de suas graves e profundas aberrações sexuais, sendo portanto uma personalidade psicopática do tipo sexual.

2. **ESTA DOENÇA MENTAL TOLHIA-O DE ENTENDER O CARÁTER CRIMINOSO DOS FATOS PRATICADOS OU DETERMINAR-SE CONFORME ESSE ENTENDIMENTO?**
RESPOSTA: O examinando, como foi dito, não é doente mental, e sim uma personalidade psicopática e por isso estava parcialmente tolhido em sua capacidade de se determinar conforme o entendimento dos atos criminosos que lhe são imputados.

3. **TINHA O PACIENTE, AO TEMPO DOS EVENTOS DELITUOSOS, DESENVOLVIMENTO MENTAL INCOMPLETO?**
RESPOSTA: O examinando apresenta um completo desenvolvimento mental.

4. **OS DOUTORES PERITOS PODEM DETERMINAR APROXIMADAMENTE A ÉPOCA INICIAL DAS MANIFESTAÇÕES E ASSEVERAR O CARÁTER DE CONTINUIDADE DA DOENÇA?**
RESPOSTA: Prejudicada, pois o examinando, como foi dito, não é doente mental e sim uma personalidade psicopática.

5. **SE O PACIENTE É PORTADOR DE INSANIDADE MENTAL, PERMITIA-O ENTENDER O CARÁTER CRIMINOSO DO FATO?**
RESPOSTA: Vide respostas anteriores.

6. **PODEM OS DRS. PERITOS FIXAR O INÍCIO DAS MANIFESTAÇÕES E AFIRMAR O CARÁTER DESSE DESENVOLVIMENTO MENTAL?**
RESPOSTA: Vide respostas anteriores.

B – DA DEFESA

1. O PACIENTE, ÀS LUZES DA PSIQUIATRIA, É UM DOENTE MENTAL?
RESPOSTA: O examinando não é doente mental, e sim uma personalidade psicopática, cujas características lhe conferem uma alta periculosidade para o convívio na sociedade.

2. COMPROVADA A ENFERMIDADE DO PACIENTE, QUAL O GRAU DE SUA EXTENSÃO?
RESPOSTA: Prejudicada, já que o examinando não sofre de doença mental caracterizada.

3. O PACIENTE TEM INTERVALO DE LUCIDEZ? MENCIONAR DATA.
RESPOSTA: Prejudicada. Vide respostas anteriores.

4) OS FATOS DELITUOSOS IMPUTADOS AO PACIENTE PODIAM TER SIDO PRATICADOS NESSE ESTADO DE INTERVALO OU DURANTE O PERÍODO DE LUCIDEZ?
RESPOSTA: Vide respostas anteriores.

EXAME PSIQUIÁTRICO

SECRETARIA DE ESTADO DA SAÚDE – SÃO PAULO

No exame realizado em São Paulo, em maio de 1975, pelos doutores Eduardo Banzanato Collety e Walter Speltri, alguns dados novos apareceram.

Consta que o pai de José Paz Bezerra faleceu em 1952, de síndrome neurológica e paralisia intestinal. A mãe dele seria portadora de epilepsia. O avô paterno era portador de doença mental e teria se suicidado. Um tio materno era alcoolista inveterado e estava internado no Hospital Psiquiátrico de João Pessoa.

João teria tido caxumba e afirmou ter sido usuário de maconha.

Ainda no mesmo laudo, quando o paciente se referiu à surra que levou da mãe aos 7 anos, ele teria sofrido um ferimento no couro cabeludo, o que ocasionou mudança em seu comportamento, que a partir dali ficou "assustado".

João também relatou problemas de insônia. O diagnóstico dos psiquiatras paulistas foi o mesmo: PERSONALIDADE PSICOPÁTICA.

AGRADECIMENTOS

Tudo começou no Museu do Tribunal de Justiça, onde tive a honra de conhecer o desembargador Emeric Lévay e suas assistentes, Elisabete Regina Martins Pires, Maria Cristina Maia de Castro e Hevlim Vicente. Ali me senti em casa, apoiada em minha pesquisa por todos eles, que muito me deram e nada me pediram.

No Museu do Crime, na Academia de Polícia de São Paulo, contei com a colaboração da doutora Armenui Mardiros Herbella Fernandes e de Sergio Francisco Serafim Monteiro da Silva.

Depois veio a Polícia Técnico-Científica. Ali pude ser ouvinte em curso de peritos, na Academia de Polícia, para entender como se trabalha em um caso no Brasil. Agradeço a oportunidade de aprender com o doutor Celso Perioli e com sua equipe do Instituto de Criminalística. Da Academia de Polícia de São Paulo, agradeço a confiança do doutor Delio Marcos Montrezoro e da doutora Silvia Maria Baggio Green. Agradeço também a excelente acolhida por parte de todos os diretores e professores.

Fui ouvinte em curso de Psicopatologia na UniFMU e muito agradeço ao coordenador do curso de Psicologia, José Augusto Rosseto Júnior, e ao professor Anderson Zenidarci.

Eu precisava então aprender na prática e encontrei verdadeiros amigos na equipe de perícia da Delegacia de Homicídios de São Paulo. Lá a doutora Jane Marisa Pacheco Belucci me recebeu, me orientou e me deixou acompanhar os peritos criminais Agostinho Pereira Salgueiro, Ricardo da Silva Salada, Renato Domingos Patolli, Fernando Pinto Silva e Ermindo Lopes Filho nos trabalhos da vida real. É impressionante o conhecimento desses profissionais. Os fotógrafos técnico-periciais Edson Wailemann, José Carlos Aloe e Marcos Rogério Boy me explicaram a diferença que uma boa fotografia pode fazer num laudo. A colaboração do desenhista técnico-pericial Flávio Teixeira Júnior também foi essencial.

Na Polícia Civil fui recebida com o mesmo calor humano e incentivo pelos doutores Marco Antonio Desgualdo, Domingos Paula Neto, Carlos Alberto Ferreira Sato, Elizabeth Ferreira Sato, Sergio Luís da Silva Alves, Nathan Rosemblatt, José Wilson Sperto e por Maurício Rodrigues. Todos pacientemente responderam a todas as perguntas que um leigo faz.

No Instituto Médico-Legal, contei com a preciosa e imprescindível ajuda do doutor Paulo Argarate Vasquez, que me ensinou, me deu material de leitura e me mostrou os caminhos da medicina-legal. O doutor André Morrone, advogado, cirurgião e médico-legista, foi um amigo especial que trabalhou comigo nos vários laudos de necropsias e dúvidas legais deste livro. Sem a sua colaboração, nada seria tão completo.

No 1º Tribunal do Júri, também fiz grandes amigos e tive incansáveis colaboradores. Dentre eles, o juiz Alberto Anderson Filho, o juiz Richard Chequini, o promotor Roberto Tardelli, Divanira de Fátima Moraes e Gessilda Gallardi. Todos estavam sempre prontos a ajudar, localizando processos e elucidando dúvidas ou "simplesmente" compartilhando conhecimento.

Na Assessoria de Imprensa da Administração Penitenciária de São Paulo, a minha querida Rosangela Sanches não cansou de me orientar e guiar pelos caminhos da burocracia.

Obrigada, Adriana Monteiro, por sempre estar, acompanhar, aconselhar e me proteger de qualquer engano.

Não poderia deixar de agradecer de corpo e alma a minha estagiária e futura jornalista Cristina dos Reis Calassancio, que trabalhou incansavelmente e aguentou os dias bons e os ruins. Obrigada, Cris!

Mãe e pai, vocês sempre serão o meu porto seguro. Todo o meu amor é pouco em troca do que recebo.

Por último, mas não menos importante, agradeço aos amigos do Nufor. Eles me deram a oportunidade de pesquisar "de verdade" e me mostraram a diferença que projetos científicos podem fazer na vida prática forense. Alguns deles foram "pai e mãe", como Maria Adelaide de Freitas Caires, Sérgio Paulo Rigonatti, Antonio de Pádua Serafim e Edgard Luiz de Barros. A eles agradeço o constante apoio, incentivo e reconhecimento. Vocês aquecem meu coração e compartilham sem hesitar o grande conhecimento que têm.

Sem vocês todos, nada seria possível. Obrigada, sempre.

2009

Nesta atualização, contei com a inestimável colaboração de Adriane Gozzo, coordenadora da obra pela Ediouro, e Adriana Monteiro, ainda parceira de todas as horas.

Já no final dos trabalhos de atualização deste livro, perdi meu pai. Foram semanas terríveis, nas quais houve momentos em que duvidei ser capaz de terminar este projeto. Contei com a amizade, o carinho e o trabalho de duas pessoas especiais. Foi pelas mãos delas que foi possível manter os prazos e a qualidade do trabalho ao qual havia me proposto. Eduardo Morales e Janice Florido, jamais poderei agradecer o suficiente. Desejo que, no dia em que precisarem, possam contar com pessoas como vocês para ajudá-los. Vocês foram meus anjos da guarda.

Ilana Casoy

AGRADECIMENTOS

Chucky e Tio Chico,
Vocês chegaram mais de uma década depois para transformar, finalmente, meu "sonho de escritora" em realidade no "papel". Foi um encontro de almas, destinos, inquietações, soluções e objetivos. Grande parceria. Parceria "infernal". :))))

ILANA

SERIAL KILLERS: MADE IN BRAZIL

ARQUIVOS ILANA CASOY DARKSIDE SERIAL KILLERS

"Eu, ególatra céptico, cismava
Em meu destino!... O vento estava forte
E aquela matemática da Morte
Com os seus números negros, me assombrava!"

"Alucinação à Beira Mar", Augusto dos Anjos